魯迅著作選

魯迅著作選

黃繼持 編

臺灣商務印書館發行

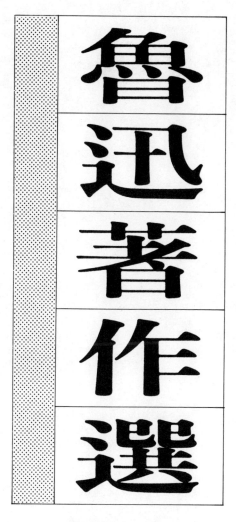

目錄

彷徨與斑斕（一九二三—一九二五）　一三一

苦戰・轉徙・反顧（一九二六） 二八七

革命風濤（一九二七—一九三〇）　三三三

且介亭內外（一九三四—一九三六）

本書編選據《魯迅全集》十六卷本及二十卷本。繁體字排印，基本上按「復社本」字樣，異體字亦予保留。所選文章，篇末原署年月日者，照錄；欠缺者，考訂補出，加上括號。

導言 魯迅的行程

黃繼持

(一) 青年的夢

魯迅(一八八一——一九三六)於清光緒七年誕生於浙江省紹興府會稽縣東昌坊口新臺門周家。本名樟壽，初字豫山，後改字豫才，改名樹人。「魯迅」是一九一八年發表〈狂人日記〉時始用的筆名。

周家是一個聚族而居的仕宦家庭，雖日漸破落，但魯迅兒童時候仍可算得上「在封建社會做少爺」[一]。祖父是進士，曾任知縣、教官等職。父親則屢考鄉試未中，不善營生。魯迅十二歲時，祖父以科場案下獄，繼而父親患病連年，於是「從小康人家墜入困頓」，也因此「看見世人的真面目」[二]，「感到所謂上流社會的虛僞和腐敗」[三]。他的母親魯瑞家在農村，魯迅曾去暫住避難，故「能間或和許多農民相親切，逐漸知道他們是畢生受着壓迫，很多苦痛。」[四]這些經歷，使得魯迅在十八歲離家遠行前，對中國社會與人生境況，已有切身而痛楚的認識。

魯迅十八歲時，「走異路，逃異地，去尋求別樣的人們，」[五]突破古來一般没落子弟、牢落文人的軌轍。他的前途開始跟中國的「巨變」有意識地連結一起，在没有路中踏出一條爲自己、爲國家的新道路。當他肄讀於南京江南水師學堂時，北京戊戌變法正開始；轉考礦路學堂時，百日維新已告失敗。三年在學，北京已歷庚子拳變、辛丑和約；魯迅也接觸到「新學」，耽讀《天演論》等書。

一九〇二年，魯迅二十二歲，以官費留學日本。他真正關心的是救國問題，從學礦到學醫，選擇科學救國之路。這比起當日不少留學生之學法政以謀仕進，切實得多。其後他棄醫從文，由意欲改善國民的體格轉而希望改變國民的精神。但仍一直重視科學，在輟醫之前所編撰的《中國礦産志》，翻譯的《月界旅行》、《地底旅行》（標作「科學小說」），正是科學救國努力的成果。魯迅從事文藝之後，還撰有〈人之歷史〉、〈科學史教篇〉等論文。後來五四前夕，他對「鬼話」[六]的進擊，憑仗的正是科學思想。作爲救國之道，科學與文藝，並不對立。

一九〇六年，魯迅二十六歲，棄醫從文，提倡文藝運動。那時他所瞭解的「文藝」，自有別於歷來的詩文；而他所接受的西方文藝觀，比起梁啓超等所識見推進了一步。梁啓超〈論小說與羣治之關係〉及標作「政治小說」的《新中國未來記》發表於一九〇二年，正當魯迅來到日本之初。魯迅沒有追隨「政治小說」的風氣，翌年翻譯的主要是「科學小說」。此外，他還譯出法國文豪雨果的篇章，題曰〈哀塵〉，並作後記，悲憫世間。他那時正思考國民性問題，認爲中國人民最缺乏的是「誠」和「愛」。他從政治與科學，轉而關心人的「精神」與品格。對文藝的瞭解，既超出梁啓超的政治工具論，又超越自己稍前的科學啓蒙觀。他强調文藝之爲「心聲」，爲「國民精神之發揚」[七]。

他從西方文化汲取的，既有啓蒙時期以來的理性主義與科學精神，也有浪漫主義以來直到十九二十世紀之交，對理性主義反思、對傳統價值重估的新思潮。他既重視文藝救國的社會功能，更强調文學家的自覺意識與意志力量，以期擔當「精神界之戰士」[八]。他於一九〇七年寫的〈摩羅詩力説〉和〈文化偏至論〉兩篇文章，可視爲青年魯迅從事文藝的宣言，當中思想雖不無糅雜，識見則超越同輩。文章刊於留學生雜誌上，讀者未必很多。二十年後，少作收入《墳》的集子裏，然時代思潮已變，解會恐亦寥寥了。

青年魯迅所受西方思想影響，重要一方來自近代德國。他重視藝術（當時稱爲「美術」）的感情作用。他回答章太炎問文學的界説時，稱「學説所以啓人思，文學所以增人感」，學説就是科學。在〈科學史教篇〉文中，認爲科學之外，須有藝術，方可「致人性於全」[九]；在〈摩羅詩力説〉中，正面指出：「一切美術之本旨，皆在使觀聽之人，爲之興感怡悦」，文學且能啓人生之閟機」，道科學所不能言的「人生之誠理」[十]。文學涵養神思，移人情性，雖似無「實利」之用，卻收功於「精神」之域。救國首在「立人」[十一]，「立人」首在精神覺醒。他介紹「摩羅詩人」，讚其「剛健不撓，抱誠守真，不取媚於羣以隨順舊俗；發爲雄聲，以起國人之新生。」[十二]他强調的是個人的精神自覺，第一步須從庸衆的俗見陋識與名利征逐中超拔。因此主張：「掊物質而作靈明，任個人而排衆數」。[十三]

這項主張，思想脈絡承接歐洲十九世紀中葉以來對理性主義及近代社會流弊之反撥。

〈文化偏至論〉意旨即在指陳近世文明之僞與偏。文中稱許的哲學家，包括叔本華、契爾凱郭爾、尼采[十四]等，都强調個人的尊嚴、內心的生活；尼采「恃意力以闢生路」，尤見稱賞。魯迅深嫉追逐物欲而埋没精神，托言「衆治」而壓制個體。論若偏激，說似躐等，因爲中國還有待於引進近世文明的科學理性與民主制度；但魯迅以個人真切的生命感受，契接西方最新的思想潮流，塑造自己獨立剛健的意志人格，於他往後文學生命的形成，大有關係。

當然這是一個廿七八歲青年的想法，他既孤懷抗俗，又熱心救國，救國又從改變精神入手。他計劃辦文藝雜誌，卻胎死腹中。於是兄弟二人編譯外國小說，着重俄國與東歐作品。作品一則與中國國情接近，人民都受內外壓迫；二則表現悲憫情志，不像當時流行於日本的「自然主義」心態冷漠。一九〇九年魯迅回國前夕，《域外小說集》出版了兩册，共收十六個短篇。署名「樹人」譯的三篇，原作者是世紀末俄國的安特萊夫和迦爾洵。譯者稱安氏文「神祕幽深」，言迦氏「悲世至深，遂狂易」。[十五]此可通於魯迅性情中憤世憂生的那一面，實與「摩羅詩人」爭天拒俗的激烈壯懷，相輔相成，皆能切入靈魂深處。他喜愛的作家還有俄國的果戈里、波蘭的顯克微支。他們能以幽默的筆調寫陰慘的人間，意象奇兀，似無情而實深哀。對這些外國作家契會，足見青年魯迅善能把握文藝情意的內蘊，與他在中國古代文人中，喜愛屈原、嵇康、李賀，非無相通。他重視情意主體，包括作者的情志和小說人物的「魂靈」，所以他不認同時下的「自然主義」；而且他重情卻不濫情，頓挫沉鬱，所以又超越一般的「浪漫主義」；他雖傾慕「摩羅詩人」，但行文不近摩羅詩風。[十六]

魯迅處於世紀之交，在主體意識特强的西方哲人(如尼采)、文人(如安特萊夫)的啓導之下，引發出自己强烈的主體生命意識。魯迅文學因此有一些素質，可跟後來西方開出而綜括爲「現代主義」的文藝表現，遥相契合。就此端緒而言，世界範圍的思潮轉變，魯迅早與同步。但他同時在探索救中國的方案，他之重視個體精神，是作爲更有效地救治羣體以成「人國」的第一要着，所以又有別於歐美的現代主義。本乎個體生命深沉的感受，展開對現實人間的關切；悲憫與憤嫉情懷交錯，卻又帶着因實績渺茫而來的迷惘與寂寞。魯迅的文學性質，很難用簡單的「主義」標籤概括得盡。

至於他對中國傳統文化的意見，當時還不突出。一方面，新臺門周家的變故與頹運，使他切身「明白了許多事情」[十七]，對中國家族人事禮法有初步的反思。另一方面，他從十二歲到十七歲在三味書屋讀書，古典基礎不薄。雖則他後來說：「孔孟的書我讀得最早、最熟，然而倒似乎和我不相干。」[十八]但他雜學豐富，野史筆記助他窺見中國文化的底層，爲日後的

「文明批判」儲積材料。留日期間，則在反滿興漢的風氣中，「振大漢之天聲」，時亦「發思古之幽情」。不過他主張中國當與歐西文明「校讎」，[十九]即中西比較，「去其偏頗，得其神明」，使「外之既不後於世界之思潮，內之仍弗失固有之血脈，取今復古，別立新宗。」[二十]這大抵是理想的高論。着意所在，爲力挽當下的沉淪。「固有之血脈」爲何，還未及作學理上的反思。

在日本提倡文藝没有多少回應，徒然增添了寂寞。二十九歲回國，在杭州和紹興任教期間，雖然加入過「越社」(「南社」在越的分社)，但他幾乎停止了文藝活動。教學之餘，只做些擇抄古書、校勘輯逸的文字工作，且謂「此非求學，以代醇酒婦人者也」[二一]，可見其憤懣。辛亥(一九一一)紹興光復前後，他曾一度振奮，文字上有代《越鐸日報》撰寫的發刊辭爲證。但旋對軍政府失望。民國元年(一九一二年)二月離鄉赴南京，五月又北上，在北京教育部任職，更其寂寞地過了五六年。

他心境的痛楚，見於文字的，莫如哀悼好友范愛農之死的詩章：「世味秋荼苦，人間直道窮」，乃對世情的慨歎；「狐狸方去穴，桃偶已登場」[二二]，是對革命的失望。救國願空，文章無用，留日時寄意最殷是小說這一文體，如今只在辛亥年秋寫過一篇文言創作〈懷舊〉，自己不久也記憶模糊了。其後六年，小說譯作俱輟，直到一九一八年〈狂人日記〉面世，方才開出一片新天地。

㈡「吶喊幾聲」

魯迅以短篇小說〈狂人日記〉正式進入文壇。作品發表在一九一八年五月號的《新青年》上。那時候，「文學改良」、「文學革命」的主張已於一年多之前由胡適、陳獨秀分別提出，引出一些響應；但創作只有白話詩，還沒有新式的小說。《新青年》乃是一份綜合文化雜誌，刊登理論文章居多，旨在探討中國出路，引進「德先生」和「賽先生」。文藝被視爲文化的重要環節，當與倫理道德、社會政治一起革新；又因其善於改變國民精神，更期發揮警醒大衆的作用。魯迅在友人錢玄同等勸說之下，答應參與《新青年》編撰工作。於是在一九一八年，或署名魯迅，或署名唐俟，陸續發表不拘一體的文章：小說、新詩、論文、隨感等。翌年所作並擴展刊於其他報刊。

〈狂人日記〉作爲魯迅第一篇、兼新文學史上第一篇白話小說，內容與形式之超卓，多少算得上是個異數。小說主題，誠然與《新青年》兩三年來反孔教反封建的主張呼應，但運用小說手法，對歷史「字縫」[三]的洞察與「喫人」傳統的概括，卻比陳獨秀、吳虞等的論述令人矚目得多，思想固然來自切身感受，但也見得糅進了達爾文和尼采的學說。寄望「真的人」出現，呼喚「救救孩子」，在五四前夕頗能激動讀者的心，但從魯迅個人思想脈絡來看，實可回溯到晚清留日時期所想所受。而今用「小說」表現，既憑藉從前學到的一點醫學知識，更仰仗先前看過的百來篇外國作品。假托「迫害狂」者的話，錯亂誇張，突出問題的嚴重性。運思寫作，借助西方十九世紀至廿世紀初小說家觀察社會、刻劃靈魂的方法，以及象徵喻意的藝術手段。本篇承受果戈里、迦爾洵的影響爲多，並有所推進，於是開出中國小說前所未有的格局。但篇前一段文言識語又使這篇新異的作品彷彿跟傳統文章不無聯繫，其實則替小說虛構增添反諷疏離的效果。小說反覆在癲狂與清醒、正常與病的錯亂中，質疑整個傳統文化與人間世情。奇兀的象喻與斷續的章法，藝術與思想結合，形成巨大的震撼力。新文學史小說之部開篇之作，藝術與思想深度多所超越其後蔚爲大宗的寫實主義、自然主義作品。

在同一期《新青年》上，他另以唐俟之名刊出〈夢〉等白話詩三首，兩期後又刊出〈人與時〉

等兩首。雖具意象，但理念過重，成績顯然不及小說。此後便罕作新詩了。同年八月以唐俟署名，發表第一篇白話論說〈我之節烈觀〉。比諸後來的雜文，用筆尚嫌板滯。主旨自是呼應當日婦女問題的討論。但篇末提出：「要除去虛僞的臉譜，要除去世上害己害人的昏迷和强暴，」「要人類都受正當的幸福，」[二四]可視爲魯迅從青年到今後基本價值觀的表述：「誠」以待人論事，「人」應作爲「人」受珍惜。一個月後，「隨感錄」欄中發表唐俟第一篇短評，談孩子問題，强調要把孩子當「人」，中國以後要有「人之父」[二五]。這是「救救孩子」的另一種提法。立足於中國情況，人道主義首先着眼於婦女的解放和下一代的新生。

魯迅在一九一八、一九年這兩年間，發表了二十多篇〈隨感錄〉和兩篇論文，數量大大超過這兩年的小說。小說方面，一九一八年只見〈狂人日記〉一篇，一九一九年發表較多，計爲〈孔乙己〉、〈藥〉、〈明天〉、〈一件小事〉。事後看來，這五篇「創作」和多篇「雜文」，已經奠定魯迅文學的基調：攻擊時弊，銳利地切入當前的現實；揭出病苦，深沉地繪寫國民的靈魂；字裏行間蘊蓄着作者的憂憤和寂寞，濃鬱的情意卻時以偏激、時以淡漠的語調出之。如果說雜感是對現狀的即時剖析與出擊，那麼小說則是更多來自個人生命的記憶，不都是自身之所爲，主要是所睹所感所痛所思，正如他後來在《吶喊》自序說的「不能全忘的一部分」。[二六]由於歷史的惰性等等原因，不能忘者又似不斷重現於眼前，寫「已逝」無異於寫當下。而雜感短評剖白時弊之所以深刻有力，也正因蘊蓄了二十多年的閱歷與沉思。於是評論與小說相互補足，相互提升其思想與藝術的力量。

唐俟這組隨感録，加上其後幾年刊於《晨報副刊》的短評，在一九二五年底編成《熱風》一集。他作〈題記〉時已又經了一番歷鍊，筆調更增沉鬱了。「無情的冷嘲和有情的諷刺相去本不及一張紙。」[二七]在《新青年》時期，魯迅的「有情」則不只表現爲諷刺，而且表現爲策勵，自我策勵和策勵他人。在「文明重估」、「個體自覺」之下，以「人」爲價值基本，以「進化」爲自然律則，他提出處於新舊過渡階段的中國人做人的方針。論文〈我們現在怎樣做父親〉比〈隨感録〉說得更直接。文中幾句話：「自己背着因襲的重擔，肩住了黑暗的閘門，放他們到寬闊光明的地方去，此後幸福的度日，合理的做人。」[二八]可以視爲魯迅自己崇高而不無悲劇意味的生命情志之表白。他一面清結舊賬，一面開闢新路，掃除那妨害「人」之「生」的一切障礙，包括托「國粹」之名而盤踞着的陳舊事物。他認爲只悲歎過去，而且稱讚那實在所以亡的病根，只是愛「亡國」者，不能算做愛國者。愛國者雖偶然懷舊，「卻專重在現在以及將來」。[二九]對「現在」的强調，貫穿着魯迅一生的思想。

努力於現在，進化到將來，這是「天演」的行程。自己這一代人覺醒了，背負因襲，難免犧牲，以盡其爲「進化」的鏈子上的「中間物」[三十]的義務。寄希望於「青年」新一代，乃是中國知識分子從清末到五四以來不無天真的想法。魯迅沒有例外，牽着自己年青夢境回憶的絲縷，期望且幫助青年超過自己。他對青年作切身的指點：「願中國青年都擺脫冷氣，只是向上走」。[三一]生命的路是「進步」的。他在寫小說〈故鄉〉之前一年多，便在〈隨感錄〉寫下這話：「甚麼是路？就是從沒路的地方踐踏出來的，從只有荊棘的地方開闢出來的。」[三二]在〈故鄉〉說：「我想：希望是本無所謂有，無所謂無的。這正如地上的路，其實地上本沒有路；走的人多了，也便成了路。」[三三]同是策勵，但後者思想比較深沉了。

魯迅《熱風》的「風」，畢竟「諷喻」多於「諷刺」；「熱」的流露，隨感比小說易於察見。小說更多帶着「已逝的」寂寞的氣息。《新青年》時期的寫作，他後來戲稱也可以說是「遵命文學」。[三四]不過所遵奉的，是那時革命的前驅者的命令，也是他自己所願意遵奉的命令。寫作評論似執戈前行，寫作小說如吶喊助威，以慰藉那在寂寞裏奔馳的猛士。[三五]就當前的戰鬥而言，評論與小說未易分出緩急高下；但小說以其創新的體式出現，本身就是一道衝擊舊習的力量。魯迅主張利用小說來改良社會，并非把小說降低爲一般工具；在當日正是把小說的價值提升。他充分認識到小說的特殊力量。

魯迅當時的「正職」是教育部僉事，一九二〇年起兼任北京大學與北京高等師範學校講師。他着手編撰中國小說史講義，重印《域外小說集》，翻譯阿爾志跋綏夫長篇《工人綏惠略夫》與日本、東歐、俄國短篇小說。創作方面，一九二〇年寫出〈風波〉、〈頭髮的故事〉；一九二一年的〈故鄉〉與〈阿Q正傳〉是這段時期創作的高峯。二二年寫的六個短篇，有兩三篇體裁介乎散文與小說之間，有一篇取材於古代神話[三六]。二二年底把五年來的十五篇創作編成《吶喊》並作自序，道出創作因由之際，也展露自己生命往迹。藉小說以吶喊，使猛士不憚前驅；但文中卻屢次出現「夢」、「寂寞」的字眼。吶喊與寂寞相連，戰鬥與夢憶並提，魯迅小說「爲人生」而具如斯藝術魅力，恐怕與此不無關係。

《吶喊》一集中，以鄉鎮人物爲題材的，佔了八篇，當是魯迅從故鄉所見，從「已逝的寂寞的時光中」，勾勒出來的他眼下的「中國的人生」：孔乙己、華老栓、單四嫂子、九斤老太、閏土、阿Q，還有爲數衆多的「看客」、「閑人」。對此人生，哀傷？厭惡？悲憫？怒責？難以說得分明，也許只歸「寂寞」。離開故鄉若干年後，從記憶中繹寫，實已增添了多年的人生體會與現下的藝術點染；或如〈孔乙己〉似簡單回敘而實寄慨重重，或如〈藥〉調度場面而具多線象徵，篇成藝立，外部描述與內中寄意，便取得微妙的均衡了。

大抵魯迅小說，首先可視爲社會病態的刻畫，正如他後來所說的；「是不幸的人們病苦的揭示，病根的暴露，期望引起療救的注意，幫助改良社會，改良人生」。[三七] 文學「爲人生」，文學的社會功能，是通過改變人們精神來達成的。自己醒覺，呼喚人們醒覺，不免痛苦，不應逃避，務須「直面人生」；竭力摸索國民的靈魂，深沉體味自己的寂寞，在寂寞中吶喊。於是魯迅小說，既是國民弱點的省察，也是苦難人生的悲慨，鞭撻與憐憫交織，反諷與實寫並行，象徵與白描兼施。他又善能剪裁布局，調遣敘述角度，推拉適當的或遠或近的距離，爲讀者留下思考的餘地。種種小說技法，誠然從所讀過的外國小說借鑑，卻已轉化爲他跟讀者一道探索國民靈魂的助緣；其替中國現代小說開出多種法門，小說得以抬進「文苑」，餘事而已。

《阿Q正傳》涵蓋深廣，從國民性弱點的揭露，到辛亥革命失敗的反思，可作多向詮釋，茲不具論。在此只引述魯迅爲俄譯本所寫的序中幾句話：「我雖然已經試做，但終於自己還不能很有把握，我是否真能夠寫出一個現代的我們國人的魂靈來。」他說到中國百姓，被「聖人之徒」所治，像壓在大石底下的草，默默的生長，萎黃，枯死。這未經革新的古國的人民，人民之間彷彿各有一道高牆，各不相通，「要畫出這樣沉默的國民的魂靈來，在中國實在算一件難事」，「我雖然竭力想摸索人們的魂靈，但時時總自憾有些隔膜，」「我也只得依了自己的覺察，孤寂地姑且將這些寫出，作爲在我的眼裏所經過的中國的人生，」[三八]這些話雖就《阿Q正傳》而說，其實可以涵蓋魯迅其他小說。他不但寫人間痛苦，而且寫人們不自知痛苦的由來，人們不感到別人精神上的痛苦，這比痛苦本身更可悲。他寫中國的人生，也就同時寫自己的寂寞。他後來說過自己「思想太黑暗」，然而「自己終不能確知是否正確。」[三九]所以在《新青年》時期，因爲主將不主張消極，他也就聽從將令，在〈藥〉、〈明天〉等篇「刪削些黑暗」，[四十]但當然並非瞞和騙。雖然裝點些歡容，寄托些希望，展露的仍是如此病態社會不幸的人生。《阿Q正傳》中，諷刺代替了曲筆，反思超越了消極，諧謔而又嚴肅，滑稽而又沉痛，以「開心話」發端[四一]，而以故意名曰，「大團圓」的悲劇結束。且把傳統小說戲劇的筆調和章法，用於現代小說思維和敘述格局，使得這部中篇小說，無論就人生體察、民族反省、歷史沉思，抑或意匠經營、神來之筆，都可讓讀者玩索無盡。

當《阿Q正傳》作者「巴人」，匯合於〈狂人日記〉諸篇作者「魯迅」，又與寫評論的作者「唐俟」歸併一起，統名爲「魯迅」時，一位中國二十世紀重要作家便在一般讀者的視野中升起，而一九二三年初版的《吶喊》，遂成爲中國文學史上劃時代的豐碑。

(三) 彷徨與斑斕

魯迅第二本小說集《彷徨》，單看書名，較諸《吶喊》，戰意似不如前。此書收小說十一篇，前四篇作於一九二四年春，上距《吶喊》最後一篇〈不周山〉作時一年有多；最後四篇則是在一九二五年冬不足一個月内完成的。一九二三年全年没有寫過一篇小說，工作主要放在編定《中國小說史略》上。自從一九二二年七月《新青年》(月刊)停刊，團體散掉，魯迅又一度感覺「依然在沙漠中走來走去。」[四二]一九二三年又遭兄弟失和之厄，跟周作人決裂。秋冬肺病復發，但仍講課不輟，且還增應「北京女子高等師範學校」[四三]之聘。年底在該校講演〈娜拉走後怎樣〉，又一次申說「人生最苦痛的是夢醒了無路可走。」[四四]他慨歎於中國太難改變，而提出「無需乎震駭一時的犧牲，不如深沉的韌性的戰鬥。」[四五]

也許因爲任教於女子學校，停筆一年後，一九二四年所作首篇小說〈祝福〉便以封建重壓之下的婦女爲題材。[四六]不過跟着的〈在酒樓上〉則對曾一度振作而又沉落的知識分子寄予深哀。魯迅在寂寞中又讀嵇康，賞玩磚拓。這年暑期應邀赴西安講學，創作《楊貴妃》的構想卻幻滅於所見的西安殘破的現狀。

藝術生命之轉機，初見於一九二四年九月開始寫散文詩，以象徵手法展開一系列的自剖和獨白。《秋夜》冷峭奇崛，〈影的告別〉虛無彷徨，〈復讎〉憤慨痛楚。這種心情，可能以前不只一次曾經體驗過，如今又面臨生命的「低谷」。此時正翻譯廚川白村的《苦悶的象徵》。廚川認爲「生命力受了壓抑而生的苦悶懊惱乃是文藝的根柢」，但苦悶中仍「參與着悲慘的戰鬥，向人生的道路進行。」[四七]這恰與魯迅此際生命情調合拍，於是開始了魯迅生命中最虛無而又最濃烈，既彷徨而又斑斕的一段。

一九二五年元旦開筆的散文詩〈希望〉，充分表現他生命情志的矛盾與張力。「絕望之爲虛妄，正與希望相同」。他引述自己年青時傾慕的匈牙利詩人裴多菲的句子，以虛無的極至，來反抗絕望。無奈心境又分外寂寞，早知自己的青春已經不再，難道「身外的青春」也都逝去，世上的青年也多衰老了麽？他寫下這麽的句子：「縱使尋不到身外的青春，也總得自己來一擲我身中的遲暮。」[四八]壯烈而又悲涼，感傷而又超越，絕望而又反抗。

這一年便以「分外寂寞」開頭，年中卻以戰士之身參與女子師範大學的鬥爭，年底取得勝利。這年動筆極勤快，衆體並舉：散文詩、隨筆、評論、書信、小説，篇數之多，内容之深廣，使人驚詫。這是魯迅創作力噴湧的一年。

從「分外寂寞」到挺身而出，當然有内外諸多複雜的原因，但有一點實不應忽視：這年三月起，許廣平闖入他的生命。三月之前，他接續去年秋天開始的散文詩寫作；寂寞悲壯的〈希望〉之後，換筆寫下〈雪〉等對美的懷想之篇，悲慘的戰叫仍基於對人生「極强的愛慕和執着」[四九]。但三月初發表的〈過客〉，文中孤凄獨往，但前行不息的形象，令人震悚。十日後他接到許廣平第一封信。此後在頻密通信中，他比較直白地展露自己的思想並提出「壕塹戰」[五十]的策略。但另一方面，繼續以散文詩寫他複雜鬱結的生命情蘊。如〈死火〉篇中，在凍滅與燒完之間，帶出朋友的温情與自我抉擇；〈墓碣文〉中，以抉心自食等形象，以極端的奇詭，道徹生命之虛無。其後他與許廣平交往日深，參與女師大鬥爭，虛無往往轉化成勇毅了。

隨筆的寫作，一九二五年三月之前，發表在《語絲》等報刊的〈論雷峯塔的倒掉〉諸篇，行文大有進於《新青年》〈隨感録〉之時。在跟許廣平開始通信到許廣平首次來魯迅住處期間，魯迅正和幾位「不問成敗而要戰鬥」[五一]的青年人籌辦《莽原》周刊。看來他又彷彿尋到未必如斯渺茫的「身外的青春」，聯手起來，「繼續撕去舊社會的假面」[五二]。他自己寫的文章雖然並非都刊於《莽原》，但方向正是《莽原》所尚的「文明批評」和「社會批評」。後來他把文章分別編入《華蓋集》與《墳》。編入《墳》的，二四、二五年之作近乎隨筆，宏博漫衍。編入《華蓋集》的，較有具體的針對性，多因某事某人而發；女師大鬥爭期間，尤多短兵相接的論戰文字。兩集後來都歸入「雜文」，其中實在運用了幾種筆調。《墳》中文章風格，今日讀來，藝術意趣更濃，侃侃而談，從個人經歷和感受到文化問題的概括，從當前社會弊病追溯其歷史病根，筆下縱橫，警語時出。中心意旨在破壞「有害於新的舊物」，爲國民爭取做「人」的地位。態度勇猛，卻非橫決。例如談破壞，他欲人警惕「寇盜奴才」式的破壞，而「要革新的破壞者，因爲他內心有理想的光」[五三]。例如談中國人，指出一般百姓從來就沒有爭到過「人的價格」，至多不過是奴隸[五四]；而中國文明「其實不過是安排給闊人享用的人肉筵宴。」[五五]這正是〈狂人日記〉思想的進一步明確。又例如呼喚今天的作家「大膽地看取人生並寫出他的血和肉來」，不可陷入歷來的「瞞和騙的大澤」。[五六]這可用魯迅自己的創作來印證。而他用隨筆體寫出這些見解，又比小說或論文別有一種精悍的氣勢。《華蓋集》前半部的文章亦多警策，洞徹世相的理語中包含濃烈的激情。如〈忽然想到〉、〈雜感〉等篇，便兼具雜文與散文詩的韻味。

魯迅投入女師大事件，反對校長楊蔭榆的橫暴統治，乃是魯迅一貫的義憤與戰鬥精神的具體表現。而這回又是五四以來，他首次挺身站出，不但用文字，兼且用行動，申張正義，凌厲反擊。魯迅之成爲大衆矚目的「戰士」形象，自此而著。本來他正式捲入此事之前，跟許廣平通信，還力主「壕塹戰」，不主張隨便去踐荆棘。但從〈忽然想到（七）〉一文開始，一步進一步跟敵人迎戰，從反對楊蔭榆，到抗擊教育總長章士釗以及學者陳西瀅等所謂「正人君子」者流，已跳出「壕塹」而跟敵人短兵相接了。但戰法仍是他歷來主張的「韌」性，「鍥而不捨」[五七]，撕下敵人的假面，露出僞善與卑劣。這一組戰鬥文章，是錯綜於散文詩、隨筆、小說多體並舉時寫出來的，同樣是作者生命之所寄。所以次年編纂成《華蓋集》時，道是「轉輾而生活於風沙中的瘢痕」，[五八]雖然獲得靈魂的荒涼和粗糙，也不懼憚而且有些愛了。

就在戰意正酣之際，當女師大學生護校另賃房舍開課，而他自請增加課量期間，魯迅在不足一個月內，寫出後來編入《彷徨》的最後四篇小說。自從去年春天寫成〈祝福〉至〈肥皂〉之後，小說停筆將近一年，纔又斷續寫了〈長明燈〉等三篇。而今一氣連寫四篇，題材筆法俱不相襲。〈孤獨者〉、〈傷逝〉兩篇，抒情筆調濃烈。前者感慨深沉，乃魯迅同一代知識分子從憤激抗爭到頹墮沉落的靈魂寫照，是魯迅筆下一系列這類形象的總結，卻更見傷慘悲哀。後者寫青年愛情，主題上承前時雜文之論婦女問題如〈娜拉走後怎樣〉等篇，而小說別饒情致，反諷中有痛惜。〈弟兄〉追懷兄弟之情。最後一篇〈離婚〉，人物場景冷靜刻畫，又爲小說藝術開一新境。

一九二五年下半年，魯迅確是在文章上顯得意氣昂揚。論評識見與藝術心態相輔爲用，取得微妙的張力。但酣戰與緊張工作的同時，他其實肺病復發長達四個多月。作爲戰士也就不無「「絶望的抗爭」的意味。還是散文詩中最見性情：「這樣的戰士」，在「無物之陣」中老衰，但仍然不斷「舉起了投鎗」；[五九]〈臘葉〉一則，「愛我者的想要保存我而作」[六十]，而不免自擬爲被蝕而斑斕的病葉。則魯迅的戰意，其實甚具盤鬱悲慨的生命底蘊。因此在翌年編集《墳》而寫的後記中，絶無情面地解剖自己。可是時代變化的急遽與世情的險惡，竟大出於他自命爲刻毒的想象之外。戰鬥竟無了期且日益增碼。內在生命省察與世相形象思維，不免讓位於直接的短兵相接，事理爭持。當一九二六年編集二四、二五年的小說時，他又經歷了「三・一八」這「民國以來最黑暗的一天」[六一]，憤激之情超過女師大風潮時的體驗。他把小說集題名《彷徨》，并引《離騷》之句自勉；他意圖超越這段心境，另尋思想與行動出路。因此對這一組小說的成就估計不足。其後到了左聯時期，尤加貶抑，自評「藝術雖然比先前好一些，思路也似乎較無拘束，而戰鬥的意氣卻冷得不少。」[六二]戰意未必是評價小說的首要準則，但時代風濤又的確驅使有良心的作者投身於迫切的戰鬥。《彷徨》之後，魯迅再不復以現代題材寫小說，而幾乎盡全力於「戰取現在」的雜文。此於魯迅文學生命爲得爲失，恐怕是個難有定論的議題了。

(四) 轉戰求索於革命風濤中

一九二六年的雜文，年底編成集子時，取名《華蓋集續編》，以表「華蓋運」[六三]未完。事後看來，其實是大轉折的前奏。

一九二五年女師大事件中，他所寫的戰鬥性雜文，辛辣尖刻，剋敵制勝，又富性情內涵，有鮮明的個人風格。行文視對手爲某一「類型」的代表，筆戰實爲公仇而非私怨。一九二六年「三·一八」慘案發生，執政府屠殺人民，青年飲刃受彈，更激起他無比的義憤和哀慟。〈記念劉和珍君〉、〈死地〉、〈淡淡的血痕中〉等篇，以散文、雜感、散文詩圍繞同一主題的一組文字，可以認爲是魯迅前期非小說類文字中最感人最警闢之作。「我將深味這人間的濃黑的悲涼；以我的最大哀痛顯示於非人間。」他號召「真的猛士」更奮然而前行[六四]；但痛切指出流血非即等於改革，請願犧牲以外，須尋索「別種方法的戰鬥」[六五]。但，事情其實已「逼到非短兵相接不可」[六六]了。

這一年「運程」，「華蓋」牢牢罩住，比上年更加晦氣。「三·一八」之後，數度流離轉徙於幾所醫院中凡月餘，以避北洋當局通緝之虞。雖然段祺瑞政府旋即垮臺，但奉系軍閥入京，又以取締「宣傳赤化」爲名，迫害文化教育界人士。在此憂患期間，他編定一九二四、二五年所寫的小說，取名《彷徨》，題以《離騷》之句：「路漫漫其修遠兮，吾將上下而求索。」這固然未嘗不符小說創作的意旨，但更能表現經歷過「三·一八」之後的心情。

新一階段的「求索」就在「彷徨」中開始。向前探索的同時，他一貫地卻更深刻地「解剖自己」[六七]。在嚴酷無情的自我省視中，在流離轉徙的時空中，他也曾從兒時的記憶試「尋出一點閑静」[六八]，於是有〈舊事重提〉那一組回憶散文之作[六九]；也曾掇拾古史傳說，寫一兩則新编的故事[七十]。

但他此後兩三年間，思考得最迫切的，是「新的革命」的問題。一九二六年九月從北京往厦門，一九二七年初，又到了「革命的策源地」的廣州，當初也不無「夢幻」，一遇實際，「便被從夢境放逐了」[七一]。他並不慷慨激昂充當「戰士」；變化中的政治現實之認識與衡量，他仍就文人本位，立基於對正義的執着與對生命的珍惜。他思考過、也演講過有關「文學與革命」的問題[七二]，思路上，無疑受到近一兩年讀過的日本與俄蘇的馬克思主義者著述的影響。但更根本的是，年青以來對文藝與革命的思索，多年對傳統積習的剖析、對中國實質的透視；而今又面臨激蕩的新奇詭譎的局面，馬克思主義或許可能提供更爲鋒鋭的解剖利器。他這次再探索的心態，形式上未必不無近似於二十年前「別求新聲於異邦」[七三]之尋求救國之道，但這次的內容，其生命濃度與實踐難度，遠遠超過從前。魯迅思想的發展，於此劃出一個新的階段。

在前一個階段，生命情志方面，年青時曾吸納尼采的意志觀與個體觀，以及世紀之交歐洲（包括俄國）的個人主義與虛無主義情調，跟嚴復版的進化論糅合；幾度推移，到《野草》前後，强烈地表現出「反抗絶望」[七四]的人生態度。創作形式，多所借鑑於歐洲近世的兼寫實與象徵的小説與散文詩，並加推展。從而使他具有世界性的視野，思想型態和藝術趨向，某一側面可視爲與歐洲文化新潮同步。一九二七年以後的階段，西歐的影響似乎減退。他陷在更加迫隘的困局中，夢幻被驅除了，他被逼進一步認清中國現實的嚴酷與革命的艱辛，卻以更加頑强的戰意，勘察事象的翻瀾。這時他情意上看來更契會於嵇康，寫作形式也較多承接古來文筆，尤見魏晉論説的迴響。他對馬克思主義的探究和吸納，便融合在他獨特的思想格局之中。

但前後兩個階段，情志上仍多所聯繫。雖則他一九二六年底在廈門編定《墳》時，有心把過往埋葬；但作爲「進化的鏈子」上的「中間物」，不能遽爾推撥。一九二七年春夏之交在廣州編定《野草》，「希望這野草的死亡與朽腐，火速到來」，[七五]正如希望阿Q「速朽」，這希望其實難以達到。「從舊壘中來」[七六]的鬥爭經驗與生命情志，在新的階段中仍起積極的作用。

由於好一段時期大陸學人特別强調魯迅後期思想與馬克思主義的聯繫，並以後者爲主體籠罩魯迅的個體，這裏且就一些事實稍加迴溯。魯迅對馬克思主義的探討，並非全面性作政治經濟學或哲學的研究，仍然本於實際關切中國出路、對當前黑暗政治與昏濁社會的抗擊；而且首先就文學的效用與性質，及文人的品格與責任問題而展開。早在五四時期，《新青年》「馬克思主義研究」專號上，魯迅發表過〈來了〉、〈聖武〉兩則隨感録，只是側筆配合；當時他也未甚留心李大釗的文章。他購讀日譯蘇聯文學及文藝理論書籍，大概始於一九二四年底，譯畢《苦悶的象徵》之後，在文藝思想上可能有尋求突破之意。就於一九二五年女師大風潮戰意正酣之際，購得托洛斯基《革命與文學》日譯本，又爲任國楨編譯的《蘇俄文藝論戰》寫前記。一九二六年，北洋政府「討赤」聲中，他更多注意俄國革命前後的文學；離京前不久，特別爲胡斅譯的勃洛克長詩《十二個》出版，譯出托洛斯基《革命與文學》第三章，另寫後記。離京赴厦門翌年至廣州應邀演講革命文學，論點主要借鑑托洛斯基而結合他自身觀察。「四·一五」事變前五日寫的〈慶祝滬寧克復的那一邊〉，首次引述列寧的文字。「四·一五」血的教訓，給予他的震撼，當更甚於去年的「三·一八」慘案。他還目睹「同是青年，而分成兩大陣營，或則投書告密，或則助官捕人的事實」，他本於進化論以爲青年必勝於老年的「思路因此轟毀」[七七]。而且還有切身的危險，他採取「壕塹戰」的策略，辭去中山大學一切職務，退居家中，編定《野草》、《朝花夕拾》，整理所譯的《小約翰》、所編的《唐宋傳奇集》，作爲前一階段生命與工作的小結；雖曾應廣州市教育局邀請作夏期演講，談魏晉事，於「有慨而言」[七八]中，謹守學術規範。到九月底離穗赴滬，既清醒看出現時革命處於低潮，但也願意跟創造社合作在文藝戰線上重整旗鼓。

所以一九二八年初，太陽社創造社中人高調鼓吹無產階級革命文學，并向魯迅突襲，招來魯迅憤慨還擊。魯迅這一組跟「革命文學家」論戰的文章，筆墨又別於數年前在北京與「正人君子」的論戰。對手水平太低，且有「才子加流氓」[七九]氣，魯迅文章遂往往嬉笑以代怒罵，正言穿插謔語，畫出誇誇其談、脱離實際、唯我獨「革」的一類文人的輪廓；當然此中也有革命文學理論的探討、闡述與具體運用。這兩年間，魯迅同時左右迎敵，對新月社中人以「超階級」論反對革命文學之説，他即據馬克思論點予以駁斥。而魯迅這兩年用上最多精力的，還在新興文藝理論與俄蘇文學作品的閱讀與翻譯上。他如此勤奮攻讀，一方面爲着明理應戰，更重要的是藉以自我解剖。他後來説：「我從別國裏竊得火來，本意卻在煮自己的肉的，」[八十]深刻的反思，扣緊自我省察的態度，跟他青年留日時期生命哲學的傾向，基本是一貫的。因此這一時期的著譯，雖外向以政治爲主，同時有其內向的生命蘊涵。魯迅的基調仍然是本色的文學家，而不是權充文學家而實爲政論家之類。他在一九二八、二九年間，先後譯出《文藝政策》、盧氏《藝術論》、蒲氏《藝術論》等多種理論著作、俄蘇革命作家與「同路人」的小説多篇；還與友人創辦《奔流》、《朝花》等期刊，揭載新興文藝論著。這種活動的形式，跟他昔年在日本從事文藝活動的形式非無相類，生命歷程似乎經過了一個大螺旋而提高一境。他雖然說過，廣州事變使他「用了懷疑的眼光去看青年」，[八一]但他仍然在柔石這些好青年中見到「身外的青春」，在革命文學家中也欣賞像馮雪峯那樣比較有識見的青年。不過他也不時感到孤身獨往的意態，他常比青年們走得更前。這幾年他「創作」的成績比不上往日，但整體思想調整的規模與文字工作的繁密，並不遜於以往的時期。

(五) 從「怒向刀叢」到「夢墜空雲」

「中國左翼作家聯盟」一九三〇年三月成立於上海，魯迅出席大會，當選爲常務委員。在此稍前，他也曾出席「中國自由運動大同盟」成立大會。這兩件事，政治上他表了態，跟「壕塹戰」法似乎有異。他站了出來，當了旗幟。果然馬上成爲對方攻擊的主要目標，被浙江省黨部宣布爲「墮落文人」下令通緝，遭報章漫罵恐嚇，號爲「貳臣」；而他也被逼多次離家避禍。統治當局對革命者迫害捕殺，革命者英勇反抗卻又輕率盲動，還加上諸色文人各式各樣表演，三十年代前期上海正是兩股政治力量激烈並殘酷地較量的大舞臺；上海有租界與「半租界」，比中國其他地區提供更多活動空間以資攻守閃挪，遂於此演出中國文化戰場波譎雲詭的一幕又一幕的生死對決。

從三〇年加入左聯到三六年底左聯解散這六年，以及左聯解散後的大半年，魯迅明確地以「左翼作家」形態出現。既是革命者，表同情於無產階級革命事業；但同時不失作家本務，以文學藝術爲基本活動，襄助這個事業。他注意到文學的這一分工的特點。尤其重要的，他能作自主判斷，有鮮明的個性、獨特的識見、深廣的經驗，包括社會批判與文藝活動的經驗。他在這六七年(還可以加上其前的兩三年)對左翼革命事業與革命文學的思考探索與實踐，可以視爲中國優秀知識份子面臨新的歷史時期，探求救國的新道路，努力的一種表現。革命或成功或挫折，人生或充實或迷惘，文學成績高下短長，影響或正或反或隱或顯，都可供此後若干輩人不斷評說思量。魯迅身在其中，所寫的文章，所表現的風骨節慨，學問識見，包括其中的矛盾複雜，還有生命內涵，無疑對後來者產生持續不衰的魅力。

在左聯成立的頭兩三年，雖然遭受當局迫害，他志氣還是昂揚的，對事業是有信心的。迫害實在非常嚴酷，尤以一九三一年柔石等被捕及秘密處死，三三年楊銓被暗殺，兩次魯迅都有隕身之虞。柔石失蹤，他出逃躲藏在旅店中，吟出「忍看朋輩成新鬼，怒向刀叢覓小詩」之句；[八二]楊銓之死，挺身送殯，歸作「何期淚灑江南雨，又爲斯民哭健兒」之詩[八三]。柔石是魯迅很喜歡的青年，他與白莽等人被捕殺，魯迅編刊《前哨》痛悼，兩年後又寫成悲憤沉雄的文章〈爲了忘卻的記念〉。楊銓之死，他備受白色恐怖的直接威脅，但他給朋友信中說：「只要我還活着，就要拿起筆，去回敬他們的手鎗。」[八四]在危難中，還有種種蜚短流長，造謠誣陷，當局進一步查禁書刊，刪檢文章。一九三四年間，他給友人的信說：「我有生以來，從未見過近來這樣的黑暗。」[八五]他的處境越來越險惡，他的戰意卻也越來越頑强。黑暗固然主要來自當政者，但令他意想不到的是，暗箭後來竟有來自同一營壘的。外內交迫，困窘難行。他逝世前一個月，給朋友信中痛言國內「處處荆天棘地」。[八六]

他清醒而痛苦地面對這樣的處境。生命所寄，乃革命文學事業。一方面，他明確指出「無産文學是無産階級解放鬥爭底一翼」，[八七]因此要求革命文學家，「至少是必須和革命共同着生命，或深切地感受着革命脈搏的」。[八八]他本於歷來的經驗，强調「韌」[八九]性的持久不斷的鬥爭，而對投機取巧的「才子加流氓」的所謂「革命文學家」施以嘲諷或諍諫。一方面，他强調「文學」的手段，在左聯開頭的幾年，他編譯極勤，雜文也寫了不少，工作的緊張和密度絕不遜於北京時期。於文學理論之移譯及通過論戰加以應用闡述，俄蘇小說之譯介，都做了大量工作。然而他又確實長時期沒有寫出「創作」一類的小說或散文詩，他寫的是論述、雜感與文藝評論。筆下這種轉變，作爲文學家的魯迅，無疑要從寫作的內容形式與時代任務諸方面，嚴肅思考。

自從《而已集》在一九二八年十月出版後，魯迅已多年没有出過自己的著作集。直到一九三二年四月，才把來滬前後五年的「雜文」編成《三閑集》、《二心集》兩本集子。關於這種文體的名目，《三閑集·序言》尚沿用北京時期所用「雜感」一名，但寫在六天之後的《二心集·序言》，便改名「雜文」。在二三十年代一般觀念中，「雜文」跟「創作」有別。一九三三年三月給日本朋友的信中説：「我雖也想寫些創作，但以中國現狀看來，無法寫。最近適應社會的需要，寫了些短評。」[90]就在三三年初，他曾想寫一個中篇或短篇小説，但不果。同在三三年，他開始投稿《申報·自由談》，化名寫「短評」，上半年所作結集爲《僞自由書》。該年年底又編兩年來「雜文」爲《南腔北調集》。他對這種體裁——不管名之曰短評、短論、隨筆、雜感、雜文也好，早已運用得心應手，此時更增自信。就在一九三三年七月，瞿秋白化名何凝編選《魯迅雜感選集》出版，選録從《熱風》到《二心集》七個集子十五年來的文章。序言除了就「思想鬥爭史」肯定魯迅的「重要地位」之外，對這種體裁也肯定其藝術意義：「雜感這種文體，將要因爲魯迅而變成文藝性的論文（阜利通——feuilleton）的代名詞。」他强調這種文體具有「更直接更迅速的反應社會上的日常事變」的特點。同年，在林語堂等帶動下，「小品文」異常興盛，格局卻趨於「小擺設」。魯迅多次爲文批評，並斷言：「生存的小品文，必須是匕首，是投槍，能和讀者一同殺出一條生存的血路的東西。」[九一]這正是瞿秋白所强調的雜感的「戰鬥的意義」。於是，「雜文」這一體裁，便在「官民的明明暗暗、軟軟硬硬的圍剿」[九二]中確立起來。一九三五年他編定兩年來的作品，索性以《且介亭雜文》命名其集。「雜文」從此成爲現代中國文學的重要類文。

在魯迅的「雜文」集中，其實收錄了多種體式的文章，包括説理文字，論戰文章，以至抒感記事之作。基本面向社會，與時代同其步伐，「爲現在抗爭」，是「感應的神經，攻守的手足」[九三]。同時也具有藝術的意味，「論時事不留面子，砭錮弊常取類型，」[九四]又云：「我的雜文，所寫的常是一鼻、一嘴、一毛，但合起來，已幾乎是或一形象的全體。」[九五]「類型」與「形象」，正是「創作」(小説、詩)的要素，於是雜文便提到與創作同一藝術層次。説理中且顯情志，不徒形象點染，更具生命感受。魯迅的雜文，正映帶出他的悲憤沉鬱的生命歷程。[九六]他自己也愈來愈自覺此等文字包含的深廣的意蘊。一九三六年初，他一度想彙編三十年的著述，曾擬目錄兩種。其中一種，把從《墳》到《而已集》，合爲一組，中間包括《吶喊》、

《彷徨》，總題曰「人海雜言」；自《三閑集》至《且介亭雜文二集》一組，俱「雜文」集子，總題曰「荊天叢草」。便打破了外在文章的體類，而見出此中的社會性與生命感了。

因此魯迅的「雜文」集子包容寬廣，小說詩歌「創作」除外，衆體雜陳，既面向時代風雲，也蘊涵人生體味。但魯迅雜文的大宗，畢竟是戰鬥的「阜利通」，指向敵人，和讀者一同殺出一條生存的血路。至於戰鬥者本人的心路曲折，「靈魂的拷問」，如《野草》的散文詩所展現者，在此只成潛隱的伏流。雜文須對有害的事物，「立刻給以反響或抗爭」；[九七]跟「創作」之在虛實之間多所迴旋，匠心構意有別。所以瞿秋白也承認「不能够代替創作」。「雜文」和「創作」固然經魯迅運筆如椽，俱入「文藝之林」，無分高下，且爲作者整體生命情志所統攝，但畢竟事理與情志、戰伐與吟味，輕重有異，神思自殊。

左聯前期，魯迅戰意昂揚，但「創作」中輟；感興沉吟，只於舊體詩中表現。魯迅存詩，亦大半作於一九三一至三三年。其後左聯遭受壓迫益甚，內部亦隔閡日增。一九三四年下半年起，魯迅不只一次說到「自己營壘裏的蛀蟲」[九八]「友軍中的從背後來的暗箭」。[九九]憤怒之情，又復孤身「獨戰」之感[一〇〇]，是否觸動他重又反顧，回思「創作」，這也許難以斷定；但我們看到，他在一九三四年下半年，重拾中斷了長達七年的小說之筆，繼〈眉間尺〉之後續寫古代題材的短篇，成〈非攻〉。次年繼〈理水〉後，還應巴金之約，趕出〈采薇〉等三篇，加上早年所作，集成《故事新編》一書。一九三四年底，友人爲他編成《集外集》，收錄逸文與舊體詩，魯迅序言謂不悔少作。一九三五年他編選《中國新文學大系·小說二集》，翻譯《死魂靈》，編輯亡友瞿秋白的遺譯《海上述林》，替「奴隸社」的三位青年的創作寫序[一〇一]，加上趕成《故事新編》，工作繁重，似乎又恢復了他前期從事文藝的工作密度。不過他心境非無日益寂寞蒼涼的一面。舊體詩壓卷〈亥年殘秋偶作〉寫於三五年，有「老歸大澤菰蒲盡，夢墜空雲齒髮寒」[一〇二]之句。一九三六年，圍繞左聯解散之事，魯迅甚感不快，病情日益嚴重。大病隙中，寫下〈女吊〉等回憶散文，恍如回到十年前寫〈舊事重提〉的意味。好些「雜文」還帶抒情「散文筆調」，如〈這也是生活〉、〈死〉，較多展露個人心境，有點回到昔年《墳》的後記的自剖之筆。

在世最後的一兩年，他還有些未及實現的寫作計劃，包括學術與創作。他考慮續寫中國文學史，他曾動念創作以中國四代知識分子爲題材的長篇小說。[一〇三]他並不放棄「短評」，認爲「不能不寫」。[一〇四]但他在孤獨中，在病弱中，卻似乎恢復了藝術與生命的複調交響。雖則生命的沉思與藝術的絢爛，表現於文字者頗遜於《野草》時期，但心迹仍然可尋覓。據馮雪峯回憶，魯迅在最後的日子裏，心情有時相當陰暗和頹唐，有時又非常開朗。[一〇五]這其實是魯迅大半生的生命情態的主調，其個人生命又與民族生命憂患與共。

魯迅逝世，正當中華民族又一度處於危難與轉折之交。靈柩上覆蓋的錦旗上三個大字「民族魂」，既肯定其一生功績與民族生命相連，也預示了此後一段頗長時期「學習魯迅」的大方向。魯迅進入中國現代歷史行程，不僅在其生時，尤其在其死後；不僅以「文學家」的身份，而且以更爲複雜的角色。也許二十世紀中國的「文學家」的構成，本來就相當複雜；在這過渡階段，往往要求同時是藝術家與思想家，文化傳承者、批判者、創造者，社會良知，社會觀察者、實踐者，乃至政治參與者、革命者，承擔從傳統「讀書人」到現代「知識分子」異常沉重的責任。魯迅其人其文，正充分體現這份複雜與豐富，並與現代歷史的複雜與詭譎交織在一起。於是魯迅作品成爲可供一代又一代人解讀詮釋的文本，並一直保持其思想的衝力與藝術的魅力，於今不替。

一九九一年六月初稿
一九九二年六月改稿

註釋

一 〈書信、致蕭軍〉：全集卷十三，頁一九六（本書引《魯迅全集》，據人民文學出版社一九八一年版的十六卷本）。本書頁五〇二。

二 〈吶喊．自序〉：全集卷一，頁四一五，本書頁一二五。

三 〈集外集拾遺．英譯本短篇小說選集自序〉：全集卷七，頁三八九。

四 同註三。

五 同註二。

六 〈熱風．隨感錄三十三〉：全集卷一，頁二九八。

七 〈墳．摩羅詩力說〉：全集卷一，頁六三，本書頁一二。

八 〈墳．摩羅詩力說〉：全集卷一，頁九九，本書頁一三。

九 〈墳．科學史教篇〉：全集卷一，頁三五。

十 〈墳．摩羅詩力說〉：全集卷一，頁七一—七二。

十一 〈墳．文化偏至論〉：全集卷一，頁五二。

十二 〈墳．摩羅詩力說〉：全集卷一，頁九九，本書頁一二。

十三 〈墳．文化偏至論〉：全集卷一，頁四六，本書頁一五。

十四 原文作勳賓霍爾、契開迦爾，尼佉、按契爾凱郭爾，又譯祁克果，爲存在主義之先驅。

十五 〈譯文序跋集·域外小説集雜識〉：全集卷十，頁一五九。

十六 一九〇三年寫的〈斯巴達之魂〉是例外，文見〈集外集〉：全集卷七，頁九—十六。

十七 同註一。

十八 〈墳·寫在墳後面〉：全集卷一，頁二八五。

十九 〈墳·文化偏至論〉：全集卷一，頁四四。

二十 〈墳·文化偏至論〉：全集卷一，頁五六。

二一 〈書信·致許壽裳〉：全集卷十一，頁三二七。

二二 〈集外集拾遺·哀范君三章〉：全集卷七，頁四二五。

二三 〈吶喊·狂人日記〉：全集卷一，頁四二五，本書頁二七。

二四 〈墳·我之節烈觀〉：全集卷一，頁一二五。

二五 〈熱風·隨感録二十五〉：全集卷一，頁二九六。

二六 〈吶喊·自序〉：全集卷一，頁四一五，本書頁一二五。

二七 〈熱風·題記〉：全集卷一，頁二九二。

二八 〈墳·我們現在怎樣做父親〉：全集卷一，頁一三〇，本書頁六八。

二九 〈集外集拾遺補編·隨感録〉：全集頁八〇，本書頁四三。

三十 〈墳·寫在墳後面〉：卷一，頁二八六。這裏雖然説的是文章，又寫在一九二六年底，但可以概括魯迅從晚清以來對「進化論」的基本認識。

三一 〈熱風·隨感録四十一〉：全集卷一，頁三二五，本書頁四六。

三二 〈熱風·隨感録六十六·生命的路〉：全集卷一，頁三六八，本書頁七〇。

三三　〈吶喊．故鄉〉：全集卷一，頁四八五。

三四　〈南腔北調集．自選集自序〉：全集卷四，頁四五六。

三五　〈吶喊．自序〉：全集卷一，頁四一九，本書頁一三〇。

三六　即寫女媧補天的〈不周山〉，曾編入《吶喊》，後抽出。收入《故事新編》時，改名〈補天〉。

三七　參〈南腔北調集．自選集自序〉：全集卷四，頁四五五；及〈南腔北調集．我怎麼做起小說來〉：全集卷四，頁五一一—五一二。

三八　〈集外集．俄文譯本阿Q正傳序〉：全集卷七，頁八一—八二。

三九　〈兩地書．二四〉：全集卷十一，頁七九。

四十　〈南腔北調集．自選集自序〉：全集卷四，頁四五五。

四一　〈阿Q正傳〉最初分章發表於《晨報副刊》，第一章刊在「開心話」欄上，第二章起移在「新文藝」欄裏。

四二　〈南腔北調集．自選集自序〉：全集卷四，頁四五六。

四三　該校於一九二四年改名「北京女子師範大學」，簡稱「女師大」。

四四　〈墳．娜拉走後怎樣〉：全集卷一，頁一五九。

四五　〈墳．娜拉走後怎樣〉全集卷一，頁一六四。

四六　在此之前，一九二〇年創作的〈明天〉，已以婦女爲主角。

四七　廚川白村《苦悶的象徵》，魯迅譯，收入《魯迅譯文集》（人民文學出版社，一九五八年）卷三。引文見頁二二〇，頁二二三。

四八　〈野草．希望〉：全集卷二，頁一七七—一七八，本書頁一六八。

四九　同註四七。

五十 〈兩地書・二〉：全集卷十一，頁一六，頁廿一等，本書頁一八四。

五一 〈兩地書・八〉：全集卷十一，頁三二。

五二 〈兩地書・一七〉：全集卷十一，頁六三。

五三 〈墳・再論雷峰塔的倒掉〉：全集卷一，頁一九四。

五四 〈墳・燈下漫筆〉：全集卷一，頁二一二—二一三，本書頁一九五。

五五 〈墳・燈下漫筆〉：全集卷一，頁二一六，本書頁二〇一。

五六 〈墳・論睜了眼看〉：全集卷一，頁二四一，本書頁二二五。

五七 〈兩地書・一二〉：全集卷十一，頁四六。

五八 〈華蓋集・題記〉：全集卷三，頁五。

五九 〈野草・這樣的戰士〉：全集卷二，頁二一五，本書頁二八三。

六十 〈二心集・野草英文譯本序〉：全集卷四，頁三五六。

六一 〈華蓋集續編・無花的薔薇之二〉：全集卷三，頁二六四，本書頁三〇四。

六二 〈南腔北調集・自選集自序〉：全集卷四，頁四五六。

六三 「華蓋在上，就要給罩住了，只好碰釘子」，見〈華蓋集・題記〉：全集卷三，頁四。

六四 〈華蓋集續編・記念劉和珍君〉：全集卷三，頁二七三，頁二七七，本書頁三一一。

六五 〈華蓋集續編・空談〉：全集卷三，頁二八一。

六六 〈兩地書・二〉：全集卷十一，頁十六。

六七 魯迅曾多次談到解剖自己，其中一次，說於一九二六年底：「我的確時時解剖別人，然而更多的是更無情面地解剖我自己」，見〈墳・寫在墳後面〉，全集卷一，頁二八四。

六八 〈朝花夕拾・小引〉：全集卷二，頁二二九，本書頁三七六。
六九 編定成集時改題作《朝花夕拾》。
七十 一九二六年底的〈奔月〉與一九二七年寫定的〈眉間尺〉，（收入《故事新編》時改名〈鑄劍〉）。
七一 〈三閑集・在鐘樓上〉：全集卷四，頁三三。
七二 如〈而已集・革命時代的文學〉：全集卷三，頁四一七—四二三。
七三 〈墳・摩羅詩力説〉：全集卷一，頁六五，本書頁一二。
七四 「雖然明知前路是墳，而偏要走，就是反抗絕望，因爲我以爲絕望而反抗者難，比因希望而戰鬥者更勇猛，更悲壯。」見〈書信・致趙其文〉：全集卷十一，頁四四二。
七五 〈野草・題辭〉：全集卷二，頁一六〇，本書頁三七五。
七六 「因爲從舊壘中來，情形看得較爲分明，反戈一擊，易制强敵的死命。」見〈墳・寫在墳後面〉：全集卷一，頁二八六。
七七 〈三閑集・序言〉：全集卷四，頁五。
七八 〈書信・致陳濬〉：全集卷十一，頁六四六。
七九 〈二心集・上海文藝之一瞥〉：全集卷四，頁二九二。
八十 〈二心集・「硬譯」與「文學的階級性」〉：全集卷四，頁二〇九，本書頁四二四。
八一 同註七七。
八二 〈南腔北調集・爲了忘卻的記念〉：全集卷四，頁四八五，本書頁四四九。
八三 〈集外集拾遺・悼楊銓〉：全集卷七，頁四四三，全詩四句：「豈有豪情似舊時，花開花落兩由之，何期淚灑江南雨；又爲斯民哭健兒。」

八四 〈書信·致山本初枝〉：全集卷十三，頁五二四。
八五 〈書信·致山本初枝〉：全集卷十三，頁五八九。
八六 〈書信·致王冶秋〉：全集卷十三，頁四二六。
八七 〈二心集·對於左翼作家聯盟的意見〉：全集卷四，頁二三六，本書頁四三一。
八八 〈二心集·上海文藝之一瞥〉：全集卷四，頁三〇〇。
八九 〈二心集·對於左翼作家聯盟的意見〉：全集卷四，頁二三七，本書頁四三二。
九十 〈書信·致增田涉〉：全集卷十三，頁五一四。
九一 〈南腔北調集·小品文的危機〉：全集卷四，頁五七六，本書頁四六七。
九二 〈且介亭雜文·序言〉：全集卷六，頁三。
九三 同註九二。
九四 〈僞自由書·前記〉：全集卷五，頁四，本書頁四六一。
九五 〈准風月談·後記〉：全集卷五，頁三八二。
九六 他説之所以投稿於《自由談》，「一是爲了朋友的交情，一則在給寂寞者以吶喊，也還是由於自己的老脾氣。」見〈僞自由書·前記〉：全集卷五，頁四，本書頁四六一。
九七 同註九二。
九八 〈書信·致蕭軍、蕭紅〉：全集卷十二，頁五八四。
九九 〈書信·致蕭軍、蕭紅〉：全集卷十三，頁一一六。
一〇〇 〈書信·致蕭軍、蕭紅〉：全集卷十二，頁五八六。
一〇一 即〈葉紫作豐收序〉，〈田軍作八月的鄉村序〉，〈蕭紅作生死場序〉，俱編入《且介亭雜文二集》。

一〇二　〈集外集拾遺．亥年殘秋偶作〉：全集卷七，頁四五一。

一〇三　據馮雪峯回憶，魯迅「計劃過一個規模很大的寫中國四代知識分子的長篇小說（所謂四代，即例如章太炎輩算一代，他自己一輩算一代，瞿秋白同志等輩算一代，以及比瞿秋白同志等稍後的一代。」見馮雪峯《回憶魯迅》（人民文學出版社，一九五二年），頁一九〇。

一〇四　馮雪峯《回憶魯迅》頁一九一。

一〇五　參馮雪峯《回憶魯迅》頁一四八。

自傳

魯迅自傳，現存三篇。第一篇寫於一九二五年，編入《集外集》，題作《俄文譯本阿Q正傳序及著者自叙傳略》。第二篇寫於一九三〇年，編入一九三八年版《魯迅全集》附錄。本文是第三篇，乃應美國人伊羅生編選《草鞋腳》（中國現代短篇小説集）一書而寫的小傳，據前兩篇增删成文，作於一九三四年三四月間。

魯迅，以一八八一年生于浙江之紹興城内姓周的一個大家族里。父親是秀才；母親姓魯，鄉下人，她以自修到能看文學作品的程度。家里原有祖遺的四五十畝田，但在父親死掉之前，已經賣完了。這時我大約十三四歲，但還勉强讀了三四年多的中國書。

因爲没有錢，就得尋不用學費的學校，于是去到南京，住了大半年，考進了水師學堂。不久，分在管輪班，我想，那就上不了艙面了，便走出，又考進了礦路學堂，在那里畢業，被送往日本留學。但我又變計，改而學醫，學了兩年，又變計，要弄文學了。于是看些文學書，一面翻譯，也作些論文，設法在刊物上發表。直到一九一〇年，我的母親無法生活，這才回國，在杭州師範學校作助教，次年在紹興中學作監學。一九一二年革命後，被任爲紹興師範學校校長。

但紹興革命軍的首領是强盜出身，我不滿意他的行爲，他説要殺死我了，我就到南京，在教育部辦事，由此進北京，做到社會教育司的第二科科長。一九一八年「文學革命」運動起，我始用「魯迅」的筆名作小説，登在《新青年》上，以後就時時作些短篇小説和短評；一面也做北京大學，師範大學，女子師範大學的講師。因爲做評論，敵人就多起來，北京大學教授陳源開始發表這「魯迅」就是我，由此弄到段祺瑞將我撤職，並且還要逮捕我。我只好離開北京，到厦門大學做教授；約有半年，和校長以及別的幾個教授衝突了，便到廣州，在中山大學做了教務長兼文科教授。

又約半年，國民黨北伐分明很順利，厦門的有些教授就也到廣州來了，不久就清黨，我一生從未見過有這麽殺人的，我就辭了職，回到上海，想以譯作謀生。但因爲加入自由大同盟，聽説國民黨在通緝我了，我便躲起來。此後又加入了左翼作家聯盟，民權同盟。到今年，我的一九二六年以後出版的譯作，幾乎全被國民黨所禁止。

我的工作，除翻譯及編輯的不算外，創作的有短篇小説集二本，散文詩一本，回憶記一本，論文集一本，短評八本，《中國小説史略》一本。

（一九三四年）

一 青年時期（一八九八——一九一七）

寄意寒星荃不察

我以我血薦軒轅

靈臺無計逃神矢，
風雨如磐闇故園。
寄意寒星荃不察，
我以我血薦軒轅。

自題小像　一九〇三

戛劍生雜記(節錄)

這是現存的魯迅最早的文字，一九三六年十月廿四日(魯迅逝世後五日)，周作人寫《關於魯迅》一文，從舊日記中錄出。戛劍生是魯迅早年的別號。雜記共四則，茲選第一則。寫於一八九八年，作者時十八歲，離鄉赴南京就學。

行人于斜日將墮之時，暝色逼人，四顧滿目非故鄉之人，細聆滿耳皆異鄉之語，一念及家鄉萬里，老親弱弟必時時相語，謂今當至某處矣，此時真覺柔腸欲斷，涕不可仰。故

8

予有句云：「日暮客愁集，烟深人語喧。」皆所身歷，非托諸空言也。（一八九八年）

摩羅詩力說（節錄）

這是作者留日時期，棄醫從文後，發表的文學論文，刊於河南籍留日學生在東京出版的《河南》雜誌上，署名令飛。文章介紹歐洲十九世紀浪漫派詩人拜倫等八人，借佛經中「摩羅」一詞以名「撒旦」詩派。篇中材料雖取自日、德文書刊，但篇首篇末，語涉國情，呼喚「精神界之戰士」出現於中國。

一

人有讀古國文化史者，循代而下，至于卷末，必凄以有所覺，如脫春溫而入于秋肅，勾萌絕朕，枯槁在前，吾無以名，姑謂之蕭條而止。蓋人文之留遺後世者，最有力莫如心聲。古民神思，接天然之閟宮，冥契萬有，與之靈會，道其能道，爰爲詩歌。其聲度時劫而入人心，不與緘口同絕；且益曼衍，視其種人。遞文事式微，則種人之運命亦盡，羣生輟響，榮華收光；讀史者蕭條之感，即以怒起，而此文明史記，亦漸臨末頁矣。凡負令譽於史初，開文化之曙色，而今日轉爲影國者，無不如斯。……

……所謂古文明國者，悲涼之語耳，嘲諷之辭耳！中落之胄，故家荒矣，則喋喋語人，謂厥祖在時，其爲智慧武怒者何似，嘗有閎宇崇樓，珠玉犬馬，尊顯勝于凡人。有聞其言，孰不騰笑？夫國民發展，功雖有在于懷古，然其懷也，思理朗然，如鑑明鏡，時時上征，時時反顧，時時進光明之長塗，時時念輝煌之舊有，故其新者日新，而其古亦不死。若不知所以然，漫夸耀以自悅，則長夜之始，即在斯時。……詩人絕迹，事若甚微，而蕭條之感，輒以來襲，意者欲揚宗邦之真大，首在審己，亦必知人，比較既周，爰生自覺。自覺之聲發，每響必中于人心，清晰昭明，不同凡響。非然者，口舌一結，衆語俱淪，沈默之來，倍于前此。蓋魂意方夢，何能有言？即震于外緣，强自揚厲，不惟不大，徒增欷耳。故曰國民精神之發揚，與世界識見之廣博有所屬。

今且置古事不道，別求新聲于異邦，而其因即動于懷古。新聲之別，不可究詳；至力足以振人，且語之較有深趣者，實莫如摩羅詩派。摩羅之言，假自天竺，此云天魔，歐人謂之撒旦，人本以目裴倫 (G. Byron)。今則舉一切詩人中，凡立意在反抗，指歸在動作，而爲世所不甚愉悅者悉入之，爲傳其言行思惟，流別影響，始宗主裴倫，終以摩迦(匈加利)文士。凡是羣人，外狀至異，各稟自國之特色，發爲光華；而要其大歸，則趣于一：大都不爲順世和樂之音，動吭一呼，聞者興起，爭天拒俗，而精神復深感後世人心，綿延至于無已。……

……

上述諸人，其爲品性言行思惟，雖以種族有殊，外緣多別，因現種種狀，而實于一宗：無不剛健不撓，抱誠守眞；不取媚于羣，以隨順舊俗；發爲雄聲，以起其國人之新生，而大其國于天下。求之華土，孰比之哉？夫中國之立于亞洲也，文明先進，四鄰莫之與倫，蹇視高步，因益爲特別之發達；及今日雖彫苓，而猶與西歐對立，此其幸也。顧使往昔以來，不事閉關，能與世界大勢相接，思想爲作，日趣于新，則今日方卓立宇內，無所愧遜于他邦，榮光儼然，可無蒼黃變革之事，又從可知爾。故一爲相度其位置，稽考其邂逅，則震旦爲國，得失滋不云微。得者以文化不受影響于異邦，自具特異之光采，近雖中衰，亦世希有。失者則以孤立自是，不遇校讎，終至墮落而之實利；爲時既久，精神淪亡，逮蒙新力一擊，即砉然冰泮，莫有起而與之抗。加以舊染既深，輒以習慣之目光，觀察一切，凡所然否，謬解爲多，此所爲呼維新既二十年，而新聲迄不起于中國也。夫如是，則精神界之戰士貴矣。……

今索諸中國，爲精神界之戰士者安在？有作至誠之聲，致吾人于善美剛健者乎？有作溫煦之聲，援吾人出于荒寒者乎？……

一九〇七年作。

12

文化偏至論（節錄）

本文亦刊於《河南》，署名迅行。針對當時國人拾取西方文明一二端，號爲「新學」，叢生流弊。進而評論西方文化思想變遷，以矯近世重物質、張象數之「偏至」。此說當受尼采等人影響，提倡主體自覺與個人尊嚴，期望中國轉爲「人國」。

中國既以自尊大昭聞天下，善詆諆者，或謂之頑固；且將抱守殘闕，以底於滅亡。近世人士，稍稍耳新學之語，則亦引以爲愧，翻然思變，言非同西方之理弗道，事非合西方之術弗行，掊擊舊物，惟恐不力，曰將以革前繆而圖富强也。……顧若而人者，當其號召張皇，蓋蔑弗託近世文明爲後盾，有佛戾其說者起，輒諡之曰野人，謂爲辱國害羣，罪當甚于流放。第不知彼所謂文明者，將已立準則，愼施去取，指善美而可行諸中國之文明乎，抑成事舊章，咸棄捐不顧，獨指西方文化而爲言乎？物質也，衆數也，十九世紀末葉文明之一面或在兹，而論者不以爲有當。蓋今所成就，無一不繩前時之遺迹，則文明必日有其遷流，又或抗往代之大潮，則文明亦不能無偏至。誠若爲今立計，所當稽求既往，相度方來，掊物質而張靈明，任箇人而排衆數。人既發揚踔厲矣，則邦國亦以興起。……曰物質也，衆數也，其道偏至。根史實而見于西方者不得已，橫取而施之中國則非也。

……歐洲十九世紀之文明，其度越前古，凌駕亞東，誠不俟明察而見矣。然既以改革而胎，反抗爲本，則偏于一極，固理勢所必然。洎夫末流，弊乃自顯。于是新宗蹶起，特反其初，復以熱烈之情，勇猛之行，起大波而加之滌蕩。直至今日，益復浩然。其將來之結果若何，蓋未可以率測。然作舊弊之藥石，造新生之津梁，流衍方長，曼不遽已，則相其本質，察其精神，有可得而徵信者。意者文化常進于幽深，人心不安于固定，二十世紀之文明，當必沈邃莊嚴，至與十九世紀之文明異趣。新生一作，虛僞道消，內部之生活，其將愈深且强歟？精神生活之光耀，將愈興起而發揚歟？成然以覺，出客觀夢幻之世界，而主觀與自覺之生活，將由是而益張歟？內部之生活强，則人生之意義亦愈邃，箇人尊嚴之旨趣亦愈明，二十世紀之新精神，殆將立狂風怒浪之間，恃意力以闢生路者也。中國在今，內密既發，四鄰競集而迫拶，情狀自不能無所變遷。夫安弱守雌，篤于舊習，固無以爭存于天下。第所以匡救之者，繆而失正，則雖日易故常，哭泣叫號之不已，于憂患又何補矣？此所爲明哲之士，必洞達世界之大勢，權衡校量，去其偏頗，得其神明，施之國中，翕合無間。外之既不後于世界之思潮，內之仍弗失固有之血脈，取今復古，別立新宗，人生意義，致之深邃，則國人之自覺至，箇性張，沙聚之邦，由是轉爲人國。人國既建，乃始雄厲無前，屹然獨見于天下，更何有于膚淺凡庸之事物哉？……是故將生存兩間，角逐列國是務，其首在立人，人立而後凡事舉；若其道術，乃必尊個性而張精神。假不如是，槁喪且不竢夫一世。

（一九〇七年）

《域外小說集》序言

周氏兄弟留日時期用文言文翻譯西方短篇小說，於宣統元年（一九〇九）在東京先後出版二集。序言所云「異域文術新宗」入華，即《摩羅詩力說》所云「別求新聲於異邦」之實踐。

《域外小說集》爲書，詞致樸訥，不足方近世名人譯本。特收錄至審慎，迻譯亦期弗失文情。異域文術新宗，自此始入華土。使有士卓特，不爲常俗所囿，必將犁然有當于心，按邦國時期，籀讀其心聲，以相度神思之所在。則此雖大濤之微漚與，而性解思惟，實寓于此。中國譯界，亦由是無遲莫之感矣。

己酉正月十五日。

（一九〇七年）

《越鐸》出世辭

魯迅於宣統元年（一九〇九）夏回國，先後就任杭州兩級師範學堂教員、紹興府中學堂監學。辛亥年（一九一一）武昌起義，浙江宣布獨立。魯迅組織學生武裝巡行，迎接紹興光復，光復後受委任爲浙江山會初級師範學堂監督。他在該年底支持越社青年辦《越鐸日報》。「越」是紹興的古稱，「鐸」是鈴鐸，古代鳴鐸以示警戒。辦報用意即在督責紹興「軍政分府」切實執行共和之治。魯迅爲該報撰寫發刊辭。刊於民國元年（一九一二）一月三日，署名黃棘。

于越故稱無敵于天下，海岳精液，善生俊異，後先絡驛，展其殊才，其民復存大禹卓苦勤勞之風，同勾踐堅確慷慨之志，力作治生，綽然足以自理。世俗遞降，精氣播遷，則漸專實利而輕思理，樂安謐而遠武術，鷙夷乘之，爰忽顛隕，全髮之士，繫踵蹈淵，而黃神嘯吟，民不再振。辮髮胡服之虜，旃裘引弓之民，翔步于無余之舊疆者，蓋二百餘年矣。

已而思士篤生，上通帝旨，轉輪之說，彌淪大區，國士桓桓，則首舉義旗于鄂。諸出響應，濤起風從，華夏故物，光復太半，東南大府，亦赫然歸其主人。越人于是得三大自由，以更生于越，索虜則負無量罪惡，以底于亡。民氣彭張，天日騰笑，孰善贊頌，庶猗偉之聲，將充宙合矣。顧專制久長，鼎鑊爲政，以聚斂窮其膏髓，以禁令制其譏平，瘠弱槁枯，爲日滋永，桎梏頓解，卷攣尚多，民聲寂寥，羣志幽閟，豈以爲匹夫無與于天下，尚如戴朔北之虜也。共和之治，人仔于肩，同爲主人，有殊台隸。前此罪惡，既咸以歸索虜，索虜不克負荷，俱以隕落矣。繼自今而天下興亡，庶人有責，使更不同力合作，爲華土謀，復見瘠弱槁枯，一如往日，則番番良士，其又將誰咎耶？

是故儕倫則念之矣，獨立戰始，且垂七旬，智者竭慮，勇士效命，而吾儕庶士，坐觀其成，儻不盡一得之愚，殆自放于國民之外。爰立斯報，就商同胞，舉文宣意，希翼治化。紓自由之言議，盡個人之天權，促共和之進行，尺政治之得失，發社會之蒙覆，振勇毅之精神。灌輸真知，揚表方物，凡有知是，貢其顓愚，力小願宏，企于改進。不欲守口，任華土更歸寂莫，復自負無量罪惡，以續前塵；庶幾聞者戒勉，收效毫厘，而吾人公民之責，亦借以盡其什一。

猗此于越，故稱無敵于天下，鶩夷縱虐，民生槁枯，今者解除，義當興作，用報古先哲人征營治理之業。唯專制永長，昭蘇非易，況復神馳白水，孰眷舊鄉，返顧高丘，正哀無女。嗚呼，此《越鐸》之所由作也！

（一九一二年）

二 吶喊聲中（一九一八——一九二二）

弄文罹文網

抗世違世情

弄文罹文網，
抗世遺世情。
積毀可銷骨，
空留紙上聲。

題《吶喊》一九三三

四

狂人日記

本篇刊於一九一八年五月《新青年》上，署名魯迅始此。這是新文學史上第一篇小說創作，是對上年胡適「文學改良」、陳獨秀「文學革命」主張的聲援。作者雖在辛亥秋冬曾作文言小說〈懷舊〉，白話小說則以此篇爲始，題目借用了俄國果戈理〈狂人日記〉篇名。作者在十七年後自評：「後起的〈狂人日記〉意在暴露家族制度和禮教的弊害，卻比果戈理的憂憤深廣，也不如尼采的超人的渺茫。」（見《中國新文學大系小說二集序》）

某君昆仲。今隱其名，皆余昔日在中學校時良友；分隔多年，消息漸闕。日前偶聞其一大病；適歸故鄉，迂道往訪，則僅晤一人，言病者其弟也。勞君遠道來視，然已早愈，赴某地候補矣。因大笑，出示日記二册，謂可見當日病狀，不妨獻諸舊友。持歸閱一過，知所患蓋「迫害狂」之類。語頗錯雜無倫次，又多荒唐之言；亦不著月日，惟墨色字體不一，知非一時所書。間亦有略具聯絡者，今撮録一篇，以供醫家研究，記中語誤，一字不易；惟人名雖皆村人，不爲世間所知，無關大體，然亦悉易去。至于書名，則本人愈後所題，不復改也。七年四月二日識。

一

今天晚上，很好的月光。

我不見他，已是三十多年；今天見了，精神分外爽快。纔知道以前的三十多年，全是發昏；然而須十分小心。不然，那趙家的狗，何以看我兩眼呢？

我怕得有理。

二

今天全沒月光，我知道不妙。早上小心出門，趙貴翁的眼色便怪：似乎怕我，似乎想害我。還有七八個人，交頭接耳的議論我。又怕我看見。一路上的人，都是如此。其中最兇的一個人，張着嘴，對我笑了一笑；我便從頭直冷到腳跟，曉得他們布置，都已妥當了。

我可不怕，仍舊走我的路。前面一夥小孩子，也在那里議論我；眼色也同趙貴翁一樣，臉色也都鐵青。我想我同小孩子有什麼讎，他也這樣。忍不住大聲說：「你告訴我！」他們可就跑了。

我想：我同趙貴翁有什麼讎，同路上的人又有什麼讎；只有廿年以前，把古久先生的陳年流水簿子，踹了一腳，古久先生很不高興。趙貴翁雖然不認識他，一定也聽到風聲，代抱不平；約定路上的人，同我作冤對。但是小孩子呢？那時候，他們還沒有出世，何以今天也睁着怪眼睛，似乎怕我，似乎想害我。這真教我怕，教我納罕而且傷心。

我明白了。這是他們娘老子教的！

三

晚上總是睡不着。凡事須得研究，纔會明白。

他們——也有給知縣打枷過的，也有給紳士掌過嘴的，也有衙役佔了他妻子的，也有老子娘被債主逼死的；他們那時候的臉色，全沒有昨天這麼怕，也沒有這麼兇。

最奇怪的是昨天街上的那個女人，打他兒子，嘴裏說道：「老子呀！我要咬你幾口纔出氣！」他眼睛卻看着我。我出了一驚，遮掩不住；那青面獠牙的一夥人，便都哄笑起來。陳老五趕上前，硬把我拖回家中了。

拖我回家。家裏的人都裝作不認識我；他們的眼色，也全同別人一樣。進了書房，便反扣上門，宛然是關了一隻雞鴨。這一件事，越教我猜不出底細。

前幾天，狼子村的佃戶來告荒，對我大哥說，他們村裏的一個大惡人，給大家打死了；幾個人便挖出他的心肝來，用油煎炒了喫，可以壯壯膽子。我插了一句嘴，佃戶和大哥便都看我幾眼。今天纔曉得他們的眼光，全同外面的那夥人一模一樣。

想起來，我從頂上直冷到腳跟。

他們會喫人，就未必不會喫我。

你看那女人「咬你幾口」的話，和一夥青面獠牙人的笑，和前天佃户的話，明明是暗號。我看出他話中全是毒，笑中全是刀，他們的牙齒，全是白厲厲的排着，這就是喫人的傢伙。

照我自己想，雖然不是惡人，自從踹了古家的簿子，可就難說了。他們似乎別有心思，我全猜不出。況且他們一翻臉，便說人是惡人。我還記得大哥教我做論，無論怎樣好人，翻他幾句，他便打上幾個圈；原諒壞人幾句，他便說：「翻天妙手，與衆不同。」我那里猜得到他們的心思，究竟怎樣；況且是要喫的時候。

凡事總須研究，纔會明白，古來時常喫人，我也還記得，可是不甚清楚。我翻開歷史一查，這歷史没有年代，歪歪斜斜的每葉上都寫着「仁義道德」幾個字。我横豎睡不着，仔細看了半夜，纔從字縫裏看出字來，滿本都寫着兩個字是「喫人」！

書上寫着這許多字，佃户說了這許多話，卻都笑吟吟的睜着怪眼睛看我。

我也是人，他們想要喫我了！

四

早上，我静坐了一會。陳老五送進飯來，一碗菜，一碗蒸魚；這魚的眼睛，白而且硬，張着嘴，同那一夥想喫人的人一樣。喫了幾筷，滑溜溜的不知是魚是人，便把他兜肚連腸的吐出。

我説：「老五，對大哥説，我悶得慌，想到園裏走走。」老五不答應，走了，停一會，可就來開了門。

我也不動，研究他們如何擺布我；知道他們一定不肯放鬆。果然！我大哥引了一個老頭子，慢慢走來；他滿眼兇光，怕我看出，只是低頭向着地，從眼鏡橫邊暗暗看我。大哥説：「今天你彷彿很好。」我説：「是的。」大哥説：「今天請何先生來，給你診一診。」我説：「可以！」其實我豈不知道這老頭子是劊子手扮的！無非借了看脈這名目，揣一揣肥瘠：因這功勞，也分一片肉喫。我也不怕；雖然不喫人，膽子卻比他們還壯。伸出兩個拳頭，看他如何下手。老頭子坐着，閉了眼睛，摸了好一會，呆了好一會；便張開他鬼眼睛説：「不要亂想。静静的養幾天，就好了。」

不要亂想，靜靜的養！養肥了，他們是自然可以多喫；我有什麼好處，怎麼會「好了」？他們這羣人，又想喫人，又是鬼鬼祟祟，想法子遮掩，不敢直捷下手，真要令我笑死。我忍不住，便放聲大笑起來，十分快活。自己曉得這笑聲裏面，有的是義勇和正氣。老頭子和大哥，都失了色，被我這勇氣正氣鎮壓住了。

但是我有勇氣，他們便越想喫我，沾光一點這勇氣。老頭子跨出門，走不多遠，便低聲對大哥說道：「趕緊喫罷！」大哥點點頭。原來也有你！這一件大發見，雖似意外，也在意中：合夥喫我的人，便是我的哥哥！

喫人的是我哥哥！

我是喫人的人的兄弟！

我自己被人喫了，可仍然是喫人的人的兄弟！

五

這幾天是退一步想：假使那老頭子不是劊子手扮的，真是醫生，也仍然是喫人的人。他們的祖師李時珍做的「本草什麼」上，明明寫着人肉可以煎喫；他還能說自己不喫人麼？

至于我家大哥，也毫不冤枉他。他對我講書的時候，親口說過可以「易子而食」；又一回偶然議論起一個不好的人，他便說不但該殺，還當「食肉寢皮」。我那時年紀還小，心跳了好半天。前天狼子村佃户來說喫心肝的事，他也毫不奇怪，不住的點頭。可見心思是同從前一樣狠。既然可以「易子而食」，便什麼都易得，什麼人都喫得。我從前單聽他講道理，也糊塗過去；現在曉得他講道理的時候，不但脣邊還抹着人油，而且心裏滿裝着喫人的意思。

六

黑漆漆的，不知是日是夜。趙家的狗又叫起來了。

獅子似的兇心，兎子的怯弱，狐狸的狡猾，……

七

我曉得他們的方法，直捷殺了，是不肯的，而且也不敢，怕有禍祟。所以他們大家連絡，布滿了羅網，逼我自戕。試看前幾天街上男女的樣子，和這幾天我大哥的作爲，便足可悟出八九分了。最好是解下腰帶，挂在梁上，自己緊緊勒死；他們沒有殺人的罪名，又償了心願，自然都歡天喜地的發出一種嗚嗚咽咽的笑聲。否則驚嚇憂愁死了，雖則略瘦，也還可以首肯幾下。

他們是只會喫死肉的！——記得什麼書上說，有一種東西，叫「海乙那」的，眼光和樣子都很難看；時常喫死肉，連極大的骨頭，都細細嚼爛，嚥下肚子去，想起來也教人害怕。「海乙那」是狼的親眷，狼是狗的本家。前天趙家的狗，看我幾眼，可見牠也同謀，早已接洽，老頭子眼看着地。豈能瞞得我過。

最可憐的是我的大哥，他也是人，何以毫不害怕；而且合夥喫我呢？還是歷來慣了，不以爲非呢？還是喪了良心，明知故犯呢？

我詛咒喫人的人，先從他起頭，要勸轉喫人的人，也先從他下手。

八

其實這種道理，到了現在，他們也該早已懂得，……

忽然來了一個人；年紀不過二十左右，相貌是不很看得清楚，滿面笑容，對了我點頭，他的笑也不像真笑。我便問他，「喫人的事，對麼？」他仍然笑着說：「不是荒年，怎麼會喫人。」我立刻就曉得，他也是一夥，喜歡喫人的；便自勇氣百倍，偏要問他。

「對麼？」

「這等事問他甚麼。你真會……說笑話。……今天天氣很好。」

天氣是好，月色也很亮了。可是我要問你，「對麼？」

他不以爲然了。含含胡胡的答道，「不……」

「不對？他們何以竟喫？！」

「没有的事……」

「没有的事？狼子村現喫；還有書上都寫着，通紅嶄新！」

他便變了臉，鐵一般青。睜着眼說，「也許有的，這是從來如此……」

「從來如此，便對麼？」

「我不同你講這些道理；總之你不該說，你說便是你錯！」

我直跳起來，張開眼，這人便不見了。全身出了一大片汗。他的年紀，比我大哥小得遠，居然也是一夥；這一定是他娘老子先教的。還怕已經教給他兒子了；所以連小孩子，也都惡狠狠的看我。

九

自己想喫人，又怕被別人喫了，都用着疑心極深的眼光，面面相覷。……

去了這心思，放心做事走路喫飯睡覺，何等舒服。這只是一條門檻，一個關頭。他們可是父子、兄弟、夫婦、朋友、師生、仇敵和各不相識的人，都結成一夥，互相勸勉，互相牽掣，死也不肯跨過這一步。

十

大清早，去尋我大哥；他立在堂門外看天，我便走到他背後，攔住門，格外沈靜，格外和氣的對他說；

「大哥，我有話告訴你。」

「你說就是。」他趕緊回過臉來，點點頭。

「我只有幾句話，可是說不出來。大哥，大約當初野蠻的人，都喫過一點人。後來因爲心思不同，有的不喫人了，一味要好，便變了人，變了真的人。有的卻還喫，——也同蟲子一樣，有的變了魚、鳥、猴子，一直變到人。有的不要好，至今還是蟲子。這喫人的人比不喫人的人，何等慚愧。怕比蟲子的慚愧猴子，還差得很遠很遠。

「易牙蒸了他兒子，給桀紂喫，還是一直從前的事。誰曉得從盤古開闢天地以後，一直喫到易牙的兒子；從易牙的兒子，一直喫到徐錫林；從徐錫林，又一直喫到狼子村捉住的人。去年城裏殺了犯人，還有個生癆病的人，用饅頭蘸血舐。

「他們要喫我，你一個人，原也無法可想；然而又何必去入夥。喫人的人，什麼事做不出；他們會喫我，也會喫你，一夥裏面，也會自喫。但只要轉一步，只要立刻改了，也就人人太平。雖然從來如此，我們今天也可以格外要好，說是不能！大哥，我相信你能說，前天佃户要減租，你說過不能。」

當初，他還只是冷笑，隨後眼光便凶狠起來，一到說破他們的隱情，那就滿臉都變成青色了。大門外立着一夥人，趙貴翁和他的狗，也在裏面，都探頭探腦的挨進來。有的是看不出面貌，似乎用布蒙着；有的是仍舊青面獠牙，抿着嘴笑。我認識他們是一夥，都是喫人的人。可是也曉得他們心思很不一樣，一種是以爲從來如此，應該喫的；一種是知道不該哭，可是仍然要哭，又怕別人說破他，所以聽了我的話，越發氣憤不過，可是抿着嘴冷笑。

這時候，大哥也忽然顯出凶相，高聲喝道：

「都出去！瘋子有什麼好看！」

這時候，我又懂得一件他們的巧妙了。他們豈但不肯改，而且早已布置；預備下一個瘋子的名目罩上我。將來喫了，不但太平無事，怕還會有人見情。佃户說的大家喫了一個惡人，正是這方法。這是他們的老譜！

陳老五也氣憤憤的直走進來。如何按得住我的口，我偏要對這夥人說，

「你們可以改了，從真心改起！要曉得將來容不得喫人的人，活在世上。

「你們要不改，自己也會喫盡。即使生得多，也會給真的人除滅了，同獵人打完狼子一樣！——同蟲子一樣！」

那一夥人，都被陳老五趕走了。大哥也不知那里去了。陳老五勸我回屋子裏去。屋裏面全是黑沈沈的。橫梁和椽子都在頭上發抖；抖了一會，就大起來。堆在我身上。

萬分沈重，動彈不得；他的意思是要我死。我曉得他的沈重是假的，便掙扎出來，出

了一身汗。可是偏要說，

「你們立刻改了，從真心改起！你們要曉得將來是容不得喫人的人，……」

十一

太陽也不出，門也不開，日日是兩頓飯。

我捏起筷子，便想起我大哥；曉得妹子死掉的緣故，也全在他。那時我妹子纔五歲，可愛可憐的樣子，還在眼前。母親哭個不住，他卻勸母親不要哭；大約因爲自己喫了，哭起來不免有點過意不去。如果還能過意不去，……

妹子是被大哥喫了，母親知道沒有，我可不得而知。

母親想也知道；不過哭的時候，卻並沒有說明，大約也以爲應當的了。記得我四五歲時，坐在堂前乘涼，大哥說爺娘生病，做兒子的須割下一片肉來，煮熟了請他喫纔算好人；母親也沒有說不行。一片喫得，整個的自然也喫得。但是那天的哭法，現在想起來，實在還教人傷心，這真是奇極的事！

十二

不能想了。

四千年來時時喫人的地方，今天纔明白，我也在其中混了多年；大哥正管着家務，妹子恰恰死了，他未必不和在飯菜裏，暗暗給我們喫。

我未必無意之中，不喫了我妹子的幾片肉，現在也輪到我自己，……

有了四千年喫人履歷的我，當初雖然不知道，現在明白，難見真的人！

十三

没有喫過人的孩子，或者還有？

救救孩子……

一九一八年四月。

四 人與時

作者於一九一八、一九年間，發表新詩六首於《新青年》，皆署名唐俟。這是第五首，哲理性較强。重視「現在」，是魯迅一貫的態度。

一人說，將來勝過現在。
一人說，現在遠不及從前。
一人說，什麼？
時道，你們都侮辱我的現在。

從前好的，自己回去。
將來好的，跟我前去。
這說什麼的，
我不知你說什麼。

（一九一八年）

隨感錄三十五

作者於一九一八、一九年間，寫出短評多則，署名唐俟，刊於《新青年》〈隨感錄〉欄中（編號乃按發表先後，與其他作者文章一起計算）。本篇

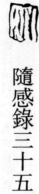

批評「國粹派」的主張。當時劉師培、林琴南等人提倡保存國粹，編刊《國粹學報》《國粹叢編》等，專對《新青年》而發。《新青年》作者多次還擊。

從清朝末年，直到現在，常常聽人説「保存國粹」這一句話。

前清末年説這話的人，大約有兩種：一是愛國志士，一是出洋游歷的大官。他們在這題目的背後，各各藏着別的意思。志士説保存國粹，是光復舊物的意思；大官説保存國粹，是教留學生不要去翦辮子的意思。

現在成了民國了。以上所説的兩個問題，已經完全消滅。所以我不能知道現在説這話的是那一流人，這話的背後藏着什麼意思了。

可是保存國粹的正面意思，我也不懂。

什麼叫「國粹」？照字面看來，必是一國獨有，他國所無的事物了。換一句話，便是特別的東西。但特別未必定是好，何以應該保存？

譬如一個人，臉上長了一個瘤，額上腫出一顆瘡，的確是與衆不同，顯出他特別的樣子，可以算他的「粹」。然而據我看來，還不如將這「粹」割去了，同別人一樣的好。

倘說：中國的國粹，特別而且好；又何以現在糟到如此情形，新派搖頭，舊派也歎氣。

倘說：這便是不能保存國粹的緣故，開了海禁的緣故，所以必須保存。但海禁未開以前，全國都是「國粹」，理應好了；何以春秋、戰國、五胡十六國鬧個不休，古人也都歎氣。

倘說：這是不學成湯、文、武、周公的緣故；何以真正成湯、文、武、周公時代，也先有桀、紂暴虐，後有殷頑作亂；後來仍舊弄出春秋、戰國、五胡十六國鬧個不休，古人也都歎氣。

我有一位朋友說得好：「要我們保存國粹，也須國粹能保存我們。」

保存我們，的確是第一義。只要問他有無保存我們的力量，不管他是否國粹。

（一九一八年）

40

隨感錄

本篇當年未曾發表。後據手稿編入《集外集拾遺補编》。

近日看到幾篇某國志士做的説被異族虐待的文章，突然記起了自己從前的事情。那時候不知道因爲境遇和時勢或年齡的關係呢，還是別的原因，總最願聽世上愛國者的聲音，以及探究他們國里的情狀。波蘭印度，文籍較多；中國人説起他的也最多；我也留心最早，卻很替他們抱着希望。其時中國才徵新軍，在路上時常遇着幾個軍士，一面走，一面唱道：「印度波蘭馬牛奴隸性，……」我便覺得臉上和耳輪同時發熱，背上滲出了許多汗。

那時候又有一種偏見，只要皮膚黃色的，便又特別關心：現在的某國，當時還沒有亡；所以我最注意的是芬蘭 斐律賓 越南的事，以及匈牙利的舊事。匈牙利和芬蘭文人最多，聲音也最大；斐律賓只得了一本烈賽爾的小說；越南搜不到文學上的作品，單見過一種他們自己做的亡國史。

聽這幾國人的聲音，自然都是真摯壯烈悲涼的；但又有一些區別：一種是希望着光明的將來，謳歌那簇新的復活，真如時雨灌在新苗上一般，可以興起人無限清新的生意。一種是絮絮叨叨敘述些過去的榮華，皇帝百官如何安富尊貴，小民如何不識不知；末後便痛斥那征服者不行仁政。譬如兩個病人，一個是熱望那將來的健康，一個是夢想着從前的耽樂，而這些耽樂又大抵便是他致病的原因。

我因此以爲世上固多愛國者，但也羼着些愛亡國者。愛國者雖偶然懷舊，卻專重在現世以及將來。愛亡國者便只是悲歎那過去，而且稱讚着所以亡的病根。其實被征服的苦痛，何止在征服者的不行仁政，和舊制度的不能保存呢？倘以爲這是大苦，便未必是真心領得；不能真心領得苦痛，也便難有新生的希望。

（一九一八年）

隨感錄四十一

從一封匿名信裏看見一句話，是「數麻石片」（原注江蘇方言），大約是沒有本領便不必提倡改革，不如去數石片的好的意思。因此又記起了本誌通信欄內所載四川方言的「洗煤炭」。想來別省方言中，相類的話還多；守着這專勸人自暴自棄的格言的人，也怕並不少。

凡中國人説一句話，做一件事，倘與傳來的積習有若干抵觸，須一個觔斗便告成功，纔有立足的處所；而且被恭維得烙鐵一般熱。否則免不了標新立異的罪名，不許説話；或者竟成了大逆不道，爲天地所不容。這一種人，從前本可以夷到九族，連累鄰居；現在卻不過是幾封匿名信罷了。但意志略略薄弱的人便不免因此萎縮，不知不覺的也入了「數麻石片」黨。

所以現在的中國，社會上毫無改革，學術上沒有發明，美術上也沒有創作；至于多人繼續的研究，前仆後繼的探險，那更不必提了。國人的事業，大抵是專謀時式的成功的經營，以及對于一切的冷笑。

但冷笑的人，雖然反對改革，卻又未必有保守的能力：即如文字一面，白話固然看不上眼，古文也不甚提得起筆。照他的學說，本該去「數麻石片」了；他卻又不然，只是莫名其妙的冷笑。

中國的人，大抵在如此空氣裏成功，在如此空氣裏萎縮腐敗，以至老死。

我想，人、猿同源的學說，大約可以毫無疑義了。但我不懂，何以從前的古猴子，不都努力變人，卻到現在還留着子孫，變把戲給人看。還是那時竟沒有一匹想站起來學說人話呢？還是雖然有了幾匹，卻終被猴子社會攻擊他標新立異，都咬死了；所以終于不能進化呢？

尼采式的超人，雖然太覺渺茫，但就世界現有人種的事實看來，卻可以確信將來總有尤爲高尚尤近圓滿的人類出現。到那時候，類人猿上面，怕要添出「類猿人」這一個名詞。

所以我時常害怕，願中國青年都擺脫冷氣，只是向上走，不必聽自暴自棄者流的話。能做事的做事，能發聲的發聲。有一分熱，發一分光，就令螢火一般，也可以在黑暗裏發一點光，不必等候炬火。

此後如竟沒有炬火：我便是唯一的光。倘若有了炬火，出了太陽，我們自然心悅誠服的消失，不但毫無不平，而且還要隨喜讚美這炬火或太陽；因爲他照了人類，連我都在內。

我又願中國青年都只是向上走，不必理會這冷笑和暗箭。尼采說：

「真的，人是一個濁流。應該是海了，能容這濁流使他乾淨。

「咄，我教你們超人：這便是海，在他這里，能容下你們大侮蔑。」（《札拉圖如是說》的〈序言〉第三節）

縱令不過一窪淺水，也可以學學大海；橫豎都是水，可以相通。幾粒石子，任他們暗地裏擲來；幾滴穢水，任他們從背後潑來就是了。

這還算不到「大侮蔑」——因爲大侮蔑也須有膽力。

（一九一九年）

四 藥

這是魯迅繼《狂人日記》、《孔乙己》所作的第三篇白話小說。小說中父子姓「華」，造反者名「夏瑜」(影射秋瑾)，中心意象爲人血饅頭，俱見作意。作者後來說，因爲吶喊須聽將令，「不恤用了曲筆」，瑜兒的墳上平空添上一個花環(見《吶喊自序》)，但小說收束，「也分明的留着安特萊夫式的陰冷」(見《中國新文學大系小說二集》序)，跟前文深沉的哀感相應。

一

秋天的後半夜，月亮下去了，太陽還没有出，只剩下一片烏藍的天；除了夜遊的東西，什麼都睡着。華老栓忽然坐起身。擦着火柴，點上遍身油膩的燈盞，茶館的兩間屋子裏，便彌滿了青白的光。

「小栓的爹，你就去麼？」是一個老女人的聲音。裏邊的小屋子裏，也發出一陣咳嗽。

「唔。」老栓一面聽，一面應，一面扣上衣服；伸手過去説，「你給我罷。」

華大媽在枕頭底下掏了半天，掏出一包洋錢，交給老栓，老栓接了，抖抖的裝入衣袋，又在外面按了兩下；便點上燈籠，吹熄燈盞，走向裏屋子去了。那屋子裏面，正在窸窸窣窣的響，接着便是一通咳嗽。老栓候他平靜下去，纔低低的叫道：「小栓……你不要起來。……店麼？你娘會安排的。」

老栓聽得兒子不再説話，料他安心睡了；便出了門，走到街上。街上黑沈沈的一無所有，只有一條灰白的路，看得分明。燈光照着他的兩脚，一前一後的走。有時也遇到幾隻狗，可是一隻也没有叫。天氣比屋子裏冷得多了；老栓倒覺爽快，彷彿一旦變了少年，得了神通，有給人生命的本領似的，跨步格外高遠。而且路也愈走愈分明，天也愈走愈亮了。

老栓正在專心走路，忽然喫了一驚，遠遠裏看見一條丁字街，明明白白橫着。他便退了幾步，尋到一家關着門的舖子，蹩進簷下，靠門立住了。好一會，身上覺得有些發冷。

「哼，老頭子。」

「倒高興。……」

老栓又喫一驚，睜眼看時，幾個人從他面前過去了。一個還回頭看他，樣子不甚分明，但很像久餓的人見了食物一般，眼裏閃出一種攫取的光。老栓看看燈籠，已經熄了。按一按衣袋，硬硬的還在。仰起頭兩面一望，只見許多古怪的人，三三兩兩，鬼似的在那里徘徊；定睛再看，卻也看不出什麼別的奇怪。

沒有多久，又見幾個兵，在那邊走動；衣服前後的一個大白圓圈，遠地裏也看得清楚，走過面前的，並且看出號衣上暗紅色的鑲邊。——一陣脚步聲響，一眨眼，已經擁過了一大簇人。那三三兩兩的人，也忽然合作一堆，潮一般向前趕；將到丁字街口，便突然立住，簇成一個半圓。

老栓也向那邊看着，卻只見一堆人的後背；頸項都伸得很長，彷彿許多鴨，被無形的手捏住了的，向上提着。靜了一會，似乎有點聲音，便又動搖起來，轟的一聲，都向後退；一直散到老栓立着的地方，幾乎將他擠倒了。

「喂！一手交錢，一手交貨！」一個渾身黑色的人，站在老栓面前，眼光正像兩把刀，刺得老栓縮小了一半。那人一隻大手，向他攤着；一隻手卻撮着一個鮮紅的饅頭，那紅的還是一點一點的往下滴。

老栓慌忙摸出洋錢，扯抖的想交給他，卻又不敢去接他的東西。那人便焦急起來，嚷道，「怕什麼？怎的不拿！」老栓還躊躇着；黑的人便搶過燈籠，一把扯下紙罩，裹了饅頭，塞與老栓；一手抓過洋錢，捏一捏，轉身去了。嘴裏哼着說：「這老東西……。」

「這給誰治病的呀？」老栓也似乎聽得有人問他，但他並不答應；他的精神，現在只在一個包上，彷彿抱着一個十世單傳的嬰兒，別的事情，都已置之度外了。他現在要將這包裏的新的生命，移植到他家裏，收穫許多幸福。太陽也出來了；在他面前，顯出一條大道，直到他家中，後面也照見丁字有頭破匾上「古口亭口」這四個黯淡的金字。

二

老栓走到家，店面早經收拾乾淨，一排一排的茶桌，滑溜溜的發光。但是沒有客人；只有小栓坐在裏排的桌前喫飯，大粒的汗，從額上滾下，夾襖也貼住了脊心，兩塊肩胛骨高高凸出，印成一個陽文的「八」字。老栓見這樣子，不免皺一皺展開的眉心。他的女人，從竈下急急走出，睜着眼睛，嘴唇有些發抖。

「得了麼？」

「得了。」

兩個人一齊走進竈下，商量了一會；華大媽便出去了，不多時，拿着一片老荷葉回來，攤在桌上。老栓也打開燈籠罩，用荷葉重新包了那紅的饅頭。小栓也喫完飯，他的母親慌忙說：

「小栓——你坐着，不要到這裏來。」

一面整頓了竈火，老栓便把一個碧緑的包，一個紅紅白白的破燈籠，一同塞在竈裏；一陣紅黑的火燄過去時，店屋裏散滿了一種奇怪的香味。

「好香！你們喫什麼點心呀？」這是駝背五少爺到了。這人每天總在茶館裏過日，來得最早，去得最遲，此時恰恰蹩到臨街的壁角的桌邊，便坐下問話，然而没有人答應他。「炒米粥麼？」仍然没有人應。老栓匆匆走出，給他泡上茶。

「小栓進來罷！」華大媽叫小栓進了裏面的屋子，中間放好一條凳，小栓坐了。他的母親端過一碟烏黑的圓東西，輕輕說：——

「喫下去罷，——病便好了。」

小栓撮起這黑東西，看了一會，似乎拿着自己的性命一般，心裏說不出的奇怪。十分小心的拗開了，焦皮裏面竄出一道白氣，白氣散了，是兩半個白麵的饅頭。——不多工夫，已經全在肚裏了，卻全忘了什麼味；面前只剩下一張空盤。他的旁邊，一面立着他的父親，一面立着他的母親，兩人的眼光，都彷彿要在他身裏注進什麼又要取出什麼似的；便禁不住心跳起來，按着胸膛，又是一陣咳嗽。

「睡一會罷，——便好了。」

小栓依他母親的話，咳着睡了。華大媽候他喘氣平靜，纔輕輕的給他蓋上了滿幅補釘的夾被。

三

店裏坐着許多人，老栓也忙了，提着大銅壺，一趟一趟的給客人沖茶，兩個眼眶，都圍着一圈黑線。

「老栓，你有些不舒服麼？——你生病麼？」一個花白鬍子的人說。

「没有。」

「没有？——我想笑嘻嘻的，原也不像……」花白鬍子便取消了自己的話。

「老栓只是忙。要是他的兒子……」駝背五少爺話還未完，突然闖進了一個滿臉橫肉的人，被一件玄色布衫，散着紐釦，用很寬的玄色腰帶，胡亂綑在腰間。剛進門，便對老栓嚷道：

「喫了麼？好了麼？老栓，就是運氣了你！你運氣，要不是我信息靈。……」

老栓一手提了茶壺，一手恭恭敬敬的垂着；笑嘻嘻的聽。滿座的人，也都恭恭敬敬的聽。華大媽也黑着眼眶，笑嘻嘻的送出茶碗茶葉來，加上一個橄欖，老栓便去沖了水。

「這是包好！這是與衆不同的。你想，趁熱的拿來，趁熱喫下。」橫肉的人只是嚷。

「真的呢，要没有康大叔照顧，怎麼會這樣……」華大媽也很感激的謝他。

「包好，包好！這樣的趁熱喫下。這樣的人血饅頭，什麼癆病都包好！」

華大媽聽到「癆病」這兩個字，變了一點臉色，似乎有些不高興；但又立刻堆上笑，搭訕着走開了。這康大叔卻没有覺察，仍然提高了喉嚨只是嚷，嚷得裏面睡着的小栓也合夥咳嗽起來。

「原來你家小栓碰到了這樣的好運氣了。這病自然一定全好；怪不得老栓整天的笑着呢。」花白鬍子一面說，一面走到康大叔面前，低聲下氣的問道，「康大叔——聽說今天結果的一個犯人，便是夏家的孩子，那是誰的孩子？究竟是什麼事？」

「誰的？不就是夏四奶奶的兒子麼？那個小傢伙！」康大叔見衆人都聳起耳朵聽他，便格外高興，橫肉塊塊飽綻，越發大聲說，「這小東西不要命，不要就是了。我可是這一回一點没有得到好處；連剝下來的衣服，都給管牢的紅眼睛阿義拿去了。——第一要算我們栓叔運氣；第二是夏三爺賞了二十五兩雪白的銀子，獨自落腰包，一文不花。」

小栓慢慢的從小屋子走出，兩手按了胸口，不住的咳嗽；走到竈下，盛出一碗冷飯，泡上熱水，坐下便吃。華大媽跟着他走，輕輕的問道，「小栓你好些麼？——你仍舊只是肚餓？……」

「包好，包好！」康大叔瞥了小栓一眼，仍然回過臉，對衆人說，「夏三爺真是乖角兒，要是他不先告官，連他滿門抄斬。現在怎樣？銀子！——這小東西也真不成東西！關在牢裏，還要勸牢頭造反。」

「阿呀，那還了得。」坐在後排的一個二十多歲的人，很現出氣憤模樣。

「你要曉得紅眼睛阿義是去盤盤底細的，他卻和他攀談了。他說：這大清的天下是我們大家的。你想：這是人話麼？紅眼睛原知道他家裏只有一個老娘，可是沒有料到他竟會那麼窮，搾不出一點油水，已經氣破肚皮了。他還要老虎頭上搔癢，便給他兩個嘴巴！」

「義哥是一手好拳棒，這兩下，一定够他受用了。」壁角的駝背忽然高興起來。

「他這賤骨頭打不怕，還要說可憐可憐哩。」

花白鬍子的人說，「打了這種東西，有什麼可憐呢？」

康大叔顯出看他不上的樣子，冷笑着說，「你沒有聽清我的話；看他神氣，是說阿義可憐哩！」

聽着的人的眼光，忽然有些板滯；話也停頓了，小栓已經喫完飯，喫得滿身流汗，頭上都冒出蒸氣來。

「阿義可憐——瘋話，簡直是發了瘋了。」花白鬍子恍然大悟似的說。

「發了瘋了。」二十多歲的人也恍然大悟的說。

店裏的坐客，便又現出活氣，談笑起來。小栓也趁着熱鬧，拚命咳嗽；康大叔走上前，拍他肩膀說：——

「包好！小栓——你不要這麼咳。包好！」

「瘋了。」駝背五少爺點着頭說。

四

西關外靠着城根的地面，本是一塊官地；中間歪歪斜斜一條細路，是貪走便道的人，用鞋底造成的，但卻成了自然的界限。路的左邊，都埋着死刑和瘐斃的人，右邊是窮人的叢塚。兩面都已埋到層層疊疊，宛然闊人家裏祝壽時候的饅頭。

這一年的清明，分外寒冷；楊柳纔吐出半粒米大的新芽。天明未久，華大媽已在右邊的一坐新墳前面，排出四碟菜，一碗飯，哭了一場。化過紙，呆呆的坐在地上；彷彿等候什麼似的，但自己也說不出等候什麼。微風起來，吹動他短髮，確乎比去年白得多了。

小路上又來了一個女人，也是半白頭髮，襤褸的衣裙；提一個破舊的朱漆圓籃，外挂一串紙錠，三步一歇的走。忽然見華大媽坐在地上看他，便有些躊躇，慘白的臉上，現出些羞愧的顏色；但終于硬着頭皮，走到左邊的一坐墳前，放下了籃子。

那墳與小栓的墳，一字兒排着，中間只隔一條小路。華大媽看他排好四碟菜，一碗飯，立着哭了一通，化過紙錠；心裏暗暗地想，「這墳裏的也是兒子了。」那老女人徘徊觀望了一回，忽然手脚有些發抖，蹌蹌踉踉退下幾步，瞪着眼只是發怔。

華大媽見這樣子，生怕他傷心到快要發狂了；便忍不住立起身，跨過小路，低聲對他說，「你這位老奶奶不要傷心了，——我們還是回去罷。」

那人點一點頭，眼睛仍然向上瞪着；也低聲吃吃的說道，「你看。——看這是什麼呢？」

華大媽跟了他指頭看去，眼光便到了前面的墳，這墳上草根還沒有全合，露出一塊一塊的黃土，煞是難看。再往上仔細看時，卻不覺也喫一驚；——分明有一圈紅白的花，圍着那尖圓的墳頂。

他們的眼睛都已老花多年了，但望這紅白的花，卻還能明白看見。花也不很多，圓圓的排成一個圈，不很精神，倒也整齊。華大媽忙看他兒子和別人的墳，卻只有不怕冷的幾點青白小花，零星開着；便覺得心裏忽然感到一種不足和空虛，不願意根究。那老女人又走近幾步，細看了一遍，自言自語的說，「這沒有根，不像自己開的！這地方有誰來呢？孩子不會來玩；——親戚本家早不來了。——這是怎麼一回事呢？」他想了又想，忽又流下淚來，大聲說道：——

「瑜兒，他們都冤枉了你，你還是忘不了，傷心不過，今天特意顯點靈，要我知道麼？」他四面一看，只見一隻烏鴉，站在一株沒有葉的樹上，便接着說，「我知道了。——瑜兒，可憐他們坑了你，他們將來總有報應，天都知道；你閉了眼睛就是了。——你如果真在這裏，聽到我的話，——便教這烏鴉飛上你的墳頂，給我看罷。」

微風早經停息了；枯草支支直立，有如銅絲。一絲發抖的聲音，在空氣中愈顫愈細，細到沒有，周圍便都是死一般靜。兩人站在枯草叢裏，仰面看那烏鴉；那烏鴉也在筆直的樹枝間，縮着頭，鐵鑄一般站着。

許多的工夫過去了；上墳的人漸漸增多，幾個老的小的，在土墳間出沒。

華大媽不知怎的，似乎卸下了一挑重擔，便想到要走；一面勸着說，「我們還是回去罷。」

那老女人歎一口氣。無精打采的收起飯菜；又遲疑了一刻，終于慢慢地走了。嘴裏自言自語的説，「這是怎麽一回事呢？……」

他們走不上二三十步遠，忽聽得背後「啞——」的一聲大叫；兩個人都竦然的回過頭，只見那烏鴉張開兩翅，一挫身，直向着遠處的天空，箭也似的飛去了。

一九一九年四月

四　我們現在怎樣做父親（節錄）

家庭問題與婦女問題是五四時期關注的題目。本篇呼喚「解放子女」，是《狂人日記》「救救孩子」的引申，思想本於進化論而有所發展。

我作這一篇文的本意，其實是想研究怎樣改革家庭；又因爲中國親權重，父權更重，所以尤想對于從來認爲神聖不可侵犯的父子問題，發表一點意見。總而言之：只是革命要革到老子身上罷了。但何以大模大樣，用了這九個字的題目呢？這有兩個理由：——

第一、中國的「聖人之徒，」最恨人動搖他的兩樣東西。一樣，不必說，也與我輩絶不相干；一樣便是他的倫常，我輩卻不免偶然發幾句議論，所以株連牽扯，很得了許多「剷倫常」「禽獸行」之類的惡名。他們以爲父對于子，有絶對的權力和威嚴；若是老子說話，當然無所不可，兒子有話，卻在未說之前早已錯了。但祖父子孫，本來各各都只是生命的橋樑的一級，決不是固定不易的。現在的子，便是將來的父，也便是將來的祖。我知道我輩和讀者，若不是現任之父，也一定是候補之父，而且也都有做祖宗的希望，所差只在一個時間。爲想省卻許多麻煩起見，我們便該無須客氣，儘可先行佔住了上風，擺出父親的尊嚴，談談我們和我們子女的事；不但將來着手實行，可以減少困難，在中國也順理成章，免得「聖人之徒」聽了害怕，總算是一舉兩得之至的事了。所以說，「我們怎樣做父親」。

第二、對於家庭問題，我在《新青年》的〈隨感録〉(二五、四十、四九)中，曾經略略說及，總括大意，便只是從我們起，解放了後來的人。論到解放子女，本是極平常的事，當然不必有什麼討論。但中國的老年，中了舊習慣舊思想的毒太深了，決定悟不過來。譬如早晨聽到烏鴉叫，少年毫不介意，迷信的老人，卻總須頹唐半天。雖然很可憐，然而也無法可救。沒有法，便只能先從覺醒的人開手，各自解放了自己的孩子。自己背着因襲的重擔，肩住了黑暗的閘門，放他們到寬闊光明的地方去；此後幸福的度日，合理的做人。

還有，我曾經說，自己並非創作者，便在上海報紙的〈新教訓〉裏，挨了一頓罵。但我輩評論事情，總須先評論了自己，不要冒充，纔能像一篇說話，對得起自己和別人。我自己知道，不特並非創作者，並且也不是真理的發見者。凡有所說所寫，只是就平日見聞的事理裏面，取了一點心以爲然的道理，至于終極究竟的事，卻不能知。便是對于數年以後的學說的進步和變遷，也說不出會到如何地步，單相信比現在總該還有進步還有變遷罷了。所以說，「我們現在怎樣做父親」。

我現在心以爲然的道理，極其簡單。便是依據生物界的現象，一、要保存生命；二、要延續這生命；三、要發展這生命（就是進化）。生物都這樣做，父親也就是這樣做。

生命的價值和生命價值的高下，現在可以不論。單照常識判斷，便知道既是生物，第一要緊的自然是生命。因爲生物之所以爲生物，全在有這生命，否則失了生物的意義。生物爲保存生命起見，具有種種本能，最顯著的是食欲。因有食欲纔攝取食品，因有食品纔發生温熱，保存了生命。但生物的個體，總免不了老衰和死亡，爲繼續生命起見，又有一種本能，便是性欲。因性欲纔有性交，因有性交纔發生苗裔，繼續了生命。所以食欲是保存自己，保存現在生命的事；性欲是保存後裔，保存永久生命的事。飲食並非罪惡，並非不淨；性交也就並非罪惡，並非不淨。飲食的結果，養活了自己，對于自己没有恩；性交的結果，生出子女，對于子女當然也算不了恩。——前前後後，都向生命的長途走去，僅有先後的不同，分不出誰受誰的恩典。

可惜的是中國的舊見解，竟與這道理完全相反。夫婦是「人倫之中」，卻說是「人倫之始」；性交是常事，卻以爲不淨；生育也是常事，卻以爲天大的大功。人人對于婚姻，大抵先夾帶着不淨的思想。親戚朋友有許多戲謔，自己也有許多羞澀，直到生了孩子，還是躲躲閃閃，怕敢聲明；獨有對于孩子，卻威嚴十足。這種行徑，簡直可以說是和偷了錢發迹的財主，不相上下了。我並不是說，——如他們攻擊者所意想的，——人類的性交也應如別種動物，隨便舉行；或如無恥流氓，專做些下流運動，自鳴得意。是說，此後覺醒的人，應該先洗淨了東方固有的不淨思想，再純潔明白一些，了解夫婦是伴侶，是共同勞動者，又是新生命創造者的意義。所生的子女，固然是受領新生命的人，但他也不永久佔領，將來還要交付子女，像他們的父母一般。只是前前後後，都做一個過付的經手人罷了。

生命何以必需繼續呢？就是因爲要發展，要進化。個體既然免不了死亡，進化又毫無止境，所以只能延續着，在這進化的路上走。走這路須有一種內的努力，有如單細胞動物有內的努力，積久纔會繁複，無脊椎動物有內的努力，積久纔會發生脊椎。所以後起的生命，總比以前的更有意義，更近完全，因此也更有價值，更可寶貴；前者的生命，應該犧牲于他。

但可惜的是中國的舊見解，又恰恰與這道理完全相反。本位應在幼者，卻反在長者；置重應在將來，卻反在過去。前者做了更前者的犧牲，自己無力生存，卻苛責後者又來專做他的犧牲，毀滅了一切發展本身的能力。我也不是說，——如他們攻擊者所意想的，——孫子理應終日痛打他的祖父，女兒必須時時咒罵他的親娘。是說，此後覺醒的人，應該先洗淨了東方古傳的謬誤思想，對于子女，義務思想須加多，而權利思想卻大可切實核減，以準備改作幼者本位的道德。況且幼者受了權利，也並非永久佔有，將來還要對於他們的幼者，仍盡義務。只是前前後後，都做一切過付的經手人罷了。

「父子間没有什麽恩」這一個斷語，實是招致「聖人之徒」面紅耳赤的一大原因。他們的誤點，便在長者本位與利己思想，權利思想很重，義務思想和責任心卻很輕。以爲父子關係，只須「父兮生我」一件事，幼者的全部，便應爲長者所有。尤其墮落的，是因此責望報償，以爲幼者的全部，理該做長者的犧牲。殊不知自然界的安排，卻件件與這要求反對，我們從古以來，逆天行事，于是人的能力，十分萎縮，社會的進步，也就跟着停頓。我們雖不能說停頓便要滅亡，但較之進步，總是停頓與滅亡的路相近。

自然界的安排，雖不免也有缺點，但結合長幼的方法，卻並無錯誤。他並不用「恩」，卻給與生物以一種天性，我們稱他爲「愛」。動物界中除了生子數目太多，一一愛不周到的，如魚類之外，總是摯愛他的幼子，不但絕無利益心情，甚或至于犧牲了自己，讓他的將來的生命，去上那發展的長途。

人類也不外此，歐、美家庭，大抵以幼者弱者爲本位，便是最合于這生物學的真理的辦法。便在中國，只要心思純白，未曾經過「聖人之徒」作踐的人，也都自然而然的能發現這一種天性。例如一個村婦哺乳嬰兒的時候，決不想到自己正在施恩；一個農夫娶妻的時候，也決不以爲將要放債。只是有了子女，即天然相愛，願他生存；更進一步的，便還要願他比自己更好，就是進化。這離絶了交換關係利害關係的愛，便是人倫的索子，便是所謂「綱」。倘如舊說，抹煞了「愛」，一味說「恩」，又因此責望報償，那便不但敗壞了父子間的道德，而且也大反于做父母的實際的真情，播下乖剌的種子。有人做了樂府，說是「勸孝」，大意是什麼「兒子上學堂，母親在家磨杏仁，預備回來給他喝，你還不孝麼」之類，自以爲「拚命衛道」。殊不知富翁的杏酪和窮人的豆漿，在愛情上價值同等，而其價值卻正在父母當時並無求報的心思；否則變成買賣行爲，雖然喝了杏酪，也不異「人乳喂豬」，無非要豬肉肥美，在人倫道德上，絲毫没有價值了。

所以我現在心以爲然的，便只是「愛」。

……

所以覺醒的人，此後應將這天性的愛，更加擴張，更加醇化；用無我的愛，自己犧牲于後起新人。開宗第一，便是理解。往昔的歐人對于孩子的誤解，是以爲成人的預備；中國人的誤解，是以爲縮小的成人。直到近來，經過許多學者的研究，纔知道孩子的世界，與成人截然不同；倘不先行理解，一味蠻做，便大礙于孩子的發達。所以一切設施，都應該以孩子爲本位，日本近來，覺悟的也很不少；對於兒童的設施，研究兒童的事業，都非常興盛了。第二，便是指導。時勢既有改變，生活也必須進化；所以後起的人物，一定尤異于前，決不能用同一模型，無理嵌定。長者須是指導者協商者，卻不該是命令者。不但不該責幼者供奉自己；而且還須用全副精神，專爲他們自己，養成他們有耐勞作的體力，純潔高尚的道德，廣博自由能容納新潮流的精神，也就是能在世界新潮流中游泳，不被淹沒的力量。第三，便是解放。子女是即我非我的人，但既已分立，也便是人類中的人。因爲即我，所以更應該盡教育的義務，交給他們自立的能力；因爲非我，所以也應同時解放，全部爲他們自己所有，成一個獨立的人。

這樣，便是父母對于子女，應該健全的產生，盡力的教育，完全的解放。

……………

就實際上說，中國舊理想的家族關係父子關係之類，其實早已崩潰。這也非「于今爲烈」，正是「在昔已然。」歷來都竭力表彰「五世同堂」，便足見實際上同居的爲難；拚命的勸孝，也足見事實上孝子的缺少。而其原因，便全在一意提倡虛僞道德，蔑視了真的人情。我們試一翻大族的家譜，便知道始遷祖宗，大抵是單身遷居，成家立業；一到聚族而居，家譜出版，卻已在零落的中途了。況在將來，迷信破了，便沒有哭竹，臥冰；醫學發達了，也不必嘗穢，割股。又因爲經濟關係，結婚不得不遲，生育因此也遲，或者子女纔能自存，父母已經衰老，不及依賴他們供養，事實上也就是父母反盡了義務。世界潮流逼拶着，這樣做的可以生存，不然的便都衰落；無非覺醒者多，加些人力，便危機可望較少就是了。

但既如上言，中國家庭，實際久已崩潰，並不如「聖人之徒」紙上的空談，則何以至今依然如故，一無進步呢？這事很容易解答。第一、崩潰者自崩潰，糾纏者自糾纏，設立者又自設立；毫無戒心，也不想到改革，所以如故。第二、以前的家庭中間，本來常有勃谿，到了新名詞流行之後，便都改稱「革命，」然而其實也仍是討嫖錢至于相罵，要賭本至于相打之類，與覺醒者的改革，截然兩途。這一類自稱「革命」的勃谿子弟，純屬舊式，待到自己有了子女，也決不解放；或者毫不管理，或者反要尋出《孝經》，勒令誦讀，想他們「學於古訓」，都做犧牲。這只能全歸舊道德、舊習慣、舊方法負責，生物學的真理決不能妄任其咎。

⋯⋯⋯⋯

總而言之，覺醒的父母，完全應該是義務的，利他的，犧牲的，很不易做；而在中國尤不易做。中國覺醒的人，爲想隨順長者解放幼者，便須一面清結舊帳，一面開闢新路。就是開首所說的「自己背着因襲的重擔，肩住了黑暗的閘門，放他們到寬闊光明的地方去；此後幸福的度日，合理的做人。」這是一件極偉大的要緊的事，也是一件極困苦艱難的事。

但世間又有一類長者，不但不肯解放子女，並且不准子女解放他們自己的子女；就是並要孫子曾孫都做無謂的犧牲。這也是一個問題；而我是願意平和的人，所以對于這問題，現在不能解答。

一九一九年十月。

隨感錄六十六——生命的路

想到人類的滅亡是一件大寂寞大悲哀的事；然而若干人們的滅亡，卻並非寂寞悲哀的事。

生命的路是進步的，總是沿着無限的精神三角形的斜面向上走，什麼都阻止他不得。

自然賦與人們的不調和還很多，人們自己萎縮墮落退步的也還很多，然而生命決不因此回頭。無論什麼黑暗來防範思潮，什麼悲慘來襲擊社會，什麼罪惡來褻瀆人道，人類的渴仰完全的潛力，總是踏了這些鐵蒺藜向前進。

生命不怕死，在死的面前笑着跳着，跨過了滅亡的人們向前進。

什麼是路？就是從沒路的地方踐踏出來的，從只有荆棘的地方開闢出來的。

以前早有路了，以後也該永遠有路。

人類總不會寂寞，因爲生命是進步的，是樂天的。

昨天，我對我的朋友L說：「一個人死了，在死者自身和他的眷屬是悲慘的事，但在一村一鎮的人看起來不算什麼；就是一省一國一種……」

L很不高興，說：「這是Nature（自然）的話，不是人們的話。你應該小心些。」

我想，他的話也不錯。

（一九一九年）

四

阿Q正傳

這部中篇小說，最初分章發表於北京《晨報副刊》，從一九二一年十二月到翌年二月，每周或隔周刊登一次，署名巴人。小說作意，後來在《俄文譯本阿Q正傳序》和《阿Q正傳的成因》等文略有說明，旨在刻畫「沉默的國民的魂靈」，「作爲在我的眼裏所經過的中國的人生」。

第一章　序

我要給阿Q做正傳，已經不止一兩年了。但一面要做，一面又往回想，這足見我不是一個「立言」的人，因爲從來不朽之筆，須傳不朽之人，于是人以文傳，文以人傳——究竟誰靠誰傳，漸漸的不甚了然起來，而終於歸結到傳阿Q，彷彿思想裏有鬼似的。

然而要做這一篇速朽的文章，纔下筆，便感到萬分的困難了。第一是文章的名目。孔子曰：「名不正則言不順。」這原是應該極注意的。傳的名目很繁多：列傳，自傳，內傳，外傳，別傳，家傳，小傳……而可惜都不合。「列傳」麼，這一篇並非和許多闊人排在「正史」裏；「自傳」麼，我又並非就是阿Q。說是「外傳」，「內傳」在那里呢？倘用「內傳」，阿Q又決不是神仙。「別傳」呢，阿Q實在未曾有大總統上諭宣付國史館立「本傳」——雖說英國正史上並無「博徒列傳」，而文豪迭更司也做過《博徒別傳》這一部書，但文豪則可，在我輩卻不可的。其次是「家傳」，則我既不知與阿Q是否同宗，也未曾受他子孫的拜託；或「小傳」，則阿Q又更無別的「大傳」了。總而言之，這一篇也便是「本傳」，但從我的文章着想，因爲文體卑下，是「引車賣漿者流」所用的話，所以不敢僭稱，便從不入三教九流的小說家所謂

「閑話休題言歸正傳」這一句套話裏，取出「正傳」兩個字來，作爲名目，即使與古人所撰《書法正傳》的「正傳」字面上很相混，也顧不得了。

第二，立傳的通例，開首大抵該是「某，字某，某地人也，」而我並不知道阿Q姓什麼。有一回，他似乎是姓趙，但第二日便模糊了。那是趙太爺的兒子進了秀才的時候，鑼聲鏜鏜的報到村裏來，阿Q正喝了兩碗黃酒，便手舞足蹈的說，這於他也很光采，因爲他和趙太爺原來是本家，細細的排起來他還比秀才長三輩呢。其時幾個旁聽人倒也肅然的有些起敬了。那知道第二天，地保便叫阿Q到趙太爺家裏去；太爺一見，滿臉濺朱，喝道：

「阿Q，你這渾小子！你說我是你的本家麼？」

阿Q不開口。

趙太爺愈看愈生氣了，搶進幾步說：「你敢胡說！我怎麼會有你這樣的本家？你姓趙麼？」

阿Q不開口，想往後退了；趙太爺跳過去，給了他一個嘴巴。

「你怎麼會姓趙！——你那裏配姓趙！」

阿Q並沒有抗辯他確鑿姓趙，只用手摸着左頰，和地保退出去了；外面又被地保訓斥了一番，謝了地保二百文酒錢。知道的人都說阿Q太荒唐，自己去招打；他大約未必姓趙，即使真姓趙，有趙太爺在這里也不該如此胡說的。此後便再沒有人提起他的氏族來，所以我終於不知道阿Q究竟什麼姓。

第三，我又不知道阿Q的名字是怎麼寫的。他活着的時候，人都叫他阿Quei，死了以後，便沒有一個人再叫阿Quei了，那里還會有「著之竹帛」的事。若論「著之竹帛」，這篇文章要算第一次，所以先遇着了這第一個難關。我曾經仔細想：阿Quei，阿桂還是阿貴呢？倘使他號叫月亭，或者在八月間做過生日，那一定是阿桂了。而他既沒有號——也許有號，只是沒有人知道他，——又未嘗散過生日徵文的帖子：寫作阿桂，是武斷的。又倘若他有一位老兄或令弟叫阿富，那一定是阿貴了；而他又只是一個人：寫作阿貴，也沒有佐證的。其餘音Quei的偏僻字樣，更加湊不上了。先前，我也曾問過趙太爺的兒子茂才先生，誰料博雅如此公，竟也茫然，但據結論說，是因爲陳獨秀辦了《新青年》提倡洋字，所以國粹淪亡，無可查考了。我的最後的手段，只有托一個同鄉去查阿Q犯事的案卷，八個月之後纔有回信，說案卷裏並無與阿Quei的聲音相近的人。我雖不知道是真沒有，還是沒有查，然而也再沒有別的方法了。生怕注音字母還未通行，只好用了「洋字」，照英國流行的拼法寫他爲阿Quei，略作阿Q。這近于盲從《新青年》，自己也很抱歉，但茂才公尚且不知，我還有什麼好辦法呢。

第四，是阿Q的籍貫了，倘他姓趙，則據現在好稱郡望的老例，可以照《郡名百家姓》上的注解，説是「隴西天水人也」，但可惜這姓是不甚可靠的，因此籍貫也就有些決不定。他雖然多住未莊，然而也常常宿在别處，不能説是未莊人，即使説是「未莊人也」，也仍然有乖史法的。

我所聊以自慰的，是還有一個「阿」字非常正確，絕無附會假借的缺點，頗可以就正於通人。至於其餘，卻都非淺學所能穿鑿，只希望有「歷史癖與考據癖」的胡適之先生的門人們，將來或者能夠尋出許多新端緒來，但是我這《阿Q正傳》到那時卻又怕早經消滅了。

以上可以算是序。

第二章　優勝記畧

阿Q不獨是姓名籍貫有些渺茫，連他先前的「行狀」也渺茫。因爲未莊的人們之於阿Q，只要他幫忙，只拿他玩笑，從來没有留心他的「行狀」的。而阿Q自己也不説，獨有和别人口角的時候，間或瞪着眼睛道：

「我們先前——比你闊的多啦？你算是什麼東西！」

阿Q没有家，住在未莊的土穀祠裏；也没有固定的職業，只給人家做短工，割麥便割麥，春米便春米，撐船便撐船。工作略長久時，他也或住在臨時主人的家裏，但一完就走了。所以，人們忙碌的時候，也還記起阿Q來，然而記起的是做工，並不是「行狀」；一閑空，連阿Q都早忘卻，更不必説「行狀」了。只是有一回，有一個老頭子頌揚説：「阿Q真能做！」這時阿Q赤着膊，懶洋洋的瘦伶仃的正在他面前，別人也摸不着這話是真心還是譏笑，然而阿Q很喜歡。

阿Q又很自尊，所有未莊的居民，全不在他眼睛裏，甚而至于對于兩位「文童」也有以爲不值一笑的神情。夫文童者，將來恐怕要變秀才者也；趙太爺、錢太爺大受居民的尊敬，除有錢之外，就因爲都是文童的爹爹，而阿Q在情神上獨不表格外的崇奉，他想：我的兒子會闊得多啦！加以進了幾回城，阿Q自然更自負，然而他又很鄙薄城裏人，譬如用三尺長三寸寬的木板做成的凳子，未莊叫「長凳」，他也叫「長凳」，城裏人卻叫「條凳」，他想：這是錯的，可笑！油煎大頭魚，未莊都加上半寸長的葱葉，城裏卻加上切細的蔥絲，他想：這也是錯的，可笑！然而未莊人真是不見世面的可笑的鄉下人呵，他們没有見過城裏的煎魚！

阿Q「先前闊」，見識高，而且「真能做」，本來幾乎是一個「完人」了，但可惜他體質上還有一些缺點，最惱人的是在他頭皮上，頗有幾處不知起于何時的癩瘡疤。這雖然也在他身上，而看阿Q的意思，倒也似乎以爲不足貴的，因爲他諱說「癩」以及一切近於「賴」的音，後來推而廣之，「光」也諱，「亮」也諱，再後來，連「燈」「燭」都諱了。一犯諱，不問有心與無心，阿Q便全疤通紅的發起怒來，估量了對手，口訥的他便罵，氣力小的他便打；然而不知怎麼一回事，總還是阿Q吃虧的時候多，於是他漸漸的變換了方針，大抵改爲怒目而視了。

誰知道阿Q採用怒目主義之後，未莊的閑人們便愈喜歡玩笑他，一見面，他們便假作喫驚的說：

「噲，亮起來了。」

阿Q照例的發了怒，他怒目而視了。

「原來有保險燈在這里！」他們並不怕。

阿Q没有法，只得另外想出報復的話來：

「你還不配……」這時候，又彷彿在他頭上的是一種高尚的光榮的癩頭瘡，並非平常的癩頭瘡了；但上文說過，阿Q是有見識的，他立刻知道和「犯忌」有點抵觸，便不再往底下說。

閑人還不完，只撩他，于是終而至于打。阿Q在形式上打敗了被人揪住黃辮子，在壁上碰了四五個響頭，閑人這纔心滿意足的得勝的走了，阿Q站了一刻，心裏想，「我總算被兒子打了，現在的世界真不像樣……」于是也心滿意足的得勝的走了。

阿Q想在心裏的，後來每每說出口來，所以凡有和阿Q玩笑的人們，幾乎全知道他有這一種精神上的勝利法，此後每逢揪住他黃辮子的時候，人就先一着對他說：

「阿Q，這不是兒子打老子，是人打畜生。自己說：人打畜生！」

阿Q兩隻手都捏住了自己的辮根，歪着頭，說道：

「打蟲豸，好不好？我是蟲豸——還不放麼？」

但雖然是蟲豸，閑人也並不放，仍舊在就近什麼地方給他碰了五六個響頭，這纔心滿意足的得勝的走了，他以爲阿Q這回可遭了瘟。然而不到十秒鐘，阿Q也心滿意足的得勝的走了，他覺得他是第一個能够自輕自賤的人，除了「自輕自賤」不算外，餘下的就是「第一個。」狀元不也是「第一個」麼？「你算是什麼東西」呢?!

阿Q以如是等等妙法剋服怨敵之後，便愉快的跑到酒店裏喝幾碗酒，又和別人調笑一通，口角一通，又得了勝，愉快的回到土穀祠，放倒頭睡着了。假使有錢，他便去押牌寶，一堆人蹲在地面上，阿Q即汗流滿面的夾在這中間，聲音他最響：

「青龍四百！」

「咳～～開～～啦！」樁家揭開盒子蓋，也是汗流滿面的唱。「天門啦～～角回啦！人和穿堂空在那裏啦！～～阿Q的銅錢拿過來！～～」

「穿堂一百——一百五十！」

阿Q的錢便在這樣的歌吟之下，漸漸的輸入別個汗流滿面的人物的腰間。他終于只好擠出堆外。站在後面看，替別人着急，一直到散場，然後戀戀的回到土穀祠，第二天，腫着眼睛去工作。

但真所謂「塞翁失馬安知非福」罷，阿Q不幸而贏了一回，他倒幾乎失敗了。

這是未莊賽神的晚上。這晚上照例有一臺戲，戲臺左近，也照例有許多的賭攤。做戲的鑼鼓，在阿Q耳朵裏彷彿在十里之外；他只聽得樁家的歌唱了。他贏而又贏。銅錢變成角洋，角洋變成大洋，大洋又成了疊。他興高采烈得非常：

「天門兩塊！」

他不知道誰和誰爲什麼打起架來了。罵聲、打聲、脚步聲，昏頭昏腦的一大陣，他纔爬起來，賭攤不見了，人們也不見了，身上有幾處很似乎有些痛，似乎也挨了幾拳幾腳似的，幾個人詫異的對他看。他如有所失的走進土穀祠，定一定神，知道他的一堆洋錢不見了。趕賽會的賭攤多不是本村人，還到那裏去尋根柢呢？

很白很亮的一堆洋錢！而且是他的——現在不見了！說是算被兒子拿去了罷，總還是忽忽不樂；說自己是蟲豸罷，也還是忽忽不樂：他這回纔有些感到失敗的苦痛了。

但他立刻轉敗爲勝了。他擎起右手，用力的在自己臉上連打了兩個嘴巴，熱刺刺的有些痛；打完之後，便心平氣和起來，似乎打的是自己，被打的是別一個自己，不久也就彷彿是自己打了別個一般，——雖然還有些熱刺刺，——心滿意足的得勝的躺下了。

他睡着了。

第三章　續優勝記畧

然而阿Q雖然常優勝，卻直待蒙趙太爺打他嘴巴之後，這纔出了名。

他付過地保二百文酒錢，忿忿的躺下了，後來想：「現在的世界太不成話，兒子打老子……」于是忽而想到趙太爺的威風，而現在是他的兒子了，便自己也漸漸的得意起來，爬起身，唱着《小孤孀上墳》到酒店去。這時候，他又覺得趙太爺高人一等了。

說也奇怪，從此之後，果然大家也彷彿格外尊敬他。這在阿Q，或者以爲因爲他是趙太爺的父親，而其實也不然。未莊通例，倘如阿七打阿八，或者李四打張三，向來本不算一件事，必須與一位名人如趙太爺者相關，這纔載上他們的口碑。一上口碑，則打的既有名，被打的也就託庇有了名。至于錯在阿Q，那自然是不必說。所以者何？就因爲趙太爺是不會錯的。但他既然錯，爲什麼大家又彷彿格外尊敬他呢？這可難解，穿鑿起來說，或者因爲阿Q說是趙太爺的本家，雖然挨了打，大家也還怕有些真，總不如尊敬一些穩當。否則，也如孔廟裏的太牢一般，雖然與豬羊一樣，同是畜生，但既經聖人下箸，先儒們便不敢妄動了。

阿Q此後倒得意了許多年。

有一年的春天，他醉醺醺的在街上走，在牆根的日光下，看見王鬍在那裏赤着膊捉蝨子，他忽然覺得身上也癢起來了。這王鬍，又癩又鬍，別人都叫他王癩鬍，阿Q卻刪去了一個癩字，然而非常渺視他。阿Q的意思，以爲癩是不足爲奇的，只有這一部絡腮鬍子，實在太新奇，令人看不上眼。他於是並排坐下去了，倘是別的閑人們，阿Q本不敢大意坐下去。但這王鬍旁邊，他有什麼怕呢？老實說：他肯坐下去，簡直還是擡舉他。

阿Q也脫下破夾襖來，翻檢了一回，不知道因爲新洗呢還是因爲粗心，許多工夫，只捉到三四個。他看那王鬍卻是一個又一個，兩個又三個，只放在嘴裏畢畢剝剝的響。

阿Q最初是失望，後來卻不平了：看不上眼的王鬍尚且那麼多，自己倒反這樣少，這是怎樣的大失體統的事呵！他很想尋一兩個大的，然而竟沒有，好容易纔捉到一個中的，恨恨的塞在厚嘴唇裏，狠命一咬，劈的一聲，又不及王鬍響。

他癩瘡疤塊塊通紅了，將衣服摔在地上，吐一口唾沫，說：

「這毛蟲！」

「癩皮狗。你罵誰？」王鬍輕蔑的擡起眼來說。

阿Q近來雖然比較的受人尊敬，自己也更高傲些，但和那些打慣的閑人們見面還膽怯，獨有這回卻非常武勇了。這樣滿臉鬍子的東西，他敢出言無狀麼？

「誰認便罵誰！」他站起來，兩手叉在腰間說：

「你的骨頭癢了麼？」王鬍也站起來，披上衣服說：

阿Q以爲他要逃了，搶進去就是一拳，這拳頭還未達到身上，已經被他抓住了，只一拉，阿Q蹌蹌踉踉的跌進去，立刻又被王鬍扭住了辮子，要撞到牆上照例去碰頭。

「君子動口不動手！」阿Q歪着頭說：

王鬍似乎不是君子，並不理會，一連給他碰了五下，又用力的一推，至于阿Q跌出六尺多遠，這纔滿足的去了。

在阿Q的記憶上，這大約要算是生平第一件的屈辱，因爲王鬍以絡腮鬍子的缺點，向來只被他奚落，從沒有奚落他，更不必說動手了。而他現在竟動手，很意外，難道真如市上所說，皇帝已經停了考，不要秀才和舉人了，因此趙家減了威風。因此他們也便小覷了他麼？

阿Q無可適從的站着。

遠遠的走來了一個人，他的對頭又到了。這也是阿Q最厭惡的一個人，就是錢太爺的大兒子。他先前跑上城裏去進洋學堂，不知怎麼又跑到東洋去了，半年之後他回到家裏來，腿也直了，辮子也不見了，他的母親大哭了十幾場，他的老婆跳了三回井。後來，他的母親到處說：「這辮子是被壞人灌醉了酒剪去的。本來可以做大官，現在只好等留長再說了。」然而阿Q不肯信，偏稱他「假洋鬼子」，也叫作「裏通外國的人」，一見他，一定在肚子裏暗暗的呪罵。

阿Q尤其「深惡而痛絕之」的，是他的一條假辮子。辮子而至于假，就是沒有了做人的資格；他的老婆不跳第四回井，也不是好女人。

這「假洋鬼子」近來了。

「禿兒。驢……」阿Q歷來本只在肚子裏罵，沒有出過聲，這回因爲正氣忿，因爲要報讎，便不由的輕輕的說出來了。

不料這禿兒卻拿着一枝黃漆的棍子——就是阿Q所謂哭喪棒——大踏步走了過來。阿Q在這剎那，便知道大約要打了，趕緊抽緊筋骨，聳了肩膀等候着，果然，拍的一聲，似乎確鑿打在自己頭上了。

「我說他！」阿Q指着近旁的一個孩子，分辯說。

拍！拍拍！

在阿Q的記憶上，這大約要算是生平第二件的屈辱。幸而拍拍的響了之後。于他倒似乎完結了一件事，反而覺得輕鬆些，而且「忘卻」這一件祖傳的寶貝也發生了效力，他慢慢的走，將到酒店門口，早已有些高興了。

但對面走來了靜修庵裏的小尼姑。阿Q便在平時，看見伊也一定要唾罵，而况在屈辱之後呢？他于是發生了回憶，又發生了敵愾了。

「我不知道我今天爲什麼這樣晦氣，原來就因爲見了你！」他想。

他迎上去，大聲的吐一口唾沫：

「咳，開！」

小尼姑全不睬，低了頭只是走。阿Q走近伊身旁，突然伸出手去摩着伊新剃的頭皮，獃笑着，說：

「禿兒！快回去，和尚等着你……」

「你怎麼動手動脚……」尼姑滿臉通紅的說，一面趕快走。

酒店裏的人大笑了。阿Q看見自己的勳業得了賞識，便愈加興高采烈起來：

「和尚動得，我動不得？」他扭住伊的面頰。

酒店裏的人大笑了。阿Q更得意，而且爲滿足那些賞鑑家起見，再用力的一擰，纔放手。

他這一戰，早忘卻了王鬍，也忘卻了假洋鬼子，似乎對于今天的一切「晦氣」都報了讎；而且奇怪，又彷彿全身比拍拍的響了之後更輕鬆，飄飄然的似乎要飛去了。

「這斷子絶孫的阿Q！」遠遠地聽得小尼姑的帶哭的聲音。

「哈哈哈！」阿Q十分得意的笑。

「哈哈哈」酒店裏的人也九分得意的笑。

第四章　戀愛的悲劇

有人說：有些勝利者，願意敵手如虎，如鷹，他纔感得勝利的歡喜；假使如羊，如小鷄，他便反覺得勝利的無聊。又有些勝利者，當克服一切之後，看見死的死了，降的降了，「臣誠惶誠恐死罪死罪」，他于是没有了敵人，没有了對手，没有了朋友，只有自己在上，一個，孤零零，淒涼，寂寞，便反而感到了勝利的悲哀。然而我們的阿Q卻沒有這樣乏，他是永遠得意的：這或者也是中國精神文明冠于全球的一個證據了。

看哪，他飄飄然的似乎要飛去了！

然而這一次的勝利，卻又使他有些異樣。他飄飄然的飛了大半天，飄進土穀祠，照例應該躺下便打鼾。誰知道這一晚，他很不容易合眼，他覺得自己的大拇指和第二指有點古怪：彷彿比平常滑膩些。不知道是小尼姑的臉上有一點滑膩的東西黏在他指上，還是他的指頭在小尼姑臉上磨得滑膩了？……

「斷子絶孫的阿Q！」

阿Q的耳朵裏又聽到這句話。他想：不錯，應該有一個女人，斷子絶孫便沒有人供一碗飯，……應該有一個女人。夫「不孝有三，無後爲大」，而「若敖之鬼餒而」，也是一件人生的大哀，所以他那思想，其實是樣樣合於聖經賢傳的，只可惜後來有些「不能收其放心」了。

「女人，女人！……」他想。

「……和尚動得……女人，女人！……女人！」他又想。

我們不能知道這晚上阿Q在什麼時候纔打鼾。但大約他從此總覺得指頭有些滑膩，所以他從此總有些飄飄然；「女……」他想。

即此一端，我們便可以知道女人是害人的東西。

中國的男人，本來大半都可以做聖賢，可惜全被女人毀掉了。商是妲己鬧亡的；周是褒姒弄壞的；秦……雖然史無明文，我們也假定他因爲女人，大約未必十分錯；而董卓可是的確給貂蟬害死了。

阿Q本來也是正人，我們雖然不知道他曾蒙什麼明師指授過，但他對於「男女之大防」卻歷來非常嚴；也很有排斥異端——如小尼姑及假洋鬼子之類——的正氣。他的學說是：凡尼姑，一定與和尚私通；一個女人在外面走，一定想引誘野男人；一男一女在那裏講話，一定要有勾當了。爲懲治他們起見，所以他往往怒目而視，或者大聲說幾句「誅心」話，或者在冷僻處，便從後面擲一塊小石頭。

誰知道他將到「而立」之年，竟被小尼姑害得飄飄然了。這飄飄然的精神，在禮教上是不應該有的，——所以女人真可惡，假使小尼姑的臉上不滑膩，阿Q便不至于被蠱，又假使小尼姑的臉上蓋一層布，阿Q便也不至于被蠱了，——他五六年前，曾在戲臺下的人叢中擰過一個女人的大腿，但因爲隔一層褲，所以此後並不飄飄然，——而小尼姑並不然，這也足見異端之可惡。

「女……」阿Q想。

他對於以爲「一定想引誘野男人」的女人，時常留心着，然而伊並不對他笑。他對于和他講話的女人，也時常留心聽，然而伊又並不提起關于什麼勾當的話來。哦，這也是女人可惡之一節：伊們全都要裝「假正經」的。

這一天，阿Q在趙太爺家裏舂了一天米，喫過晚飯，便坐在廚房裏吸旱煙。倘在別家，喫過晚飯本可以回去的了，但趙府上晚飯早，雖說定例不准掌燈，一喫完便睡覺，然而偶然也有一些例外：其一、是趙太爺未進秀才的時候，准其點燈讀文章；其二、便是阿Q來做短工的時候，准其點燈舂米。因爲這一條例外，所以阿Q在動手舂米之前，還坐在廚房裏吸旱煙。

吳媽，是趙太爺家裏唯一的女僕，洗完了碗碟，也就在長凳上坐下了，而且和阿Q談閑天：

「太太兩天沒有喫飯哩，因爲老爺要買一個小的……」

「女人……吳媽……這小孤孀……」阿Q想。

「我們的少奶奶是八月裏要生孩子了……」

「女人……」阿Q想。

阿Q放下煙管，站了起來。

「我們的少奶奶……」吳媽還嘮叨說。

「我和你睏覺，我和你睏覺！」阿Q忽然搶上去，對伊跪下了。

一刹時中很寂然。

「阿呀！」吳媽楞了一息，突然發抖，大叫着往外跑，且跑且嚷，似乎後來帶哭了。

阿Q對了牆壁跪着也發楞，于是兩手扶着空板凳，慢慢的站起來，彷彿覺得有些糟。他這時確也有些忐忑了，慌張的將煙管插在褲帶上，就想去舂米。蓬的一聲，頭上着了很粗的一下，他急忙回轉身去，那秀才便拿了一枝大竹槓站在他面前。

「你反了，……你這……」

大竹槓又向他劈下來了。阿Q兩手去抱頭，拍的正打在指節上，這可很有一些痛。他衝出廚房門，彷彿背上又着了一下似的。

「忘八蛋!」秀才在後面用了官話這樣罵。

阿Q奔入舂米場，一個人站着，還覺得指頭痛，還記得「忘八蛋」，因爲這話是未莊的鄉下人從來不用，專是見過官府的闊人用的，所以格外怕，而印象也格外深。但這時，他那「女……」的思想卻也沒有了。而且打罵之後，似乎一件事也已經收束，倒反覺得一無掛礙似的，便動手去舂米。舂了一會，他熱起來了，又歇了手脫衣服。

脫下衣服的時候，他聽得外面很熱鬧，阿Q生平本來最愛看熱鬧，便即尋聲走出去了。尋聲漸漸的尋到趙太爺的內院裏，雖然在昏黃中，卻辨得出許多人，趙府一家連兩日不喫飯的太太也在內，還有間壁的鄒七嫂，真正本家的趙白眼，趙司晨。

少奶奶正拖着吳媽走出下房來，一面說：

「你到外面來，……不要躲在自己房裏想……」

「誰不知道你正經，……短見是萬萬尋不得的。」鄒七嫂也從旁說。

吳媽只是哭，夾些話，卻不甚聽得分明。

阿Q想：「哼，有趣，這小孤孀不知道鬧着什麽玩意兒了？」他想打聽，走近趙司晨的身邊。這時他猛然間看見趙太爺向他奔來，而且手裏捏着一枝大竹槓。他看見這一枝大竹槓，便猛然間悟到自己曾經被打，和這一場熱鬧似乎有點相關。他翻身便走，想逃回春米場，不圖這枝竹槓阻了他的去路，于是他又翻身便走，自然而然的走出後門，不多工夫，已在土穀祠內了。

阿Q坐了一會，皮膚有些起粟，他覺得冷了，因爲雖在春季，而夜間頗有餘寒，尚不宜於赤膊。他也記得布衫留在趙家，但倘若去取，又深怕秀才的竹槓。然而地保進來了。

「阿Q，你的媽媽的！你連趙家的用人都調戲起來，簡直是造反。害得我晚上没有覺睡，你的媽媽的！……」

如是云云的教訓了一通，阿Q自然没有話。臨末，因爲在晚上，應該送地保加倍酒錢四百文，阿Q正没有現錢，便用一頂氈帽做抵押，並且訂定了五條件：

一、明天用紅燭——要一斤重的——一對，香一封，到趙府上去賠罪。

二、趙府上請道士祓除縊鬼，費用由阿Q負擔。

三、阿Q從此不准踏進趙府的門檻。

四、吳媽此後倘有不測，惟阿Q是問。

五、阿Q不准再去索取工錢和布衫。

阿Q自然都答應了，可惜沒有錢。幸而已經春天，棉被可以無用，便質了二千大錢，履行條約。赤膊磕頭之後，居然還剩幾文，他也不再贖氈帽，統統喝了酒了。但趙家也並不燒香點燭，因爲太太拜佛的時候可以用，留着了。那破布衫是大半做了少奶奶八月間生下來的孩子的襯尿布，那小半破爛的便都做了吳媽的鞋底。

第五章　生計問題

阿Q禮畢之後，仍舊回到土穀祠，太陽下去了，漸漸覺得世上有些古怪。他仔細一想，終於省悟過來：其原因蓋在自己的赤膊。他記得破夾襖還在，便披在身上，躺倒了，待張開眼睛，原來太陽又已經照在西牆上頭了。他坐起身，一面說道：「媽媽的……」

他起來之後，也仍舊在街上逛，雖然不比赤膊之有切膚之痛，卻又漸漸的覺得世上有些古怪了。彷彿從這一天起，未莊的女人們忽然都怕了羞，伊們一見阿Q走來，便個個躲進門裏去。甚而至於將近五十歲的鄒七嫂也跟着別人亂鑽，而且將十一歲的女兒都叫進去了。阿Q很以爲奇，而且想：「這些東西忽然都學起小姐模樣來了。這娼婦們……」

但他更覺得世上有些古怪，卻是許多日以後的事。其一、酒店不肯賒欠了；其二、管土穀祠的老頭子說些廢話，似乎叫他走；其三，他雖然記不清多少日，但確乎有許多日，没有一個人來叫他做短工。酒店不賒，熬着也罷了；老頭子催他走，嚕囌一通也就算了；只是没有人來叫他做短工，卻使阿Q肚子餓：這委實是一件非常「媽媽的」的事情。

阿Q忍不下去了，他只好到老主顧的家裏去探問，——但獨不許踏進趙府的門檻，——然而情形也異樣：一定走出一個男人來，現了十分煩厭的相貌，像回覆乞丐一般的搖手道：

「没有没有！你出去！」

阿Q愈覺得稀奇了。他想，這些人家向來少不了要幫忙，不至于現在忽然都無事，這總該有些蹊蹺在裏面了。他留心打聽，纔知道他們有事都去叫小Don，這小D，是一個窮小子，又瘦又乏，在阿Q的眼睛裏，位置是在王鬍之下的，誰料這小子竟謀了他的飯碗去。所以阿Q這一氣，更與平常不同，當氣憤憤的走着的時候，忽然將手一揚，唱道：

「我手執鋼鞭將你打！……」

幾天之後，他竟在錢府的照壁前遇見了小D。「讎人相見分外眼明」，阿Q便迎上去，小D也站住了。

「畜生！」阿Q怒目而視的說，嘴角上飛出唾沫來。

「我是蟲豸，好麼？……」小D說。

這謙遜反使阿Q更加憤怒起來，但他手裏没有鋼鞭，于是只得撲上去，伸手去拔小D的辮子。小D一手護住了自己的辮根，一手也來拔阿Q的辮子，阿Q便也將空着的一隻手護住了自己的辮根。從先前的阿Q看來，小D本來是不足齒數的，但他近來挨了餓，又瘦又乏已經不下于小D，所以便成了勢均力敵的現象，四隻手拔着兩顆頭，都彎了腰，在錢家粉牆上映出一個藍色的虹形，至于半點鐘之久了。

「好了，好了！」看的人們說，大約是解勸的。

「好，好！」看的人們說，不知道是解勸，是頌揚，還是煽動。

然而他們都不聽。阿Q進三步，小D便退三步，都站着；小D進三步，阿Q便退三步，又都站着。大約半點鐘，——未莊少有自鳴鐘，所以很難說，或者二十分，——他們的頭髮裏便都冒煙，額上便都流汗，阿Q的手放鬆了，在同一瞬間，小D的手也正放鬆了，同時直起，同時退開，都擠出人叢去。

「記着罷，媽媽的……」阿Q回過頭去說。

「媽媽的，記着罷……」小D也回過頭來說。

這一場「龍虎鬥」似乎並無勝敗，也不知道看的人可滿足，都没有發什麼議論，而阿Q卻仍然没有人來叫他做短工。

有一日很温和，微風拂拂的頗有些夏意了，阿Q卻覺得寒冷起來，但這還可擔當，第一倒是肚子餓。棉被、氈帽、布衫早已没有了，其次就賣了棉襖；現在有褲子，卻萬不可脱的；有破夾襖，又除了送人做鞋底之外，決定賣不出錢。他早想在路上拾得一注錢，但至今還没有見；他想在自己的破屋裏忽然尋到一注錢，慌張的四顧，但屋内是空虛而且了然。於是他決計出門求食去了。

他在路上走着要「求食」，看見熟識的酒店，看見熟識的饅頭，但他都走過了，不但没有暫停，而且並不想要。他所求的不是這類東西了；他求的是什麼東西，他自己不知道。

未莊本不是大村鎮，不多時便走盡了。村外都是水田，滿眼是新秧的嫩綠，夾着幾個圓形的活動的黑點，便是耕田的農夫。阿Q並不賞鑑這田家樂，卻只是走，因爲他直覺的知道這與他的「求食」之道是很遼遠的。但他終于走到靜修庵的牆外了。

庵周圍也是水田，粉牆突出在新綠裏，後面的低土牆裏是菜園。阿Q遲疑了一會，四面一看，並没有人。他便爬上這矮牆去，扯着何首烏藤，但泥土仍然簌簌的掉，阿Q的脚也索索的抖；終于攀着桑樹枝，跳到裏面了。裏面真是鬱鬱葱葱，但似乎並没有黃酒饅頭，以及此外可喫的之類。靠西牆是竹叢，下面許多筍，只可惜都是並未煮熟的，還有油菜早經結子，芥菜已經開花，小白菜也很老了。

阿Q彷彿文童落第似的覺得很冤屈，他慢慢走近園門去，忽而非常驚喜了，這分明是一畦老蘿蔔。他于是蹲下便拔，而門口突然伸出一個很圓的頭來，又即縮回去了，這分明是小尼姑。小尼姑之流是阿Q本來視若草芥的，但世事須「退一步想」，所以他便趕緊拔起四個蘿蔔，擰下青葉，兜在大襟裏。然而老尼姑已經出來了！

「阿彌陀佛，阿Q，你怎麼跳進園裏來偷蘿蔔！……阿呀，罪過呵，阿唷，阿彌陀佛！……」

「我什麼時候跳進你的園裏來偷蘿蔔？」阿Q且看且走的説。

「現在……這不是！」老尼姑指着他的衣兜。

「這是你的？你能叫得他答應你麼？你……」

阿Q没有説完話，拔步便跑；追來的是一匹很肥大的黑狗。這本來在前門的，不知怎的到後園來了。黑狗哼而且追，已經要咬着阿Q的腿，幸而從衣兜裏落下一個蘿蔔來，那狗給一嚇，略略一停，阿Q已經爬上桑樹，跨到土牆，連人和蘿蔔都滾出牆外面了。只剩着黑狗還在對着桑樹嗥，老尼姑念着佛。

阿Q怕尼姑又放出黑狗來，拾起蘿蔔便走。沿路又檢了幾塊小石頭，但黑狗卻並不再出現。阿Q于是抛了石塊，一面走一面喫，而且想道，這裏也沒有什麼東西尋，不如進城去。……

待三個蘿蔔喫完時，他已經打定了進城的主意了。

第六章　從中興到末路

在未莊再看見阿Q出現的時候，是剛過了這年的中秋。人們都驚異，說是阿Q回來了，于是又回上去想道，他先前那里去了呢？阿Q前幾回的上城，大抵早就興高采烈的對人說，但這一次卻並不，所以也沒有一個人留心到。他或者也曾告訴過管土穀祠的老頭子，然而未莊老例，只有趙太爺、錢太爺和秀才太爺上城纔算一件事。假洋鬼子尚且不足數，何況是阿Q：因此老頭子也就不替他宣傳，而未莊的社會上也就無從知道了。

但阿Q這回的回來，卻與先前大不同，確乎很值得驚異。天色將黑，他睡眼朦朧的在酒店門前出現了，他走近櫃臺，從腰間伸出手來，滿把是銀的和銅的，在櫃上一扔說，「現錢！打酒來！」穿的是新夾襖，看去腰間還掛着一個大搭連，沈鈿鈿的將褲帶墜成了很彎很彎的弧綫。未莊老例，看見略有些醒目的人物，是與其慢也寧敬的，現在雖然明知道是阿Q，但因爲和破夾襖的阿Q有些兩樣了，古人云，「士別三日便當刮目相待」，所以堂倌、掌櫃、酒客、路人，便自然顯出一種疑而且敬的形態來。掌櫃既先之以點頭，又繼之以談話：

「嚄，阿Q，你回來了！」

「回來了。」

「發財發財，你是——在……」

「上城去了！」

這一件新聞，第二天便傳遍了全未莊。人人都願意知道現錢和新夾襖的阿Q的中興史，所以在酒店裏，茶館裏，廟簷下，便漸漸的探聽出來了。這結果，是阿Q得了新敬畏。

據阿Q說，他是在舉人老爺家裏帮忙，這一節，聽的人都肅然了。這老爺本姓白，但因爲合城裏只有他一個舉人，所以不必再冠姓，説起舉人來就是他。這也不獨在未莊是如此，便是一百里方圓之内也都如此，人們幾乎多以爲他的姓名就叫舉人老爺的了。在這人的府上帮忙，那當然是可敬的。但據阿Q又說，他卻不高興再帮忙了，因爲這舉人老爺實在太「媽媽的」了。這一節，聽的人都歎息而且快意，因爲阿Q本不配在舉人老爺家裏帮忙，而不帮忙是可惜的。

據阿Q說，他的回來，似乎也由於不滿意城裏人，這就在他們將長凳稱爲條凳，而且煎魚用葱絲，加以最近觀察所得的缺點，是女人的走路也扭得不很好，然而也偶有大可佩服的地方，即如未莊的鄉下人不過打三十二張的竹牌，只有假洋鬼子能够叉「麻醬」，城裏卻連小烏龜子都叉得精熟的。什麼假洋鬼子，只要放在城裏的十幾歲的小烏龜子的手裏，也就立刻是「小鬼見閻王」。這一節，聽的人都赧然了。

「你們可看見過殺頭麼」？阿Q說，「咳，好看。殺革命黨。唉，好看好看，……」他搖搖頭，將唾沫飛在正對面的趙司晨的臉上。這一節，聽的人都凜然了。但阿Q又四面一看，忽然揚起右手，照着伸長脖子聽得出神的王鬍的後頂窩上直劈下去道：

「嚓！」

王鬍驚得一跳，同時電光石火似的趕快縮了頭，而聽的人又都悚然而且欣然了。從此王鬍瘟頭瘟腦的許多日，並且再不敢走近阿Q的身邊；別的人也一樣。

阿Q這時在未莊人眼睛裏的地位，雖不敢說超過趙太爺，但謂之差不多，大約也就沒有什麼語病的了。

然而不多久，這阿Q的大名忽又傳遍了未莊的閨中。雖然未莊只有錢、趙兩姓是大屋，此外十之九都是淺閨，但閨中究竟是閨中，所以也算得一件神異。女人們見面時一定說，鄒七嫂在阿Q那裏買了一條藍綢裙，舊固然是舊的，但只化了九角錢。還有趙白眼的母親——一說是趙司晨的母親，待考，——也買了一件孩子穿的大紅洋紗衫，七成新，只用三百大錢九二串。於是伊們都眼巴巴的想見阿Q，缺綢裙的想問他買綢裙，要洋紗衫的想問他買洋紗衫，不但見了不逃避，有時阿Q已經走過了，也還要追上去叫住他，問道：

「阿Q，你還有綢裙麼？沒有？紗衫也要的，有罷？」

後來這終於從淺閨傳進深閨裏去了，因爲鄒七嫂得意之餘，將伊的綢裙請趙太太去鑑賞，趙太太又告訴了趙太爺而且着實恭維了一番。趙太爺便在晚飯桌上，和秀才大爺討論，以爲阿Q實在有些古怪，我們門窗應該小心些；但他的東西，不知道可還有什麼可買，也許有點好東西罷。加以趙太太也正想買一件價廉物美的皮背心。於是家族決議，便託鄒七嫂即刻去尋阿Q，而且爲此新闢了第三種的例外：這晚上也姑且特准點油燈。

油燈乾了不少了，阿Q還不到。趙府的全眷都很焦急，打着呵欠，或恨阿Q太飄忽，或怨鄒七嫂不上緊。趙太太還怕他因爲春天的條件不敢來，而趙太爺以爲不足慮：因爲這是「我」去叫他的。果然，到底趙太爺有見識，阿Q終於跟着鄒七嫂進來了。

「他只說沒有沒有，我說你自己當面說去，他還要說，我說……」鄒七嫂氣喘吁吁的走着說。

「太爺！」阿Q似笑非笑的叫了一聲，在簷下站住了。

「阿Q，聽說你在外面發財，」趙太爺踱開去，眼睛打量着他的全身，一面說。「那很好，那很好的。這個，……聽說你有些舊東西，……可以都拿來看一看，……這也並不是別的，因爲我倒要……」

「我對鄒七嫂說過了。都完了。」

「完了？」趙太爺不覺失聲的說，「那裏會完得這樣快呢？」

「那是朋友的，本來不多。他們買了些，……」

「總該還有一點罷。」

「現在，只剩了一張門幕了。」

「就拿門幕來看看罷。」趙太太慌忙說。

「那麽，明天拿來就是，」趙太爺卻不甚熱心了。「阿Q，你以後有什麽東西的時候，你儘先送來給我們看，……」

「價錢決不會比別家出得少！」秀才說。秀才娘子忙一瞥阿Q的臉，看他感動了沒有。

「我要一件皮背心。」趙太太說。

阿Q雖然答應着，卻懶洋洋的出去了，也不知道他是否放在心上。這使趙太爺很失望，氣忿而且擔心，至于停止了打呵欠。秀才對于阿Q的態度也很不平，于是說，這忘八蛋要提防，或者竟不如吩咐地保，不許他住在未莊。但趙太爺以爲不然，說這也怕要結怨，況且做這路生意的大概是「老鷹不喫窩下食，」本村倒不必擔心的；只要自己夜裏警醒的就是了。秀才聽了這「庭訓」，非常之以爲然，便即刻撤消了驅逐阿Q的提議，而且叮囑鄒七嫂，請伊萬不要向人提起這一段話。

但第二日，鄒七嫂便將那藍裙去染了皂，又將阿Q可疑之點傳揚出去了，可是確沒有提起秀才要驅逐他這一節。然而這已經于阿Q很不利。最先，地保尋上門了，取了他的門幕去，阿Q說是趙太太要看的，而地保也不還，並且要議定每月的孝敬錢。其次，是村人對于他的敬畏忽而變相了，雖然還不敢來放肆，卻很有遠避的神情，而這神情和先前的防他來「嚓」的時候又不同，頗混着「敬而遠之」的份子了。

只有一班閑人們卻還要尋根究底的去探阿Q的細底。阿Q也並不諱飾，傲然的說出他的經驗來。從此他們纔知道，他不過是一個小脚色，不但不能上牆，並且不能進洞，只站在門外接東西。有一夜，他剛纔接到一個包，正手再進去，不一會，只聽得裏面大嚷起來，他便趕緊跑，連夜爬出城，逃回未莊來了，從此不敢再去做。然而這故事卻于阿Q更不利，村人對于阿Q的「敬而遠之」者，本因爲怕結怨，誰料他不過是一個不敢再偷的偷兒呢？這實在是「斯亦不足畏也矣。」

第七章　革命

宣統三年九月十四日——即阿Q將搭連賣給趙白眼的這一天——三更四點，有一隻大烏篷船到了趙府上的河埠頭。這船從黑魆魆中蕩來，鄉下人睡得熟，都没有知道；出去時將近黎明，卻很有幾個看見的了。據探頭探腦的調查來的結果，知道那竟是舉人老爺的船！

那船便將大不安載給了未莊，不到正午，全村的人心就很搖動。船的使命，趙家本來是很秘密的，但茶坊酒肆卻都說，革命黨要進城，舉人老爺到我們鄉下來逃難了。惟有鄒七嫂不以爲然，說那不過是幾口破衣箱，舉人老爺想來寄存的，卻已被趙太爺回覆轉去。其實舉人老爺和趙秀才素不相能，在理本不能有「共患難」的情誼，況且鄒七嫂又和趙家是鄰居，見聞較爲切近，所以大概該是伊對的。

然而謠言很旺盛，說舉人老爺雖然似乎沒有親到，卻有一封長信，和趙家排了「轉折親」。趙太爺肚裏一輪，覺得于他總不會有壞處，便將箱子留下了，現就塞在太太的牀底下。至于革命黨，有的說是便在這一夜進了城，個個白盔白甲：穿着崇正皇帝的素。

阿Q的耳朵裏，本來早聽到過革命黨這一句話，今年又親眼見過殺掉革命黨。但他有一種不知從那裏來的意見，以爲革命黨便是造反，造反便是與他爲難，所以一向是「深惡而痛絕之」的。殊不料這卻使百里聞名的舉人老爺有這樣怕，于是他未免也有些「神往」了，況且未莊的一羣鳥男女的慌張的神情，也使阿Q更快意。

「革命也好罷」，阿Q想，「革這夥媽媽的的命，太可惡！太可恨！……便是我，也要投降革命黨了。」

阿Q近來用度窘，大約略略有些不平；加以午間喫了兩碗空肚酒，愈加醉得快，一面想一面走，便又飄飄然起來。不知怎樣一來，忽而似乎革命黨便是自己，未莊人卻都是他的俘虜了。他得意之餘，禁不住大聲的嚷道：

「造反了！造反了！」

未莊人都用了驚懼的眼光對他看。這一種可憐的眼光，是阿Q從來沒有見過的，一見之下，又使他舒服得如六月裏喝了雪水。他更加高興的走而且喊道：

「好，……我要什麼就要什麼，我歡喜誰就是誰。

得得，鏘鏘！

悔不該，酒醉了錯斬了鄭賢弟，

悔不該，呀呀呀……

得得，鏘鏘，得，鏘令鏘！

我手執鋼鞭將你打……」

趙府上的兩位男人和兩個真本家，也正站在大門口論革命。阿Q沒有見，昂了頭直唱過去。

「得得，……」

「老Q，」趙太爺怯怯的迎着低聲的叫。

「鏘鏘，」阿Q料不到他的名字會和「老」字聯結起來，以爲是一句別的話，與己無干，只是唱。「得，鏘，鏘令鏘，鏘！」

「老Q。」

「悔不該……」

「阿Q！」秀才只得直呼其名了。

阿Q這纔站住，歪着頭問道：「什麼？」

「老Q，……現在……」趙太爺卻又沒有話，「現在……發財麼？」

「發財？自然。要什麼就是什麼……」

「阿……Q哥，像我們這樣窮朋友是不要緊的……」趙白眼惴惴的說，似乎想探革命黨的口風。

「窮朋友？你總比我有錢。」阿Q說着自去了。

大家都憮然，没有話，趙太爺父子回家，晚上商量到點燈。趙白眼回家，便從腰間扯下搭連來，交給他女人藏在箱底裏。

阿Q飄飄然的飛了一通，回到土穀祠，酒已經醒透了。這晚上，管祠的老頭子也意外的和氣，請他喝茶；阿Q便向他要了兩個餅，喫完之後，又要了一支點過的四兩燭和一個樹燭臺，點起來，獨自躺在自己的小屋裏。他説不出的新鮮而且高興，燭火像元夜似的閃閃的跳，他的思想也迸跳起來了：——

「造反？有趣，……來了一陣白盔白甲的革命黨，都拿着板刀、鋼鞭、炸彈、洋礮三尖兩刃刀、鉤鐮鎗，走過土穀祠，叫道：『阿Q！同去同去！』於是一同去。……

「這時未莊的一夥鳥男女纔好笑哩，跪下叫道：『阿Q，饒命！』誰聽他！第一個該死的是小D和趙太爺，還有秀才，還有假洋鬼子，……留幾條麼？王鬍本來還可留，但也不要了。……

「東西，……直走進去打開箱子來；元寶、洋錢、洋紗衫，……秀才娘子的一張寧式床先搬到土穀祠，此外便擺了錢家的桌椅，——或者也就用趙家的罷。自己是不動手的了，叫小D來搬，要搬得快，搬得不快打嘴巴。……

「趙司晨的妹子真醜。鄒七嫂的女兒過幾年再說。假洋鬼子的老婆會和沒有辮子的男人睡覺，嚇，不是好東西！秀才的老婆是眼胞上有疤的。……吳媽長久不見了，不知道在那里，——可惜腳太大。」

阿Q沒有想得十分停當，已經發了鼾聲，四兩燭還只點去了小半寸，紅燄燄的光照着他張開的嘴。

「荷荷！」阿Q忽而大叫起來，擡了頭倉皇的四顧，待到看見四兩燭，卻又倒頭睡去了。

第二天他起得很遲，走出街上看時，樣樣都照舊。他也仍然肚餓，他想着，想不起什麼來；但他忽而似乎有了主意了，慢慢的跨開步，有意無意的走到靜修庵。

庵和春天時節一樣靜，白的牆壁和漆黑的門。他想了一想，前去打門，一隻狗在裏面叫。他急急拾下幾塊斷磚，再上去較爲用力的打，打到黑門上生出許多麻點的時候，纔聽得有人來開門。

阿Q連忙捏好磚頭，擺開馬步，準備和黑狗來開戰。但庵門只開了一條縫，並無黑狗從中衝出，望進去只有一個老尼姑。

「你又來什麼事？」伊大喫一驚的說。

「革命了……你知道？……」阿Q說得很含胡。

「革命革命，革過一革的，……你們要革得我們怎麼樣呢？」老尼姑兩眼通紅的說。

「什麼？……」阿Q詫異了。

「你不知道，他們已經來革過了！」

「誰？……」阿Q更其詫異了。

「那秀才和洋鬼子！」

阿Q很出意外，不由的一錯愕，老尼姑見他失了銳氣，便飛速的關了門，阿Q再推時，牢不可開，再打時，沒有回答了。

那還是上午的事。趙秀才消息靈，一知道革命黨已在夜間進城，便將辮子盤在頂上，一早去拜訪那歷來也不相能的錢洋鬼子。這是「咸與維新」的時候了，所以他們便談得很投機，立刻成了情投意合的同志，也相約去革命。他們想而又想，纔想出靜修庵裏有一塊「皇帝萬歲萬萬歲」的龍牌，是應該趕緊革掉的，於是又立刻同到庵裏去革命。因爲老尼姑來阻擋，說了三句話，他們便將伊當作滿政府，在頭上很給了不少的棍子和栗鑿。尼姑待他們走後，定了神來檢點，龍牌固然已經碎在地上了，而且又不見了觀音娘娘座前的一個宣德爐。

這事阿Q後來纔知道。他頗悔自己睡着，但也深怪他們不來招呼他。他又退一步想道：

「難道他們還沒有知道我已經投降了革命黨麼？」

第八章　不准革命

未莊的人心日見其安靜了。據傳來的消息，知道革命黨雖然進了城，倒還沒有什麼大異樣。知縣大老爺還是原官，不過改稱了什麼，而且舉人老爺也做了什麼——這些名目未莊人都說不明白——官，帶兵的也還是先前的老把總。只有一件可怕的事是另有幾個不好的革命黨夾在裏面搗亂，第二天便動手翦辮子，聽說那鄰村的航船七斤便着了道兒，弄得不像人樣子了。但這卻還不算大恐怖，因爲未莊人本來少上城，即使偶有想進城的，也就立刻變了計，碰不着這危險。阿Q本也想進城去尋他的老朋友，一得這消息，也只得作罷了。

但未莊也不能說是無改革。幾天之後，將辮子盤在頂上的逐漸增加起來了，早經說過，最先自然是茂才公，其次便是趙司晨和趙白眼，後來是阿Q。倘在夏天，大家將辮子盤在頭頂上或者打一個結，本不算什麼稀奇事，但現在是暮秋，所以這「秋行夏令」的情形，在盤辮家不能不説是萬分的英斷，而在未莊也不能説無關于改革了。

趙司晨腦後空蕩蕩的走來，看見的人大嚷説；

「嚄，革命黨來了！」

阿Q聽到了很羨慕。他雖然早知道秀才盤辮的大新聞，但總沒有想到自己可以照樣做，現在看見趙司晨也如此，纔有了學樣的意思，定下實行的決心。他用一支竹筷將辮子盤在頭頂上，遲疑多時，這纔放膽的走去。

他在街上走，人也看他，然而不説什麼話，阿Q當初很不快，後來便很不平。他近來很容易鬧脾氣了；其實他的生活，倒也並不比造反之前反艱難，人見他也客氣，店舖也不説要現錢。而阿Q總覺得自己太失意；既然革了命，不應該只是這樣的。況且有一回看見小D，愈使他氣破肚皮了。

小D也將辮子盤在頭頂上了，而且也居然用一支竹筷。阿Q萬料不到他也敢這樣做，自己也決不准他這樣做！小D是甚麼東西呢？他很想即刻揪住他，拗斷他的竹筷，放下他的辮子，並且批他幾個嘴巴，聊且懲罰他忘了生辰八字，他敢來做革命黨的罪。但他終于饒放了，單是怒目而視的吐一口唾沫道「呸！」

這幾日裏，進城去的只有一個假洋鬼子。趙秀才本也想靠着寄存箱子的淵源，親身去拜訪舉人老爺的，但因爲有翦辮的危險，所以也就中止了。他寫了一封「黃傘格」的信，託假洋鬼子帶上城，而且託他給自己紹介紹介，去進自由黨。假洋鬼子回來時，向秀才討還了四塊洋錢秀才便有一塊銀桃子掛在大襟上了；未莊人都驚服，說這是柿油黨的頂子，抵得一個翰林，趙太爺因此也驟然大闊，遠過于他兒子初雋秀才的時候，所以目空一切，見了阿Q，也就很有些不放在眼裏了。

阿Q正在不平，又時時刻刻感着冷落，一聽得這銀桃子的傳說，他立即悟出自己之所以冷落的原因了：要革命，單說投降，是不行的；盤上辮子，也不行的；第一着仍然要和革命黨去結識。他生平所知道的革命黨只有兩個，城裏的一個早已「嚓」的殺掉了，現在只剩了一個假洋鬼子。他除卻趕緊去和假洋鬼子商量之外，再沒有別的道路了。

錢府的大門正開着，阿Q便怯怯的躄進去，他一到裏面，很喫了驚，只見假洋鬼子正站在院子的中央，一身烏黑的大約是洋衣，身上也掛着一塊銀桃子，手裏是阿Q曾經領教過的棍子，已經留到一尺多長的辮子都拆開了披在肩背上，蓬頭散髮的像一個劉海仙。對面挺直的站着趙白眼和三個閑人，正在必恭必敬的聽説話。

阿Q輕輕的走進了，站在趙白眼的背後，心裏想招呼，卻不知道怎樣説纔好：叫他假洋鬼子固然是不行的了，洋人也不妥，革命黨也不妥，或者就應該叫洋先生了罷。

洋先生卻沒有見他，因爲白着眼睛講得正起勁：

「我是性急的，所以我們見面，我總是說：洪哥！我們動手罷！他卻總説道No!——這是洋話，你們不懂的。否則早已成功了，然而這正是他做事小心的地方。他再三再四的請我上湖北，我還沒有肯。誰願意在這小縣城裏做事情。……」

「唔，……這個……」阿Q候他略停，終于用十二分的勇氣開口了，但不知道因爲什麼，又並不叫他洋先生。

聽着說話的四個人都吃驚的回顧他。洋先生也纔看見：

「什麼？」

「我……」

「出去！」

「我要投……」

「滾出去！」洋先生揚起哭喪棒來了。

趙白眼和閑人便都吆喝道：「先生叫你滾出去，你還不聽麼！」

阿Q將手向頭上一遮，不自覺的逃出門外；洋先生倒也沒有追。他快跑了六十多步，這纔慢慢的走，于是心裏便湧起了憂愁：洋先生不准他革命，他再沒有別的路；從此決不能望有白盔白甲的人來叫他，他所有的抱負、志向、希望、前程；全被一筆勾銷了。至于閑人們傳揚開去，給小D、王鬍等輩笑話，倒是還在其次的事。

他似乎從來沒有經驗過這樣的無聊。他對于自己的盤辮子，彷彿也覺得無意味，要侮蔑；爲報讎起見，很想立刻放下辮子來，但也沒有竟放。他遊到夜間，賒了兩碗酒，喝下肚去，漸漸的高興起來了，思想裏纔又出現白盔白甲的碎片。

有一天，他照例的混到夜深，待酒店要關門，纔踱回土穀祠去。

拍，吧～～！

他忽而聽得一種異樣的聲音，又不是爆竹。阿Q本來是愛看熱鬧，愛管閑事的，便在暗中直尋過去。似乎前面有些脚步聲；他正聽，猛然間一個人從對面逃來了。阿Q一看見，便趕緊翻身跟着逃。那人轉彎，阿Q也轉彎，既轉彎，那人站住了，阿Q也站住。他看後面並無什麼，看那人便是小D。

「什麼？」阿Q不平起來了。

「趙……趙家遭搶了！」小D氣喘吁吁的說。

阿Q的心怦怦的跳了。小D說了便走；阿Q卻跳而又停的兩三回，但他究竟是做過「這路生意」的人，格外膽大，于是躄出路角，仔細的聽，似乎有些嚷嚷，又仔細的看，似乎許多白盔白甲的人，絡繹的將箱子擡出了，器具擡出了，秀才娘子的寧式牀也擡出了，但是不分明，他還想上前，兩只腳卻沒有動。

這一夜沒有月，未莊在黑暗裏很寂靜，寂靜到像羲皇時候一般太平。阿Q站着看到自己發煩，也似乎還是先前一樣，在那裏來來往往的搬，箱子擡出了，器具擡出了，秀才娘子的寧式牀也擡出了，……擡得他自己有些不信他的眼睛了。但他決計不再上前，卻回到自己的祠裏去了。

土穀祠裏更漆黑；他關好大門，摸進自己的屋子裏。他躺了好一會，這纔定了神，而且發出關于自己的思想來：白盔白甲的人明明到了，並不來打招呼，搬了許多好東西，又沒有自己的份，——這全是假洋鬼子可惡，不准我造反，否則，這次何至于沒有我的份呢？

阿Q越想越氣，終于禁不住滿心痛恨起來，毒毒的點一點頭：「不准我造反，只准你造反？媽媽的假洋鬼子，——好，你造反！造反是殺頭的罪名呵，我總要告一狀，看你抓進縣裏去殺頭，——滿門抄斬，——嚓！嚓！」

第九章　大團圓

趙家遭搶之後，未莊人大抵很快意而且恐慌，阿Q也很快意而且恐慌。但四天之後，阿Q在半夜裏忽被抓進縣城裏去了。那時恰是暗夜，一隊兵，一隊團丁，一隊警察，五個偵探，悄悄地到了未莊，乘昏暗圍住土穀祠，正對門架好機關鎗。然而阿Q不衝出。許多時沒有動靜，把總焦急起來了，懸了二十千的賞，纔有兩個團丁冒了險，踰垣進去，裏應外合，一擁而入，將阿Q抓出來；直待擒出祠外面的機關鎗左近，他纔有些清醒了。

到進城，已經是正午，阿Q見自己被攙進一所破衙門，轉了五六個彎，便推在一間小屋裏。他剛剛一蹌踉，那用整株的木料做成的柵欄門便跟着他的脚跟闔上了，其餘的三面都是牆壁，仔細看時，屋角上還有兩個人。

阿Q雖然有些忐忑，卻並不很苦悶，因爲他那土穀祠裏的臥室，也並沒有比這間屋子更高明。那兩個也彷彿是鄉下人，漸漸和他兜搭起來了，一個說是舉人老爺要追他祖父欠下來的陳租，一個不知道爲了什麼事。他們問阿Q，阿Q爽利的答道：「因爲我想造反。」

他下半天便又被抓出柵欄門去了，到得大堂，上面坐着一個滿面剃得精光的老頭子。阿Q疑心他是和尚，但看見下面站着一排兵，案旁又站着十幾個長衫人物，也有滿頭剃得精光像這老頭子的，也有將一尺來長的頭髮披在背後像那假洋鬼子的，都是一臉橫肉，怒目而視的看他；他便知道這人一定有些來歷，膝關節立刻自然而然的寬鬆，便跪了下去了。

「站着說！不要跪！」長衫人物都吆喝說。

阿Q雖然似乎懂得，但總覺得站不住，身不由己的蹲了下去，而且終于趁勢改爲跪下了。

「奴隸性！……」長衫人物又鄙夷似的說，但也沒有叫他起來。

「你從實招來罷，免得喫苦。我早都知道了。招了可以放你，」那光頭的老頭子看定了阿Q的臉，沈靜的清楚的說。

「招罷！」長衫人物也大聲說。

「我本來要……來投……」阿Q胡裏胡塗的想了一通，這纔斷斷續續的說。

「那麽，爲什麽不來的呢？」老頭子和氣的問。

「假洋鬼子不准我！」

「胡説！此刻説，也遲了。現在你的同黨在那里？」

「什麽？……」

「那一晚打劫趙家的一夥人。」

「他們没有來叫我。他們自己搬走了。」阿Q提起來便憤憤。

「走到那里去了呢？説出來便放你了。」老頭子更和氣了。

「我不知道，……他們没有來叫我……」

然而老頭子使了一個眼色，阿Q便又被抓進柵欄門裏了。他第二次抓出柵欄門，是第二天的上午。

大堂的情形都照舊。上面仍然坐着光頭的老頭子，阿Q也仍然下了跪。

老頭子和氣的問道，「你還有什麽話説麽？」

阿Q一想，没有話，便回答説，「没有。」

於是一個長衫人物拿了一張紙，並一枝筆送到阿Q的面前，要將筆塞在他手裏。阿Q

這時很喫驚，幾乎「魂飛魄散」了：因爲他的手和筆相關，這回是初次。他正不知怎樣拿；那人卻又指着一處地方教他畫花押。

「我……我……不認得字。」阿Q一把抓住了筆，惶恐而且慚愧的說。

「那麼，便宜你，畫一個圓圈！」

阿Q要畫圓圈了。那手捏着筆卻只是抖。于是那人替他將紙鋪在地上。阿Q伏下去，使盡了平生的力畫圓圈。他生怕被人笑話立志要畫得圓，但這可惡的筆不但很沈重，並且不聽話，剛剛一抖一抖的幾乎要合縫，卻又向外一聳，畫成瓜子模樣了。

阿Q正羞愧自己畫得不圓，那人卻不計較，早已掣了紙筆去，許多人又將他第二次抓進柵欄門。

他第二次進了柵欄，倒也並不十分懊惱。他以爲人生天地之間，大約本來有時要抓進抓出，有時要在紙上畫圓圈的，惟有圈而不圓！卻是他行狀上的一個污點。但不多時也就釋然了，他想：孫子纔畫得很圓的圓圈呢。于是他睡着了。

然而這一夜，舉人老爺反而不能睡：他和把總嘔了氣了。舉人老爺主張第一要追贓。把總主張第一要示衆。把總近來很不將舉人老爺放在眼裏了，拍案打凳的說道：「懲、一、儆、百！你看，我做革命黨還不上二十天，搶案就是十幾件，全不破案，我的面子在那里？破了案，你又來迂。不成！這是我管的！」舉人老爺窘急了，然而還堅持，說是倘若不追贓，他便立刻辭了幫辦民政的職務。而把總卻道：「請便罷！」于是舉人老爺在這一夜竟没有睡，但幸而第二天倒也没有辭。

阿Q第三次抓出柵欄門的時候，便是舉人老爺睡不着的那一夜的明天的上午了。他到了大堂，上面還坐着照例的光頭老頭子；阿Q也照例的下了跪。

老頭子很和氣的問道，「你還有什麼話麼？」

阿Q一想，没有話，便回答說，「没有。」

許多長衫和短衫人物，忽然給他穿上一件洋布的白背心，上面有些黑字。阿Q很氣苦；因爲這很像是帶孝，而帶孝是晦氣的。然而同時他的兩手反縛了，同時又被一直抓出衙門外去了。

阿Q被擡上了一輛没有篷的車，幾個短衣人物也和他同坐在一處。這車立刻走動了，前面是一班背着洋礮的兵們和團丁，兩旁是許多張着嘴的看客，後面怎樣，阿Q没有見。但他突然覺到了；這豈不是去殺頭麼？他一急，兩眼發黑，耳朵裏嗡的一聲，似乎發昏了。

然而他又没有全發昏，有時雖然着急，有時卻也泰然；他意思之間，似乎覺得人生天地間，大約本來有時也未免要殺頭的。

他還認得路，于是有些詫異了：怎麼不向着法場走呢？他不知道這是在游街，在示衆。但即使知道也一樣，他不過以爲人生天地間，大約本來有時也未免要游街要示衆罷了。

他省悟了，這是繞到法場去的路，這一定是「嚓」的去殺頭。他惘惘的向左右看，全跟着螞蟻似的人，而在無意中，卻在路旁的人叢中發見了一個吳媽。很久違，伊原來在城裏做工了。阿Q忽然很羞愧自己没志氣：竟没有唱幾句戲。他的思想彷彿旋風似的在腦裏一迴旋：《小孤孀上墳》欠堂皇，《龍虎鬥》裏的「悔不該……」也太乏，還是「手執鋼鞭將你打」罷。他同時將手一揚，纔記得這兩手原來都綑着，于是「手執鋼鞭」也不唱了。

「過了二十年又是一個……」阿Q在百忙中，「無師自通」的說出半句從來不說的話。

「好！」從人叢裏，便發出豺狼的嗥叫一般的聲音來。

車子不住的前行，阿Q在喝采聲中，輪轉眼睛去看吳媽，似乎伊一向並没有見他，卻只是出神的看着兵們背上的洋　。

阿Q于是再看那些喝采的人們。

這刹那中，他的思想又彷彿旋風似的在腦裏一迴旋了。四年之前，他曾在山脚下遇見一隻餓狼，永是不近不遠的跟定他，要喫他的肉。他那時嚇得幾乎要死，幸而手裏有一柄斫柴刀，纔得仗這壯了膽，支持到未莊；可是永遠記得那狼眼睛，又凶又怯，閃閃的像兩顆鬼火，似乎遠遠的來穿透了他的皮肉。而這回他又看見從來沒有見過的更可怕的眼睛了，又鈍又鋒利，不但已經咀嚼了他的話，並且還要咀嚼他皮肉以外的東西，永是不遠不近的跟他走。

這些眼睛們似乎連成一氣，已經在那裏咬他的靈魂。

「救命，……」

然而阿Q沒有說。他早就兩眼發黑，耳朵裏嗡的一聲，覺得全身彷彿微塵似的迸散了。

至于當時的影響，最大的倒反在舉人老爺，因爲終是沒有追贓，他全家都號咷了。其次是趙府，非特秀才因爲上城去報官，被不好的革命黨剪了辮子，而且又破費了二十千的賞錢，所以全家也號咷了。從這一天以來，他們便漸漸的都發生了遺老的氣味。

至于輿論，在未莊是無異議，自然都說阿Q壞，被鎗斃便是他的壞的證據；不壞又何至于被鎗斃呢？而城裏的輿論卻不佳，他們多半不滿足，以爲鎗斃並無殺頭這般好看；而且那是怎樣的一個可笑的死囚呵，遊了那麼久的街，竟沒有唱一句戲：他們白跟一趟了。

一九二一年十二月。

《吶喊》自序

《吶喊》是魯迅第一本小說集，一九二三年八月出版。初版收入小說十五篇，一九一八年至一九二二年所作，以《狂人日記》始，《不周山》終。一九三〇年後各版抽去《不周山》，只收十四篇。

我在年青時候也曾經做過許多夢，後來大半忘卻了，但自己也並不以爲可惜。所謂回憶者，雖說可以使人歡欣，有時也不免使人寂寞，使精神的絲縷還牽着已逝的寂寞的時光，又有什麼意味呢，而我偏苦于不能全忘卻，這不能全忘的一部分，到現在便成了《吶喊》的來由。

我有四年多，曾經常常，——幾乎是每天，出入于質舖和藥店裏，年紀可是忘卻了，總之是藥店的櫃臺正和我一樣高，質舖的是比我高一倍，我從一倍高的櫃臺外送上衣服或首飾去，在侮蔑裏接了錢，再到一樣高的櫃臺上給我久病的父親去買藥。回家之後，又須忙別的事了，因爲開方的醫生是最有名的，以此所用的藥引也奇特：冬天的蘆根，經霜三年的甘蔗，蟋蟀要原對的，結子的平地木，……多不是容易辦到的東西。然而我的父親終于日重一日的亡故了。

有誰從小康人家而墜入困頓的麼，我以爲在這途路中，大概可以看見世人的真面目；我要到N進K學堂去了，彷彿是想走異路，逃異地，去尋求別樣的人們。我的母親沒有法，辦了八元的川資，說是由我的自便；然而伊哭了，這正是情理中的事，因爲那時讀書應試是正路，所謂學洋務，社會上便以爲是一種走投無路的人，只得將靈魂賣給鬼子，要加倍的奚落而且排斥的，而况伊又看不見自己的兒子了。然而我也顧不得這些事，終于到N去進了K學堂了，在這學堂裏，我纔知道世上還有所謂格致、算學、地理、歷史、繪圖和體操。生理學並不教，但我們卻看到些木版的《全體新論》和《化學衛生論》之類了。我還記得先前的醫生的議論和方藥，和現在所知道的比較起來，便漸漸的悟得中醫不過是一種有意的或無意的騙子，同時又很起了對于被騙的病人和他的家族的同情；而且從譯出的歷史上，又知道了日本維新是大半發端于西方醫學的事實。

因爲這些幼稚的知識，後來便使我的學籍列在日本一個鄉間的醫學專門學校裏了。我的夢很美滿，預備卒業回來，救治像我父親似的被誤的病人的疾苦，戰爭時候便去當軍醫，一面又促進了國人對于維新的信仰。我已不知道教授微生物學的方法，現在又有了怎樣的進步了，總之那時是用了電影，來顯示微生物的形狀的，因此有時講義的一段落已完，而時間還沒有到，教師便映些風景或時事的畫片給學生看，以用去這多餘的光陰。其時正當日、俄戰爭的時候，關于戰事的畫片自然也就比較的多了，我在這一個講堂中，便須常常隨喜我那同學們的拍手和喝采。有一回，我竟在畫片上忽然會見我久違的許多中國人了，一個綁在中間，許多站在左右，一樣是強壯的體格，而顯出麻木的神情。據解說，側綁着的是替俄國做了軍事上的偵探，正要被日軍砍下頭顱來示衆，而圍着的便是來賞鑑這示衆的盛舉的人們。

這一學年沒有完畢，我已經到了東京了，因爲從那一回以後，我便覺得醫學並非一件緊要事，凡是愚弱的國民，即使體格如何健全，如何茁壯，也只能做毫無意義的示衆的材料和看客，病死多少是不必以爲不幸的。所以我們的第一要著，是在改變他們的精神，而善于改變精神的是，我那時以爲當然要推文藝，于是想提倡文藝運動了。在東京的留學生很有學法政理化以至警察工業的，但沒有人治文學和美術；可是在冷淡的空氣中，也幸而尋到幾個同志了，此外又邀集了必須的幾個人，商量之後，第一步當然是出雜誌，名目是取「新的生命」的意思，因爲我們那時大抵帶些復古的傾向，所以只謂之《新生》。

《新生》的出版之期接近了，但最先就隱去了若干擔當文字的人，接着又逃走了資本，結果只剩下不名一錢的三個人。創始時候既已背時，失敗時候當然無可告語，而其後卻連這三個人也都爲各自的運命所驅策，不能在一處縱談將來的好夢了，這就是我們的並未産生的《新生》的結局。

我感到未嘗經驗的無聊，是自此以後的事。我當初是不知其所以然的；後來想：凡有一人的主張，得了贊和，是促其前進的，得了反對，是促其奮鬥的，獨有叫喊的生人中，而生人並無反應，既非贊同，也無反對，如置身毫無邊際的荒原，無可措手的了，這是怎樣的悲哀呵，我于是以我所感到者爲寂寞。

這寂寞又一天一天的長大起來，如大毒蛇，纏住了我的靈魂了。

然而我雖然自有無端的悲哀，卻也並不憤懣，因爲這經驗使我反省，看見自己了：就是我決不是一個振臂一呼應者雲集的英雄。

只是我自己的寂寞是不可不驅除的，因爲這于我太痛苦。我于是用了種種法，來麻醉自己的靈魂，使我沈入于國民中，使我回到古代去，後來也親歷或旁觀過幾樣更寂寞、更悲哀的事，都爲我所不願追懷，甘心使他們和我的腦一同消滅在泥土裏的，但我的麻醉法卻也似乎已經奏了功，再沒有青年時候的慷慨激昂的意思了。

S會館裏有三間屋，相傳是往昔曾在院子裏的槐樹上縊死過一個女人的，現在槐樹已經高不可攀了，而這屋還沒有人住；許多年，我便寓在這屋裏鈔古碑。客中少有人來，古碑中也遇不到什麼問題和主義，而我的生命卻居然暗暗的消去了，這也就是我惟一的願望。夏夜，蚊子多了，便搖着蒲扇坐在槐樹下，從密葉縫裏看那一點一點的青天，晚出的槐蠶又每每冰冷的落在頭頸上。

那時偶或來談的是一個老朋友金心異，將手提的大皮夾放在破桌上，脫下長衫，對面坐下了，因爲怕狗，似乎心房還在怦怦的跳動。

「你鈔了這些有什麼用？」有一夜，他翻着我那古碑的鈔本，發了研究的質問了。

「沒有什麼用。」

「那麼，你鈔他是什麼意思呢？」

「沒有什麼意思。」

「我想，你可以做點文章……」

我懂得他的意思了，他們正辦《新青年》，然而那時彷彿不特沒有人來贊同，並且也還沒有人來反對，我想，他們許是感到寂寞了，但是說：

「假如一間鐵屋子，是絕無窗户而萬難破毀的，裏面有許多熟睡的人們，不久都要悶死了，然而是從昏睡入死滅，並不感到就死的悲哀。現在你大嚷起來，驚起了較爲清醒的幾個人，使這不幸的少數者來受無可挽救的臨終的苦楚，你倒以爲對得起他們麼？」

「然而幾個人既然起來，你不能說決沒有毀壞這鐵屋的希望。」

是的。我雖然自有我的確信，然而說到希望，卻是不能抹殺的，因爲希望是在于將來，決不能以我之必無的證明，來折服了他之所謂可有，于是我終于答應他也做文章了，這便是最初的一篇〈狂人日記〉。從此以後，便一發而不可收，每寫些小說模樣的文章，以敷衍朋友們的囑託，積久就有了十餘篇。

在我自己，本以爲現在是已經並非一個切迫而不能已于言的人了，但或者也還未能忘懷于當日自己的寂寞的悲哀罷，所以有時候仍不免吶喊幾聲，聊以慰藉那在寂寞裏奔馳的猛士，使他不憚于前驅。至于我的喊聲是勇猛或是悲哀，是可憎或是可笑，那倒是不暇顧及的；但既然是吶喊，則當然須聽將令的了，所以我往往不恤用了曲筆，在〈藥〉的瑜兒的墳上平空添上一個花環，在〈明天〉裏也不敘單四嫂子竟沒有做到看見兒子的夢，因爲那時的主將是不主張消極的，至于自己，卻也並不願將自以爲苦的寂寞，再來傳染給也如我那年青時候似的正做着好夢的青年。

這樣說來，我的小說和藝術的距離之遠，也就可想而知了，然而到今日還能蒙着小說的名，甚而至于且有成集的機會，無論如何總不能不說是一件僥幸的事，但僥幸雖使我不安于心，而懸揣人間暫時還有讀者，則究竟也仍然是高興的。

所以我竟將我的短篇小說結集起來，而且付印了，又因爲上面所說的緣由，便稱之爲《吶喊》。

一九二二年十二月三日，魯迅記于北京。

三 彷徨與斑斕（一九二三——一九二五）

兩間餘一卒
荷戟尚彷徨

寂寞新文苑，
平安舊戰場。
兩間餘一卒，
荷戟尚彷徨。

題《彷徨》 一九三三

娜拉走後怎樣

一九二三年十二月二十六日

在北京女子高等師範學校文藝會講

魯迅於一九二三年秋季受聘爲女子高等師範學校講師，年底應邀在該校文藝會講演。該校學生曾公演易卜生《傀儡家庭》一劇，魯迅作出回應，申述對婦女解放問題的意見。

我今天要講的是「娜拉走後怎樣?」

伊孛生是十九世紀後半的瑙威的一個文人。他的著作，除了幾十首詩之外，其餘都是劇本。這些劇本裏面，有一時期是大抵含有社會問題的，世間也稱作「社會劇」，其中有一篇就是《娜拉》。

《娜拉》一名 Ein Puppenheim，中國譯作《傀儡家庭》。但 Puppe 不單是牽線的傀儡，孩子抱着玩的人形也是；引申開去，別人怎麼指揮，他便怎麼做的人也是。娜拉當初是滿足地生活在所謂幸福的家庭裏的，但是她竟覺悟了：自己是丈夫的傀儡，孩子們又是她的傀儡。她于是走了，只聽得關門聲，接着就是閉幕。這想來大家都知道，不必細說了。

娜拉要怎樣纔不走呢?或者說伊孛生自己有解答，就是(Die Frauvom Meer)，《海的女人》，中國有人譯作《海上夫人》的。這女人是已經結婚的了，然而先前有一個愛人在海的彼岸，一日突然尋來，叫她一同去。她便告知她的丈夫，要和那外來人會面。臨末，她的丈夫說「現在放你完全自由。(走與不走)你能夠自己選擇，並且還要自己負責任」。于是什麼事全都改變，她就不走了。這樣看來，娜拉倘也得到這樣的自由，或者也便可以安住。

但娜拉畢竟是走了的。走了以後怎樣？伊孛生並無解答；而且他已經死了。即使不死，他也不負解答的責任。因爲伊孛生是在做詩，不是爲社會提出問題來而且代爲解答。就如黃鶯一樣，因爲牠自己要歌唱，所以牠歌唱，不是要唱給人們聽得有趣，有益。伊孛生是很不通世故的，相傳在許多婦女們一同招待他的筵宴上，代表者起來致謝他作了《傀儡家庭》，將女性的自覺、解放這些事，給人心以新的啓示的時候，他卻答道：「我寫那篇卻並不是這意思，我不過是做詩。」

娜拉走後怎樣？——別人可是也發表過意見的。一個英國人曾作一篇戲劇，說一個新式的女子走出家庭，再也沒有路走，終於墮落，進了妓院了。還有一個中國人，——我稱他什麼呢？上海的文學家罷，——說他所見的《娜拉》是和現譯本不同，娜拉終于回來了。這樣的本子可惜沒有第二人看見，除非是伊孛生自己寄給他的。但從事理上推想起來，娜拉或者也實在只有兩條路：不是墮落，就是回來。因爲如果是一匹小鳥，則籠子裏固然不自由，而一出籠門，外面便又有鷹，有貓，以及別的什麼東西之類；倘使已經關得麻痺了翅子，忘卻了飛翔，也誠然是無路可以走。還有一條，就是餓死了，但餓死已經離開了生活，更無所謂問題，所以也不是什麼路。

人生最苦痛的是夢醒了無路可以走。做夢的人是幸福的；倘没有看出可走的路，最要緊的是不要去驚醒他。你看，唐朝的詩人李賀，不是困頓了一世的麽？而他臨死的時候，卻對他的母親説，「阿媽，上帝造成了白玉樓，叫我做文章落成去了。」這豈非明明是一個誑，一個夢？然而一個小的和一個老的，一個死的和一個活的，死的高興地死去，活的放心地活着。説誑和做夢，在這些時候便見得偉大。所以我想，假使尋不出路，我們所要的倒是夢。

但是，萬不可做將來的夢。阿爾志跋綏夫曾經借了他所做的小説，質問過夢想將來的黃金世界的理想家，因爲要造那世界，先喚起許多人們來受苦。他説，「你們將黃金世界預約給他們的子孫了，可是有什麼給他們自己呢？」有是有的，就是將來的希望。但代價也太大了，爲了這希望，要使人練敏了感覺來更深切地感到自己的苦痛，叫起靈魂來目睹他自己的腐爛的屍骸。惟有説誑和做夢，這些時候便見得偉大。所以我想，假使尋不出路，我們所要的就是夢；但不要將來的夢，只要目前的夢。

然而娜拉既然醒了，是很不容易回到夢境的，因此只得走；可是走了以後，有時卻也免不掉墮落或回來。否則，就得問：她除了覺醒的心以外，還帶了什麼去？倘只有一條像諸君一樣的紫紅的絨繩的圍巾，那可是無論寬到二尺或三尺，也完全是不中用。她還須更富有，提包裏有準備，直白地說，就是要有錢。

夢是好的；否則，錢是要緊的。

錢這個字很難聽，或者要被高尚的君子們所非笑，但我總覺得人們的議論是不但昨天和今天，即使飯前和飯後，也往往有些差別。凡承認飯需錢買，而以說錢爲卑鄙者，倘能按一按他的胃，那裏面怕總還有魚肉沒有消化完，須得餓他一天之後，再來聽他發議論。

所以爲娜拉計，錢，——高雅的說罷，就是經濟，是最要緊的了。自由固不是錢所能買到的，但能夠爲錢而賣掉。人類有一個大缺點，就是常常要飢餓。爲補救這缺點起見，爲準備不做傀儡起見，在目下的社會裏，經濟權就見得最要緊了。第一、在家應該先獲得男女平均的分配；第二、在社會應該獲得男女相等的勢力。可惜我不知道這權柄如何取得，單知道仍然要戰鬥；或者也許比要求參政權更要用劇烈的戰鬥。

要求經濟權固然是很平凡的事，然而也許比要求高尚的參政權以及博大的女子解放之類更煩難。天下事儘有小作爲比大作爲更煩難的。譬如現在似的冬天，我們只有這一件棉襖，然而必須救助一個將要凍死的苦人，否則便須坐在菩提樹下冥想普度一切人類的方法去。普度一切人類和救活一人，大小實在相去太遠了，然而倘叫我挑選，我就立刻到菩提樹下去坐着，因爲免得脱下唯一的棉襖來凍殺自己。所以在家裏説要參政權，是不至于大遭反對的，一説到經濟的平勻分配，或不免面前就遇見敵人，這就當然要有劇烈的戰鬥。

戰鬥不算好事情，我們也不能責成人人都是戰士，那麼，平和的方法也就可貴了，這就是將來利用了親權來解放自己的子女。中國的親權是無上的，那時候，就可以將財產平勻地分配子女們，使他們平和而沒有衝突地都得到相等的經濟權，此後或者去讀書，或者去生發，或者爲自己去享用，或者爲社會去做事，或者去花完，都請便，自己負責任。這雖然也是頗遠的夢，可是比黃金世界的夢近得不少了。但第一需要記性。記性不佳，是有益於己而有害於子孫的。人們因爲能忘卻，所以自己能漸漸地脱離了受過的苦痛，也因爲能忘卻，所以往往照樣地再犯前人的錯誤。被虐待的兒媳做了婆婆，仍然虐待兒媳；嫌惡學生的官吏，每是先前痛罵官吏的學生；現在壓迫子女的，有時也就是十年前的家庭革命者。這也許與年齡和地位都有關係罷，但記性不佳也是一個很大的原因。救濟法就是各人去買一本notebook來，將自己現在的思想舉動都記上，作爲將來年齡和地位都改變了之後的參考。假如憎惡孩子要到公園去的時候，取來一翻，看見上面有一條道，「我想到中央公園去」，那就即刻心平氣和了。別的事也一樣。

世間有一種無賴精神，那要義就是韌性。聽說拳匪亂後，天津的青皮，就是所謂無賴者，很跋扈，譬如給人搬一件行李，他就要兩元，對他說這行李小，他說要兩元，對他說道路近，他說要兩元，對他說不要搬了，他說也仍然要兩元。青皮固然是不足爲法的，而那韌性卻大可以佩服。要求經濟權也一樣，有人說這事情太陳腐了，就答道要經濟權；說是太卑鄙了，就答道要經濟權；說是經濟制度就要改變了，用不着再操心，也仍然答道要經濟權。

其實，在現在，一個娜拉的出走，或者也許不至于感到困難的，因爲這人物很特別，舉動也新鮮，能得到若干人們的同情，幫助着生活。生活在人們的同情之下，已經是不自由了，然而倘有一百個娜拉出走，便連同情也減少，有一千一萬個出走，就得到厭惡了，斷不如自己握着經濟權之爲可靠。

在經濟方面得到自由，就不是傀儡了麼？也還是傀儡。無非被人所牽的事可以減少，而自己能牽的傀儡可以增多罷了。因爲在現在的社會裏，不但女人常作男人的傀儡，就是男人和男人，女人和女人，也相互地作傀儡，男人也常作女人的傀儡，這決不是幾個女人取得經濟權所能救的。但人不能餓着靜候理想世界的到來，至少也得留一點殘喘，正如涸轍之鮒，急謀升斗之水一樣，就要這較爲切近的經濟權，一面再想別的法。

如果經濟制度竟改革了，那上文當然完全是廢話。

然而上文，是又將娜拉當作一個普通的人物而說的，假使她很特別，自己情願闖出去做犧牲，那就又另是一回事。我們無權去勸誘人做犧牲，也無權去阻止人做犧牲。况且世上也儘有樂於犧牲，樂於受苦的人物。歐洲有一個傳說，耶穌去釘十字架時，休息在Ahasvar的簷下，Ahasvar不准他，于是被了咒詛，使他永世不得休息，直到末日裁判的時候。Ahasvar從此就歇不下，只是走，現在還在走。走是苦的，安息是樂的，他何以不安息呢？雖說背着咒詛，可以大約總該是覺得走比安息還適意，所以始終狂走的罷。

只是這犧牲的適意是屬於自己的，與志士們之所謂爲社會者無涉。羣衆，——尤其是中國的，——永遠是戲劇的看客。犧牲上場，如果顯得慷慨，他們就看了悲壯劇；如果顯得觳觫，他們就看了滑稽劇。北京的羊肉鋪前常有幾個人張着嘴看剝羊，彷彿頗愉快，人的犧牲能給與他們的益處，也不過如此。而况事後走不幾步，他們並這一點愉快也就忘卻了。

對於這樣的羣衆没有法，只好使他們無戲可看倒是療救，正無需乎震駭一時的犧牲，不如深沈的韌性的戰鬥。

可惜中國太難改變了，即使搬動一張桌子，改裝一個火爐，幾乎也要血；而且即使有了血，也未必一定能搬動，能改裝。不是很大的鞭子打在背上，中國自己是不肯動彈的。我想這鞭子總要來，好壞是別一問題，然而總要打到的。但是從那裏來，怎麼地來，我也是不能確切地知道。

我這講演也就此完結了。

（一九二三年）

祝福

這是後來編入《彷徨》的第一篇小說。「祝福」，江南一帶年終謝神祭祖的習俗。

舊曆的年底畢竟最像年底，村鎮上不必說，就在天空中也顯出將到新年的氣象來。灰白色的沈重的晚雲中間時時發出閃光，接着一聲鈍響，是送竈的爆竹；近處燃放的可就更强烈了，震耳的大音還沒有息，空氣裏已經散滿了幽微的火藥香。我是正在這一夜回到我的故鄉魯鎮的。雖說故鄉，然而已沒有家，所以只得暫寓在魯四老爺的宅子裏。他是我的本家，比我長一輩，應該稱之曰「四叔」，是一個講理學的老監生。他比先前並沒有什麼大改變，單是老了些，但也還未留鬍子，一見面是寒暄，寒暄之後說我「胖了」，說我「胖了」之後即大罵其新黨。但我知道，這並非借題在罵我：因爲他所罵的還是康有爲。但是，談話是總不投機的了，于是不多久，我便一個人剩在書房裏。

第二天我起得很遲，午飯之後，出去看了幾個本家和朋友；第三天也照樣。他們也都沒有什麼大改變，單是老了些；家中卻一律忙，都在準備着「祝福」。這是魯鎮年終的大典，致敬盡禮，迎接福神，拜求來年一年中的好運氣的。殺鷄，宰鵝，買豬肉，用心細細的洗，女人的臂膊都在水裏浸得通紅，有的還帶着絞絲銀鐲子。煮熟之後，橫七豎八的插些筷子在這類東西上，可就稱爲「福禮」了，五更天陳列起來，並且點上香燭，恭請福神們來享用；拜的卻只限于男人，拜完自然仍然是放爆竹。年年如此，家家如此，——只要買得起福禮和爆竹之類的，——今年自然也如此。天色愈陰暗了，下午竟下起雪來，雪花大的有梅花那麼大，滿天飛舞，夾着煙靄和忙碌的氣色，將魯鎮亂成一團糟。我回到四叔的書房裏時，瓦楞上已經雪白，房裏也映得較光明，極分明的顯出壁上掛着的朱拓的大「壽」字，陳摶老祖寫的；一邊的對聯已經脫落，鬆鬆的捲了放在長桌上，一邊的還在，道是「事理通達心氣和平」。我又無聊賴的到窗下的案頭去一翻，只見一堆似乎未必完全的《康熙字典》，一部《近思録集註》和一部《四書襯》。無論如何，我明天決計要走了。

況且，一想到昨天遇見祥林嫂的事，也就使我不能安住。那是下午，我到鎮的東頭訪問過一個朋友，走出來，就在河邊遇見她；而且見她瞪着的眼睛的視線，就知道明明是向我走來的。我這回在魯鎮所見的人們中，改變之大，可以説無過于她的了：五年前的花白的頭髮，即今已經全白，全不像四十上下的人；臉上瘦削不堪，黃中帶黑，而且消盡了先前悲哀的神色，彷彿是木刻似的；只有那眼珠間或一輪，還可以表示她是一個活物。她一手提着竹籃，内中一個破碗，空的；一手拄着一支比她更長的竹竿，下端開了裂：她分明已經純乎是一個乞丐了。

我就站住，豫備她來討錢。

「您回來了?」她先這樣問。

「是的。」

「這正好。你是識字的，又是出門人，見識得多。我正要問你一件事——」她那没有精采的眼睛忽然發光了。

我萬料不到她卻說出這樣的話來，詫異的站着。

「就是——」她走近兩步，放低了聲音，極秘密似的切切的說，「一個人死了之後，究竟有沒有魂靈的？」

我很悚然，一見她的眼釘着我的，背上也就遭了芒刺一般，比在學校裏遇到不及豫防的臨時考，教師又偏是站在身旁的時候，惶急得多了。對于魂靈的有無，我自己是向來毫不介意的；但在此刻，怎樣回答她好呢？我在極短期的躊躕中，想，這里的人照例相信鬼，然而她，卻疑惑了，——或者不如說希望：希望其有，又希望其無……。人何必增添末路的人的苦惱，爲她起見，不如說有罷。

「也許有罷，——我想。」我于是吞吞吐吐的說。

「那麼，也就有地獄了？」

「阿！地獄？」我很喫驚，只得支吾着，「地獄？——論理，就該也有。——然而也未必，……誰來管這等事……。」

「那麼，死掉的一家的人，都能見面的？」

「唉唉，見面不見面呢？……」這時我已知道自己也還是完全一個愚人，什麼躊躕，什麼計畫，都擋不住三句問。我即刻膽怯起來了，便想全翻過先前的話來，「那是，……實在，我說不清……。其實，究竟有沒有魂靈，我也說不清。」

我乘她不再緊接的問，邁開步便走，忽忽的逃回四叔的家中，心裏很覺得不安逸。自己想，我這答話怕于她有些危險。她大約因爲在別人的祝福時候，感到自身的寂寞了，然而會不會含有別的什麼意思的呢？——或者是有了什麼豫感了？倘有別的意思，又因此發生別的事，則我的答話委實該負若干的責任……。但隨後也就自笑，覺得偶爾的事，本沒有什麼深意義，而我偏要細細推敲，正無怪教育家要說是生着神經病；而況明明說過「說不清」，已經推翻了答話的全局，即使發生什麼事，于我也毫無關係了。

「說不清」是一句極有用的話。不更事的勇敢的少年，往往敢于給人解決疑問，選定醫生，萬一結果不佳，大抵反成了怨府，然而一用這說不清來作結束，便事事逍遙自在了。我在這時，更感到這一句話的必要，即使和討飯的女人說話，也是萬不可省的。

但是我總覺得不安，過了一夜，也仍然時時記憶起來，彷彿懷着什麼不祥的豫感；在陰沈的雪天裏，在無聊的書房裏，這不安愈加强烈了。不如走罷，明天進城去。福興樓的清燉魚翅，一元一大盤，價廉物美，現在不知增價了否？往日同游的朋友，雖然已經雲散，然而魚翅是不可不喫的，即使只有我一個……。無論如何，我明天決計要走了。

我因爲常見些但願不如所料，以爲未必竟如所料的事，卻每每恰如所料的起來，所以很恐怕這事也一律。果然，特別的情形開始了。傍晚，我竟聽到有些人聚在內室裏談話，彷彿議論什麼事似的，但不一會，說話聲也就止了，只有四叔且走而且高聲的說，

「不早不遲，偏偏要在這時候，——這就可見是一個謬種！」

我先是詫異，接着是很不安，似乎這話于我有關係。試望門外，誰也沒有。好容易待到晚飯前他們的短工來冲茶，我纔得了打聽消息的機會。

「剛纔，四老爺和誰生氣呢？」我問。

「還不是和祥林嫂？」那短工簡捷的說。

「祥林嫂？怎麼了？」我又趕緊的問。

「老了。」

「死了？」我的心突然緊縮，幾乎跳起來，臉上大約也變了色。但他始終沒有擡頭，所以全不覺。我也就鎮定了自己，接着問——

「什麼時候死的？」

「什麼時候？——昨天夜裏，或者就是今天罷。——我說不清。」

「怎麼死的？」

「怎麼死的？——還不是窮死的？」他澹然的回答，仍然没有擡頭向我看，出去了。

然而我的驚惶卻不過暫時的事，隨着就覺得要來的事，已經過去，並不必仰仗我自己的「說不清」和他之所謂「窮死的」的寬慰，心地已經漸漸輕鬆；不過偶然之間，還似乎有些負疚。晚飯擺出來了，四叔儼然的陪着。我也還想打聽些關于祥林嫂的消息，但知道他雖然讀過「鬼神者二氣之良能也」，而忌諱仍然極多，當臨近祝福時候，是萬不可提起死亡疾病之類的話的，倘不得已，就該用一種替代的隱語，可惜我又不知道，因此屢次想問，而終于中止了。我從他儼然的臉色上，又忽而疑他正以爲我不早不遲，偏要在這時候來打攪他，也是一個謬種，便立刻告訴他明天要離開魯鎮，進城去，趁早放寬了他的心。他也不很留。這樣悶悶的喫完了一餐飯。

冬季日短，又是雪天，夜色早已籠罩了全市鎮。人們都在燈下匆忙，但窗外很寂靜。雪花落在積得厚厚的雪褥上面，聽去似乎瑟瑟有聲，使人更加感得沈寂。我獨坐在發出黃光的菜油燈下，想，這百無聊賴的祥林嫂，被人們棄在塵芥堆中的，看得厭倦了的陳舊的玩物，先前還將形骸露在塵芥裏，從活得有趣的人們看來，恐怕要怪訝她何以還要存在，現在總算被無常打掃得乾乾淨淨了。魂靈的有無，我不知道；然而在現世，則無聊生者不生，即使厭見者不見，爲人爲己，也還都不錯。我靜聽着窗外似乎瑟瑟作響的雪花聲，一面想，反而漸漸的舒暢起來。

然而先前所見所聞的她的半生事迹的斷片，至此也聯成一片了。

她不是魯鎮人。有一年的冬初，四叔家裏要換女工，做中人的衛老婆子帶她進來了，頭上紮着白頭繩，烏裙，藍夾襖，月白背心，年紀大約二十六七，臉色青黃，但兩頰卻還是紅的。衛老婆子叫她祥林嫂，説是自己母家的鄰舍，死了當家人，所以出來做工了。四叔皺了皺眉，四嬸已經知道了他的意思，是在討厭她是一個寡婦。但看她模樣還周正，手腳都壯大，又只是順着眼，不開一句口，很像一個安分耐勞的人，便不管四叔的皺眉，將他留下了。試工期內，她整天的做，似乎閑着就無聊，又有力，簡直抵得過一個男子，所以第三天就定局，每月工錢五百文。

大家都叫她祥林嫂；没問她姓什麽，但中人是衛家山人，既説是鄰居，那大概也就姓衛了。她不很愛説話，別人問了纔回答，答的也不多。直到十幾天之後，這纔陸續的知道她家裏還有嚴厲的婆婆；一個小叔子，十多歲，能打柴了；她是春天没了丈夫的；他本來也打柴爲生，比她小十歲：大家所知道的就只是這一點。

日子很快的過去了，她的做工卻毫没有懈，食物不論，力氣是不惜的。人們都説魯四老爺家裏傭着了女工，實在比勤快的男人還勤快。到年底，掃塵，洗地，殺鷄，宰鵝，徹夜的煮福禮，全是一人擔當，竟没有添短工。然而她反滿足，口角邊漸漸的有了笑影，臉上也白胖了。

新年纔過，她從河邊淘米回來時，忽而失了色，説剛纔遠遠地看見一個男人在對岸徘徊，很像夫家的堂伯，恐怕是正爲尋她而來的。四嬸很驚疑，打聽底細，她又不説。四叔一知道，就皺一皺眉，道：

「這不好。恐怕她是逃出來的。」

她誠然是逃出來的，不多久，這推想就證實了。

此後大約十幾天，大家正已漸漸忘卻了先前的事，衛老婆子忽而帶了一個三十多歲的女人進來了，説那是祥林嫂的婆婆。那女人雖是山裏人模樣，然而應酬很從容，説話也能幹，寒暄之後，就賠罪，説她特來叫她的兒媳回家去，因爲開春事務忙，而家中只有老的和小的，人手不够了。

「既是她的婆婆要她回去，那有什麼話可說呢。」四叔說。

于是算清了工錢，一共一千七百五十文，她全存在主人家，一文也還沒有用，便都交給她的婆婆。那女人又取了衣服，道過謝，出去了。其時已經是正午。

「阿呀，米呢？祥林嫂不是去淘米的麼？……」好一會，四嬸這纔驚叫起來。她大約有些餓，記得午飯了。

于是大家分頭尋淘籮。她先到廚下，次到堂前，後到臥房，全不見淘籮的影子。四叔踱出門外，也不見，直到河邊，纔見平平正正的放在岸上，旁邊還有一株菜。

看見的人報告說，河裏面上午就泊了一隻白篷船，篷是全蓋起來的，不知道什麼人在裏面，但事前也沒有人去理會他。待到祥林嫂出來淘米，剛剛要跪下去，那船裏便突然跳出兩個男人來，像是山裏人，一個抱住她，一個幫着，拖進船去了。祥林嫂還哭喊了幾聲，此後便再沒有什麼聲息，大約給用什麼堵住了罷。接着就走上兩個女人來，一個不認識，一個就是衛婆子。窺探艙裏，不很分明，她像是綑了躺在船板上。

「可惡！然而……。」四叔說。

這一天是四嬸自己煮午飯；他們的兒子阿牛燒火。

午飯之後，衛老婆子又來了。

「可惡！」四叔說。

「你是什麼意思？虧你還會再來見我們。」四嬸洗着碗，一見面就憤憤的說，「你自己薦她來，又合夥劫她去，鬧得沸反盈天的，大家看了成個什麼樣子？你拿我們家裏開玩笑麼？」

「阿呀阿呀，我真上當。我這回，就是爲此特地來說說清楚的。她來求我薦地方，我那裏料得到是瞞着她的婆婆的呢。對不起，四老爺，四太太。總是我老發昏不小心，對不起主顧。幸而府上是向來寬洪大量，不肯和小人計較的。這回我一定薦一個好的來折罪。……」

「然而……。」四叔說。

于是祥林嫂事件便告終結，不久也就忘卻了。

只有四嬸，因爲後來傭用的女工，大抵非懶即饞，或者饞而且懶，左右不如意，所以也還提起祥林嫂。每當這些時候，她往往自言自語的說，「她現在不知道怎麼樣了？」意思是希望她再來。但到第二年的新正，她也就絕了望。

新正將盡，衛老婆子來拜年了，已經喝得醉醺醺的，自說因爲回了一趟衛家山的娘家，住下幾天，所以來得遲了。她們問答之間，自然就談到祥林嫂。

「她麼？」衛老婆子高興的說，「現在是交了好運了。她婆婆來抓她回去的時候，是早已許給了賀家墺的賀老六的，所以回家之後不幾天，也就裝在花轎裏擡去了。」

「阿呀，這樣的婆婆！……」四嬸驚奇的說。

「阿呀，我的太太！你真是大户人家的太太的話。我們山裏人，小户人家，這算得什麼？她有小叔子，也得娶老婆。不嫁了她，那有這一注錢來做聘禮？她的婆婆倒是精明强幹的女人呵，很有打算，所以就將她嫁到裏山去。倘許給本村人，財禮就不多；惟獨肯嫁進深山野墺裏去的女人少，所以她就到手了八十千。現在第二個兒子的媳婦也娶進了，財禮只花了五十，除去辦喜事的費用，還剩十多千。嚇，你看，這多麼好打算？……」

「祥林嫂竟肯依？……」

「這有什麼依不依。——鬧是誰也總要鬧一鬧的；只要用繩子一綑，塞在花轎裏，擡到男家，捺上花冠，拜堂，關上房門，就完事了。可是祥林嫂真出格，聽說那時實在鬧得利害，大家還都說大約因爲在唸書人家做過事，所以與衆不同呢。太太，我們見得多了：

回頭人出嫁，哭喊的也有，說要尋死覓活的也有，擡到男家鬧得拜不成天地的也有，連花燭都砸了的也有。祥林嫂可是異乎尋常，他們說她一路只是嚎，罵，抬到賀家墺，喉嚨已經全啞了。拉出轎來，兩個男人和她的小叔子使勁的擒住她也還拜不成天地。他們一不小心，一鬆手，阿呀，阿彌陀佛，她就一頭撞在香案角上，頭上碰了一個大窟窿，鮮血直流，用了兩把香灰包上兩塊紅布還止不住血呢。直到七手八腳的將她和男人反關在新房裏，還是罵，阿呀呀，這真是……。」她搖一搖頭，順下眼睛，不說了。

「後來怎麼樣呢？」四嬸還問。

「聽說第二天也沒有起來。」她擡起眼來說。

「後來呢？」

「後來？——起來了。她到年底就生了一個孩子，男的，新年就兩歲了。我在娘家這幾天，就有人到賀家墺去，回來說看見他們娘兒倆，母親也胖，兒子也胖；上頭又沒有婆婆；男人所有的是力氣，會做活；房子是自家的。——唉唉，她真是交了好運了。」

從此之後，四嬸也就不再提起祥林嫂。

但有一年的秋季，大約是得到祥林嫂好運的消息之後的又過了兩個新年，她竟又站在四叔家的堂前了。棹上放着一個荸薺式的圓籃，簷下一個小鋪蓋。她仍然頭上紮着白頭繩，烏裙，藍夾襖，月白背心，臉色青黃，只是兩頰上已經消失了血色，順着眼，眼角上帶些淚痕，眼光也没有先前那樣精神了。而且仍然是衞老婆子領着，顯出慈悲模樣，絮絮的對四嬸說，

「……這實在是叫作『天有不測風雲』，她的男人是堅實人，誰知道年紀青青，就會斷送在傷寒上？本來已經好了的，喫了一碗冷飯，復發了。幸虧有兒子；她又能做，打柴摘茶養蠶都來得，本來還可以守着，誰知道那孩子又會給狼啣去的呢？春天快完了，村上倒反來了狼，誰料到？現在她只剩了一個光身了。大伯來收屋，又趕她。她真是走投無路了，只好來求老主人。好在她現在已經再没有什麼牽掛，太太家裏又湊巧要換人，所以我就領她來。——我想，熟門熟路，比生手實在好得多……。」

「我真傻，真的，」祥林嫂擡起她没有神采的眼睛來，接着說。「我單知道下雪的時候野獸在山奧裏没有食喫，會到村裏來；我不知道春天也會有。我一清早起來就開了門，拿小籃盛了一籃豆，叫我們的阿毛坐在門檻上剝豆去。他是很聽話的，我的話句句聽；他出去

了。我就在屋後劈柴，淘米，米下了鍋，要蒸豆。我叫阿毛，没有應，出去一看，只見豆撒得一地，没有我們的阿毛了。他是不到別家去玩的；各處去一問，果然没有。我急了，央人出去尋。直到下半天，尋來尋去尋到山奧裏，看見刺柴上掛着一隻他的小鞋。大家都說，糟了，怕是遭了狼了。再進去；他果然躺在草窩裏，肚裏的五臟已經都給喫空了，手上還緊緊的揑着那隻小籃呢。……」她接着但是嗚咽，說不出成句的話來。

四嬸起初還躊躕，待到聽完她自己的話，眼圈就有些紅了。她想了一想，便教拿圓籃和鋪蓋到下房去。衛老婆子彷彿卸了一肩重擔似的噓一口氣；祥林嫂比初來時候神氣舒暢些，不待指引，自己馴熟的安放了鋪蓋。她從此又在魯鎮做女工了。

大家仍然叫她祥林嫂。

然而這一回，她的境遇卻改變得非常大。上工之後的兩三天，主人們就覺得她手腳已没有先前一樣靈活，記性也壞得多，死屍似的臉上又整日没有笑影，四嬸的口氣上，已頗有些不滿了。當她初到的時候，四叔雖然照例皺過眉，但鑑于向來僱用女工之難，也就並不大反對，只是暗暗地告誡四嬸說，這種人雖然似乎很可憐，但是敗壞風俗的，用她幫忙還可以，祭祀時候可用不着她沾手，一切飯菜，只好自己做，否則，不乾不淨，祖宗是不喫的。

四叔家裏最重大的事件是祭祀，祥林嫂先前最忙的時候也就是祭祀，這回她卻清閑了。桌子放在堂中央，繫上桌幃，她還記得照舊的去分配酒盃和筷子。

「祥林嫂，你放着罷！我來擺。」四嬸慌忙的說。

她訕訕的縮了手，又去取燭臺。

「祥林嫂，你放着罷！我來拿。」四嬸又慌忙的說。

她轉了幾個圓圈，終于没有事情做，只得疑惑的走開。她在這一天可做的事是不過坐在竈下燒火。

鎮上的人們也仍然叫她祥林嫂，但音調和先前很不同；也還和她講話，但笑容卻冷冷的了。她全不理會那些事，只是直着眼睛，和大家講她自己日夜不忘的故事——

「我真傻，真的，」她說。「我單知道雪天是野獸在深山裏没有食喫，會到村裏來；我不知道春天也會有。我一大早起來就開了門，拿小籃盛了一籃豆，叫我們的阿毛坐在門檻上剝豆去。他是很聽話的孩子，我的話句句聽；他就出去了。我就在屋後劈柴，淘米米下了鍋，打算蒸豆。我叫『阿毛！』没有應。出去一看，只見豆撒得滿地，没有我們的阿毛了。

各處去一問，都没有。我急了，央人去尋去。直到下半天，幾個人尋到山奧裏，看見刺柴上掛着一隻他的小鞋。大家都說，完了，怕是遭了狼了。再進去；果然，他躺在草窩裏，肚裏的五臟已經都給喫空了，可憐他手裏還緊緊的捏着那隻小籃呢。……」她于是淌下眼淚來，聲音也嗚咽了。

這故事倒頗有效，男人聽到這里，往往斂起笑容，没趣的走了開去；女人們卻不獨寬恕了她似的，臉上立刻改換了鄙薄的神氣，還要陪出許多眼淚來。有些老女人没有在街頭聽到她的話，便特意尋來，要聽她這一段悲慘的故事。直到她說到嗚咽，她們也就一齊流下那停在眼角上的眼淚，歎息一番，滿足的去了，一面還紛紛的評論着。

她就只是反覆的向人說她悲慘的故事，常常引住了三五個人來聽她。但不久，大家也都聽得純熟了，便是最慈悲的唸佛的老太太們，眼裏也再不見有一點淚的痕迹。後來全鎮的人們幾乎都能背誦她的話，一聽到就煩厭得頭痛。

「我真傻，真的，」她開首說。

「是的，你是單知道雪天野獸在深山裏没有食喫，纔會到村裏來的。」他們立即打斷她的話，走開去了。

她張着口怔怔的站着，直着眼睛看他們，接着也就走了，似乎自己也覺得沒趣。但她還妄想，希圖從別的事，如小籃，豆，別人的孩子上，引出她的阿毛的故事來。倘一看見兩三歲的小孩子，她就說：

「唉唉，我們的阿毛如果還在，他就有這麼大了。……」

孩子看見她的眼光就喫驚，牽着母親的衣襟催她走。于是又只剩下她一個，終于沒趣的也走了。後來大家又都知道了她的脾氣，只要有孩子在眼前，便似笑非笑的先問她，道：

「祥林嫂，你們的阿毛如果還在，不是也就有這麼大了麼？」

她未必知道她的悲哀經大家咀嚼賞鑑了許多天，早已成爲渣滓，只值得煩厭和唾棄；但從人們的笑影上，也彷彿覺得這又冷又尖，自己再沒有開口的必要了。她單是一瞥他們，並不回答一句話。

魯鎮永遠是過新年，臘月二十以後就忙起來了。四叔家裏這回須僱男短工，還是忙不過來，另叫柳媽做幫手。殺鷄，宰鵝；然而柳媽是善女人，喫素，不殺生的，只肯洗器皿。祥林嫂除燒火之外，沒有別的事，卻閑着了，坐着只看柳媽洗器皿。微雪點點的下來了。

「唉唉，我真傻，」祥林嫂看了天空，歎息着，獨語似的說。

「祥林嫂，你又來了。」柳媽不耐煩的看着她的臉，說。「我問你：你額角上的傷疤，不就是那時撞壞的麼？」

「唔唔。」她含胡的回答。

「我問你：你那時怎麼後來竟依了呢？」

「我麼？……」

「你呀。我想：這總是你自己願意了，不然……。」

「阿阿，你不知道他力氣多麼大呀。」

「我不信。我不信你這麼大的力氣，真會拗他不過。你後來一定是自己肯了，倒推說他力氣大。」

「阿阿，你……你倒自己試試看。」她笑了。

柳媽的打皺的臉也笑起來，使她蹙縮得像一個核桃；乾枯的小眼睛一看祥林嫂的額角，又釘住她的眼。祥林嫂似乎很局促了，立刻斂了笑容，旋轉眼光，自去看雪花。

「祥林嫂，你實在不合算。」柳媽詭秘的說。「再一强，或者索性撞一個死，就好了。現在呢，你和你的第二個男人過活不到兩年，倒落了一件大罪名。你想，你將來到陰司去，那兩個死鬼的男人還要爭，你給了誰好呢？閻羅大王只好把你鋸開來，分給他們。我想，這真是……。」

她臉上就顯出恐怖的神色來，這是在山村裏所未曾知道的。

「我想，你不如及早抵當。你到土地廟裏去捐一條門檻，當作你的替身，給千人踏，萬人跨，贖了這一世的罪名，免得死了去受苦。」

她當時並不回答什麼話，但大約非常苦悶了，第二天早上起來的時候，兩眼上便都圍着大黑圈。早飯之後，她便到鎮的西頭的土地廟裏去求捐門檻。廟祝起初執意不允許，直到她急得流淚，纔勉强答應了。價目是大錢十二千。

她久已不和人們交口，因爲阿毛的故事是早被大家厭棄了的，但自從和柳媽談了天，似乎又即傳揚開去，許多人都發生了新趣味，又來逗她說話了。至于題目，那自然是換了一個新樣，專在她額上的傷疤。

「祥林嫂。我問你：你那時怎麼竟肯了？」一個說。

「唉，可惜，白撞了這一下。」一個看着她的疤，應和道。

她大約從他們的笑容和聲調上，也知道是在嘲笑她，所以總是瞪着眼睛，不說一句話，後來連頭也不回了。她整日緊閉了嘴唇，頭上帶着大家以爲恥辱的記號的那傷痕，默默的跑街，掃地，洗菜，淘米。快够一年，她纔從四嬸手裏支取了歷來積存的工錢，換算了十二元鷹洋，請假到鎮的西頭去。但不到一頓飯時候，她便回來，神氣很舒暢，眼光也分外有神，高興似的對四嬸說，自己已經在土地廟捐了門檻了。

冬至的祭祖時節，她做得更出力，看四嬸裝好祭品，和阿牛將桌子擡到堂屋中央，她便坦然的去拿酒盃和筷子。

「你放着罷，祥林嫂！」四嬸慌忙大聲說。

她像是受了炮烙似的縮手，臉色同時變作灰黑，也不再去取燭臺，只是失神的站着。直到四叔上香的時候，教她走開，她纔走開。這一回她的變化非常大，第二天，不但眼睛窈陷下去，連精神也更不濟了。而且很膽怯，不獨怕暗夜，怕黑影，即使看見人，雖是自己的主人，也總惴惴的，有如在白天出穴游行的小鼠；否則獃坐着，直是一個木偶人。不半年，頭髮也花白起來了，記性尤其壞，甚而至于常常忘卻了去淘米。

「祥林嫂怎麼這樣了？倒不如那時不留她。」四嬸有時當面就這樣說，似乎是警告她。

然而她總如此，全不見有伶俐起來的希望。他們于是想打發她走了，教她回到衛老婆子那里去。但當我還在魯鎮的時候，不過單是這樣；看現在的情狀，可見後來終于實行了。然而她是從四叔家出去就成了乞丐的呢，還是先到衛老婆子家然後再成乞丐的呢？那我可不知道。

我給那些因爲在近旁而極響的爆竹聲驚醒，看見豆一般大的黄色的燈火光，接着又聽得畢畢剝剝的鞭礮，是四叔家正在「祝福」了；知道已是五更將近時候。我在朦朧中，又隱約聽到遠處的爆竹聲連綿不斷，似乎合成一天音響的濃雲，夾着團團飛舞的雪花，擁抱了全市鎮。我在這繁響的擁抱中，也懶散而且舒適，從白天以至初夜的疑慮，全給祝福的空氣一掃而空了，只覺得天地聖衆歆享了牲醴和香煙，都醉醺醺的在空中蹣跚，豫備給魯鎮的人們以無限的幸福。

一九二四年二月七日。

希望

一九二四年九月至一九二六年四月，作者陸續寫出散文詩二十三篇，後來編成《野草》一集。本書選錄數篇。此篇述及的匈牙利詩人裴多菲（A. Petöfi），魯迅留日時便喜讀他的詩。

我的心分外地寂寞。

然而我的心很平安：没有愛憎，没有哀樂，也没有顏色和聲音。

我大概老了。我的頭髮已經蒼白，不是很明白的事麼？我的手顫抖着，不是很明白的事麼？那麼，我的魂靈的手一定也顫抖着，頭髮也一定蒼白了。

然而這是許多年前的事了。

這以前，我的心也曾充滿過血腥的歌聲：血和鐵，火餤和毒，恢復和報讎。而忽而這些都空虛了，但有時故意地填以沒奈何的自欺的希望。希望，希望，用這希望的盾，抗拒那空虛中的暗夜的襲來，雖然盾後面也依然是空虛中的暗夜。然而就是如此，陸續地耗盡了我的青春。

我早先豈不知我的青春已經逝去了？但以爲身外的青春固在：星，月光，僵墜的胡蝶，暗中的花，貓頭鷹的不祥之言，杜鵑的啼血，笑的渺茫，愛的翔舞……。雖然是悲涼漂渺的青春罷，然而究竟是青春。

然而現在何以如此寂寞？難道連身外的青春也都逝去，世上的青年也多衰老了麼？

我只得由我來肉薄這空虛中的暗夜了。我放下了希望之盾，我聽到 Petöfi Sándor (1823-49) 的「希望」之歌：

希望是甚麼？是娼妓：

她對誰都蠱惑，將一切都獻給；
待你犧牲了極多的寶貝——
你的青春——她就棄掉你。

這偉大的抒情詩人，匈牙利的愛國者，爲了祖國而死在哥薩克兵的矛尖上，已經七十五年了。悲哉死也，然而更可悲的是他的詩至今没有死。

但是，可慘的人生！桀驁英勇如Petöfi，也終于對了暗夜止步，回顧着茫茫的東方了。他說：

絶望之爲虛妄，正與希望相同。

倘使我還得偷生在不明不暗的這「虛妄」中，我就還要尋求那逝去的悲涼漂渺的青春，但不妨在我的身外。因爲身外的青春倘一消滅，我身中的遲暮也即凋零了。

然而現在没有星和月光，没有僵墜的胡蝶以至笑的渺茫，愛的翔舞。然而青年們很平安。

我只得由我來肉薄這空虛中的暗夜了，縱使尋不到身外的青春，也總得自己來一擲我身中的遲暮。但暗夜又在那里呢？現在没有星，没有月光以至笑的渺茫和愛的翔舞；青年們很平安，而我的面前又竟至于並且沒有真的暗夜。

絶望之爲虛妄，正與希望相同！

一九二五年一月一日。

雪

暖國的雨，向來沒有變過冰冷的堅硬的燦爛的雪花。博識的人們覺得他單調，他自己也以爲不幸否耶？江南的雪，可是滋潤美艷之至了；那是還在隱約着的青春的消息，是極壯健的處子的皮膚。雪野中有血紅的寶珠山茶，白中隱青的單瓣梅花，深黃的磬口的蠟梅花；雪下面還有冷緑的雜草。胡蝶確乎没有；蜜蜂是否來采山茶花和梅花的蜜，我可記不真切了。但我的眼前彷彿看見冬花開在雪野中，有許多蜜蜂們忙碌地飛着，也聽得他們嗡嗡地鬧着。

孩子們呵着凍得通紅，像紫芽薑一般的小手，七八個一齊來塑雪羅漢。因爲不成功，誰的父親也來幫忙了。羅漢就塑得比孩子們高得多，雖然不過是上小下大的一堆，終于分不清是壺盧還是羅漢，然而很潔白，很明艷，以自身的滋潤相黏結，整個地閃閃地生光。孩子們用龍眼核給他做眼珠，又從誰的母親的脂粉奩中偷得胭脂來塗在嘴唇上。這回確是一個大阿羅漢了。他也就目光灼灼地嘴唇通紅地坐在雪地裏。

第二天還有幾個孩子來訪問他；對了他拍手，點頭，嘻笑。但他終于獨自坐着了。晴天又來消釋他的皮膚，寒夜又使他結一層冰，化作不透明的水晶模樣，連續的晴天又使他成爲不知道算什麼，而嘴上的胭脂也褪盡了。

但是，朔方的雪花在紛飛之後卻永遠如粉，如沙，他們決不黏連，撒在屋上，地上，枯草上，就是這樣。屋上的雪是早已就有消化了的，因爲屋裏居人的火的温熱。別的，在晴天之下，旋風忽來，便蓬勃地奮飛，在日光中燦燦地生光，如包藏火燄的大霧，旋轉而且升騰，瀰漫太空，使太空旋轉而且升騰地閃爍。

在無邊的曠野上，在凜冽的天宇下，閃閃地旋轉升騰着的是雨的精魂……

是的，那是孤獨的雪，是死掉的雨，是雨的精魂。

一九二五年一月十八日。

看鏡有感

魯迅二十年代在北京，寫過多篇隨筆，評論歷史文化和古代文物而針砭現世。本書選録數篇。

因爲翻衣箱，翻出幾面古銅鏡子來，大概是民國初年初到北京時候買在那里的，「情隨事遷」，全然忘卻，宛如見了隔世的東西了。

一面圓徑不過二寸，很厚重，背面滿刻葡萄，還有跳躍的鼯鼠，沿邊是一圈小飛禽。古董店家都稱爲「海馬葡萄鏡」。但我的一面並無海馬，其實和名稱不相當。記得曾見過別一面，是有海馬的，但貴極，没有買。這些都是漢代的鏡子；後來也有模造或翻沙者，花紋可粗造拙得多了。漢武通大宛、安息，以致天馬葡萄，大概當時是視爲盛事的，所以便取作什器的裝飾。古時，于外來物品，每加海字，如海榴，海紅花，海棠之類。海即現在之所謂洋，海馬譯成今文，當然就是洋馬。鏡鼻是一個蝦蟆，則因爲鏡如滿月，月中有蟾蜍之故，和漢事不相干了。

遙想漢人多少閎放，新來的動植物，即毫不拘忌，來充裝飾的花紋。唐人也還不算弱，例如漢人的墓前石獸，多是羊、虎、天祿、辟邪，而長安的昭陵上，卻刻着帶箭的駿馬，還有一匹駝鳥，則辦法簡直前無古人。現今在墳墓上不待言，即平常的繪畫，可有人敢用一朵洋花一隻洋鳥，即私人的印章，可有人肯用一個草書一個俗字麼？許多雅人，連記年月也必是甲子，怕用民國紀元。不知道是没有如此大膽的藝術家；還是雖有而民衆都加迫害，他于是乎只得萎縮，死掉了？

宋的文藝，現在似的國粹氣味就薰人。然而遼、金、元陸續進來了，這消息很耐尋味。漢、唐雖然也有邊患，但魄力究竟雄大，人民具有不至于爲異族奴隸的自信心，或者竟毫未想到，凡取用外來事物的時候，就如將彼俘來一樣，自由驅使，絕不介懷。一到衰弊陵夷之際，神經可就衰弱過敏了，每遇外國東西，便覺得彷彿彼來俘我一樣，推拒，惶恐，退縮，逃避，抖成一團，又必想一篇道理來掩飾，而國粹遂成爲孱王和孱奴的寶貝。

無論從那里來的，只要是食物，壯健者大抵就無需思索，承認是喫的東西。惟有衰病的，卻總常想到害胃，傷身，特有許多禁條，許多避忌；還有一大套比較利害而終于不得要領的理由，例如喫固無妨，而不喫尤穩，食之或當有益，然究以不喫爲宜云云之類。但這一類人物總要日見其衰弱的，因爲他終日戰戰兢兢，自己先已失了活氣了。

不知道南宋比現今如何，但對外敵，卻明明已經稱臣，惟獨在國內特多繁文縟節以及嘮叨的碎話。正如倒霉人物，偏多忌諱一般，豁達閎大之風消歇淨盡了。直到後來，都沒有什麼大變化。我曾在古物陳列所所陳列的古畫上看見一顆印文，是幾個羅馬字母。但那是所謂「我聖祖仁皇帝」的印，是征服了漢族的主人，所以他敢；漢族的奴才是不敢的。便是現在，便是藝術家，可有敢用洋文的印的麼？

清順治中，時憲書上印有「依西洋新法」五個字，痛哭流涕來劾洋人湯若望的偏是漢人楊光先。直到康熙初，爭勝了，就教他做欽天監正去，則又叩閽以「但知推步之理不知推步之數」辭。不准辭，則又痛哭流涕地來做《不得已》，說道「寧可使中夏無好曆法，不可使中夏有西洋人。」然而終于連閏月都算錯了，他大約以爲好曆法專屬于西洋人，中夏人自己是學不得，也學不好的。但他竟論了大辟，可是沒有殺，放歸，死于塗中了。湯若望入中國還在明崇禎初，其法終未見用；後來阮元論之曰：「明季君臣以大統寖疏，開局修正，既知新法之密，而訖未施行。聖朝定鼎，以其法造時憲書，頒行天下。彼十餘年辯論翻譯之勞，若以備我朝之采用者，斯亦奇矣！……我國家聖聖相傳，用人行政，惟求其是，而不先設成心。即是一端，可以仰見如天之度量矣！」（《疇人傳》四十五）

現在流傳的古鏡們，出自塚者中居多，原是殉葬品。但我也有一面日用鏡，薄而且大，規撫漢製，也許是唐代的東西。那證據是：一、鏡鼻已多磨損；二、鏡面的沙眼都用別的銅來補好了。當時在粧閣中，曾照唐人的額黃和眉綠，現在卻監禁在我的衣箱裏，牠或者大有今昔之感罷。

但銅鏡的供用，大約道光咸豐時候還與玻璃鏡並行；至于窮鄉僻壤，也許至今還用着。我們那里，則除了婚喪儀式之外，全被玻璃鏡驅逐了。然而也還有餘烈可尋，倘街頭遇見一位老翁，肩了長櫈似的東西，上面縛着一塊豬肝色石和一塊青色石，試佇聽他的叫喊就是「磨鏡，磨剪刀！」

宋鏡我没有見過好的，什九並無藻飾，只有店號或「正其衣冠」等類的迂銘詞，真是「世風日下」。但是要進步或不退步，總須時時自出新裁，至少也必取材異域，倘若各種顧忌，各種小心，各種嘮叨，這麽做即違了祖宗，那麽做又像了夷狄，終生惴惴如在薄冰上，發抖尚且來不及，怎麽會做出好東西來。所以事實上「今不如古」者，正因爲有許多嘮叨着「今不如古」的諸位先生們之故。現在情形還如此。倘再不放開度量，大膽地，無畏地，將新文化儘量地吸收，則楊光先似的向西洋主人瀝陳中夏的精神文明的時候，大概是不勞久待的罷。

但我向來没有遇見過一個排斥玻璃鏡子的人。單知道咸豐年間，汪曰楨先生卻在他的大著《湖雅》裏攻擊過的。他加以比較研究之後，終于决定還是銅鏡好。最不可解的是：他説，照起面貌來，玻璃鏡不如銅鏡之準確。莫非那時的玻璃鏡當真壞到如此，還是因爲他老先生又帶上了國粹眼鏡之故呢？我沒有見過古玻璃鏡。這一點終于猜不透。

一九二五年二月九日。

忽然想到（三、四）

三

我想，我的神經也許有些瞀亂了，否則，那就可怕。

我覺得彷彿久沒有所謂中華民國。

我覺得革命以前，我是做奴隸；革命以後不多久，就受了奴隸的騙，變成他們的奴隸了。

我覺得有許多民國國民而是民國的敵人。

我覺得有許多民國國民很像住在德、法等國裏的猶太人，他們的意中別有一個國度。

我覺得許多烈士的血都被人們踏滅了，然而又不是故意的。

我覺得什麼都要從新做過。

退一萬步說罷，我希望有人好好地做一部民國的建國史給少年看，因爲我覺得民國的來源，實在已經失傳了，雖然還只有十四年！

（一九二五年）二月十二日。

四

先前，聽到二十四史不過是「相斫書」，是「獨夫的家譜」一類的話，便以爲誠然。後來自己看起來，明白了何嘗如此。

歷史上都寫着中國的靈魂，指示着將來的命運，只因爲塗飾太厚，廢話太多，所以很不容易察出底細來。正如通過密葉投射在莓苔上面的月光，只看見點點的碎影。但如看野史和雜記，可更容易了然了，因爲他們究竟不必太擺史官的架子。

秦、漢遠了，和現在的情形相差已多，且不道。元人著作寥寥。至于唐宋明的雜史之類，則現在多有。試將記五代、南宋、明末的事情的，和現今的狀況一比較，就當驚心動魄于何其相似之甚，彷彿時間的流駛，獨與我們中國無關。現在的中華民國也還是五代，是宋末，是明季。

以明末例現在，則中國的情形還可以更腐敗，更破爛，更凶酷，更殘虐，現在還不算達到極點。但明末的腐敗破爛也還未達到極點，因爲李自成、張獻忠鬧起來了。而張、李的凶酷殘虐也還未達到極點，因爲滿洲兵進來了。

難道所謂國民性者，真是這樣地難于改變的麽？倘如此，將來的命運便大略可想了，也還是一句爛熟的話：古已有之。

伶俐人實在伶俐，所以，決不攻難古人，搖動古例的。古人做過的事，無論什麽，今人也都會做出來。而辯護古人，也就是辯護自己。況且我們是神州華胄，敢不「繩其祖武」麽？

幸而誰也不敢十分決定說：國民性是決不會改變的。在這「不可知」中，雖可有破例

——即其情形爲從來所未有——的滅亡的恐怖，也可以有破例的復生的希望，這或者可作改革者的一點慰藉罷。

但這一點慰藉，也會勾消在許多自詡古文明者流的筆上，淹死在許多誣告新文明者流的嘴上，撲滅在許多假冒新文明者流的言動上，因爲相似的老例，也是「古已有之」的。

其實這些人是一類，都是伶俐人，也都明白，中國雖完，自己的精神是不會苦的，——因爲都能變出合式的態度來。倘有不信，請看清朝的漢人所做的頌揚武功的文章去，開口「大兵」，閉口「我軍」，你能料得到被這「大兵」、「我軍」所敗的就是漢人的麼？你將以爲漢人帶了兵將別的一種什麼野蠻腐敗民族殲滅了。

然而這一流人是永遠勝利的，大約也將永久存在。在中國，惟他們最適于生存，而他們生存着的時候，中國便永遠免不掉反覆着先前的運命。

「地大物博，人口衆多」，用了這許多好材料，難道竟不過老是演一齣輪迴把戲而已麼？

（一九二五年）二月十六日。

兩地書(二)

魯迅與許廣平的通信，編成《兩地書》，一九三三年出版。通信始於許廣平在一九二五年三月十一日寫信給魯迅。她當時就讀於北京女子師範大學，聽了快要兩年「小說史略」的課。信中談及校政的黑暗與校內學生的「軟化」，她深感苦悶。她希望先生指示教導，雖則先生「潔身遠引就可以立地成佛」，「然而，你在仰首吸那醉人的一絲絲的菸葉的時候，可也想到有在虀盆中展轉待拔的人們麼?」她問:「可有甚麼法子能在苦藥中加點糖分」，請求先生給她「一個真切的明白的指引」。魯迅得信立即回覆，即此函。

廣平兄：

今天收到來信，有些問題恐怕我答不出，姑且寫下去看——

學風如何，我以爲是和政治狀態及社會情形相關的，倘在山林中，該可以比城市好一點，只要辦事人員好。但若政治昏暗，好的人也不能做辦事人員，學生在學校中，只是少聽到一些可厭的新聞，待到出了校門，和社會相接觸，仍然要苦痛，仍然要墮落，無非略有遲早之分。所以我的意思，以爲倒不如在都市中，要墮落的從速墮落罷，要苦痛的速速苦痛罷，否則從較爲寧靜的地方突到鬧處，也須意外地喫驚受苦，而其苦痛之總量，與本在都市者略同。

學校的情形，也向來如此，但一二十年前，看去彷彿較好者，乃是因爲足够辦學資格的人們不很多，因而競爭也不猛烈的緣故。現在可多了，競爭也猛烈了，于是壞脾氣也就徹底顯出。教育界的稱爲清高，本是粉飾之談，其實和別的什麼界都一樣，人的氣質不大容易改變，進幾年大學是無甚效力的。況且又有這樣的環境，正如人身的血液一壞，體中的一部分決不能獨保健康一樣，教育界也不會在這樣的民國裏特別清高的。

所以，學校之不甚高明，其實由來已久，加以金錢的魔力，本是非常之大，而中國又是向來善于運用金錢誘惑法術的地方，于是自然就成了這現象。聽說現在是中學校也有這樣的了。間有例外，大約即因年齡太小，還未感到經濟困難或化費的必要之故罷。至于傳入女校，當是近來的事，大概其起因，當在女性已經自覺到經濟獨立的必要，而藉以獲得這獨立的方法，則不外兩塗，一是力爭，一是巧取。前一法很費力，于是就墮入後一手段去，就是略一清醒，又復昏睡了。可是這情形不獨女界爲然，男人也多如此，所不同者巧取之外，還有豪奪而已。

我其實那里會「立地成佛」，許多煙捲，不過是麻醉藥，煙霧中也没有見過極樂世界。假使我真有指導青年的本領——無論指導得錯不錯——我決不藏匿起來，但可惜我連自己也没有指南針，到現在還是亂闖。倘若闖入深淵，自己有自己負責，領着別人又怎麼好呢？我之怕上講臺講空話者就爲此。記得有一種小説裏攻擊牧師，説有一個鄉下女人，向牧師瀝訴困苦的半生，請他救助，牧師聽畢答道：「忍着罷，上帝使你在生前受苦，死後定當賜福的。」其實古今的聖賢以及哲人學者之所説，何嘗能比這高明些。他們之所謂「將來」，不就是牧師之所謂「死後」麼。我所知道的話就全是這樣，我不相信，但自己也並無更好的解釋。章錫琛先生的答話是一定要模胡的，聽說他自己在書鋪子裏做夥計，就時常叫苦連天。

我想，苦痛是總與人生聯帶的，但也有離開的時候，就是當熟睡之際。醒的時候要免去若干苦痛，中國的老法子是「驕傲」與「玩世不恭」，我覺得我自己就有這毛病，不大好。苦茶加糖，其苦之量如故，只是聊勝于無糖，但這糖就不容易找到，我不知道在那里，這一節只好交白卷了。

以上許多話，仍等于章錫琛，我再說我自己如何在世上混過去的方法，以供參考罷——

一、走「人生」的長途，最易遇到的有兩大難關。其一是「歧路」，倘是墨翟先生，相傳是慟哭而返的。但我不哭也不返，先在歧路頭坐下，歇一會，或者睡一覺，于是選一條似乎可走的路再走，倘遇見老實人，也許奪他食物來充飢，但是不問路，因爲我料定他並不知道的。如果遇見老虎，我就爬上樹去，等牠餓得走去了再下來，倘牠竟不走，我就自己餓死在樹上，而且先用帶子縛住，連死屍也決不給牠喫。但倘若沒有樹呢？那麼，沒有法子，只好請牠喫了，但也不妨也咬牠一口。其二便是「窮途」了，聽說阮籍先生也大哭而回，我卻也像在歧路上的辦法一樣，還是跨進去，在刺叢裏姑且走走。但我也並未遇到全是荊棘毫無可走的地方過，不知道是否世上本無所謂窮途，還是我幸而沒有遇着。

二、對于社會的戰鬥，我是並不挺身而出的，我不勸別人犧牲什麼之類者就爲此。歐戰的時候，最重「壕塹戰，」戰士伏在壕中，有時吸煙，也唱歌，打紙牌，喝酒，也在壕內開美術展覽會，但有時忽向敵人開他幾鎗。中國多暗箭，挺身而出的勇士容易喪命，這種戰法是必要的罷。但恐怕也有時會逼到非短兵相接不可的，這時候，沒有法子，就短兵相接。

總結起來，我自己對于苦悶的辦法，是專與襲來的苦痛搗亂，將無賴手段當作勝利，硬唱凱歌，算是樂趣，這或者就是糖罷。但臨末也還是歸結到「沒有法子」，這真是沒有法子！

以上，我自己的辦法說完了，就不過如此，而且近于游戲，不像步步走在人生的正軌上。（人生或者有正軌罷，但我不知道。）我相信寫了出來，未必于你有用，但我也只能寫出這些罷了。

魯迅　三月十一日。

（一九二五年）

忽然想到（五、六）

五

我生得太早一點，連康有爲們「公車上書」的時候，已經頗有些年紀了。政變之後，有族中的所謂長輩也者教誨我，說：康有爲是想篡位，所以他的名字叫有爲；有者，「富有天下」，爲者，「貴爲天子」也。非圖謀不軌而何？我想：誠然。可惡得很！

長輩的訓誨于我是這樣的有力，所以我也很遵從讀書人家的家教。屏息低頭，毫不敢輕舉妄動。兩眼下視黃泉，看天就是傲慢，滿臉裝出死相，說笑就是放肆。我自然以爲極應該的，但有時心裏也發生一點反抗。心的反抗，那時還不算什麼犯罪，似乎誅心之律，倒不及現在之嚴。

但這心的反抗，也還是大人們引壞的，因爲他們自己就常常隨便大說大笑，而單是禁止孩子。黔首們看見秦始皇那麼闊氣，搗亂的項羽道：「彼可取而代也！」没出息的劉邦卻說：「大丈夫不當如是耶？」我是没出息的一流，因爲羨慕他們的隨意說笑，就很希望趕忙變成大人，——雖然此外也還有別種的原因。

大丈夫不當如是耶，在我，無非只想不再裝死而已，慾望也並不甚奢。現在，可喜我已經大了，這大概是誰也不能否認的罷，無論用了怎樣古怪的「邏輯」。

我于是就拋了死相，放心說笑起來，而不意立刻又碰了正經人的釘子：說是使他們「失望」了。我自然是知道的，先前是老人們的世界，現在是少年們的世界了；但竟不料治世的人們雖異，而其禁止說笑也則同。那麼，我的死相也還得裝下去，裝下去，「死而後已」，豈不痛哉！

我于是又恨我生得太遲一點。何不早二十年，趕上那大人還准說笑的時候？真是「我生不辰，」正當可詛咒的時候，活在可詛咒的地方了。

約翰彌耳說：專制使人們變成冷嘲。我們卻天下太平，連冷嘲也沒有。我想：暴君的專制使人們變成冷嘲，愚民的專制使人們變成死相。大家漸漸死下去，而自己反以爲衛道有效，這纔漸近于正經的活人。

世上如果還有真要活下去的人們，就先該敢說，敢笑，敢哭，敢怒，敢罵，敢打，在這可詛咒的地方擊退了可詛咒的時代！

（一九二五年）四月十四日。

六

外國的考古學者們聯翩而至了。

久矣夫，中國的學者們也早已口口聲聲的叫着「保古！保古！保古！……」

但是不能革新的人種，也不能保古的。

所以，外國的考古學者們便聯翩而至了。

長城久成廢物，弱水也似乎不過是理想上的東西。老大的國民儘鑽在僵硬的傳統裏，不肯變革，衰朽到毫無精力了，還要自相殘殺。于是外面的生力軍很容易地進來了，真是

「匪今斯今，振古如兹。」至于他們的歷史，那自然都没我們的那麽古。

可是我們的古也就難保，因爲土地先已危險而不安全。土地給了別人，則「國寶」雖多，我覺得實在也無處陳列。

但保古家還在痛罵革新，力保舊物地幹：用玻璃板印些宋版書，每部定價幾十幾百元；「涅槃！涅槃！涅槃！」佛自漢時已入中國，其古色古香爲何如哉！買集些舊書和金石，是劬古愛國之士，略作考證，趕印目録，就陞爲學者或高人。而外國人所得的古董，卻每從高人的高尚的袖底裏共清風一同流出。即不然，歸安陸氏的皕宋，濰縣陳氏的十鐘，其子孫尚能世守否？

現在，外國的考古學者們便聯翩而至了。

他們活有餘力，則以考古，但考古尚可，幫同保古就更可怕了。有些外人，很希望中國永是一個大古董以供他們的賞鑑，這雖然可惡，卻還不奇，因爲他們究竟是外人。而中國竟也有自己還不够，並且要率領了少年、赤子，共成一個大古董以供他們的賞鑑者，則真不知是生着怎樣的心肝。

中國廢止讀經了，教會學校不是還請腐儒做先生，教學生讀《四書》麽？民國廢去跪拜了，猶太學校不是偏請遺老做先生，要學生磕頭拜壽麼？外國人辦給中國人看的報紙，不是最反對五四以來的小改革麼？而外國總主筆治下的中國小主筆，則倒是崇拜道學，保存國粹的！

但是，無論如何，不革新，是生存也爲難的，而況保古。現狀就是鐵證，比保古家的萬言書有力得多。

我們目下的當務之急，是：一要生存，二要温飽，三要發展。苟有阻礙這前途者，無論是古是今，是人是鬼，是《三墳》、《五典》，百宋千元，天球河圖，金人玉佛，祖傳丸散，秘製膏丹，全都踏倒他。

保古家大概總讀過古書，「林回棄千金之璧，負赤子而趨。」該不能說是禽獸行爲罷。那麼，棄赤子而抱千金之璧的是什麼？

（一九二五年）四月十八日。

死火

我夢見自己在冰山間奔馳。

這是高大的冰山，上接冰天，天上凍雲彌漫，片片如魚鱗模樣。山麓有冰樹林，枝葉都如松杉。一切冰冷，一切青白。

但我忽然墜在冰谷中。

上下四旁無不冰冷，青白。而一切青白冰上，卻有紅影無數，糾結如珊瑚網。我俯看脚下，有火焰在。

這是死火。有炎炎的形，但毫不搖動，全體冰結，像珊瑚枝，尖端還有凝固的黑煙，疑這纔從火宅中出，所以枯焦。這樣，映在冰的四壁，而且互相反映，化爲無量數影，使這冰谷，成紅珊瑚色。

哈哈！

當我幼小的時候，本就愛看快艦激起的浪花，洪爐噴出的烈燄。不但愛看，還想看清。可惜他們都息息變幻，永無定形。雖然凝視又凝視，總不留下怎樣一定的跡象。

死的火燄，現在先得到了你了！

我拾起死火，正要細看，那冷氣已使我的指頭焦灼；但是，我還熬着，將他塞入衣袋中間。冰谷四面，登時完全青白。我一面思索着走出冰谷的法子。

我的身上噴出一縷黑煙，上升如鐵線蛇。冰谷四面，又登時滿有紅燄流動，如大火聚，將我包圍。我低頭一看，死火已經燃燒，燒穿了我的衣裳，流在冰地上了。

「唉，朋友！你用了你的温熱，將我驚醒了。」他說。

我連忙和他招呼，問他名姓。

「我原先被人遺棄在冰谷中，」他答非所問地說，「遺棄我的早已滅亡，消盡了。我也被冰凍凍得要死。倘使你不給我溫熱，使我重行燒起，我不久就須滅亡。」

「你的醒來，使我歡喜。我正在想着走出冰谷的方法；我願意攜帶你去，使你永不冰結，永得燃燒。」

「唉唉！那麼，我將燒完！」

「你的燒完，使我惋惜。我便將你留下，仍在這里罷。」

「唉唉！那麼，我將凍滅了！」

「那麼，怎麼辦呢？」

「但你自己，又怎麼辦呢？」他反而問。

「我說過了：我要出這冰谷……。」

「那我就不如燒完！」

他忽而躍起，如紅彗星，並我都出冰谷口外。有大石車突然馳來，我終于碾死在車輪底下，但我還來得及看見那車就墜入冰谷中。

「哈哈！你們是再也遇不着死火了！」我得意地笑着說，彷彿就願意這樣似的。

一九二五年四月二十三日。

燈下漫筆

一

有一時，就是民國二三年時候，北京的幾個國家銀行的鈔票，信用日見其好了，真所謂蒸蒸日上。聽說連一向執迷于現銀的鄉下人，也知道這既便當，又可靠，很樂意收受，行使了。至于稍明事理的人，則不必是「特殊知識階級」，也早不將沈重累墜的銀元裝在懷中，來自討無謂的苦喫。想來，除了多少對于銀子有特別嗜好和愛情的人物之外，所有的怕大都是鈔票了罷，而且多是本國的。但可惜後來忽然受了一個不小的打擊。

就是袁世凱想做皇帝的那一年，蔡松坡先生溜出北京，到雲南去起義。這邊所受的影響之一，是中國和交通銀行的停止兌現。雖然停止兌現，政府勒令商民照舊行用的威力卻還有的；商民也自有商民的老本領，不說不要，卻道找不出零錢。假如拿幾十幾百的鈔票去買東西，我不知道怎樣，但倘使只要買一枝筆，一盒煙捲呢，難道就付給一元鈔票麼？不但不甘心，也沒有這許多票。那麼，換銅元，少換幾個罷，又都說沒有銅元。那麼，到親戚朋友那裏借現錢去罷，怎麼會有？於是降格以求，不講愛國了，要外國銀行的鈔票。但外國銀行的鈔票這時就等於現銀，他如果借給你這鈔票，也就借給你真的銀元了。

我還記得那時我懷中還有三四十元的中交票，可是忽而變了一個窮人，幾乎要絕食，很有些恐慌。俄國革命以後的藏着紙盧布的富翁的心情，恐怕也就這樣的罷；至多，不過更深更大罷了。我只得探聽，鈔票可能折價換到現銀呢？說是沒有行市。幸而終于，暗暗地有了行市了：六折幾。我非常高興，趕緊去賣了一半。後來又漲到七折了，我更非常高興，全去換了現銀，沈墊墊地墜在懷中，似乎這就是我的性命的斤兩。倘在平時，錢鋪子如果少給我一個銅元，我是決不答應的。

但我當一包現銀塞在懷中，沈墊墊地覺得安心，喜歡的時候，卻突然起了另一思想，就是：我們極容易變成奴隸，而且變了之後，還萬分喜歡。

假如有一種暴力，「將人不當人」，不但不當人，還不及牛馬，不算什麼東西；待到人們羨慕牛馬，發生「亂離人，不及太平犬」的歎息的時候，然後給與他略等于牛馬的價格，有如元朝定律，打死別人的奴隸，賠一頭牛，則人們便要心悅誠服，恭頌太平的盛世。爲什麼呢？因爲他雖不算人，究竟已等於牛馬了。

我們不必恭讀《欽定二十四史》，或者入研究室，審察精神文明的高超。只要一翻孩子所讀的《鑑畧》，——還嫌煩重，則看《歷代紀元編》，就知道「三千餘年古國古」的中華，歷來所鬧的就不過是這一個小玩藝。但在新近編纂的所謂「歷史教科書」一流東西裏，卻不大看得明白了，只彷彿說：咱們向來就很好的。

但實際上，中國人向來就没有爭到過「人」的價格，至多不過是奴隸，到現在還如此，然而下于奴隸的時候，卻是數見不鮮的。中國的百姓是中立的，戰時連自己也不知道屬於那一面，但又屬于無論那一面。强盜來了，就屬於官，當然該被殺掠；官兵既到，該是自家人了罷，但仍然要被殺掠，彷彿又屬於强盜似的。這時候，百姓就希望有一個一定的主子，拿他們去做百姓，——不敢，是拿他們去做牛馬，情願自己尋草喫，只求他決定他們怎樣跑。

假使真有誰能够替他們決定，定下什麼奴隸規則來，自然就「皇恩浩蕩」了。可惜的是往往暫時沒有誰能定。舉其大者，則如五胡十六國的時候，黃巢的時候，五代時候，宋末元末時候，除了老例的服役納糧以外，都還要受意外的災殃。張獻忠的脾氣更古怪了，不服役納糧的要殺，服役納糧的也要殺，敵他的要殺，降他的也要殺：將奴隸規則毁得粉碎。這時候，百姓就希望來一個另外的主子，較爲顧及他們的奴隸規則的，無論仍舊，或者新頒，總之是有一種規則，使他們可上奴隸的軌道。

「時日曷喪，余及汝偕亡！」憤言而已，決心實行的不多見。實際上大概是羣盜如麻，紛亂至極之後，就有一個較强，或較聰明，或較狡猾，或是外族的人物出來，較有秩序地收拾了天下。釐定規則：怎樣服役，怎樣納糧，怎樣磕頭，怎樣頌聖。而且這規則是不像現在那樣朝三暮四的。於是便「萬姓臚歡」了；用成語來說，就叫作「天下太平。」

任憑你愛排場的學者們怎樣鋪張，修史時候設些什麼「漢族發祥時代」、「漢族發達時代」、「漢族中興時代」的好題目，好意誠然是可感的，但措辭太繞灣子了。有更其直捷了當的說法在這裏——

一、想做奴隸而不得的時代；

二、暫時做穩了奴隸的時代。

這一種循環，也就是「先儒」之所謂「一治一亂」；那些作亂人物，從後日的「臣民」看來，是給「主子」清道闢路的，所以說：「爲聖天子驅除云爾。」

現在入了那一時代，我也不了然。但看國學家的崇奉國粹，文學家的贊歎固有文明，道學家的熱心復古，可見於現狀都已不滿了。然而我們究竟正向着那一條路走呢？百姓是一遇到莫名其妙的戰爭，稍富的遷進租界，婦孺則避入教堂裏去了，因爲那些地方都比較的「穩」，暫不至於想做奴隸而不得。總而言之，復古的，避難的，無智愚賢不肖，似乎都已神往於三百年前的太平盛世，就是「暫時做穩了奴隸的時代」了。

但我們也就都像古人一樣，永久滿足於「古已有之」的時代麼？都像復古家一樣，不滿于現在，就神往于三百年前的太平盛世麼？

自然，也不滿于現在的，但是，無須反顧，因爲前面還有道路在。而創造這中國歷史上未曾有過的第三樣時代，則是現在的青年的使命！

二

但是讚頌中國固有文明的人們多起來了，加之以外國人。我常常想，凡有來到中國的，倘能疾首蹙額而憎惡中國，我敢誠意地捧獻我的感謝，因爲他一定是不願意喫中國人的肉的！

鶴見祐輔氏在《北京的魅力》中，記一個白人將到中國，預定的暫住時候是一年，但五年之後，還在北京，而且不想回去了。有一天，他們兩人一同喫晚飯——

「在圓的桃花心木的食桌前坐定，川流不息地獻着山海的珍味，談話就從古董、畫、政治這些開頭。電燈上罩着支那式的燈罩，淡淡的光洋溢於古物羅列的屋子中。什麼無產階級呀，Proletariat 呀那些事，就像不過在什麼地方颳風。

「我一面陶醉在支那生活的空氣中，一面深思着對於外人有着『魅力』的這東西。元人也曾征服支那，而被征服于漢人種的生活美了；滿人也征服支那，而被征服于漢人種的生活美了。現在西洋人也一樣，嘴裏雖然說着 democracy 呀，什麼什麼呀，而卻被魅于支那人費六千年而建築起來的生活的美。一經住過北京，就忘不掉那生活的味道。大風時候的萬丈的沙塵，每三月一回的督軍們的開戰游戲，都不能抹去這支那生活的魅力。」

這些話我現在還無力否認他。我們的古聖先賢既給與我們保古守舊的格言，但同時也排好了用子女玉帛所做的奉獻于征服者的大讌。中國人的耐勞，中國人的多子，都就是辦酒的材料，到現在還爲我們的愛國者所自詡的。西洋人初入中國時，被稱爲蠻夷，自不免個個蹙額，但是，現在則時機已至，到了我們將曾經獻於北魏、獻於金、獻於元、獻於清的盛讌，來獻給他們的時候了。出則汽車，行則保護：雖遇清道，然而通行自由的；雖或被劫，然而必得賠償的；孫美瑤擄去他們站在軍前，還使官兵不敢開火。何況在華屋中享用盛讌呢？待到享受盛讌的時候，自然也就是讚頌中國固有文明的時候；但是我們的有些樂觀的愛國者，也許反而欣然色喜，以爲他們將要開始被中國同化了罷。古人曾以女人作苟安的城堡，美其名以自欺曰「和親」。今人還用子女玉帛爲作奴的贄敬，又美其名曰「同化」。所以倘有外國的誰，到了已有赴讌的資格的現在，而還替我們詛咒中國的現狀者，這纔是真有良心的真可佩服的人！

但我們自己是早已布置妥帖了，有貴賤，有大小，有上下。自己被人凌虐，但也可以凌虐別人；自己被人喫，但也可以喫別人。一級一級的制馭着，不能動彈，也不想動彈了。因爲倘一動彈，雖或有利，然而也有弊。我們且看古人的良法美意罷——

「天有十日，人有十等。下所以事上，上所以共神也。故王臣公，公臣大夫，大夫臣士，士臣阜，阜臣輿，輿臣隸，隸臣僚，僚臣僕，僕臣臺。」（《左傳》昭公七年。）

但是「臺」没有臣，不是太苦了麽？無須擔心的，有比他更卑的妻，更弱的子在。而且其子也很有希望，他日長大，陞而爲「臺」，便又有更卑更弱的妻子，供他驅使了。如此連環，各得其所，有敢非議者，其罪名曰不安分！

雖然那是古事，昭公七年離現在也太遼遠了，但「復古家」儘可不必悲觀的。太平的景象還在：常有兵燹，常有水旱，可有誰聽到大叫喚麽？打的打，革的革，可有處士來横議麽？對國民如何專横，向外人如何柔媚，不猶是差等的遺風麽？中國固有的精神文明，其實並未爲共和二字所埋没，只有滿人已經退席，和先前稍不同。

因此我們在目前，還可以親見各式各樣的筵宴，有燒烤，有翅席，有便飯，有西餐。但茅簷下也有淡飯，路傍也有殘羹，野上也有餓莩；有喫燒烤的身價不資的闊人，也有餓得垂死的每斤八文的孩子(見《現代評論》二十一期)。所謂中國的文明者，其實不過是安排給闊人享用的人肉的筵宴。所謂中國者，其實不過是安排這人肉的筵宴的廚房。不知道而讚頌者是可恕的，否則，此輩當得永遠的詛咒！

外國人中，不知道而讚頌者，是可恕的；佔了高位，養尊處優，因此受了蠱惑，昧卻靈性而讚歎者，也還可恕的。可是還有兩種，其一是以中國人爲劣種，只配悉照原來模樣，因而故意稱讚中國的舊物。其一是願世間人各不相同以增自己旅行的興趣，到中國看辮子，到日本看木屐，到高麗看笠子，倘若服飾一樣，便索然無味了，因而來反對亞洲的歐化。這些都可憎惡。至于羅素在西湖見轎夫含笑，便讚美中國人，則也許別有意思罷。但是，轎夫如果能對坐轎的人不含笑，中國也早不是現在似的中國了。

這文明，不但使外國人陶醉，也早使中國一切人們無不陶醉而且至于含笑。因爲古代傳來而至今還在的許多差別，使人們各各分離，遂不能再感到別人的痛苦；並且因爲自己各有奴使別人，喫掉別人的希望，便也就忘卻自己同有被奴使被喫掉的將來。于是大小無數的人肉的筵宴，即從有文明以來一直排到現在，人們就在這會場中喫人，被喫，以凶人的愚妄的歡呼，將悲慘的弱者的呼號遮掩，更不消說女人和小兒。

這人肉的筵宴現在還排着，有許多人還想一直排下去。掃蕩這些食人者，掀掉這筵席，毀壞這廚房，則是現在的青年的使命！

一九二五年四月二十九日。

雜感

人們有淚，比動物進化，但即此有淚，也就是不進化，正如已經只有盲腸，比鳥類進化，而究竟還有盲腸，終不能很算進化一樣。凡這些，不但是無用的贅物，但要使其人達到無謂的滅亡。

現今的人們還以眼淚贈答，並且以這爲最上的贈品，因爲他此外一無所有。無淚的人則以血贈答，但又各各拒絕別人的血。

人大抵不願意愛人下淚。但臨死之際，可能也不願意愛人爲你下淚麼？無淚的人無論何時，都不願意愛人下淚，並且連血也不要：他拒絕一切爲他的哭泣和滅亡。

人被殺于萬衆聚觀之中，比被殺在「人不知鬼不覺」的地方快活，因爲他可以妄想，博得觀衆中的或人的眼淚。但是，無淚的人無論被殺在什麼所在，于他並無不同。

殺了無淚的人，一定連血也不見。愛人不覺他被殺之慘，讎人也終于得不到殺他之樂：這是他的報恩和復讎。

死于敵手的鋒刃，不足悲苦；死于不知何來的暗器，卻是悲苦。但最悲苦的是死于慈母或愛人誤進的毒藥，戰友亂發的流彈，病菌的並無惡意的侵入，不是我自己制定的死刑。

仰慕往古的，回往古去罷！想出世的，快出世罷！想上天的，快上天罷！靈魂要離開肉體的，趕快離開罷。現在的地上，應該是執着現在，執着地上的人們居住的。

但厭惡現世的人們還住着。這都是現世的仇讎，他們一日存在，現世即一日不能得救。

先前，也曾有些願意活在現世而不得的人們，沈默過了，呻吟過了，歎息過了，哭泣過了，哀求過了，但仍然願意活在現世而不得，因爲他們忘卻了憤怒。

勇者憤怒，抽刃向更强者；怯者憤怒，卻抽刃向更弱者。不可救藥的民族中，一定有許多英雄，專向孩子們瞪眼。這些孱頭們！

孩子們在瞪眼中長大了，又向別的孩子們瞪眼，並且想：他們一生都過在憤怒中。因爲憤怒只是如此，所以他們要憤怒一生，——而且還要憤怒二世，三世，四世，以至末世。

無論愛什麼，——飯、異性、國、民族、人類等等，——只有糾纏如毒蛇，執着如怨鬼，二六時中，没有已時者有望。但太覺疲勞時，也無妨休息一會罷；但休息之後，就再來一回罷，而且兩回，三回……。血書，章程，請願，講學，哭，電報，開會，輓聯，演說，神經衰弱，則一切無用。

血書所能掙來的是什麼？不過就是你的一張血書，況且並不好看。至于神經衰弱，其實倒是自己生了病，你不要再當作寶貝了，我的可敬愛而討厭的朋友呀！

我們聽到呻吟，歎息，哭泣，哀求，無須喫驚。見了酷烈的沈默，就應該留心了；見有什麼像毒蛇似的在屍林中蜿蜒，怨鬼似的在黑暗中奔馳，就更應該留心了：這在豫告「真的憤怒」將要到來。那時候，仰慕往古的就要回往古去了，想出世的要出世去了，想上天的要上天了，靈魂要離開肉體的就要離開了！……

（一九二五年）五月五日。

北京通訊

這是魯迅答覆開封《豫報副刊》編者的信。篇末所談的「小亂子」，指北京學生紀念「五七」國恥和追悼孫中山，舉行集會，遭受壓迫事。

蘊儒、培良兩兄：

昨天收到兩份《豫報》，使我非常快活，尤其是見了那《副刊》。因爲它那蓬勃的朝氣，實在是在我先前的豫想以上。你想：從有着很古的歷史的中州，傳來了青年的聲音，彷彿在豫告這古國將要復活，這是一件如何可喜的事呢？

倘使我有這力量，我自然極願意有所貢獻于河南的青年。但不幸我竟力不從心，因爲我自己也正站在歧路上，——或者，說得較有希望些：站在十字路口。站在歧路上是幾乎難于舉足，站在十字路口，是可走的道路很多。我自己，是什麼也不怕的，生命是我自己的東西，所以我不妨大步走去，向着我自以爲可以走去的路；即使前面是深淵，荊棘，狹谷，火坑都由我自己負責。然而向青年說話可就難了，如果盲人瞎馬，引入危塗，我就該得謀殺許多人命的罪孽。

所以，我終于還不想勸青年一同走我所走的路；我們的年齡、境遇，都不相同，思想的歸宿大概總不能一致的罷。但倘若一定要問我青年應當向怎樣的目標，那麼，我只可以說出我爲別人設計的話，就是：一要生存，二要温飽，三要發展。有敢來阻礙這三事者，無論是誰，我們都反抗他，撲滅他！

可是還得附加幾句話以免誤解，就是：我之所謂生存，並不是苟活；所謂温飽，並不是奢侈，所謂發展，也不是放縱。

中國古來，一向是最注重于生存的，什麼「知命者不立於巖牆之下」咧，什麼「千金之子坐不垂堂」咧，什麼「身體髮膚受之父母不敢毀傷」咧，竟有父母願意兒子吸鴉片的，一吸，他就不至于到外面去，有傾家蕩產之虞了。可是這一流人家，家業也決不能長保，因爲這是苟活。苟活就是活不下去的初步，所以到後來，他就活不下去了。意圖生存，而太卑怯，結果就得死亡。以中國古訓中教人苟活的格言如此之多，而中國人偏多死亡，外族偏多侵入，結果適得其反，可見我們蔑棄古訓，是刻不容緩的了。這實在是無可奈何，因爲我們要生活，而且不是苟活的緣故。

中國人雖然想了各種苟活的理想鄉，可惜終于沒有實現。但我卻替他們發見了，你們大概知道的罷，就是北京的第一監獄。這監獄在宣武門外的空地裏，不怕鄰家的火災；每日兩餐，不慮凍餒；起居有定，不會傷生；構造堅固，不會倒塌；禁卒管着，不會再犯罪；强盜是決不會來搶的。住在裏面，何等安全，真真是「千金之子坐不垂堂」了。但闕少的就有一件事：自由。

古訓所教的就是這樣的生活法，教人不要動。不動，失錯當然就較少了，但不活的巖石泥沙，失錯不是更少麽？我以爲人類爲向上，即發展起見，應該活動，活動而有若干失錯，也不要緊。惟獨半死半生的苟活，是全盤失錯的。因爲他掛了生活的招牌，其實卻引人到死路上去！

我想，我們總得將青年從牢獄裏引出來，路上的危險，當然是有的，但這是求生的偶然的危險，無從逃避。想逃避，就須度那古人所希求的第一監獄式生活了，可是真在第一監獄裏的犯人，都想早些釋放，雖然外面並不比獄裏安全。

北京暖和起來了；我的院子裏種了幾株丁香，活了，還有兩株榆葉梅，至今還未發芽，不知道他是否活着。

昨天鬧了一個小亂子，許多學生被打傷了；聽說還有死的，我不知道確否。其實，只要聽他們開會，結果不過是開會而已，因爲加了强力的迫壓，遂鬧出開會以上的事來。俄國的革命，不就是從這樣的路徑出發的麽？

夜深了，就此擱筆，後來再談罷。

魯迅　五月八日夜。

（一九二五年）

忽然想到（七）

這是魯迅爲「女師大事件」首次說話的文章。事緣一九二四年秋，北京女子師範大學學生反對校長楊蔭榆專制治校；次年四月，司法總長兼教育總長章士釗聲言整頓學風。五月七日楊蔭榆在校內演講會上被學生噓聲趕走；兩日後開除學生六人，包括許廣平與劉和珍。魯迅是該校講師，學生被開除次日便寫出此文。此後魯迅積極介入學生抗爭行動，寫下多篇文章反擊楊蔭榆、章士釗及所謂「正人君子」陳西瀅等人。鬥爭於年底勝利結束。

七

大約是送報人忙不過來了，昨天不見報，今天纔給補到，但是奇怪，正張上已經剪去了兩小塊；幸而副刊是完全的。那上面有一篇武者君的《温良》，又使我記起往事，我記得確曾用了這樣一個糖衣的毒刺贈送過我的同學們。現在武者君也在大道上發見了兩樣東西了：凶獸和羊。但我以爲這不過發見了一部份，因爲大道上的東西還沒有這樣簡單，還得附加一句，是：凶獸樣的羊，羊樣的凶獸。

他們是羊，同時也是凶獸；但遇見比他更凶的凶獸時便現羊樣，遇見比他更弱的羊時便現凶獸樣，因此，武者君誤認爲兩樣東西了。

我還記得第一次五四以後，軍警們很客氣地只用鎗托，亂打那手無寸鐵的教員和學生，威武到很像一隊鐵騎在苗田上馳騁；學生們則驚叫奔避，正如遇見虎狼的羊羣。但是，當學生們成了大羣，襲擊他們的敵人時，不是遇見孩子也要推他摔幾個觔斗麼？在學校裏，不是還唾罵敵人的兒子，使他非逃回家去不可麼？這和古代暴君的滅族的意見，有什麼區分！

我還記得中國的女人是怎樣被壓制，有時簡直並羊而不如。現在託了洋鬼子學說的福，似乎有些解放了。但她一得到可以逞威的地位如校長之類，不就僱用了「掠袖擦掌」的打手似的男人，來威嚇毫無武力的同性的學生們麽？不是利用了外面正有別的學潮的時候，和一些狐羣狗黨趁勢來開除她私意所不喜的學生們麽？而幾個在「男尊女卑」的社會生長的男人們，此時卻在異性的飯碗化身的面前搖尾，簡直並羊而不如。羊，誠然是弱的，但還不至于如此，我敢給我所敬愛的羊們保證！

但是，在黃金世界還未到來之前，人們恐怕總不免同時含有這兩種性質，只看發現時候的情形怎樣，就顯出勇敢和卑怯的大區別來。可惜中國人但對于羊顯凶獸相，而對于凶獸則顯羊相，所以即使顯着凶獸相，也還是卑怯的國民。這樣下去，一定要完結的。

我想，要中國得救，也不必添什麽東西進去，只要青年們將這兩種性質的古傳用法，反過來一用就够了：對手如凶獸時就如凶獸，對手如羊時就如羊！

那麽，無論什麽魔鬼，就都只能回到他自己的地獄裏去。

（一九二五年）五月十日。

雜憶（四）

孔老先生說過：「毋友不如己者。」其實這樣的勢利眼睛，現在的世界上還多得很。我們自己看看本國的模樣，就可知道不會有什麼友人的了，豈但沒有友人，簡直大半都曾經做過仇敵。不過仇甲的時候，向乙等候公論，後來仇乙的時候，又向甲期待同情，所以片段的看起來，倒也似乎並不是全世界都是怨敵。但怨敵總常有一個，因此每一兩年，愛國者總要鼓舞一番對于敵人的怨恨與憤怒。

這也是現在極普通的事情，此國將與彼國爲敵的時候，總得先用了手段，煽起國民的敵愾心來，使他們一同去扞禦或攻擊。但有一個必要的條件，就是：國民是勇敢的。因爲勇敢，這纔能勇往直前，肉搏强敵，以報讎雪恨。假使是怯弱的人民，則即使如何鼓舞，也不會有面臨强敵的決心；然而引起的憤火卻在，仍不能不尋一個發洩的地方，這地方，就是眼見得比他們更弱的人民，無論是同胞或是異族。

我覺得中國人所蘊蓄的怨憤已經夠多了，自然是受强者的蹂躪所致的。但他們卻不很向强者反抗，而反在弱者身上發洩，兵和匪不相爭，無鎗的百姓卻並受兵匪之苦，就是最近便的證據。再露骨地說，怕還可以證明這些人的卑怯。卑怯的人，即使有萬丈的憤火，除弱草以外，又能燒掉甚麼呢？

或者要說，我們現在所要使人憤恨的是外敵，和國人不相干，無從受害。可是這轉移是極容易的，雖曰國人，要借以洩憤的時候，只要給與一種特異的名稱，即可放心剚刃。先前則有異端、妖人、奸黨、逆徒等類名目，現在就可用國賊、漢奸、二毛子、洋狗或洋奴。庚子年的義和團捉住路人，可以任意指爲教徒，據云那鐵證是他的神通眼已在那人的額上看出一個「十」字？

然而我們在「毋友不如己者」的世上，除了激發自己的國民，使他們發些火花，聊以應景之外，又有什麼良法呢。可是我根據上述的理由，更進一步而希望于點火的青年的，是對于羣衆，在引起他們的公憤之餘，還須設法注入深沈的勇氣，當鼓舞他們的感情的時候，還須竭力啓發明白的理性；而且還得偏重于勇氣和理性，從此繼續地訓練許多年。這聲音，自然斷乎不及大叫宣戰殺賊的大而闊，但我以爲卻是更緊要而更艱難偉大的工作。

否則，歷史指示過我們，遭殃的不是什麼敵手而是自己的同胞和子孫。那結果，是反爲敵人先驅，而敵人就做了這一國的所謂强者的勝利者，同時也就做了弱者的恩人。因爲自己先已互相殘殺過了，所以蘊蓄怨憤都已消除，天下也就成爲太平的盛世。

總之，我以爲國民倘沒有智，沒能勇，而單靠一種所謂「氣」，實在是非常危險的。現在，應該更進而着手于較爲堅實的工作了。

一九二五年六月十六日。

失掉的好地獄

本文作於一九二五年六月。個多月前，魯迅曾在《雜語》一文寫道：「稱爲神的和稱爲魔的戰鬥了，並非爭奪天國，而在要得地獄的統治權。所以無論誰勝，地獄至今還是照樣的地獄。」形象地概括了世紀初以來假借革命鬥爭，武人混戰所帶來的災難。本篇發展了這個主題，並對又一次要來的「革命」有預感。魯迅於一九三一年作《野草英文譯本序》，說《野草》諸篇，「大半是廢弛的地獄邊沿的慘白色小花，當然不會美麗。但這地獄也必須失掉。這是由幾個有雄辯和辣手，而那時還未得志的英雄的臉色和語氣所告訴我的。我於是作《失掉的好地獄》。」

我夢見自己躺在牀上，在荒寒的野外，地獄的旁邊。一切鬼魂們的叫喚無不低微，然有秩序，與火燄的怒吼，油的沸騰，鋼叉的震顫相和鳴，造成醉心的大樂，布告三界：地下太平。

有一偉大的男子站在我面前，美麗，慈悲，遍身有大光輝，然而我知道他是魔鬼。

「一切都已完結，一切都已完結！可憐的鬼魂們將那好的地獄失掉了！」他悲憤地說，于是坐下，講給我一個他所知道的故事！

「天地作蜂蜜色的時候，就是魔鬼戰勝天神，掌握了主宰一切的大威權的時候。他收得天國，收得人間，也收得地獄。他于是親臨地獄，坐在中央，遍身發大光輝，照見一切鬼衆。

「地獄原已廢弛得很久了：劍樹消卻光芒；沸油的邊際早不騰湧；大火聚有時不過冒些青煙，遠處還萌生曼陀羅花，花極細小，慘白可憐。那是不足爲奇的，因爲地上曾經大被焚燒，自然失了他的肥沃。

「鬼魂們在冷油溫火裏醒來，從魔鬼的光輝中看見地獄小花，慘白可憐，被大蠱惑，倏忽間記起人世，默想至不知幾多年，遂同時向着人間，發一聲反獄的絕叫。

「人類便應聲而起，仗義執言，與魔鬼戰鬥。戰聲遍滿三界，遠過雷霆。終于運大謀略，布大網羅，使魔鬼並且不得不從地獄出走。最後的勝利，是地獄門上也豎了人類的旌旗！

「當鬼魂們一齊歡呼時，人類的整飭地獄使者已臨地獄，坐在中央，用了人類的威嚴，叱咤一切鬼衆。

「當鬼魂們又發一聲反獄的絕叫時，即已成爲人類的叛徒，得到永劫沈淪的罰，遷入劍樹林的中央。

「人類于是完全掌握了主宰地獄的大威權，那威棱且在魔鬼以上。人類于是整頓廢弛，先給牛首阿旁以最高的俸草；而且，添薪加火，磨礪刀山，使地獄全體改觀，一洗先前頹廢的氣象。

「曼陀羅花立即焦枯了。油一樣沸；刀一樣銛；火一樣熱；鬼衆一樣呻吟，一樣宛轉，至于都不暇記起失掉的好地獄。

「這是人類的成功，是鬼魂的不幸……。

「朋友，你在猜疑我了。是的，你是人！我且去尋野獸和惡鬼……。」

一九二五年六月十六日。

墓碣文

這是後來编入《野草》的一篇散文詩。以奇詭之筆，寫夢中所見的顛倒錯亂虛無之象，既爲無情的自剖，更作絕望的抗爭。

我夢見自己正和墓碣對立，讀着上面的刻辭。那墓碣似是沙石所製，剥落很多，又有苔蘚叢生，僅存有限的文句！

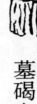

「……于浩歌狂熱之際中寒；于天上看見深淵。于一切眼中看見無所有；于無所希望中得救。……

「……有一游魂，化爲長蛇，口有毒牙。不以嚙人，自嚙其身，終以殞顛。……

「……離開！……」

我繞到碣後，纔見孤墳，上無草木，且已頹壞。即從大闕口中，窺見死屍，胸腹俱破，中無心肝。而臉上卻絕不顯哀樂之狀，但濛濛如烟然。

我在疑懼中不及迴身，然而已看見墓碣陰面的殘存的文句！

「……抉心自食，欲知本味。創痛酷烈，本味何能知？……

「……痛定之後，徐徐食之。然其心已陳舊，本味又何由知？……

「……答我。否則，離開！……」

我就要離開。而死屍已在墳中坐起，口脣不動，然而說——

「待我成塵時，你將見我的微笑！」

我疾走，不敢反顧，生怕看見他的追隨。

一九二五年六月十七日。

論睜了眼看

虛生先生所做的時事短評中，曾有一個這樣的題目：「我們應該有正眼看各方面的勇氣」（《猛進》十九期）。誠然，必須敢于正視，這纔可望敢想、敢說、敢作、敢當。倘使並正視而不敢，此外還能成什麼氣候。然而，不幸這一種勇氣，是我們中國人最所缺乏的。

但現在我所想到的是別一方面——

中國的文人，對于人生，——至少是對于社會現象，向來就多沒有正視的勇氣。我們的聖賢，本來早已教人「非禮勿視」的了；而這「禮」又非常之嚴，不但「正視」，連「平視」「斜視」也不許。現在青年的精神未可知，在體質，卻大半還是彎腰曲背，低眉順眼，表示着老牌的老成的子弟，馴良的百姓，——至于說對外卻有大力量，乃是近一月來的新說，還不知道究竟是如何。

再回到「正視」問題去：先既不敢，後便不能，再後，就自然不視，不見了。一輛汽車壞了，停在馬路上，一羣人圍着呆看，所得的結果是一團烏油油的東西。然而由本身的矛盾或社會的缺陷所生的苦痛，雖不正視，卻要身受的。文人究竟是敏感人物，從他們的作品上看來，有些人確也早已感到不滿，可是一到快要顯露缺陷的危機一髮之際，他們總即刻連說「並無其事」，同時便閉上了眼睛。這閉着的眼睛便看見一切圓滿，當前的苦痛不過是「天之將降大任於是人也，必先苦其心志，勞其筋骨，餓其體膚，空乏其身，行拂亂其所爲」。于是無問題，無缺陷，無不平，也就無解決，無改革，無反抗。因爲凡事總要「團圓」，正無須我們焦躁；放心喝茶，睡覺大吉。再說費話，就有「不合時宜」之咎，免不了要受大學教授的糾正了。呸！

我並未實驗過，但有時候想：倘將一位久蟄洞房的老太爺拋在夏天正午的烈日底下，或將不出閨門的千金小姐拖到曠野的黑夜裏，大概只好閉了眼睛，暫續他們殘存的舊夢，總算並沒有遇到暗或光，雖然已經是絕不相同的現實。中國的文人也一樣，萬事閉眼睛，聊以自欺，而且欺人，那方法是：瞞和騙。

中國婚姻方法的缺陷，才子佳人小説作家早就感到了，他于使一個才子在壁上題詩，一個佳人便來和，由傾慕——現在就得稱戀愛——而至于有「終身之約」。但約定之後，也就有了難關。我們都知道，「私訂終身」在詩和戲曲或小説上尚不失爲美談（自然只以與終于中狀元的男人私訂爲限），實際卻不容于天下的，仍然免不了要離異。明末的作家便閉上眼睛，並這一層也加以補救了，説是：才子及第，奉旨成婚。「父母之命媒妁之言」經這大帽子來一壓，便成了半個鉛錢也不值，問題也一點沒有了。假使有之，也只在才子的能否中狀元，而決不在婚姻制度的良否。

（近來有人以爲新詩人的做詩發表，是在出風頭，引異性；且遷怒于報章雜誌之濫登。殊不知即使無報，牆壁實「古已有之」，早做過發表機關了；據《封神演義》，紂王已曾在女媧廟壁上題詩，那起源實在非常之早。報章可以不取白話，或排斥小詩，牆壁卻拆不完，管不及的；倘一律刷成黑色，也還有破磁可劃，粉筆可書，真是窮于應付。做詩不刻木板，去藏之名山，卻要隨時發表，雖然很有流弊，但大概是難以杜絕的罷。）

《紅樓夢》中的小悲劇，是社會上常有的事，作者又是比較的敢于實寫的，而那結果也並不壞。無論賈氏家業再振，蘭桂齊芳，即寶玉自己，也成了個披大紅猩猩氈斗蓬的和尚。和尚多矣，但披這樣闊斗蓬的能有幾個，已經是「入聖超凡」無疑了。至于別的人們，則早在冊子裏一一註定，末路不過是一個歸結：是問題的結束，不是問題的開頭。讀者即小有不安，也終于奈何不得。然而後來或續或改，非借屍還魂，即冥中另配，必令「生旦當場團圓，」纔肯放手者，乃是自欺欺人的癮太大，所以看了小小騙局，還不甘心，定須閉眼胡說一通而後快。赫克爾（E. Haeckel）說過：人和人之差，有時比類人猿和原人之差還遠。我們將《紅樓夢》的續作者和原作者一比較，就會承認這話大概是確實的。

「作善降祥」的古訓，六朝人本已有些懷疑了，他們作墓誌，竟會說「積善不報，終自欺人」的話。但後來的昏人，卻又瞞起來。元劉信將三歲癡兒拋入蘸紙火盆，妄希福祐，是見于《元典章》的；劇本《小張屠焚兒救母》卻道是爲母延命，命得延，兒亦不死了。一女願侍痼疾之夫，《醒世恒言》中還說終于一同自殺的；後來改作的卻道是有蛇墜入藥罐裏，丈夫服後便全愈了。凡有缺陷，一經作者粉飾，後半便大抵改觀，使讀者落誣妄中，以爲世間委實儘夠光明，誰有不幸，便是自作，自受。

有時遇到彰明的史實，瞞不下，如關羽岳飛的被殺，便只好別設騙局了。一是前世已造夙因，如岳飛；一是死後使他成神，如關羽。定命不可逃，成神的善報更滿人意，所以殺人者不足責，被殺者也不足悲，冥冥中自有安排，使他們各得其所，正不必別人來費力了。

中國人的不敢正視各方面，用瞞和騙，造出奇妙的逃路來，而自以爲正路。在這路上，就證明着國民性的怯弱、懶惰，而又巧滑。一天一天的滿足着，即一天一天的墮落着，但卻又覺得日見其光榮。在事實上，亡國一次，即添加幾個殉難的忠臣，後來每不想光復舊物，而只去讚美那幾個忠臣；遭劫一次，即造成一羣不辱的烈女，事過之後，也每每不思懲兇，自衛，卻只顧歌詠那一羣烈女。彷彿亡國遭劫的事，反而給中國人發揮「兩間正氣」的機會，增高價值，即在此一舉，應該一任其至，不足憂悲似的。自然，此上也無可爲，因爲我們已經藉死人獲得最上的光榮了。滬漢烈士的追悼會中，活的人們在一塊很可景仰的高大的木主下互相打罵，也就是和我們的先輩走着同一的路。

文藝是國民精神所發的火光，同時也是引導國民精神的前途的燈火。這是互爲因果的，正如麻油從芝麻榨出，但以浸芝麻，就使牠更油。倘以油爲上，就不必說；否則，當參入別的東西，或水或鹼去。中國人向來因爲不敢正視人生，只好瞞和騙，由此也生出瞞和騙的文藝來，由這文藝，更令中國人更深地陷入瞞和騙的大澤中，甚而至于已經自己不覺得。

世界日日改變，我們的作家取下假面，真誠地，深入地，大膽地看取人生並且寫出他的血和肉來的時候早到了；早就應該有一片嶄新的文場，早就應該有幾個兇猛的闖將！

現在，氣象似乎一變，到處聽不見歌吟花月的聲音了，代之而起的是鐵和血的讚頌。

然而倘以欺瞞的心，用欺瞞的嘴，則無論說A和O，或Y和Z，一樣是虛假的；只可以嚇啞了先前鄙薄花月的所謂批評家的嘴，滿足地以爲中國就要中興。可憐他在「愛國」的大帽子底下又閉上了眼睛了——或者本來就閉着。

沒有衝破一切傳統思想和手法的闖將，中國是不會有真的新文藝的。

一九二五年七月二十二日。

孤獨者

魯迅在一九二五年十月中，數天內寫成《孤獨者》和《傷逝》兩篇小說。那時女師大事件激化，女師大被解散，學生另覓新址開學。魯迅雖肺病復發，但積極支持學生，包括增加義務授課時數。魯迅戰意正酣，又寫出這兩篇力作。未即時刊出，翌年編入《彷徨》面世。

一

我和魏連殳相識一場，回想起來倒也別致，竟是以送殮始，以送殮終。

那時我在S城，就時時聽到人們提起他的名字，都說他很有些古怪：所學的是動物學，卻到中學堂去做歷史教員；對人總是愛理不理的，卻常喜歡管別人的閑事；常說家庭應該破壞，一領薪水卻一定立即寄給他的祖母，一日也不拖延。此外還有許多零碎的話柄；總之，在S城裏也算是一個給人當作談助的人。有一年的秋天，我在寒石山的一個親戚家裏閑住；他們就姓魏，是連殳的本家。但他們卻更不明白他，彷彿將他當作一個外國人看待，說是「同我們都異樣的」。

這也不足爲奇，中國的興學雖說已經二十年了，寒石山卻連小學也沒有。全山村中，只有連殳是出外游學的學生，所以從村人看來，他確是一個異類；但也很妬羨，說他掙得許多錢。

到秋末，山村中痢疾流行了；我也自危，就想回到城中去。那時聽說連殳的祖母就染了病，因爲是老年，所以很沈重；山中又沒有一個醫生。所謂他的家屬者，其實就只有一個這祖母，僱一名女工簡單地過活；他幼小失了父母，就由這祖母撫養成人的。聽說她先前也曾經喫過許多苦，現在可是安樂了。但因爲他沒有家小，家中究竟非常寂寞，這大概也就是大家所謂異樣之一端罷。

寒石山離城是旱道一百里，水道七十里，專使人叫連殳去，往返至少就得四天。山村僻陋，這些事便算大家都要打聽的大新聞，第二天便轟傳她病勢已經極重，專差也出發了；可是到四更天竟咽了氣，最後的話，是：「爲什麼不肯給我會一會連殳的呢？……」

族長，近房，他的祖母的母家的親丁，閑人，聚集了一屋子，豫計連殳的到來，應該已是入殮的時候了。壽材壽衣早已做成，都無須籌畫；他們的第一大問題是在怎樣對付這「承重孫」，因爲逆料他關于一切喪葬儀式，是一定要改變新花樣的。聚議之後，大概商定了三大條件，要他必行。一是穿白，二是跪拜，三是請和尚道士做法事。總而言之：是全都照舊。

他們既經議妥，便約定在連殳到家的那一天，一同聚在廳前，排成陣勢，互相策應，併力作一回極嚴厲的談判。村人們都嚥着唾沫，新奇地聽候消息；他們知道連殳是「喫洋教」的「新黨」，向來就不講什麼道理，兩面的爭鬥，大約總要開始的，或者還會釀成一種出人意外的奇觀。

傳說連殳的到家是下午，一進門，向他祖母的靈前只是彎了一彎腰。族長們便立刻照豫定計畫進行，將他叫到大廳上，先說過一大篇冒頭，然後引入本題，而且大家此唱彼和，七嘴八舌，使他得不到辯駁的機會。但終于話都說完了，沈默充滿了全廳，人們全數悚然地緊看着他的嘴。只見連殳神色也不動，簡單地回答道——

「都可以的。」

這又很出于他們的意外，大家的心的重擔都放下了，但又似乎反加重，覺得太「異樣」，倒很有些可慮似的。打聽新聞的村人們也很失望，口口相傳道，「奇怪！他說『都可以』哩！我們看去罷！」都可以就是照舊，本來是無足觀了，但他們也還要看，黃昏之後，便欣欣然聚滿了一堂前。

我也是去看的一個，先送了一份香燭；待到走到他家，已見連殳在給死者穿衣服了。原來他是一個短小瘦削的人，長方臉，蓬鬆的頭髮和濃黑的鬚眉佔了一臉的小半，只見兩眼在黑氣裏發光。那穿衣也穿得真好，井井有條，彷彿是一個大殮的專家，使旁觀者不覺歎服。寒石山老例，當這些時候，無論如何，母家的親丁是總要挑剔的；他卻只是默默地，遇見怎麼挑剔便怎麼改，神色也不動。站在我前面的一個花白頭髮的老太太，便發出羨慕感歎的聲音。

其次是拜；其次是哭，凡女人們都唸唸有詞。其次入棺；其次又是拜；又是哭，直到釘好了棺蓋。沈靜了一瞬間，大家忽而擾動了，很有驚異和不滿的形勢。我也不由的突然覺到：連殳就始終沒有落過一滴淚，只坐在草薦上，兩眼在黑氣裏閃閃地發光。

大殮便在這驚異和不滿的空氣裏面完畢。大家都怏怏地，似乎想走散，但連殳卻還坐在草薦上沈思。忽然，他流下淚來了，接着就失聲，立刻又變成長嚎，像一匹受傷的狼，當深夜在曠野中嗥叫，慘傷裏夾雜着憤怒和悲哀。這模樣，是老例上所沒有的，先前也未曾預防到，大家都手足無措了，遲疑了一會，就有幾個人上前去勸止他，愈去愈多，終于擠成一大堆。但他卻只是兀坐着號咷，鐵塔似的動也不動。

大家又只得無趣地散開；他哭着，哭着，約有半點鐘，這纔突然停了下來，也不向弔客招呼，徑自往家裏走。接着就有前去窺探的人來報告：他走進他祖母的房裏，躺在牀上，而且，似乎就睡熟了。

隔了兩日，是我要動身回城的前一天，便聽到村人都遭了魔似的發議論，說連殳要將所有的器具大半燒給他祖母，餘下的便分贈生時侍奉，死時送終的女工，並且連房屋也要無期地借給她居住了。親戚本家都說到舌敝唇焦，也終于阻擋不住。

恐怕大半也還是因爲好奇心，我歸途中經過他家的門口，便又順便去弔慰。他穿了毛邊的白衣出見，神色也還是那樣，冷冷的。我很勸慰了一番；他卻除了唯唯諾諾之外，只回答了一句話，是——

「多謝你的好意。」

二

我們第三次相見就在這年的冬初，S城的一個書舖子裏，大家同時點了一點頭，總算是認識了。但使我們接近起來的，是在這年底我失了職業之後。從此，我便常常訪問連殳去。一則，自然是因爲無聊賴；二則，因爲聽人說，他倒很親近失意的人的，雖然素性這麼冷。但是世事升沈無定，失意人也不會長是失意人，所以他也就很少長久的朋友。這傳說果然不虛，我一投名片，他便接見了。兩間連通的客廳，並無什麼陳設，不過是桌椅之外，排列些書架，大家雖說他是一個可怕的「新黨」，架上卻不很有新書。他已經知道我失了職業；但套話一說就完，主客便只好默默地相對，逐漸沈悶起來。我只見他很快地吸完一枝煙，煙蒂要燒着手指了，纔拋在地面上。

「吸煙罷。」他伸手取第二枝煙時，忽然說。

我便也取了一枝，吸着，講些關于教書和書籍的，但也還覺得沈悶。我正想走時，門外一陣喧嚷和腳步聲，四個男女孩子闖進來了。大的八九歲，小的四五歲，手臉和衣服都很髒，而且醜得可以。但是連殳的眼裏卻即刻發出歡喜的光來了，連忙站起，向客廳間壁的房裏走，一面說道——

「大良、二良，都來！你們昨天要的口琴，我已經買來了。」

孩子們便跟着一齊擁進去，立刻又各人吹着一個口琴一擁而出，一出客廳門，不知怎的便打將起來。有一個哭了。

「一人一個，都一樣的。不要爭呵！」他還跟在後面囑咐。

「這麼多的一羣孩子都是誰呢？」我問。

「是房主人的。他們都沒有母親，只有一個祖母。」

「房東只一個人麼？」

「是的。他的妻子大概死了三四年了罷，沒有續娶。——否則，便要不肯將餘屋租給我似的單身人。」他說着，冷冷地微笑了。

我很想問他何以至今還是單身，但因爲不很熟，終于不好開口。

只要和連殳一熟識，是很可以談談的。他議論非常多，而且往往頗奇警。使人不耐的倒是他的有些來客，大抵是讀過《沈淪》的罷，時常自命爲「不幸的青年」或是「零餘者」，螃蟹一般懶散而驕傲地堆在大椅子上，一面唉聲歎氣，一面皺着眉頭吸煙。還有那房主的孩子們，總是互相爭吵，打翻碗碟，硬討點心，亂得人頭昏。但連殳一見他們，卻再不像平時那樣的冷冷的了，看得比自己的性命還寶貴。聽說有一回，三良發了紅斑痧，竟急得他臉上的黑氣愈見其黑了；不料那病是輕的，于是後來便被孩子們的祖母傳作笑柄。

「孩子總是好的。他們全是天真……。」他似乎也覺得我有些不耐煩了，有一天特地乘機對我說。

「那也不盡然。」我只是隨便回答他。

「不。大人的壞脾氣，在孩子們是沒有的。後來的壞，如你平日所攻擊的壞，那是環境教壞的。原來卻並不壞，天真……。我以爲中國的可以希望，只在這一點。」

「不。如果孩子中没有壞根苗，大起來怎麼會有壞花果？譬如一粒種子，正因爲内中本含有枝葉花果的胚，長大時纔能够發出這些東西來。何嘗是無端……。」我因爲閑着無事，便也如大人先生們一下野，就要喫素談禪一樣，正在看佛經。佛理自然是並不懂得的，但竟也不自檢點，一味任意地說。

然而連殳氣忿了，只看了我一眼，不再開口。我也猜不出他是無話可說呢，還是不屑辯。但是他又顯出許久不見的冷冷的態度來，默默地連吸了兩枝煙；待到他再取第三枝時，我便只好逃走了。

這讎恨是歷了三月之久纔消釋的。原因大概是一半因爲忘卻，一半則他自己竟也被「天真」的孩子所仇視了，于是覺得我對于孩子的冒瀆的話倒也情有可原。但這不過是我的推測。其時是在我的寓裏的酒後，他似乎微露悲哀模樣，半仰着頭道——

「想起來真覺得有些奇怪。我到你這里來時，街上看見一個很小的小孩，拿了一片蘆葉指着我道：殺！他還不很能走路……。」

「這是環境教壞的。」

我即刻很後悔我的話。但他卻似乎並不介意，只竭力地喝酒，其間又竭力地吸煙。

「我倒忘了，還沒有問你，」我便用別的話來支梧，「你是不大訪問人的，怎麼今天有這興致來走走呢？我們相識有一年多了，你到我這裏來卻還是第一回」。

「我正要告訴你呢：你這幾天切莫到我寓裏來看我了。我的寓裏正有很討厭的一大一小在那里，都不像人！」

「一大一小？這是誰呢？」我有些詫異。

「是我的堂兄和他的小兒子。哈哈，兒子正如老子一般。」

「是上城來看你，帶便玩玩的罷？」

「不。說是來和我商量，就要將這孩子過繼給我的。」

「呵！過繼給你？」我不禁驚叫了，「你不是還沒有娶親麼？」

「他們知道我不娶的了。但這都沒有什麼關係。他們其實是要過繼給我那一間寒石山的破屋子。我此外一無所有，你是知道的；錢一到手就化完。只有這一間破屋子。他們父子的一生的事業是在逐出那一個借住着的老女工。」

他那詞氣的冷峭，實在又使我悚然。但我還慰解他說——

「我看你的本家也還不至于此。他們不過思想略舊一點罷了。譬如，你那年大哭的時候，他們就都熱心地圍着使勁來勸你……。」

「我父親死去之後，因爲奪我屋子，要我在筆據上畫花押，我大哭着的時候，他們也是這樣熱心地圍着使勁來勸我……。」他兩眼向上凝視，彷彿要在空中尋出那時的情景來。

「總而言之：關鍵就全在你沒有孩子。你究竟爲什麼老不結婚的呢？」我忽而尋到了轉舵的話，也是久已想問的話，覺得這時是最好的機會了。

他詫異地看着我，過了一會，眼光便移到他自己的膝髁上去了，于是就吸煙，沒有回答。

三

但是，雖在這一種百無聊賴的境地中，也還不給連殳安住。漸漸地，小報上有匿名人來攻擊他，學界上也常有關于他的流言，可是這已經並非先前似的單是話柄，大概是于他有損的了。我知道這是他近來喜歡發表文章的結果，倒也並不介意。S城人最不願意有人發些沒有顧忌的議論，一有，一定要暗暗地來叮他，這是向來如此的，連殳自己也知道。但到春天，忽然聽說他已被校長辭退了。這卻使我覺得有些兀突；其實，這也是向來如此的，不過因爲我希望着自己認識的人能够幸免，所以就以爲兀突罷了，S城人倒並非這一回特別惡。

其時我正忙着自己的生計，一面又在接洽本年秋天到山陽去當教員的事，竟没有工夫去訪問他。待到有些餘暇的時候，離他被辭退那時大約快有三個月了，可是還没有發生訪問連殳的意思。有一天，我路過大街，偶然在舊書攤前停留，卻不禁使我覺到震悚，因爲在那里陳列着的一部汲古閣初印本《史記索隱》，正是連殳的書。他喜歡書，但不是藏書家，這種本子，在他是算作貴重的善本，非萬不得已，不肯輕易變賣的。難道他失業剛纔兩三月，就一貧至此麼？雖然他向來一有錢即隨手散去，没有什麼貯蓄。于是我便決意訪問連殳去，順便在街上買了一瓶燒酒，兩包花生米，兩個燻魚頭。

他的房門關閉着，叫了兩聲，不見答應。我疑心他睡着了，更加大聲地叫，並且伸手拍着房門。

「出去了罷！」大良們的祖母，那三角眼的胖女人，從對面的窗口探出她花白的頭來了，也大聲說，不耐煩似的。

「那裏去了呢？」我問。

「那里去了？誰知道呢？——他能到那裏去呢，你等着就是，一會兒總會回來的。」

我便推開門走進他的客廳去。真是「一日不見，如隔三秋」，滿眼是凄涼和空空洞洞，不但器具所餘無幾了，連書籍也只剩了在S城決没有人會要的幾本洋裝書。屋中間的圓桌還在，先前曾經常常圍繞着憂鬱慷慨的青年，懷才不遇的奇士和腌髒吵鬧的孩子們的，現在卻見得很閑静，只在面上蒙着一層薄薄的灰塵。我就在桌上放了酒瓶和紙包，拖過一把椅子來，靠桌旁對着房門坐下。

的確不過是「一會兒」，房門一開，一個人悄悄地陰影似的進來了，正是連殳。也許是傍晚之故罷，看去仿佛比先前黑，但神情卻還是那樣。

「阿！你在這里？來得多久了？」他似乎有些喜歡。

「並没有多久。」我說，「你到那裏去了？」

「並没有到那里去，不過隨便走走。」

他也拖過椅子來，在桌旁坐下；我們便開始喝燒酒，一面談些關于他的失業的事。但他卻不願意多談這些；他以爲這是意料中的事，也是自己時常遇到的事，無足怪，而且無可談的。他照例只是一意喝燒酒，並且依然發些關于社會和歷史的議論。不知怎地我此時看見空空的書架，也記起汲古閣初印本的《史記索隱》，忽而感到一種淡漠的孤寂和悲哀。

「你的客廳這麼荒涼……。近來客人不多了麼？」

「没有了。他們以爲我心境不佳，來也無意味。心境不佳，實在是可以給人們不舒服的。冬天的公園，就没有人去……。」他連喝兩口酒，默默地想着，突然，仰起臉來看着我問道，「你在圖謀的職業也還是毫無把握罷？……」

我雖然明知他已經有些酒意，但也不禁憤然，正想發話，只見他側耳一聽，便抓起一把花生米，出去了。門外是大良們笑嚷的聲音。

但他一出去，孩子們的聲音便寂然，而且似乎都走了。他還追上去，說些話，卻不聽得有回答。他也就陰影似的悄悄地回來，仍將一把花生米放在紙包裏。

「連我的東西也不要喫了。」他低聲，嘲笑似的說。

「連殳，」我很覺得悲涼，卻强裝着微笑，說，「我以爲你太自尋苦惱了。你看得人間太壞……。」

他冷冷的笑了一笑。

「我的話還没有完哩。你對于我們，偶而來訪問你的我們，也以爲因爲閑着無事，所以來你這裏，將你當作消遣的資料的罷？」

「並不。但有時也這樣想。或者尋些談資。」

「那你可錯誤了。人們其實並不這樣。你實在親手造了獨頭繭，將自己裹在裏面了。你應該將世間看得光明些。」我歎惜着說。

「也許如此罷。但是，你說：那絲是怎麼來的？——自然，世上也儘有這樣的人，譬如，我的祖母就是。我雖然沒有分得她的血液，卻也許會繼承她的運命。然而這也沒有什麼要緊，我早已預先一起哭過了……。」

我即刻記起他祖母大殮時候的情景來，如在眼前一樣。

「我總不解你那時的大哭……。」于是鶻突地問了。

「我的祖母入殮的時候罷？是的，你不解的。」他一面點燈，一面冷靜地說，「你的和我交往，我想，還正因爲那時的哭哩。你不知道，這祖母，是我父親的繼母；他的生母，他三歲時候就死去了。」他想着，默默地喝酒，喫完了一個燻魚頭。

「那些往事，我原是不知道的。只是我從小時候就覺得不可解。那時我的父親還在，家景也還好，正月間一定要懸掛祖像，盛大地供養起來。看着這許多盛裝的畫像，在我那時似乎是不可多得的眼福。但那時，抱着我的一個女工總指了一幅像說：『這是你自己的祖母。拜拜罷，保佑你生龍活虎似的大得快。』我真不懂得我明明有着一個祖母，怎麼又會有什麼『自己的祖母』來。可是我愛這『自己的祖母』，她不比家裏的祖母一般老；她年青，好看，穿着描金的紅衣服，戴着珠冠，和我母親的像差不多。我看她時，她的眼睛也注視我，而且口角上漸漸增多了笑影：我知道她一定也是極其愛我的。

「然而我也愛那家裏的，終日坐在窗下慢慢地做針線的祖母。雖然無論我怎樣高興地在她面前玩笑，叫她，也不能引她歡笑，常使我覺得冷冷地，和別人的祖母們有些不同。但我還愛她。可是到後來，我逐漸疏遠她了；這也並非因爲年紀大了，已經知道她不是我父親的生母的緣故，倒是看久了終日終年的做針線，機器似的，自然免不了要發煩。但她卻還是先前一樣，做針線；管理我，也愛護我，雖然少見笑容，卻也不加訶斥。直到我父親去世，還是這樣；後來呢，我們幾乎全靠她做針線過活了，自然更這樣，直到我進學堂……。」

燈火銷沈下去了，煤油已經將涸，他便站起，從書架下摸出一個小小的洋鐵壺來添煤油。

「只這一月裏，煤油已經漲價兩次了……。」他旋好了燈頭，慢慢地說。「生活要日見其困難起來。——她後來還是這樣，直到我畢業，有了事做，生活比先前安定些；恐怕還直到她生病，實在打熬不住了，只得躺下的時候罷……。

「她的晚年，據我想，是總算不很辛苦的，享壽也不小了，正無須我來下淚。況且哭的人不是多着麼？連先前竭力欺凌她的人們也哭，至少是臉上很慘然。哈哈！……可是我那時不知怎地，將她的一生縮在眼前了，親手造成孤獨，又放在嘴裏去咀嚼的人的一生。而且覺得這樣的人還很多哩。這些人們，就使我要痛哭，但大半也還是因爲我那時太過于感情用事……。

「你現在對於我的意見，就是我先前對於她的意見。然而我的那時的意見，其實也不對的。便是我自己，從略知世事起，就的確逐漸和她疎遠起來了……。」

他沈默了，指間夾着煙捲，低了頭，想着。燈火在微微地發抖。

「呵，人要使死後沒有一個人爲他哭，是不容易的事呵。」他自言自語似的說略略一停，便仰起臉來向我道，「想來你也無法可想。我也還得趕緊尋點事情做……。」

「你再沒有可託的朋友了麼？」我這時正是無法可想，連自己。

「那倒大概還有幾個的，可是他們的境遇都和我差不多……。」

我辭別連殳出門的時候，圓月已經升在中天了，是極靜的夜。

四

山陽的教育事業的狀況很不佳。我到校兩月，得不到一文薪水，只得連煙捲也節省起來。但是學校裏的人們，雖是月薪十五六元的小職員，也沒有一個不是樂天知命的，仗着逐漸打熬成功的銅筋鐵骨，面黃肌瘦地從早辦公一直到夜，其間看見名位較高的人物，還得恭恭敬敬地站起，實在都是不必「衣食足而知禮節」的人民。我每看見這情狀，不知怎的總記起連殳臨別託付我的話來。他那時生計更其不堪了，窘相時時顯露，看去似乎已沒有往時的深沈，知道我就要動身，深夜來訪，遲疑了許久，纔吞吞吐吐地說道——

「不知道那邊可有法子想？——便是鈔寫，一月二三十塊錢的也可以的。我……。」

我很詫異了，還不料他竟肯這樣的遷就，一時說不出話來。

「我……，我還得活幾天……。」

「那邊去看一看，一定竭力去設法罷。」

這是我當日一口承當的答話，後來常常自己聽見，眼前也同時浮出連殳的相貌，而且吞吞吐吐地說道「我還得活幾天。」到這些時，我便設法向各處推薦一番；但有什麼效驗呢，事少人多，結果是別人給我幾句抱歉的話，我就給他幾句抱歉的信。到一學期將完的時候，那情形就更加壞了起來。那地方的幾個紳士所辦的《學理週報》上，竟開始攻擊我了，自然是決不指名的，但措辭很巧妙，使人一見就覺得我是在挑剔學潮，連推薦連殳的事，也算是呼朋引類。

我只好一動不動，除上課之外，便關起門來躲着，有時連煙捲的煙鑽出窗隙去，也怕犯了挑剔學潮的嫌疑。連殳的事，自然更是無從說起了。這樣地一直到深冬。

下了一天雪，到夜還沒有止，屋外一切靜極，靜到要聽出靜的聲音來。我在小小的燈火光中，閉目枯坐，如見雪花片片飄墜，來增補這一望無際的雪堆；故鄉也準備過年了，人們忙得很；我自己還是一個兒童，在後園的平坦處和一伙小朋友塑雪羅漢。雪羅漢的眼睛是用兩塊小炭嵌出來的，顏色很黑，這一閃動，便變了連殳的眼睛。

「我還得活幾天！」仍是這樣的聲音。

「爲什麼呢？」我無端地這樣問，立刻連自己也覺得可笑了。

這可笑的問題使我清醒，坐直了身子，點起一枝煙捲來；推窗一望，雪果然下得更大了。聽得有人叩門；不一會，一個人走進來，但是聽熟的客寓雜役的脚步。他推開我的房門，交給我一封六寸多長的信，字跡很潦草，然而一瞥便認出「魏緘」兩個字，是連殳寄來的。

這是從我離開S城以後他給我的第一封信。我知道他疏懶，本不以杳無消息爲奇，但有時也頗怨他不給一點消息。待到接了這信，可又無端地覺得奇怪了，慌忙拆開來。裏面也用了一樣潦草的字體，寫着這樣的話——

「申飛……。

「我稱你什麼呢？我空着。你自己願意稱什麼，你自己添上去罷。我都可以的。

「別後共得三信，没有覆。這原因很簡單：我連買郵票的錢也没有。

「你或者願意知道些我的消息，現在簡直告訴你罷：我失敗了。先前，我自以爲是失敗者，現在知道那並不。現在纔真是失敗者了。先前，還有人願意我活幾天，我自己也還想活幾天的時候，活不下去；現在，大可以無須了，然而要活下去……。

「然而就活下去麼？

「願意我活幾天的，自己就活不下去。這人已被敵人誘殺了。誰殺的呢？誰也不知道。

「人生的變化多麼迅速呵！這半年來，我幾乎求乞了實際，也可以算得已經求乞。然而我還有所爲，我願意爲此求乞，爲此凍餒，爲此寂寞，爲此辛苦。但滅亡是不願意的。你看，有一個願意我活幾天的，那力量就這麼大。然而現在是沒有了，連這一個也沒有了。同時，我自己也覺得不配活下去；別人呢？也不配的。同時，我自己又覺得偏要爲不願意我活下去的人們而活下去；好在願意我好好地活下去的已經沒有了，再沒有誰痛心。使這樣的人痛心，我是不願意的。然而現在是沒有了，連這一個也沒有了。快活極了，舒服極了；我已經躬行我先前所憎惡，所反對的一切，拒斥我先前所崇仰，所主張的一切了。我已經真的失敗，——然而我勝利了。

「你以爲我發了瘋麼？你以爲我成了英雄或偉人了麼？不，不的。這事情很簡單；我近來已經做了杜師長的顧問，每月的薪水就有現洋八十元了。

「申飛……。

「你將以我爲什麼東西呢，你自己定就是，我都可以的。

「你大約還記得我舊時的客廳罷，我們在城中初見和將別時候的客廳。現在我還用着這客廳。這里有新的賓客，新的饋贈，新的頌揚，新的鑽營，新的磕頭和打拱，新的打牌和猜拳，新的冷眼和惡心，新的失眠和吐血……。

「你前信說你教書很不如意。你願意也做顧問麼？可以告訴我，我給你辦。其實是做門房也不妨，一樣地有新的賓客和新的饋贈，新的頌揚……。

「我這里下大雪了。你那里怎樣？現在已是深夜，吐了兩口血，使我清醒起來。記得你竟從秋天以來陸續給了我三封信，這是怎樣的可以驚異的事呵。我必須寄給你一點消息，你或者不至于倒抽一口冷氣罷。

「此後，我大約不再寫信的了，我這習慣是你早已知道的。何時回來呢？倘早，當能相見。——但我想，我們大概究竟不是一路的；那麼，請你忘記我罷。我從我的真心感謝你先前常替我籌劃生計。但是現在忘記我罷；我現在已經『好』了。

連殳　十二月十四日。」

這雖然並不使我「倒抽一口冷氣，」但草草一看之後，又細看了一遍，卻總有些不舒服，而同時可又夾雜些快意和高興；又想，他的生計總算已經不成問題，我的擔子也可以放下了，雖然在我這一面始終不過是無法可想。忽而又想寫一封信回答他，但又覺得沒有話說，于是這意思也立即消失了。

我的確漸漸地在忘卻他。在我的記憶中，他的面貌也不再時常出現。但得信之後不到十天，S城的學理七日報社忽然接續着郵寄他們的《學理七日報》來了。我是不大看這些東西的，不過既經寄到，也就隨手翻翻。這卻使我記起連殳來，因爲裏面常有關于他的詩文，如〈雪夜謁連殳先生〉，〈連殳顧問高齋雅集〉等等；有一回，〈學理閑譚〉裏還津津地敘述他先前所被傳爲笑柄的事，稱作「逸聞」，言外大有「且夫非常之人，必能行非常之事」的意思。

不知怎地雖然因此記起，但他的面貌卻總是逐漸模胡；然而又似乎和我日加密切起來，往往無端感到一種連自己也莫明其妙的不安和極輕微的震顫。幸而到了秋季，這《學理七日報》就不寄來了；山陽的《學理週刊》上卻又按期登起一篇長論文：〈流言即事實論〉。裏面還說關于某君們的流言，已在公正士紳間盛傳了。這是專指幾個人的，有我在內；我只好極小心，照例連吸煙捲的煙也謹防飛散。小心是一種忙的苦痛，因此會百事俱廢，自然也無暇記得連殳。總之：我其實已經將他忘卻了。

但我也終于敷衍不到暑假，五月底，便離開了山陽。

五

從山陽到歷城又到太谷，一總轉了大半年，終于尋不出什麼事情做，我便又決計回S城去了。到時是春初的下午，天氣欲雨不雨，一切都罩在灰色中；舊寓裏還有空房，仍然住下。在道上，就想起連殳的了，到後，便決定晚飯後去看他。我提着兩包聞喜名產的煮餅，走了許多潮濕的路，讓道給許多攔路高臥的狗，這纔總算到了連殳的門前。裏面仿佛特別明亮似的。我想，一做顧問，連寓裏也格外光亮起來了，不覺在暗中一笑。但仰面一看，門旁卻白白的，分明帖着一張斜角紙。我又想，大良們的祖母死了罷；同時也跨進門，一直向裏面走。

微光所照的院子裏，放着一具棺材，旁邊站一個穿軍衣的兵或是馬弁，還有一個和他談話的，看時卻是大良的祖母；另外還閑站着幾個短衣的粗人。我的心即刻跳起來了。她也轉過臉來凝視我。

「阿呀！您回來了？何不早幾天。……」她忽而大叫起來。

「誰……誰沒有了？」我其實是已經大概知道的了，但還是問。

「魏大人，前天没有的。」

我四顧，客廳裏暗沈沈的，大約只有一盞燈；正屋裏卻掛着白的孝幃，幾個孩子聚在屋外，就是大良二良們。

「他停在那里，」大良的祖母走向前，指着說，「魏大人恭喜之後，我把正屋也租給他了；他現在就停在那里。」

孝幃上没有別的，前面是一張條桌，一張方桌；方桌上擺着十來碗飯菜。我剛跨進門，當面忽然現出兩個穿白長衫的來攔住了，瞪了死魚似的眼睛，從中發出驚疑的光來，釘住了我的臉。我慌忙說明我和連殳的關係，大良的祖母也來從旁證實，他們的手和眼光這纔逐漸弛緩下去，默許我近前去鞠躬。

我一鞠躬，地下忽然有人嗚嗚的哭起來了，定神看時，一個十多歲的孩子伏在草薦上，也是白衣服，頭髮剪得很光的頭上還絡着一大綹苧麻絲。

我和他們寒暄後，知道一個是連殳的從堂兄弟，要算最親的了；一個是遠房侄子。我請求看一看故人，他們卻竭力攔阻，說是「不敢當」的。然而終于被我說服了，將孝幃揭起。

這回我會見了死的連殳。但是奇怪！他雖然穿一套皺的短衫褲，大襟上還有血迹，臉上也瘦削得不堪，然而面目卻還是先前那樣的面目寧靜地閉着嘴，合着眼，睡着似的，幾乎要使我伸手到他鼻子前面，去試探他可是其實還在呼吸着。

一切是死一般静，死的人和活的人。我退開了，他的從堂兄弟卻又來周旋，説「舍弟」正在年富力强，前程無限的時候，竟遽爾「作古」了，這不但是「衰宗」不幸，也太使朋友傷心。言外頗有替連殳道歉之意；這樣地能説，在山鄉中人是少有的。但此後也就沈默了，一切是死一般静，死的人和活的人。

我覺得很無聊，怎樣的悲哀倒没有，便退到院子裏，和大良們的祖母閑談起來。知道入殮的時候是臨近了，只待壽衣送到；釘棺材釘時，「子午卯酉」四生肖是必須躲避的。她談得高興了，説話滔滔地泉流似的湧出，説到他的病狀，説到他生時的情景，也帶些關于他的批評。

「你可知道魏大人自從交運之後，人就和先前兩樣了，臉也擡高起來，氣昂昂的。對人也不再先前那麼迂。你知道，他先前不是像一個啞子，見我是叫老太太的麽？後來就叫『老傢伙』。唉唉，真是有趣。人送他仙居术，他自己是不喫的，就摔在院子裏，——就是這地方，——叫道，『老傢伙，你喫去罷。』他交運之後，人來人往，我把正屋也讓給他住了，自已便搬在這廂房裏。他也真是一走紅運，就與衆不同，我們就常常這樣説笑。要是你早來一個月，還趕得上看這里的熱鬧，三日兩頭的猜拳行令，説的説，笑的笑，唱的唱，做詩的做詩，打牌的打牌……。

「他先前怕孩子們比孩子們見老子還怕，總是低聲下氣的。近來可也兩樣了，能説能鬧，我們的大良們也很喜歡和他玩，一有空，便都到他的屋裏去。他也用種種方法逗着玩；要他買東西他就要孩子裝一聲狗叫，或者磕一個響頭。哈哈，真是過得熱鬧。前兩月二良要他買鞋，還磕了三個響頭哩，哪，現在還穿着，没有破呢。」

一個穿白長衫的人出來了，她就住了口。我打聽連殳的病症，她卻不大清楚，只説大約是早已瘦了下去的罷，可是誰也没理會，因爲他總是高高興興的。到一個多月前，這纔聽到他吐過幾回血，但似乎也没有看醫生；後來躺倒了；死去的前三天，就啞了喉嚨，説不出一句話。十三大人從寒石山路遠迢迢地上城來，問他可有存款，他一聲也不響。十三大人疑心他裝出來的，也有人説有些生癆病死的人是要説不出話來的，誰知道呢……。

「可是魏大人的脾氣也太古怪，」她忽然低聲説，「他就不肯積蓄一點，水似的化錢。十三大人還疑心我們得了什麼好處。有什麼屁好處呢？他就冤裏冤枉胡裏胡塗地化掉了。譬如買東西，今天買進，明天又賣出，弄破，真不知道是怎麼一回事。待到死了下來，什麼也沒有，都糟掉了。要不然，今天也不至于這樣地冷靜……。

「他就是胡鬧，不想辦一點正經事。我是想到過的，也勸過他。這麼年紀了，應該成家；照現在的樣子，結一門親很容易；如果沒有門當户對的，先買幾個姨太太也可以：人是總應該像個樣子的。可是他一聽到就笑起來，說道，『老傢伙，你還是總替別人惦記着這等事麼』？你看，他近來就浮而不實，不把人的好話當好話聽。要是早聽了我的話，現在何至于獨自冷清清地在陰間摸索，至少，也可以聽到幾聲親人的哭聲……。」

一個店伙背了衣服來了。三個親人便檢出裏衣，走進幃後去。不多久，孝幃揭起了，裏衣已經換好，接着是加外衣。這很出我意外。一條土黄的軍褲穿上了，嵌着很寬的紅條，其次穿上去的是軍衣，金閃閃的肩章，也不知道是什麼品級，那里來的品級。到入棺，是連殳很不妥帖地躺着，腳邊放一雙黄皮鞋，腰邊放一柄紙糊的指揮刀，骨瘦如柴的灰黑的臉旁，是一頂金邊的軍帽。

三個親人扶着棺沿哭了一場，止哭拭淚；頭上絡麻線的孩子退出去了，三良也避去，大約都是屬「子午卯酉」之一的。

粗人扛起棺蓋來，我走近去最後看一看永別的連殳。

他在不妥帖的衣冠中，安靜地躺着，合了眼，閉着嘴，口角間彷彿含着冰冷的微笑，冷笑着這可笑的死屍。

敲釘的聲音一響，哭聲也同時迸出來。這哭聲使我不能聽完，只好退到院子裏；順腳一走，不覺出了大門了。潮濕的路極其分明，仰看太空，濃雲已經散去，掛着一輪圓月，散出冷靜的光輝。

我快步走着，彷彿要從一種沉重的東西中衝出，但是不能夠。耳朵中有什麼掙扎着，久之，久之，終于掙扎出來了，隱約像是長嗥，像一匹受傷的狼，當深夜在曠野中嗥叫，慘傷裏夾雜着憤怒和悲哀。

我的心地就輕鬆起來，坦然地在潮濕的石路上走，月光底下。

一九二五年十月十七日畢

傷逝

——涓生的手記——

如果我能够，我要寫下我的悔恨和悲哀，爲子君，爲自己。

會館裏的被遺忘在偏僻裏的破屋是這樣地寂靜和空虛。時光過得真快，我愛子君，仗着她逃出這寂靜和空虛，已經滿一年了。事情又這麼不湊巧，我重來時，偏偏空着的又只有這一間屋。依然是這樣的破窗，這樣的窗外的半枯的槐樹和老紫藤，這樣的窗前的方桌，這樣的敗壁，這樣的靠壁的板牀。深夜中獨自躺在牀上，就如我未曾和子君同居以前一般，過去一年中的時光全被消滅，全未有過，我並沒有曾經從這破屋子搬出，在吉兆胡同創立了滿懷希望的小小的家庭。

不但如此。在一年之前，這寂靜和空虛是並不這樣的，常常含着期待；期待子君的到來。在久待的焦躁中，一聽到皮鞋的高底尖觸着磚路的清響，是怎樣地使我驟然生動起來呵！于是就看見帶着笑渦的蒼白的圓臉，蒼白的瘦的臂膊，布的有條紋的衫子，玄色的裙。她又帶了窗外的半枯的槐樹的新葉來，使我看見，還有掛在鐵似的老幹上的一房一房的紫白的藤花。

然而現在呢，只有寂靜和空虛依舊，子君卻決不再來了，而且永遠，永遠地！……

子君不在我這破屋裏時，我什麼也看不見。在百無聊賴中，隨手抓過一本書來，科學也好，文學也好，橫豎什麼都一樣；看下去，看下去，忽而自己覺得，已經翻了十多頁了，但是毫不記得書上所說的事。只是耳朵卻分外地靈，彷彿聽到大門外一切往來的履聲，從中便有子君的，而且橐橐地逐漸臨近，——但是，往往又逐漸渺茫，終於消失在別的步聲的雜沓中了。我憎惡那不像子君鞋聲的穿布底鞋的長班的兒子，我憎惡那太像子君鞋聲的常常穿着新皮鞋的鄰院的搽雪花膏的小東西！

莫非她翻了車麼？莫非她被電車撞傷了麼？……

我便要取了帽子去看她，然而她的胞叔就曾經當面罵過我。

驀然，她的鞋聲近來了，一步響于一步，迎出去時，卻已經走過紫藤棚下，臉上帶着微笑的酒窩。她在她叔子的家裏大約並未受氣；我的心寧帖了，默默地相視片時之後，破屋裏便漸漸充滿了我的語聲，談家庭專制，談打破舊習慣，談男女平等，談伊孛生，談泰戈爾，談雪萊……。她總是微笑點頭，兩眼裏瀰漫着稚氣的好奇的光澤。壁上就釘着一張銅板的雪萊半身像，是從雜誌上裁下來的，是他的最美的一張像。當我指給她看時，她卻只草草一看，便低了頭，似乎不好意思了。這些地方，子君就大概還未脫盡舊思想的束縛，——我後來也想，倒不如換一張雪萊淹死在海裏的記念像或是伊孛生的罷；但也終于沒有換，現在是連這一張也不知那里去了。

「我是我自己的，他們誰也沒有干涉我的權利！」

這是我們交際了半年，又談起她在這里的胞叔和在家的父親時，她默想了一會之後，分明地，堅決地，沈静地說了出來的話。其時是我已經說盡了我的意見，我的身世，我的缺點，很少隱瞞；她也完全了解的了。這幾句話很震動了我的靈魂，此後許多天還在耳中發響，而且說不出的狂喜，知道中國女性，並不如厭世家所說那樣的無法可施，在不遠的將來，便要看見輝煌的曙色的。

送她出門，照例是相離十多步遠；照例是那鮎魚鬚的老東西的臉又緊帖在髒的窗玻璃上了，連鼻尖都擠成一個小平面；到外院，照例又是明晃晃的玻璃窗裏的那小東西的臉，加厚的雪花膏。她目不邪視地驕傲地走了，沒有看見；我驕傲地回來。

「我是我自己的，他們誰也沒有干涉我的權利！」這徹底的思想就在她的腦裏，比我還透徹，堅强得多。半瓶雪花膏和鼻尖的小平面，于她能算什麼東西呢？

我已經記不清那時怎樣地將我的純真熱烈的愛表示給她。豈但現在，那時的事後便已模胡，夜間回想，早只剩了一些斷片了；同居以後一兩月，便連這些斷片也化作無可追蹤的夢影。我只記得那時以前的十幾天，曾經很仔細地研究過表示的態度，排列過措辭的先後，以及倘或遭了拒絕以後的情形。可是臨時似乎都無用，在慌張中，身不由己地竟用了在電影上見過的方法了。後來一想到，就使我很愧恧，但在記憶上卻偏只有這一點永遠留遺，至今還如暗室的孤燈一般，照見我含淚握着她的手，一條腿跪了下去……。

不但我自己的，便是子君的言語舉動，我那時就沒有看得分明；僅知道她已經允許我了。但也還彷彿記得她臉色變成青白，後來又漸漸轉作緋紅，——沒有見過，也沒有再見的緋紅；孩子似的眼裏射出悲喜，但是夾着驚疑的光，雖然力避我的視線，張皇地似乎要破窗飛去。然而我知道她已經允許我了，沒有知道她怎樣說或是沒有說。

她卻是什麼都記得：我的言辭，竟至于讀熟了的一般，能够滔滔背誦；我的舉動，就如有一張我所看不見的影片掛在眼下，敘述得如生，很細微，自然連那使我不願再想的淺薄的電影的一閃。夜闌人靜，是相對溫習的時候了，我常是被質問，被考驗，並且被命複述當時的言語，然而常須由她補足，由她糾正，像一個丁等的學生。

這溫習後來也漸漸稀疏起來。但我只要看見她兩眼注視空中，出神似的凝想着，于是神色越加柔和，笑窩也深下去，便知道她又在自修舊課了，只是我很怕她看到我那可笑的電影的一閃。但我又知道，她一定要看見，而且也非看不可的。

然而她並不覺得可笑。即使我自己以爲可笑，甚而至于可鄙的，她也毫不以爲可笑。這事我知道得很清楚，因爲她愛我，是這樣地熱烈，這樣地純真。

去年的暮春是最爲幸福，也是最爲忙碌的時光。我的心平靜下去了，但又有別一部分和身體一同忙碌起來。我們這時纔在路上同行，也到過幾回公園，最多的是尋住所。我覺得在路上時時遇到探索，譏笑，猥褻和輕蔑的眼光，一不小心，便使我的全身有些瑟縮，只得即刻提起我的驕傲和反抗來支持。她卻是大無畏的，對于這些全不關心，只是鎮靜地緩緩前行，坦然如入無人之境。

尋住所實在不是容易事，大半是被託辭拒絕，小半是我們以爲不相宜。起先我們選擇得很苛酷，——也非苛酷，因爲看去大抵不像是我們的安身之所；後來，便只要他們能相容了。看了二十多處，這纔得到可以暫且敷衍的處所，是吉兆胡同一所小屋裏的兩間南屋；主人是一個小官，然而倒是明白人，自住着正屋和廂房。他只有夫人和一個不到週歲的女孩子，僱一個鄉下的女工，只要孩子不啼哭，是極其安閑幽靜的。

我們的家具很簡單，但已經用去了我的籌來的款子的大半；子君還賣掉了她唯一的金戒指和耳環。我攔阻她，還是定要賣，我也就不再堅持下去了；我知道不給她加入一點股份去，她是住不舒服的。

和她的叔子，她早經鬧開，至于使他氣憤到不再認她做侄女；我也陸續和幾個自以爲忠告，其實是替我膽怯，或者竟是嫉妬的朋友絕了交。然而這倒很清靜。每日辦公散後雖然已近黃昏，車夫又一定走得這樣慢，但究竟還有二人相對的時候。我們先是沈默的相視，接着是放懷而親密的交談，後來又是沈默。大家低頭沈思着，卻並未想着什麼事。我也漸漸清醒地讀遍了她的身體，她的靈魂，不過三星期，我似乎于她已經更加了解，揭去許多先前以爲了解而現在看來卻是隔膜，即所謂真的隔膜了。

子君也逐日活潑起來。但她並不愛花，我在廟會時買來的兩盆小草花，四天不澆，枯死在壁角了，我又沒有照顧一切的閑暇。然而她愛動物，也許是從官太太那里傳染的罷，不一月，我們的眷屬便驟然加得很多，四隻小油鷄，在小院子裏和房主人的十多隻在一同走。但她們卻認識鷄的相貌，各知道那一隻是自家的。還有一隻花白的叭兒狗，從廟會買來，記得似乎原有名字，子君卻給他另起了一個，叫作阿隨。我就叫牠阿隨，但我不喜歡這名字。

這是真的，愛情必須時時更新，生長，創造。我和子君說起這，她也領會地點點頭。

唉唉，那是怎樣的寧靜而幸福的夜呵！

安寧和幸福是要凝固的，永久是這樣的安寧和幸福。我們在會館裏時，還偶有議論的衝突和意思的誤會，自從到吉兆胡同以來，連這一點也沒有了；我們只在燈下對坐的懷舊譚中，回味那時衝突以後的和解的重生一般的樂趣。

子君竟胖了起來，臉色也紅活了；可惜的是忙。管了家務便連談天的工夫也沒有，何況讀書和散步。我們常說，我們總還得僱一個女工。

這就使我也一樣地不快活，傍晚回來，常見她包藏着不快活的顏色，尤其使我不樂的是她要裝作勉强的笑容。幸而探聽出來了，也還是和那小官太太的暗鬥，導火線便是兩家的小油鷄。但又何必硬不告訴我呢？人總該有一個獨立的家庭。這樣的處所，是不能居住的。

我的路也鑄定了，每星期中的六天，是由家到局，又由局到家。在局裏便坐在辦公桌前鈔，鈔，鈔些公文和信件；在家裏是和她相對或幫她生白鑪子，煮飯，蒸饅頭。我的學會了煮飯，就在這時候。

但我的食品卻比在會館裏時好得多了。做菜雖不是子君的特長，然而她于此卻傾注着全力；對于她的日夜的操心，使我也不能不一同操心，來算作分甘共苦。況且她又這樣地終日汗流滿面，短髮都粘在腦額上；兩隻手又只是這樣地粗糙起來。

況且還要飼阿隨，飼油鷄，……都是非她不可的工作。

我曾經忠告她：我不喫，倒也罷了；卻萬不可這樣地操勞。她只看了我一眼，不開口，神色卻似乎有點淒然；我也只好不開口。然而她還是這樣地操勞。

我所豫期的打擊果然到來。雙十節的前一晚，我獃坐着，她在洗碗。聽到打門聲，我去開門時，是局裏的信差，交給我一張油印的紙條。我就有些料到了，到燈下去一看，果然，印着的就是——

奉

局長諭史涓生着毋庸到局辦事

秘書處啓　十月九號

這在會館裏時，我就早已料到了；那雪花膏便是局長的兒子的賭友，一定要去添些謠言，設法報告的。到現在纔發生效驗，已經要算是很晚的了。其實這在我不能算是一個打擊，因爲我早就決定，可以給別人去鈔寫，或者教讀，或者雖然費力，也還可以譯點書，況且《自由之友》的總編輯便是見過幾次的熟人，兩月前還通過信。但我的心卻跳躍着。那麼一個無畏的子君也變了色，尤其使我痛心；她近來似乎也較爲怯弱了。

「那算什麼。哼，我們幹新的。我們……。」她說。

她的話沒有說完；不知怎地，那聲音在我聽去卻只是浮浮的；燈光也覺得格外黯澹。人們真是可笑的動物，一點極微末的小事情，便會受着很深的影響。我們先是默默地相視，逐漸商量起來，終于決定將現有的錢竭力節省，一面登「小廣告」去尋求鈔寫和教讀，一面寫信給《自由之友》的總編輯，說明我目下的遭遇，請他收用我的譯本，給我幫一點艱辛時候的忙。

「說做，就做罷！來開一條新的路！」

我立刻轉身向了書案，推開盛香油的瓶子和醋碟，子君便送過那黯澹的燈來。我先擬廣告；其次是選定可譯的書，遷移以來未曾翻閱過，每本的頭上都滿漫着灰塵了；最後纔寫信。

我很費躊躕，不知道怎樣措辭好，當停筆凝思的時候，轉眼去一瞥她的臉，在昏暗的燈光下，又很見得凄然。我真不料這樣微細的小事情，竟會給堅決的，無畏的子君以這麼顯著的變化。她近來實在變得很怯弱了，但也並不是今夜纔開始的。我的心因此更繚亂，忽然有安寧的生活的影像——會館裏的破屋的寂靜，在眼前一閃，剛剛想定睛凝視，卻又看見了昏暗的燈光。

許久之後，信也寫成了，是一封頗長的信；很覺得疲勞，彷彿近來自己也較爲怯弱了。于是我們決定，廣告和發信，就在明日一同實行。大家不約而同地伸直了腰肢，在無言中，似乎又都感到彼此的堅忍崛强的精神，還看見從新萌芽起來的將來的希望。

外來的打擊其實倒是振作了我們的新精神。局裏的生活，原如鳥販子手裏的禽鳥一般，僅有一點小米維繫殘生，決不會肥胖；日子一久，只落得麻痺了翅子，即使放出籠外，早已不能奮飛。現在總算脫出這牢籠了，我從此要在新的開闊的天空中翱翔，趁我還未忘卻了我的翅子的扇動。

小廣告是一時自然不會發生效力的；但譯書也不是容易事，先前看過，以爲已經懂得的，一動手，卻疑難百出了，進行得很慢。然而我決計努力地做，一本半新的字典，不到半月，邊上便有了一大片烏黑的指痕，這就證明着我的工作的切實。《自由之友》的總編輯曾經說過，他的刊物是決不會埋沒好稿子的。

可惜的是我没有一間静室，子君又没有先前那麼幽静，善于體帖了，屋子裏總是散亂着碗碟，瀰漫着煤煙，使人不能安心做事，但是這自然還只能怨我自己無力置一間書齋。然而又加以阿隨，加以油鷄們。加以油鷄們又大起來了，更容易成爲兩家爭吵的引線。

加以每日的「川流不息」的喫飯；子君的功業，彷彿就完全建立在這喫飯中。喫了籌錢，籌來喫飯，還要餵阿隨，飼油鷄；她似乎將先前所知道的全都忘掉了，也不想到我的構思就常常爲了這催促喫飯而打斷。即使在坐中給看一點怒色，她總是不改變，仍然毫無感觸似的大嚼起來。

使她明白了我的作工不能受規定的喫飯的束縛，就費去五星期。她明白之後，大約很不高興罷，可是没有説。我的工作果然從此較爲迅速地進行，不久就共譯了五萬言，只要潤色一回，便可以和做好的兩篇小品，一同寄給《自由之友》去。只是喫飯卻依然給我苦惱。

菜冷，是無妨的，然而竟不够；有時連飯也不够，雖然我因爲終日坐在家裏用腦，飯量已經比先前要減少得多。這是先去餵了阿隨了，有時還併那近來連自己也輕易不喫的羊肉。她說，阿隨實在瘦得太可憐，房東太太還因此嗤笑我們了，她受不住這樣的奚落。

于是喫我殘飯的便只有油鷄們。這是我積久纔看出來的，但同時也如赫胥黎的論定「人類在宇宙間的位置」一般，自覺了我在這里的位置：不過是叭兒狗和油鷄之間。

後來，經多次的抗爭和催逼，油鷄們也逐漸成爲肴饌，我們和阿隨都享用了十多日的鮮肥；可是其實都很瘦，因爲牠們早已每日只能得到幾粒高粱了。從此便清靜得多。只有子君很頹唐，似乎常覺得悽苦和無聊，至于不大願意開口。我想，人是多麼容易改變呵！

但是阿隨也將留不住了。我們已經不能再希望從什麼地方會有來信，子君也早沒有一點食物可以引牠打拱或直立起來。冬季又逼近得這麼快，火爐就要成爲很大的問題；牠的食量，在我們其實早是一個極易覺得的很重的負擔。于是連牠也留不住了。

倘使插了草標到廟市去出賣，也許能得幾文錢罷，然而我們都不能，也不願這樣做。

終于是用包袱蒙着頭，由我帶到西郊去放掉了，還要追上來，便推在一個並不很深的土坑裏。

我一回寓，覺得又清淨得多多了；但子君的悽慘的神色，卻使我很喫驚。那是沒有見過的神色，自然是爲阿隨。但又何至于此呢？我還沒有說起推在土坑裏的事。

到夜間，在她的悽慘的神色中，加上冰冷的分子了。

「奇怪。——子君，你怎麼今天這樣兒了？」我忍不住問。

「什麼？」她連看也不看我。

「你的臉色……。」

「沒有什麼，——什麼也沒有。」

我終于從她言動上看出，她大概已經認定我是一個忍心的人。其實，我一個人，是容易生活的，雖然因爲驕傲，向來不與世交來往，遷居以後，也疏遠了所有舊識的人，然而只要能遠走高飛，生路還寬廣得很。現在忍受着這生活壓迫的苦痛，大半倒是爲她，便是放掉阿隨也何嘗不如此。但子君的識見卻似乎只是淺薄起來，竟至于連這一點也想不到了。

我揀了一個機會，將這些道理暗示她；她領會似的點頭。然而看她後來的情形，她是没有懂，或者是並不相信的。

天氣的冷和神情的冷，逼迫我不能在家庭中安身。但是往那里去呢？大道上，公園裏，雖然没有冰冷的神情，冷風究竟也刺得人皮膚欲裂。我終于在通俗圖書館裏覓得了我的天堂。

那里無須買票；閱書室裏又裝着兩個鐵火鑪。縱使不過是燒着不死不活的煤的火鑪，但單是看見裝着牠，精神上也就總覺得有些温暖。書卻無可看：舊的陳腐，新的是幾乎没有的。

好在我到那里去也並非爲看書。另外時常還有幾個人，多則十餘人，都是單薄衣裳，正如我，各人看各人的書，作爲取暖的口實。這于我尤爲合式。道路上容易遇見熟人，得到輕蔑的一瞥，但此地卻決無那樣的橫禍，因爲他們是永遠圍在別的鐵鑪旁，或者靠在自家的白鑪邊的。

那里雖然没有書給我看，卻還有安閑容得我想。待到孤身枯坐，回憶從前，這纔覺得大半年來，只爲了愛，——盲目的愛，——而將別的人生的要義全盤疏忽了。第一，便是生活。人必生活着，愛纔有所附麗。世界上並非没有爲了奮鬥者而開的活路；我也還未忘卻翅子的扇動，雖然比先前已經頽唐得多……。

屋子和讀者漸漸消失了，我看見怒濤中的漁夫，戰壕中的兵士，摩托車中的貴人，洋場上的投機家，深山密林中的豪傑，講臺上的教授，昏夜的運動者和深夜的偷兒……。子君——不在近旁。她的勇氣都失掉了，只爲着阿隨悲憤，爲着做飯出神；然而奇怪的是倒也並不怎樣瘦損……。

冷了起來，火鑪裏的不死不活的幾片硬煤，也終于燒盡了，已是閉館的時候。又須回到吉兆胡同，領略冰冷的顏色去了。近來也間或遇到温暖的神情，但這卻反而增加我的苦痛。記得有一夜，子君的眼裏忽而又發出久已不見的稚氣的光來，笑着和我談到還在會館時候的情形，時時又很帶些恐怖的神色。我知道我近來的超過她的冷漠，已經引起她的憂疑來，只得也勉力談笑，想給她一點慰藉。然而我的笑貌一上臉，我的話一出口，卻即刻變爲空虛，這空虛又即刻發生反響，回向我的耳目裏，給我一個難堪的惡毒的冷嘲。

子君似乎也覺得的，從此便失掉了她往常的麻木似的鎮静，雖然竭力掩飾，總還是時時露出憂疑的神色來，但對我卻温和得多了。

我要明告她，但我還沒有敢，當決心要說的時候，看見她孩子一般的眼色，就使我只得暫且改作勉强的歡容。但是這又即刻來冷嘲我，併使我失卻那冷漠的鎮靜。

她從此又開始了往事的温習和新的考驗，逼我做出許多虛僞的温存的答案來，將温存示給她，虛僞的草稿便寫在自己的心上。我的心漸被這些草稿填滿了，常覺得難于呼吸。我在苦惱中常常想，說真實自然須有極大的勇氣的；假如沒有這勇氣，而苟安于虛僞，那也便是不能開闢新的生路的人。不獨不是這個，連這人也未嘗有！

子君有怨色，在早晨，極冷的早晨，這是從未見過的，但也許是從我看來的怨色。我那時冷冷地氣憤和暗笑了；她所磨練的思想和豁達無畏的言論，到底也還是一個空虛，而對于這空虛卻並未自覺。她早已什麼書也不看，已不知道人的生活的第一着是求生，向着這求生的道路，是必須攜手同行，或奮身孤往的了，倘使只知道搥着一個人的衣角，那便是雖戰士也難于戰鬥，只得一同滅亡。

我覺得新的希望就只在我們的分離；她應該決然捨去，——我也突然想到她的死，然而立刻自責，懺悔了。幸而是早晨，時間正多，我可以說我的真實。我們的新的道路的開闢，便在這一遭。

我和她閑談，故意地引起我們的往事，提到文藝，于是涉及外國的文人，文人的作品：《諾拉》，《海的女人》。稱揚諾拉的果決……。也還是去年在會館的破屋裏講過的那些話，但現在已經變成空虛，從我的嘴傳入自己的耳中，時時疑心有一個隱形的壞孩子，在背後惡意地刻毒地學舌。

她還是點頭答應着傾聽，後來沈默了。我也就斷續地說完了我的話，連餘音都消失在虛空中了。

「是的。」她又沈默了一會，說，「但是，……涓生，我覺得你近來很兩樣了。可是的？你，——你老實告訴我。」

我覺得這似乎給了我當頭一擊，但也立即定了神，說出我的意見和主張來：新的路的開闢，新的生活的再造，爲的是免得一同滅亡。

臨末，我用了十分的决心，加上這幾句話——

「……況且你已經可以無須顧慮，勇往直前了。你要我老實說；是的，人是不該虛僞的。我老實說罷：因爲，因爲我已經不愛你了！但這于你倒好得多，因爲你更可以毫無掛念地做事……。」

我同時豫期着大的變故的到來，然而只有沈默。她臉色陡然變成灰黃，死了似的；瞬間便又蘇生，眼裏也發了稚氣的閃閃的光澤。這眼光射向四處，正如孩子在飢渴中尋求着慈愛的母親，但只在空中尋求，恐怖地迴避着我的眼。

我不能看下去了，幸而是早晨，我冒着寒風逕奔通俗圖書館。

在那裏看見《自由之友》，我的小品文都登出了。這使我一驚，彷彿得了一點生氣。我想，生活的路還很多，——但是，現在這樣也還是不行的。

我開始去訪問久已不相聞問的熟人，但這也不過一兩次；他們的屋子自然是暖和的，我在骨髓中卻覺得寒冽。夜間，便蜷伏在比冰還冷的冷屋中。

冰的針刺着我的靈魂，使我永遠苦于麻木的疼痛。生活的路還很多，我也還沒有忘卻翅子的扇動，我想。——我突然想到她的死，然而立刻自責，懺悔了。

在通俗圖書館裏往往瞥見一閃的光明，新的生路橫在前面。她勇猛地覺悟了，毅然走出這冰冷的家，而且，——毫無怨恨的神色。我便輕如行雲，漂浮空際，上有蔚藍的天，下是深山大海，廣厦高樓，戰場，摩托車，洋場，公館，晴明的鬧市，黑暗的夜……。

而且，真的，我豫感得這新生面便要來到了。

我們總算度過了極難忍受的冬天，這北京的冬天；就如蜻蜓落在惡作劇的壞孩子的手裏一般，被繫着細線，盡情玩弄，虐待，雖然幸而没有送掉性命，結果也還是躺在地上，只爭着一個遲早之間。

寫給《自由之友》的總編輯已經有三封信，這纔得到回信，信封裏只有兩張書券：兩角的和三角的。我卻單是催，就用了九分的郵票，一天的飢餓，又都白挨給于己一無所得的空虛了。

然而覺得要來的事，卻終于來到了。

這是冬春之交的事，風已没有這麼冷，我也更久地在外面徘徊；待到回家，大概已經昏黑。就在這樣一個昏黑的晚上，我照常没精打采地回來，一看見寓所的門，也照常更加喪氣，使腳步放得更緩。但終于走進自己的屋子裏了，没有燈火；摸火柴點起來時，是異樣的寂寞和空虛！

正在錯愕中，官太太便到窗外來叫我出去。

「今天子君的父親來到這里，將她接回去了。」她很簡單地說。

這似乎又不是意料中的事，我便如腦後受了一擊，無言地站着。

「她去了麼？」過了些時，我只問出這樣一句話。

「她去了。」

「她，——她可說什麼？」

「没說什麼。單是託我見你回來時告訴你，說她去了。」

我不信；但是屋子裏是異樣的寂寞和空虛。我徧看各處，尋覓子君；只見幾件破舊而黯澹的家具，都顯得極其清疏，在證明着牠們毫無隱匿一人一物的能力。我轉念尋信或她留下的字跡，也没有；只是鹽和乾辣椒，麵粉，半株白菜，卻聚集在一處了，旁邊還有幾十枚銅元。這是我們兩人生活材料的全副，現在她就鄭重地將這留給我一個人，在不言中，教我藉此去維持較久的生活。

我似乎被周圍所排擠，奔到院子中間，有昏黑在我的周圍；正屋的紙窗上映出明亮的燈光，他們正在逗着孩子玩笑。我的心也沈靜下來，覺得在沈重的迫壓中，漸漸隱約地現出脱走的路徑：深山大澤，洋場，電燈下的盛筵，壕溝，最黑最黑的深夜，利刃的一擊，毫無聲響的腳步……。

心地有些輕鬆，舒展了，想到旅費，並且噓一口氣。

躺着，在合着的眼前經過的豫想的前途，不到半夜已經現盡；暗中忽然彷彿看見一堆食物，這之後，便浮出一個子君的灰黃的臉來，睜了孩子氣的眼睛，懇託似的看着我。我一定神，什麼也沒有了。

但我的心卻又覺得沈重。我爲什麼偏不忍耐幾天，要這樣急急地告訴她真話的呢？現在她知道，她以後所有的只是她父親——兒女的債主——的烈日一般的嚴威和旁人的賽過冰霜的冷眼。此外便是虛空。負着虛空的重擔，在嚴威和冷眼中走着所謂人生的路，這是怎麼可怕的事呵！而況這路的盡頭，又不過是——連墓碑也沒有的墳墓。

我不應該將真實説給子君，我們相愛過，我應該永久奉獻她我的説謊。如果真實可以寶貴，這在子君就不該是一個沈重的空虛。謊語當然也是一個空虛，然而臨末，至多也不過這樣地沈重。

我以爲將真實説給子君，她便可以毫無顧慮，堅決地毅然前行，一如我們將要同居時那樣。但這恐怕是我錯誤了。她當時的勇敢和無畏是因爲愛。

我没有負着虛僞的重擔的勇氣，卻將真實的重擔卸給她了。她愛我之後，就要負了這重擔，在嚴威和冷眼中走着所謂人生的路。

我想到她的死……。我看見我是一個卑怯者，應該被擯于强有力的人們，無論是真實者，虛僞者。然而她卻自始至終，還希望我維持較久的生活……。

我要離開吉兆胡同，在這里是異樣的空虛和寂寞。我想，只要離開這里，子君便如還在我的身邊；至少，也如還在城中，有一天，將要出乎意表地訪我，像住在會館時候似的。

然而一切請託和書信，都是一無反響；我不得已，只好訪問一個久不問候的世交去了。他是我伯父的幼年的同窗，以正經出名的拔貢，寓京很久，交游也廣闊的。

大概因爲衣服的破舊罷，一登門便很遭門房的白眼。好容易纔相見，也還相識，但是很冷落。我們的往事，他全都知道了。

「自然，你也不能在這里了，」他聽了我託他在別處覓事之後，冷冷地說，「但那里去呢？很難。——你那，什麼呢，你的朋友罷，子君，你可知道，她死了。」

我驚得沒有話。

「真的？」我終于不自覺地問。

「哈哈。自然真的。我家的王升的家，就和她家同村。」

「但是，——不知道是怎麼死的？」

「誰知道呢。總之是死了就是了。」

我已經忘卻了怎樣辭別他，回到自己的寓所。我知道他是不說謊話的；子君總不會再來的了，像去年那樣。她雖是想在嚴威和冷眼中負着虛空的重擔來走所謂人生的路，也已經不能。她的命運，已經決定她在我所給與的真實——無愛的人間死滅了。

自然，我不能在這里了；但是，「那里去呢？」

四圍是廣大的空虛，還有死的寂靜。死于無愛的人們的眼前的黑暗，我彷彿一一看見，還聽得一切苦悶和絕望的掙扎的聲音。

我還期待着新的東西到來。無名的，意外的。但一天一天，無非是死的寂靜。

我比先前已經不大出門，只坐臥在廣大的空虛裏，一任這死的寂靜侵蝕着我的靈魂。死的寂靜有時也自己戰慄，自己退藏，于是在這絕續之交，便閃出無名的，意外的，新的期待。

一天是陰沈的上午，太陽還不能從雲裏面掙扎出來，連空氣都疲乏着。耳中聽到細碎的步聲和咻咻的鼻息，使我睁開眼。大致一看，屋子裏還是空虛；但偶然看到地面，卻盤旋着一匹小小的動物，瘦弱的，半死的，滿身灰土的……。

我一細看，我的心就一停，接着便直跳起來。

那是阿隨。牠回來了。

我的離開吉兆胡同，也不單是爲了房主人們和他家女工的冷眼，大半就爲着這阿隨。但是，「那里去呢?」新的生路自然還很多，我約略知道，也間或依稀看見，覺得就在我面前，然而我還沒有知道跨進那里去的第一步的方法。

經過許多回的思量和比較，也還只有會館是還能相容的地方。依然是這樣的破屋，這樣的板牀，這樣的半枯的槐樹和紫藤，但那時使我希望，歡欣，愛，生活的，卻全都逝去了。只有一個虛空，我用真實去換來的虛空存在。

新的生路還很多，我必須跨進去，因爲我還活着。但我還不知道怎樣跨出那第一步。有時，彷彿看見那生路就像一條灰白的長蛇，自己蜿蜒地向我奔來，我等着，等着，看看臨近，但忽然便消失在黑暗裏了。

初春的夜，還是那麼長。長久的枯坐中記起上午在街頭所見的葬式，前面是紙人紙馬，後面是唱歌一般的哭聲。我現在已經知道他們的聰明了，這是多麼輕鬆簡截的事。

然而子君的葬式卻又在我的眼前，是獨自負着虛空的重擔，在灰白的長路上前行，而又即刻消失在周圍的嚴威和冷眼裏了。

我願意真有所謂鬼魂，真有所謂地獄，那麼，即使在孽風怒吼之中，我也將尋覓子君，當面說出我的悔恨和悲哀，祈求她的饒恕；否則，地獄的毒燄將圍繞我，猛烈地燒盡我的悔恨和悲哀。

我將在孽風和毒燄中擁抱子君，乞她寬容，或者使他快意……。

但是，這卻更虛空于新的生路；現在所有的只是初春的夜，竟還是那麼長。我活着，我總得向着新的生路跨出去，那第一步，——卻不過是寫下我的悔恨和悲哀，爲子君，爲自己。

我仍然只有唱歌一般的哭聲，給子君送葬，葬在遺忘中。

我要遺忘；我爲自己，並且要不再想到這用了遺忘給子君送葬。

我要向着新的生路跨進第一步去，我要將真實深深地藏在心的創傷中，默默地前行，用遺忘和說謊做我的前導……。

一九二五年十月二十一日畢。

這樣的戰士

要有這樣的一種戰士！

已不是蒙昧如非洲土人而背着雪亮的毛瑟鎗的；也並不疲憊如中國綠營兵而卻佩着盒子礮。他毫無乞靈於牛皮和廢鐵的甲冑；他只有自己，但拿着蠻人所用的，脱手一擲的投槍。

他走進無物之陣，所遇見的都對他一式點頭。他知道這點頭就是敵人的武器，是殺人不見血的武器，許多戰士都在此滅亡，正如礮彈一般，使猛士無所用其力。

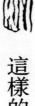

那些頭上有各種旗幟，繡出各樣好名稱：慈善家、學者、文士、長者、青年、雅人、君子……。頭下有各樣外套，繡出各式好花樣：學問、道德、國粹、民意、邏輯、公義、東方文明……。

但他舉起了投槍。

他們都同聲立了誓來講說，他們的心都在胸膛的中央，和別的偏心的人類兩樣。他們都在胸前放着護心鏡，就爲自己也深信心在胸膛中央的事作證。

但他舉起了投槍。

他微笑，偏側一擲，卻正中了他們的心窩。

一切都頹然倒地；——然而只有一件外套，其中無物。無物之物已經脱走，得了勝利，因爲他這時成了戕害慈善家等類的罪人。

但他舉起了投槍。

他在無物之陣中大踏步走，再見一式的點頭，各種的旗幟，各樣的外套……。

但他舉起了投槍。

他終于在無物之陣中老衰，壽終。他終于不是戰士，但無物之物則是勝者。

在這樣的境地裏，誰也不聞戰叫：太平。

太平……。

但他舉起了投槍！

一九二五年十二月十四日。

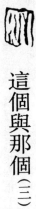

這個與那個(三)

三　最先與最後

《韓非子》說賽馬的妙法，在于「不爲最先，不恥最後。」這雖是從我們這樣外行的人看起來，也覺得很有理。因爲假若一開首便拚命奔馳，則馬力易竭。但那第一句是只適用于賽馬的，不幸中國人卻奉爲人的處世金吁了。

中國人不但「不爲戎首」，「不爲禍始」，甚至于「不爲福先」。所以凡事都不容易有改革；前驅和闖將，大抵是誰也怕得做。然而人性豈真能如道家所說的那樣恬淡；欲得的卻多。既然不敢徑取，就只好用陰謀和手段，以此，人們也就日見其卑怯了，既是「不爲最先」，自然也不敢「不恥最後」，所以雖是一大堆羣衆，略見危機，便「紛紛作鳥獸散」了。如果偶有幾個不肯退轉，因而受害的，公論家便異口同聲，稱之曰傻子。對於「鍥而不捨」的人們也一樣。

我有時也偶爾去看看學校的運動會。這種競爭，本來不像兩敵國的開戰，挾有齟隙的，然而也會因了競爭而罵，或者竟打起來。但這些事又作別論。競走的時候，大抵是最快的三四個人一到決勝點，其餘的便鬆懈了，有幾個還至于失了跑完豫定的圈數的勇氣，中途擠入看客的羣集中；或者佯爲跌倒，使紅十字隊用擔架將他擡走。假若偶有雖然落後，卻儘跑，儘跑的人，大家就嗤笑他。大概是因爲他太不聰明，「不恥最後」的緣故罷。

所以中國一向就少有失敗的英雄，少有韌性的反抗，少有敢單身鏖戰的武人，少有敢撫哭叛徒的弔客；見勝兆則紛紛聚集，見敗兆則紛紛逃亡。戰具比我們精利的歐美人，戰具未必比我們精利的匈奴蒙古滿洲人，都如入無人之境。「土崩瓦解」這四個字，真是形容得有自知之明。

多有「不恥最後」的人的民族，無論什麼事，怕總不會一下子就「土崩瓦解」的，我每看運動會時，常常這樣想：優勝者固然可敬，但那雖然落後而仍非跑至終點不止的競技者，和見了這樣競技者而肅然不笑的看客，乃正是中國將來的脊樑。

（一九二五年）十二月二十日

臘葉

關於本篇，魯迅後來點出：「是爲愛我者的想要保存我而作的」。（見《野草英文譯本序》）「愛我者」當包括許廣平。

燈下看《雁門集》，忽然翻出一片壓乾的楓葉來。

這使我記起去年的深秋。繁霜夜降，木葉多半凋零，庭前的一株小小的楓樹也變成紅色了。我曾繞樹徘徊，細看葉片的顏色，當他青葱的時候是從沒有這麼注意的。他也並非全樹通紅，最多的是淺絳，有幾片則在緋紅地上，還帶着幾團濃緑。一片獨有一點蛀孔，鑲着烏黑的花邊，在紅、黃和緑的斑駁中，明眸似的向人凝視。我自念：這是病葉呵！便將他摘了下來，夾在剛纔買到的《雁門集》裏。大概是願使這將墜的被蝕而斑斕的顏色，暫得保存，不即與羣葉一同飄散罷。

　　但今夜他卻黃蠟似的躺在我的眼前，那眸子也不復似去年一般灼灼。假使再過幾年，舊時的顏色在我記憶中消去，怕連我也不知道他何以夾在書裏面的原因了，將墜的病葉的斑斕，似乎也只能在極短時中相對，更何況是蔥鬱的呢。看看窗外，很能耐寒的樹木也早經禿盡了；楓樹更何消說得。當深秋時，想來也許有和這去年的模樣相似的病葉的罷，但可惜我今年竟沒有賞玩秋樹的餘閑。

一九二五年十二月二十六日。

血沃中原肥勁草
寒凝大地發春華

四 苦戰・轉徙・反顧（一九二六）

血沃中原肥勁草，
寒凝大地發春華。
英雄多故謀夫病，
淚灑崇陵噪暮鴉。

無題 一九三二

卅

無花的薔薇（一、五）

薔薇没有花，只有刺。魯迅擅寫諷刺短章，從五四時期的《寸鐵》到逝世前的《半夏小集》，都屬於這體裁。一九二五年這組文字，乃針對陳西瀅等貌似中正的「正人君子」們而發。

一

又是 Schopenhauer 先生的話——

「無刺的薔薇是没有的。——然而没有薔薇的刺卻很多。」

題目改變了一點，較爲好看了。

「無花的薔薇」也還是好看。

五

豫言者，即先覺，每爲故國所不容，也每受同時人的迫害，大人物也時常這樣。他要得人們的恭維讚歎時，必須死掉，或者沈默，或者不在面前。

總而言之，第一要難於質證。

如果孔丘、釋迦、耶穌基督還活着，那些教徒難免要恐慌。對於他們的行爲，真不知道教主先生要怎樣慨歎。

所以，如果活着，只得迫害他。

待到偉大的人物成爲化石，人們都稱他偉人時，他已經變了傀儡了。

有一流人之所謂偉大與渺小，是指他可給自己利用的效果的大小而言。

（一九二六年）二月二十七日

阿長與山海經

魯迅從一九二六年二月起，寫了一系列回憶散文，從兒時寫到民國初年，文中插筆聯繫當前現實。至該年十一月中寫出十篇，先後發表在《莽原》時總題爲《舊事重提》。一九二七年五月在廣州編集，添寫小引和後記，成書改稱《朝花夕拾》。本文是第二篇。

長媽媽，已經說過，是一個一向帶領着我的女工，說得闊氣一點，就是我的保姆。我的母親和許多別的人都這樣稱呼她，似乎略帶些客氣的意思。只有祖母叫她阿長。我平時叫她「阿媽」，連「長」字也不帶；但到憎惡她的時候，——例如知道了謀死我那隱鼠的卻是她的時候，就叫她阿長。

我們那里沒有姓長的；她生得黃胖而矮，「長」也不是形容詞。又不是她的名字，記得她自己説過，她的名字是叫作什麼姑娘的。什麼姑娘，我現在已經忘卻了，總之不是長姑娘；也終於不知道她姓什麼。記得她曾告訴過我這個名稱的來歷：先前的先前，我家有一個女工，身材生得很高大，這就是真阿長。後來她回去了，我那什麼姑娘纔來補她的缺，然而大家因爲叫慣了，沒有再改口，於是她從此也就成爲長媽媽了。

雖然背地裏説人長短不是好事情，但倘使要我説句真心話，我可只得説：我實在不大佩服她。最討厭的是常喜歡切切察察，向人們低聲絮説些什麼事。還豎起第二個手指，在空中上下搖動，或者點着對手或自己的鼻尖。我的家裏一有些小風波，不知怎的我總疑心和這「切切察察」有些關係。又不許我走動，拔一株草，翻一塊石頭，就説我頑皮，要告訴我的母親去了。一到夏天，睡覺時她又伸開兩腳兩手，在牀中間擺成一個「大」字，擠得我沒有餘地翻身，久睡在一角的席子上，又已經烤得那麼熱。推她呢，不動；叫她呢，也不聞。

「長媽媽生得那麼胖，一定很怕熱罷？晚上的睡相，怕不見得很好罷？……」

母親聽到我多回訴苦之後，曾經這樣地問過她。我也知道這意思是要她多給我一些空席。她不開口。但到夜裏，我熱得醒來的時候，卻仍然看見滿牀擺着一個「大」字，一條臂膊還擱在我的頸子上。我想，這實在是無法可想了。

但是她懂得許多規矩，這些規矩；也大概是我所不耐煩的。一年中最高興的時節，自然要數除夕了。辭歲之後，從長輩得到壓歲錢，紅紙包着，放在枕邊，只要過一宵，便可以隨意使用。睡在枕上，看着紅包，想到明天買來的小鼓、刀槍、泥人、糖菩薩……。然而她進來，又將一個福橘放在牀頭了。

「哥兒，你牢牢記住！」她極其鄭重地說。「明天是正月初一，清早一睜開眼睛，第一句話就得對我說：『阿媽，恭喜恭喜！』記得麼？你要記着，這是一年的運氣的事情。不許說別的話！說過之後，還得喫一點福橘。」她又拿起那橘子來在我的眼前搖了兩搖，「那麼，一年到頭，順順流流……。」

夢裏也記得元旦的，第二天醒得特別早，一醒，就要坐起來。她卻立刻伸出臂膊，一把將我按住。我驚異地看她時，只見她惶急地看着我。

她又有所要求似的，搖着我的肩。我忽而記得了——

「阿媽，恭喜……。」

「恭喜恭喜！大家恭喜！真聰明！恭喜恭喜！」她於是十分喜歡似的，笑將起來，同時將一點冰冷的東西，塞在我的嘴裏。我大喫一驚之後，也就忽而記得，這就是所謂福橘，元旦闢頭的磨難，總算已經受完，可以下牀玩耍去了。

她教給我的道理還很多，例如說人死了，不該說死掉，必須說「老掉了」；死了人，生了孩子的屋子裏，不應該走進去；飯粒落在地上，必須揀起來，最好是喫下去；曬褲子用的竹竿底下，是萬不可鑽過去的……。此外，現在大抵忘卻了，只有元旦的古怪儀式記得最清楚。總之：都是些煩瑣之至，至今想起來還覺得非常麻煩的事情。

然而我有一時也對她發生過空前的敬意。她常常對我講「長毛」。她之所謂「長毛」者，不但洪秀全軍，似乎連後來一切土匪强盜都在內，但除卻革命黨，因爲那時還沒有。她說得長毛非常可怕，他們的話就聽不懂。她說先前長毛進城的時候，我家全都逃到海邊去了，只留一個門房和年老的煮飯老媽子看家。後來長毛果然進門來了，那老媽子便叫他們「大王，」——據說對長毛就應該這樣叫，——訴說自己的飢餓。長毛笑道：「那麽，這東西就給你喫了罷！」將一個圓圓的東西擲了過來，還帶着一條小辮子，正是那門房的頭。煮飯老媽子從此就駭破了膽，後來一提起，還是立刻面如土色，自己輕輕地拍着胸脯道：「阿呀，駭死我了，駭死我了……。」

我那時似乎倒並不怕，因爲我覺得這些事和我毫不相干的，我不是一個門房。但她大概也即覺到了，說道：「像你似的小孩子，長毛也要擄的，擄去做小長毛。還有好看的姑娘，也要擄。」

「那麼，你是不要緊的。」我以爲她一定最安全了，既不做門房，又不是小孩子，也生得不好看，況且頸子上還有許多灸瘡疤。

「那裏的話？！」她嚴肅地說。「我們就沒有用處？我們也要被擄去。城外有兵來攻的時候，長毛就叫我們脫下褲子，一排一排地站在城牆上，外面的大礮就放不出來；再要放，就炸了！」

這實在是出於我意想之外的，不能不驚異。我一向只以爲她滿肚子是麻煩的禮節罷了，卻不料她還有這樣偉大的神力。從此對於她就有了特別的敬意，似乎實在深不可測；夜間的伸開手脚，佔領全牀，那當然是情有可原的了，倒應該我退讓。

這種敬意，雖然也逐漸淡薄起來，但完全消失，大概是在知道她謀害了我的隱鼠之後。那時就極嚴重地詰問，而且當面叫她阿長。我想我又不真做小長毛，不去攻城，也不放礮，更不怕礮炸，我懼憚她什麼呢！

但當我哀悼隱鼠，給牠復讎的時候，一面又在渴慕着繪圖的《山海經》了。這渴慕是從一個遠房的叔祖惹起來的。他是一個胖胖的，和藹的老人，愛種一點花木，如珠蘭、茉莉之類，還有極其少見的，據說從北邊帶回去的馬纓花。他的太太卻正相反，什麼也莫名其妙，曾將曬衣服的竹竿擱在珠蘭的枝條上，枝折了，還要憤憤地咒罵道：「死屍」！這老人是個寂寞者，因爲無人可談，就很愛和孩子們往來，有時簡直稱我們爲「小友」。在我們聚族而居的宅子裏，只有他書多，而且特別。制藝和試帖詩，自然也是有的；但我卻只在他的書齋裏，看見過陸璣的《毛詩鳥獸草木蟲魚疏》，還有許多名目很生的書籍。我那時最愛看的是《花鏡》，上面有許多圖。他說給我聽，曾經有過一部繪圖的《山海經》，畫着人面的獸，九頭的蛇，三腳的鳥，生着翅膀的人，沒有頭而以兩乳當作眼睛的怪物，……可惜現在不知道放在那裏了。

我很願意看看這樣的圖畫，但不好意思力逼他去尋找，他是很疏懶的。問別人呢，誰也不肯真實地回答我。壓歲錢有幾百文，買罷，又没有好機會。有書買的大街離我家遠得很，我一年中只能在正月間去玩一趟，那時候，兩家書店都緊緊地關着門。

玩的時候倒是没有什麽的，但一坐下，我就記得繪圖的《山海經》。

大概是太過於念念不忘了，連阿長也來問《山海經》是怎麽一回事。這是我向來没有和她説過的，我知道她並非學者，説了也無益；但既然來問，也就都對她説了。

過了十多天，或者一個月罷，我還很記得，是她告假回家以後的四五天，她穿着新的藍布衫回來了，一見面，就將一包書遞給我，高興地説道：——

「哥兒，有畫兒的『三哼經』，我給你買來了！」

我似乎遇着了一個霹靂，全體都震悚起來；趕緊去接過來，打開紙包，是四本小小的書，略略一翻，人面的獸，九頭的蛇……果然都在內。

這又使我發生新的敬意了，别人不肯做，或不能做的事，她卻能夠做成功。她確有偉大的神力。謀害隱鼠的怨恨，從此完全消滅了。

這四本書，乃是我最初得到，最爲心愛的寶書。書的模樣，到現在還在眼前。可是從還在眼前的模樣來説，卻是一部刻印都十分粗拙的本子。紙張很黃；圖象也很壞，甚至於幾乎全用直線湊合，連動物的眼睛也都是長方形的。但那是我最爲心愛的寶書，看起來，確是人面的獸；九頭的蛇；一腳的牛；袋子似的帝江；没要頭而「以乳爲目，以臍爲口」，還有「執干戚而舞」的刑天。

此後我就更其搜集繪畫的書，於是有了石印的《爾雅音圖》和《毛詩品物圖攷》，又有了《點石齋叢畫》和《詩畫舫》。《山海經》也另買了一部石印的，每卷都有圖讚，綠色的畫，字是紅的，比那木刻的精緻得多了。這一部直到前年還在，是縮印的郝懿行疏。木刻的卻已經記不清是什麼時候失掉了。

我的保姆，長媽媽即阿長，辭了這人世，大概也有了三十年了罷。我終於不知道她的姓名，她的經歷；僅知道有一個過繼的兒子，她大約是青年守寡的孤孀。

仁厚黑暗的地母呵，願在你懷裏永安她的魂靈！

（一九二六年）三月十日。

「無花」薔薇之二(四至九)

本文寫於一九二六年三月十八日，篇末題「民國以來最黑暗的一天」。事緣該年三月，日本軍艦兩艘駛進大沽口，炮擊馮玉祥的國民軍守軍，守軍還擊。日本竟向段祺瑞執政府抗議，並聯合英美等以八國名義，於三月十六日提出最後通牒，要求停止津沽間中國軍事行動並撤除防務，限令四十八小時內答覆。北京各界人民，包括學生在內，於三月十八日在天安門集會，會後赴國務院前請願，竟遭開鎗射擊，及大刀鐵棍追打殺戮，死者四十餘人，其中有女師大學生劉和珍、楊德羣。是爲「三・一八」事件。魯迅聞訊悲憤莫名，立即寫下本文。其後陸續寫出文章多篇，或聲討屠伯，或反擊「流言」，或哀悼死者，或思考此後出路。

四

已不是寫什麼「無花的薔薇」的時候了。

雖然寫的多是刺，也還要些和平的心。

現在，聽說北京城中，已經施行了大殺戮了。當我寫出上面這些無聊的文字的時候，正是許多青年受彈飲刃的時候。嗚呼，人和人的魂靈，是不相通的。

五

中華民國十六年三月十八日，段祺瑞政府使衛兵用步鎗大刀，在國務院門前包圍虐殺徒手請願意在援助外交之青年男女，至數百人之多。還要下令，誣之曰「暴徒」！

如此殘虐險狠的行爲，不但在禽獸中所未曾見，便是在人類中也極少有的，除卻俄皇尼古拉二世使可薩克兵擊殺民衆的事，僅有一點相像。

六

中國只任虎狼侵食，誰也不管。管的只有幾個年青的學生，他們本應該安心讀書的，而時局漂搖得他們安心不下。假如當局者稍有良心，應如何反躬自責，激發一點天良？

然而竟將他們虐殺了！

七

假如這樣的青年一殺就完，要知道屠殺者也決不是勝利者。

中國要和愛國者的滅亡一同滅亡。屠殺者雖然因爲積有金資，可以比較長久地養育子孫，然而必至的結果是一定要到的。「子孫繩繩」又何足喜呢？滅亡自然較遲，但他們要住最不適於居住的不毛之地，要做最深的礦洞的礦工，要操最下賤的生業……

八

如果中國還不至於滅亡，則已往的史實示教過我們，將來的事便要大出於屠殺者的意料之外——

這不是一件事的結束，是一件事的開頭。

墨寫的謊說，決掩不住血寫的事實。

血債必須用同物償還。拖欠得愈久，就要付更大的利息！

九

以上都是空話，筆寫的，有什麽相干？

實彈打出來的卻是青年的血。血不但不掩於墨寫的謊語，不醉於墨寫的輓歌；威力也壓它不住，因爲它已經騙不過，打不死了。

（一九二六年）三月十八日，民國以來最黑暗的一天，寫。

記念劉和珍君

一九二六年三月二十五日，女師大爲「三・一八」事件殉難的同學劉和珍、楊德羣開追悼會。魯迅親往致悼，五日後寫成此篇。

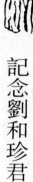

一

中華民國十五年三月二十五日，就是國立北京女子師範大學爲十八日在段祺瑞執政府前遇害的劉和珍、楊德羣兩君開追悼會的那一天，我獨在禮堂外徘徊，遇見程君，前來問我道，「先生可曾爲劉和珍寫了一點什麼没有？」我說「没有」。她就正告我，「先生還是寫一點罷；劉和珍生前就很愛看先生的文章。」

這是我知道的，凡我所編輯的期刊，大概是因爲往往有始無終之故罷，銷行一向就甚爲寥落，然而在這樣的生活艱難中，毅然預定了《莽原》全年的就有她。我也早覺得有寫一點東西的必要了，這雖然於死者毫不相干，但在生者，卻大抵只能如此而已。倘使我能夠相信真有所謂「在天之靈」，那自然可以得到更大的安慰，——但是，現在，卻只能如此而已。

可是我實在無話可說。我只覺得所住的並非人間。四十多個青年的血，洋溢在我的周圍，使我艱於呼吸視聽，那裏還能有什麼言語？長歌當哭，是必須在痛定之後的。而此後幾個所謂學者文人的陰險的論調，尤使我覺得悲哀。我已經出離憤怒了。我將深味這非人間的濃黑的悲涼；以我的最大哀痛顯示於非人間，使牠們快意于我的苦痛，就將這作爲後死者的菲薄的祭品，奉獻於逝者的靈前。

二

真的猛士，敢於直面慘澹的人生，敢於正視淋漓的鮮血。這是怎樣的哀痛者和幸福者？然而造化又常常爲庸人設計，以時間的流駛，來洗滌舊跡，僅使留下淡紅的血色和微漠的悲哀。在這淡紅的血色和微漠的悲哀中，又給人暫得偷生，維持着這似人非人的世界。我不知道這樣的世界何時是一個盡頭！

我們還在這樣的世上活着；我也早覺得有寫一點東西的必要了。離三月十八日也已有兩星期，忘卻的救主快要降臨了罷，我正有寫一點東西的必要了。

三

在四十餘被害的青年之中，劉和珍君是我的學生。學生云者，我向來這樣想，這樣說，現在卻覺得有些躊躇了，我應該對她奉獻我的悲哀與尊敬。她不是「苟活到現在的我」的學生，是爲了中國而死的中國的青年。

她的姓名第一次爲我所見，是在去年夏初楊蔭榆女士做女子師範大學校長，開除校中六個學生自治會職員的時候。其中的一個就是她；但是我不認識。直到後來，也許已經是劉百昭率領男女武將，强拖出校之後了，纔有人指着一個學生告訴我，說：這就是劉和珍。其時我纔能將姓名和實體聯合起來，心中卻暗自詫異。我平素想，能夠不爲勢利所屈，反抗一廣有羽翼的校長的學生，無論如何，總該是有些桀驁鋒利的，但她卻常常微笑着，態度很溫和。待到偏安於宗帽胡同，賃屋授課之後，她纔始來聽我的講義，於是見面的回數就較多了，也還是始終微笑着，態度很溫和。待到學校恢復舊觀，往日的教職員以爲責任已盡，準備陸續引退的時候，我纔見她慮及母校前途，黯然至於泣下。此後似乎就不相見。總之，在我的記憶上，那一次就是永別了。

四

我在十八日早晨，才知道上午有羣衆向執政府請願的事；下午便得到噩耗，說衛隊居然開鎗，死傷至數百人，而劉和珍君即在遇害者之列。但我對於這些傳說，竟至於頗爲懷疑。我向來是不憚以最壞的惡意，來推測中國人的，然而我還不料，也不信竟會下劣凶殘到這地步。況且始終微笑着的和藹的劉和珍君，更何至於無端在府門前喋血呢？

然而即日證明是事實了，作證的便是她自己的屍骸。還有一具，是楊德羣君的。而且又證明着這不但是殺害，簡直是虐殺，因爲身體上還有棍棒的傷痕。

但段政府就有令，說她們是「暴徒」！

但接着就有流言，說她們是受人利用的。

慘象，已使我目不忍視了；流言，尤使我耳不忍聞。我還有什麼話可說呢？我懂得衰亡民族之所以默無聲息的緣由了。沈默呵，沈默呵！不在沈默中爆發，就在沈默中滅亡。

五

但是，我還有要說的話。

我没有親見；聽說，她，劉和珍君，那時是欣然前往的。自然，請願而已，稍有人心者，誰也不會料到有這樣的羅網。但竟在執政府前中彈了，從背部入，斜穿心肺，已是致命的創傷，只是没有便死。同去的張靜淑君想扶起她，中了四彈，其一是手鎗，立仆；同去的楊德羣君又想去扶起她，也被擊，彈從左肩入，穿胸偏右出，也立仆。但她還能坐起來，一個兵在她頭部及胸部猛擊兩棍，於是死掉了。

始終微笑的和藹的劉和珍君確是死掉了，這是真的，有她自己的屍骸爲證；沈勇而友愛的楊德羣也死掉了，有她自己的屍骸爲證；只有一樣沈勇而友愛的張靜淑君還在醫院裏呻吟。當三個女子從容地轉輾於文明人所發明的鎗彈的攢射中的時候，這是怎樣的一個驚心動魄的偉大呵！中國軍人的屠戮婦嬰的偉績，八國聯軍的懲創學生的武功，不幸全被這幾縷血痕抹殺了。

但是中外的殺人者卻居然昂起頭來，不知道個個臉上有着血污……。

六

時間永是流駛，街市依舊太平，有限的幾個生命，在中國是不算什麼的，至多，不過供無惡意的閑人以飯後的談資，或者給有惡意的閑人作「流言」的種子。至於此外的深的意義，我總覺得很寥寥，因爲這實在不過是徒手的請願。人類的血戰前行的歷史，正如煤的形成，當時用大量的木材，結果卻只是一小塊，但請願是不在其中的，更何況是徒手。

然而既然有了血痕了，當然不覺要擴大。至少，也當浸漬了親族，師友，愛人的心，縱使時光流駛，洗成緋紅，也會在微漠的悲哀中永存微笑的和藹的舊影。陶潛說過，「親戚或餘悲，他人亦已歌，死去何所道，託體同山阿。」倘能如此，這也就够了。

七

我已經說過：我向來是不憚以最壞的惡意來推測中國人的。但這回卻很有幾點出於我的意外。一是當局者竟會這樣地凶殘，一是流言家竟至如此之下劣，一是中國的女性臨難竟能如是之從容。

我目睹中國女子的辦事，是始於去年的，雖然是少數，但看那幹練堅決，百折不回的氣概，曾經屢次爲之感歎。至於這一回在彈雨中互相救助，雖殞身不恤的事實，則更足爲中國女子的勇毅，雖遭陰謀秘計，壓抑至數千年，而終於沒有消亡的明證了。倘要尋求這一次死傷者對于將來的意義，意義就在此罷。

苟活者在淡紅的血色中，會依稀看見微茫的希望；真的猛士，將更奮然而前行。

嗚呼，我說不出話，但以此記念劉和珍君！

（一九二六年）四月一日。

一覺

本文作於「奉天派和直隸派軍閥戰爭的時候」(見《野草英文譯本序》)。一九二六年四月，奉系與直系在華北開戰，奉軍飛機多次飛臨北京轟炸。文中談到的《淺草》《沉鐘》是當時在北京的文學青年馮至等人所辦的刊物。

飛機負了擲下炸彈的使命，像學校的上課似的，每日上午在北京城上飛行，每聽得機件搏擊空氣的聲音，我常覺到一種輕微的緊張，宛然目睹了「死」的襲來，但同時也深切地感着「生」的存在。

隱約聽到一二爆發聲以後，飛機嗡嗡地叫着，冉冉地飛去了。也許有人死傷了罷，然而天下卻似乎更顯得太平。窗外的白楊的嫩葉，在日光下發烏金光，榆葉梅也比昨日開得更爛漫。收拾了散亂滿牀的日報，拂去昨夜聚在書桌上的蒼白的微塵，我的四方的小書齋，今日也依然是所謂「窗明几淨」。

因爲或一種原因，我開手編校那歷來積壓在我這裏的青年作者的文稿了；我要全都給一個清理。我照作品的年月看下去，這些不肯塗脂抹粉的青年們的魂靈便依次屹立在我眼前。他們是綽約的，是純真的，——阿，然而他們苦惱了，呻吟了，憤怒，而且終於粗暴了，你的可愛的青年們。

魂靈被風沙打擊得粗暴，因爲這是人的魂靈，我愛這樣的魂靈；我願意在無形無色的鮮血淋漓的粗暴上接吻。漂渺的名園中，奇花盛開着，紅顏的靜女正在超然無事地逍遥，鶴唳一聲，白雲鬱然而起……。這自然使人神往的罷，然而我總記得我活在人間。

我忽然記起一件事：兩三年前，我在北京大學的教員預備室裏，看見進來了一個並不熟識的青年，默默地給我一包書，便出去了，打開看時，是一本《淺草》。就在這默默中，使我懂得了許多話，阿，這贈品是多麼豐饒呵！可惜那《淺草》不再出版了，似乎只成了《沈鐘》的前身。那《沈鐘》就在這風沙澒洞中，深深地在人海的底裏寂寞地鳴動。

野薊經了幾乎致命的摧折，還要開一朵小花，我記得託爾斯泰曾受了很大的感動，因此寫出一篇小說來。但是，草木在旱乾的沙漠中間，拼命伸長他的根，吸取深地中的水泉，來造成碧綠的林莽，自然是爲了自己的「生」的，然而使疲勞枯渴的旅人，一見就怡然覺得遇到了暫時息肩之所，這是如何的可以感激，而且可以悲哀的事?!

《沈鐘》的〈無題〉——代啓事——說：「有人說：我們的社會是一片沙漠。——如果當真是一片沙漠，這雖然荒漠一點也還靜肅，雖然寂寞一點也還會使你感覺蒼茫。何至於像這樣的混沌，這樣的陰沈，而且這樣的離奇變幻！」

是的，青年的魂靈屹立在我眼前他們已經粗暴了，或者將要粗暴了。然而我愛這些流血和隱痛的魂靈，因爲他使我覺得是在人間，是在人間活着。

在編校中夕陽居然西下，燈火給我接續的光。各樣的青春在眼前一一馳去了，身外但有昏黃環繞。我疲勞着，捏着紙煙，在無名的思想中靜靜地合了眼睛，看見很長的夢。忽而驚覺，身外也還是環繞着昏黃；烟篆在不動的空氣中上升如幾片小小夏雲，徐徐幻出難以指名的形象。

一九二六年四月十日。

寫在《墳》後面

魯迅於一九二六年八月底離開北京，赴厦門大學任教。十月中编選舊日文章，自一九〇七年留日時期的論著，到一九二五年底女師大勝利復校時的雜文，題名曰《墳》。這篇後記，可視爲前半生生活感受的反思。

在聽到我的雜文已經印成一半的消息的時候，我曾經寫了幾行題記，寄往北京去。當時想到便寫，寫完便寄，到現在還不滿二十天，早已記不清說了些甚麼了。今夜周圍是這麼寂静，屋後面的山腳下騰起野燒的微光；南普陀寺還在做牽絲傀儡戲，時時傳來鑼鼓聲，每一間隔中，就更加顯得寂靜。電燈自然是輝煌着，但不知怎地忽有淡淡的哀愁來襲擊我的心，我似乎有些後悔印行我的雜文了。我很奇怪我的後悔；這在我是不大遇到的，到如今，我還沒有深知道所謂悔者究竟是怎麼一回事。但這心情也隨即逝去，雜文當然仍在印行，只爲想驅逐自己目下的哀愁，我還要說幾句話。

記得先已說過：這不過是我的生活中的一點陳跡。如果我的過往，也可以算作生活，那麼，也就可以說，我也曾工作過了。但我並無噴泉一般的思想，偉大華美的文章，既沒有主義要宣傳，也不想發起一種什麼運動。不過我曾經嘗得，失望無論大小，是一種苦味，所以幾年以來，有人希望我動動筆的，只要意見不很相反，我的力量能够支撑，就總要勉力寫幾句東西，給來者一些極微末的歡喜。人生多苦辛，而人們有時卻極容易得到安慰，又何必惜一點筆墨，給多嘗些孤獨的悲哀呢？於是除小說雜感之外，逐漸又有了長長短短的雜文十多篇。其間自然也有爲賣錢而作的，這回就都混在一處。我的生命的一部分，就這樣地用去了，也就是做了這樣的工作。然而我至今終於不明白我一向是在做什麼。比方做土工的罷，做着做着，而不明白是在築臺呢還在掘坑。所知道的是即使是築臺，也無非要將自己從那上面跌下來或者顯示老死；倘是掘坑，那就當然不過是埋掉自己。總之：逝去，逝去，一切一切，和光陰一同早逝去，在逝去，要逝去了。——不過如此，但也爲我所十分甘願的。

然而這大約也不過是一句話。當呼吸還在時，只要是自己的，我有時卻也喜歡將陳跡收存起來，明知不值一文，總不能絕無眷戀，集雜文而名之曰墳，究竟還是一種取巧的掩飾。劉伶喝得酒氣薰天，使人荷鍤跟在後面，道：死便埋我。雖然自以爲放達，其實是只能騙騙極端老實人的。

所以這書的印行，在自己就是這麼一回事。至於對別人，記得在先也已說過，還有願使偏愛我的文字的主顧得到一點喜歡；憎惡我的文字的東西得到一點嘔吐，——我自己知道，我並不大度，那些東西因我的文字而嘔吐，我也很高興的。別的就什麼意思也沒有了。倘若硬要說出好處來，那麼，其中所介紹的幾個詩人的事，或者還不妨一看；最末的《論「費厄潑賴」》這一篇，也許可供參考罷，因爲這雖然不是我的血所寫，卻是見了我的同輩和比我年幼的青年們的血而寫的。

偏愛我的作品的讀者，有時批評說，我的文字是說真話的。這其實是過譽，那原因就因爲他偏愛。我自然不想太欺騙人，但也未嘗將心裏的話照樣說盡，大約只要看得可以交卷就算完。我的確時時解剖別人，然而更多的是更無情面地解剖我自己，發表一點，酷愛溫暖的人物已經覺得冷酷了，如果全露出我的血肉來，末路正不知要到怎樣。我有時也想就此驅除旁人，到那時還不唾棄我的，即使是梟蛇鬼怪，也是我的朋友，這纔真是我的朋友。倘使並這個也沒有，則就是我一個人也行。但現在我並不。因爲，我還沒有這樣勇敢，那原因就是我還想生活，在這社會裏。還有一種小緣故，先前也曾屢次聲明，就是偏要使所謂正人君子也者之流多不舒服幾天，所以自己便特地留幾片鐵甲在身上，站着，給他們的世界上多有一點缺陷，到我自己厭倦了，要脫掉了的時候爲止。

倘說爲別人引路，那就更不容易了，因爲連我自己還不明白應當怎麼走。中國大概很有些青年的「前輩」和「導師」罷，但那不是我，我也不相信他們。我只很確切地知道一個終點，就是：墳。然而這是大家都知道的，無須誰指引。問題是在從此到那的道路。那當然不只一條，我可正不知那一條好，雖然至今有時也還在尋求。在尋求中，我就怕我未熟的果實偏偏毒死了偏愛我的果實的人，而憎恨我的東西如所謂正人君子也者偏偏都矍鑠，所以我說話常不免含胡中止，心裏想：對於偏愛我的讀者的贈獻，或者最好倒不如是一個「無所有」。我的譯著的印本，最初，印一次是一千，後來加五百，近時是二千至四千，每一增加，我自然是願意的，因爲能賺錢，但也伴着哀愁，怕於讀者有害，因此作文就時常更謹慎，更躊躇。有人以爲我信筆寫來，直抒胸臆，其實是不盡然的，我的顧忌並不少。我自己早知道畢竟不是什麽戰士了，而且也不能算前驅，就有這麽多的顧忌和回憶。還記得三四年前，有一個學生來買我的書，從衣袋裏掏出錢來放在我手裏，那錢上還帶着體温。這體温便烙印了我的心，至今要寫文字時，還常使我怕毒害了這類的青年，遲疑不敢下筆。我毫無顧忌地説話的日子，恐怕要未必有了罷。但也偶爾想，其實倒還是毫無顧忌地説話，對得起這樣的青年。但至今也還沒有決心這樣做。

今天所要説的話也不過是這些，然而比較的卻可以算得真實。此外，還有一點餘文。

記得初提倡白話的時候，是得到各方面劇烈的攻擊的。後來白話漸漸通行了，勢不可遏，有些人便一轉而引爲自己之功，美其名曰「新文化運動」。又有些人便主張白話不妨作通俗之用；又有些人卻道白話要做得好，仍須看古書。前一類早已二次轉舵，又反過來嘲罵「新文化」了；後二類是不得已的調和派，只希圖多留幾天僵屍，到現在還不少。我曾在雜感上掊擊過的。

新近看見一種上海出版的期刊，也説起要做好白話須讀好古文，而舉例爲證的人名中，其一卻是我。這實在使我打了一個寒噤。別人我不論，若是自己，則曾經看過許多舊書，是的確的，爲了教書，至今也還在看。因此耳濡目染，影響到所做的白話上，常不免流露出牠的字句，體格來。但自己卻正苦于背了這些古老的鬼魂，擺脱不開，時常感到一種使人氣悶的沈重。就是思想上，也何嘗不中些莊周、韓非的毒，時而很隨便，時而很峻急。孔、孟的書我讀得最早，最熟，然而倒似乎和我不相干。大半也因爲懶惰罷，往往自己寬解，以爲一切事物，在轉變中，是總有多少中間物的。動植之間，無脊椎和脊椎動物之間，都有中間物；或者簡直可以説，在進化的鏈子上，一切都是中間物。當開首改革文章的時候，有幾個不三不四的作者，是當然的，只能這樣，也需要這樣。他的任務，是在有些警覺之後，喊出一種新聲；反因爲從舊壘中來，情形看得較爲分明，反戈一擊，易制强敵的死命。但仍應該和光陰偕逝，逐漸消亡，至多不過是橋梁中的一木一石，並非什麼前途的目標，範本。跟着起來便該不同了，倘非天縱之聖，積習當然也不能頓然蕩除，但總得更有新氣象。以文字論，就不必更在舊書裏討生活，卻將活人的脣舌作爲源泉，使文章更加接近語言，更加有生氣。至于對于現在人民的語言的窮乏欠缺，如何救濟，使他豐富起來，那也是一個很大的問題，或者也須在舊文中取得若干資料，以供使役，但這並不在我現在所要説的範圍以內，姑且不論。

我以爲我倘十分努力，大概也還能够博採口語，來改革我的文章。但因爲懶而且忙，至今没有做。我常疑心這和讀了古書很有些關係，因爲我覺得古人寫在書上的可惡思想，我的心裏也常有，能否忽而奮勉，是毫無把握的。我常常詛咒我的這思想，也希望不再見于後來的青年。去年我主張青年少讀，或者簡直不讀中國書，乃是用許多苦痛換來的真話，決不是聊且快意，或什麽玩笑，憤激之辭。古人說，不讀書便成愚人，那自然也不錯的。然而世界卻正由愚人造成，聰明人決不能支持世界，尤其是中國的聰明人。現在呢，思想上且不說，便是文辭，許多青年作者又在古文，詩詞中摘些好看而難懂的字面，作爲變戲法的手巾，來裝璜自己的作品了。我不知這和勸讀古文說可有相關，但正在復古，也就是新文藝的試行自殺，是顯而易見的。

不幸我的古文和白話合成的雜集，又恰在此時出版了，也許又要給讀者若干毒害。只是在自己，卻還不能毅然決然將他毀滅，還想藉此暫時看看逝去的生活的餘痕。惟願偏愛我的作品的讀者也不過將這當作一種紀念，知道這小小的丘隴中，無非埋着曾經活過的軀殼。待再經若干歲月，又當化爲煙埃，並紀念也從人間消去。而我的事也就完畢了。上午也正在看古文，記起了幾句陸士衡的弔曹孟德文，便拉來給我的這一篇作結——

既睎古以遺累，信簡禮而薄葬。
彼裘紱於何有，貽塵謗於後王。
嗟大戀之所存，故雖哲而不忘。
覽遺籍以慷慨，獻茲文而悽傷！

一九二六年十一月十一夜魯迅。

范愛農

本篇是「舊事重提」之十，後編入《朝花夕拾》。范愛農是魯迅的摯友，在東京認識，回國後在紹興共事。紹興光復，初感欣喜，旋即轉成憤慨。民國元年七月墮水身亡。當時魯迅已在北京教育部任職，聞訊淒愴，作詩三章(此文誤記爲四首)悼之。

在東京的客店裏，我們大抵一起來就看報。學生所看的多是《朝日新聞》和《讀賣新聞》，專愛打聽社會上瑣事的就看《二六新聞》。一天早晨，闢頭就看見一條從中國來的電報，大概是：——

「安徽巡撫恩銘被 Jo Shiki Rin 刺殺，刺客就擒」。

大家一怔之後，便容光煥發地互相告語，並且研究這刺客是誰，漢字是怎樣三個字。但只要是紹興人，又不專看教科書的，卻早已明白了。這是徐錫麟，他留學回國之後，在做安徽候補道，辦着巡警事務，正合於刺殺巡撫的地位。

大家接着就豫測他將被極刑，家族將被連累。不久，秋瑾姑娘在紹興被殺的消息也傳來了，徐錫麟是被挖了心，給恩銘的親兵炒食淨盡。人心很憤怒。有幾個人便秘密地開一個會，籌集川資；這時用得着日本浪人了，撕烏賊魚下酒，慷慨一通之後，他便登程去接徐伯蓀的家屬去。

照例還有一個同鄉會，弔烈士，罵滿洲；此後便有人主張打電報到北京，痛斥滿政府的無人道。會衆即刻分成兩派：一派要發電，一派不要發。我是主張發電的，但當我說出之後，即有一種鈍滯的聲音跟着起來：——

「殺的殺掉了，死的死掉了，還發什麼屁電報呢。」

這是一個高大身材，長頭髮，眼球白多黑少的人，看人總像在渺視。他蹲在席子上，我發言大抵就反對；我早覺得奇怪，注意着他的了，到這時纔打聽別人：說這話的是誰呢，有那麼冷？認識的人告訴我說：他叫范愛農，是徐伯蓀的學生。

我非常憤怒了，覺得他簡直不是人，自己的先生被殺了，連打一個電報還害怕，於是便堅執地主張要發電，同他爭起來。結果是主張發電的居多數，他屈服了。其次要推出人來擬電稿。

「何必推舉呢？自然是主張發電的人囉。」他說。

我覺得他的話又在針對我，無理倒也並非無理的。但我便主張這一篇悲壯的文章必須深知烈士生平的人做，因爲他比別人關係更密切，心裏更悲憤，做出來就一定更動人。於是又爭起來。結果是他不做，我也不做，不知誰承認做去了；其次是大家走散，只留下一個擬稿的和一兩個幹事，等候做好之後去拍發。

從此我總覺得這范愛農離奇，而且很可惡。天下可惡的人，當初以爲是滿人，這時纔知道還在其次；第一倒是范愛農。中國不革命則已，要革命，首先就必須將范愛農除去。

然而這意見後來似乎逐漸淡薄，到底忘卻了，我們從此也沒有再見面。直到革命的前一年，我在故鄉做教員，大概是春末時候罷，忽然在熟人的客座上看見了一個人，互相熟視了不過兩三秒鐘，我們便同時說：——

「哦哦，你是范愛農！」

「哦哦，你是魯迅！」

不知怎地我們便都笑了起來，是互相的嘲笑和悲哀。他眼睛還是那樣，然而奇怪，只這幾年，頭上卻有了白髮了，但也許本來就有，我先前没有留心到，他穿着很舊的布馬褂，破布鞋，顯得很寒素。談起自己的經歷來，他說他後來没有了學費，不能再留學，便回來了。回到故鄉之後，又受着輕蔑，排斥，迫害，幾乎無地可容。現在是躲在鄉下，教着幾個小學生糊口。但因爲有時覺得很氣悶，所以也趁了航船進城來。

他又告訴我現在愛喝酒，於是我們便喝酒。從此他每一進城，必定來訪我，非常相熟了。我們醉後常談些愚不可及的瘋話，連母親偶然聽到了也發笑。一天我忽而記起在東京開同鄉會時的舊事，便問他：——

「那一天你專門反對我，而且故意似的，究竟是什麼緣故呢？」

「你還不知道？我一向就討厭你的，——不但我，我們。」

「你那時之前，早知道我是誰麼？」

「怎麼不知道。我們到橫濱，來接的不就是子英和你麼？你看不起我們，搖搖頭，你自己還記得麼？」

我略略一想，記得的，雖然是七八年前的事。那時是子英來約我的，說到橫濱去接新來留學的同鄉。汽船一到，看見一大堆，大概一共有十多人，一上岸便將行李放到稅關上去候查檢，關吏在衣箱中翻來翻去，忽然翻出一雙綉花的弓鞋來，便放下公事，拿着仔細地看。我很不滿，心裏想，這些鳥男人，怎麼帶這東西來呢。自己不注意，那時也許就搖了搖頭。檢驗完畢，在客店小坐之後，即須上火車。不料這一羣讀書人又在客車上讓起坐位來了，甲要乙坐在這位上，乙要丙去坐，揖讓未終，火車已開，車身一搖，即刻跌倒了三四個。我那時也很不滿，暗地裏想：連火車上的坐位，他們也要分出尊卑來……。自己不注意，也許又搖了搖頭。然而那羣雍容揖讓的人物中就有范愛農，卻直到這一天纔想到。豈但他呢，說起來也慚愧，這一羣裏，還有後來在安徽戰死的陳伯平烈士，被害的馬宗漢烈士；被囚在黑獄裏，到革命後纔見天日而身上永帶着匪刑的傷痕的也還有一兩人。而我都茫無所知，搖着頭將他們一併運上東京了。徐伯蓀雖然和他們同船來，卻不在這車上，因爲他在神户就和他的夫人坐車走了陸路了。

我想我那時摇頭大約有兩回，他們看見的不知道是那一回。讓坐時喧鬧，檢查時幽静，一定是在稅關上的那一回了，試問愛農，果然是的。

「我真不懂你們帶這東西做什麼？是誰的？」

「還不是我們師母的？」他瞪着他多白的眼。

「到東京就要假裝大脚，又何必帶這東西呢？」

「誰知道呢？你問她去。」

到冬初，我們的景況更拮据了，然而還喝酒，講笑話。忽然是武昌起義，接着是紹興光復。第二天愛農就上城來，戴着農夫常用的氈帽，那笑容是從來没有見過的。

「老迅，我們今天不喝酒了。我要去看看光復的紹興。我們同去。」

我們便到街上去走了一通，滿眼是白旗。然而貌雖如此，内骨子是依舊的，因爲還是幾個舊鄉紳所組織的軍政府，什麼鐵路股東是行政司長，錢店掌櫃是軍械司長……。這軍政府也到底不長久，幾個少年一嚷，王金發帶兵從杭州進來了，但即使不嚷或者也會來。他進來以後，也就被許多閑漢和新進的革命黨所包圍，大做王都督。在衙門裏的人物，穿布衣來的，不上十天也大概換上皮袍子了，天氣還並不冷。

我被擺在師範學校校長的飯碗旁邊，王都督給了我校款二百元。愛農做監學，還是那件布袍子，但不大喝酒了，也很少有工夫談閑天。他辦事，兼教書，實在勤快得可以。

「情形還是不行，王金發他們。」一個去年聽過我的講義的少年來訪問我，慷慨地說，「我們要辦一種報來監督他們。不過發起人要借用先生的名字。還有一個是子英先生，一個是德清先生。爲社會，我們知道你決不推卻的」。

我答應他了。兩天後便看見出報的傳單，發起人誠然是三個。五天後便見報，開首便罵軍政府和那裏面的人員；此後是罵都督，都督的親戚、同鄉、姨太太……。

這樣地罵了十多天，就有一種消息傳到我的家裏來，說都督因爲你們詐取了他的錢，還罵他，要派人用手鎗來打死你們了。

別人倒還不打緊，第一個着急的是我的母親，叮囑我不要再出去。但我還是照常走；並且說明，王金發是不來打死我們的，他雖然綠林大學出身，而殺人卻不很輕易。況且我拿的是校款，這一點他還能明白的，不過說說罷了。

果然没有來殺。寫信去要經費，又取了二百元。但彷彿有些怒意，同時傳令道：再來要，没有了！

不過愛農得到了一種新消息，卻使我很爲難。原來所謂「詐取」者，並非指學校經費而言，是指另有送給報館的一筆款。報紙上罵了幾天之後，王金發便叫人送去了五百元。於是乎我們的少年們便開起會議來，第一個問題是：收不收？決議曰：收。第二個問題是：收了之後罵不罵？決議曰：罵。理由是：收錢之後，他是股東；股東不好，自然要罵。

我即刻到報館去問這事的真假。都是真的。略說了幾句不該收他錢的話，一個名爲會計的便不高興了，質問我道：——

「報館爲什麼不收股本？」

「這不是股本……。」

「不是股本是什麼？」

我就不再說下去了，這一點世故是早已知道的，倘我再說出連累我們的話來，他就會面斥我太愛惜不值錢的生命，不肯爲社會犧牲，或者明天在報上就可以看見我怎樣怕死發抖的記載。

然而事情很湊巧，季茀寫信來催我往南京了。愛農也很贊成，但頗凄涼，說：——

「這裏又是那樣，住不得。你快去罷……。」

我懂得他無聲的話，決計往南京。先到都督府去辭職，自然照准，派來了一個拖鼻涕的接收員，我交出賬目和餘款一角又兩銅元，不是校長了。後任是孔教會會長傅力臣。

報館案是我到南京後兩三個星期了結的，被一羣兵們搗毀。子英在鄉下，沒有事；德清適值在城裏，大腿上被刺了一尖刀。他大怒了。自然，這是很有些痛的，怪他不得。他大怒之後，脱下衣服，照了一張照片，以顯示一寸來寬的刀傷，並且做一篇文章敘述情形，向各處分送，宣傳軍政府的橫暴。我想，這種照片現在是大約未必還有人收藏着了，尺寸太小，刀傷縮小到幾乎等于無，如果不加説明，看見的人一定以爲是帶些瘋氣的風流人物的裸體照片，倘遇見孫傳芳大帥，還怕要被禁止的。

我從南京移到北京的時候，愛農的學監也被孔教會會長的校長設法去掉了。他又成了革命前的愛農。我想爲他在北京尋一點小事做，這是他非常希望的，然而沒有機會。他後來便到一個熟人的家裏去寄食，也時時給我信，景況愈困窮，言辭也愈凄苦。終於又非走出這熟人的家不可，便在各處飄浮。不久，忽然從同鄉那裏得到一個消息，説他已經掉在水裏，淹死了。

我疑心他是自殺。因爲他是浮水的好手，不容易淹死的。

夜間獨坐在會館裏，十分悲涼，又疑心這消息並不確，但無端又覺得這是極其可靠的，雖然並無證據。一點法子都沒有，只做了四首詩，後來曾在一種日報上發表，現在是將要忘記完了。只記得一首裏的六句，起首四句是：「把酒論天下，先生小酒人，大圜猶酩酊，微醉合沈淪。」中間忘掉兩句，末了是「舊朋雲散盡，余亦等輕塵。」

後來我回故鄉去，纔知道一些較爲詳細的事。愛農先是什麼事也沒得做，因爲大家討厭他。他很困難，但還喝酒，是朋友請他的。他已經很少和人們來往，常見的只剩下幾個後來認識的較爲年青的人了，然而他們似乎也不願意多聽他的牢騷，以爲不如講笑話有趣。

「也許明天就收到一個電報，拆開來一看，是魯迅來叫我的。」他時常這樣說。

一天，幾個新的朋友約他坐船去看戲，回來已過夜半，又是大風雨，他醉着，卻偏要到船舷上去小解。大家勸阻他，也不聽，自己說是不會掉下去的。但他掉下去了，雖然能浮水，卻從此不起來。

第二天打撈屍體，是在菱蕩裏找到的，直立着。

我至今不明白他究竟是失足還是自殺。

他死後一無所有，遺下一個幼女和他的夫人。有幾個人想集一點錢作他女孩將來的學費的基金，因爲一經提議，即有族人來爭這筆款的保管權，——其實還沒有這筆款，大家覺得無聊，便無形消散了。

現在不知他唯一的女兒景況如何？倘在上學，中學已該畢業了罷。

（一九二六年）十一月十八日。

大野多鉤棘
長天列戰雲

五 革命風濤中（一九二七——一九三〇）

大野多鈎棘，
長天列戰雲。
幾家春裊裊，
萬籟靜愔愔。
下土惟秦醉，
中流輟越吟。
風波一浩蕩，
花樹已蕭森。

無題 一九三一

無聲的中國

——二月十六日在香港青年會講——

魯迅於一九二七年一月中到廣州中山大學任職，二月中應邀赴香港，在基督教青年會演講兩次。這是第一講，記録稿經魯迅審閱，曾刊於香港《華僑日報》。

以我這樣没有什麽可聽的無聊的講演，又在這樣大雨的時候，竟還有這許多來聽的諸君，我首先應當聲明我的鄭重的感謝。

我現在所講的題目是：《無聲的中國》。

現在，浙江、陝西，都在打仗，那裏的人民哭着呢還是笑着呢，我們不知道。香港似乎很太平，住在這裏的中國人，舒服呢還是不很舒服呢，別人也不知道。

發表自己的思想、感情給大家知道的是要用文章的，然而拿文章來達意，現在一般的中國人還做不到。這也怪不得我們；因爲那文字，先就是我們的祖先留傳給我們的可怕的遺產。人們費了多年的工夫，還是難于運用。因爲難，許多人便不理它了，甚至于連自己的姓也寫不清是張還是章，或者簡直不會寫，或者說道：Chang。雖然能說話，而只有幾個人聽到，遠處的人們便不知道，結果也等于無聲。又因爲難，有些人便當作寶貝，像玩把戲似的，之乎者也，只有幾個人懂，——其實是不知道可真懂，而大多數的人們卻不懂得，結果也等于無聲。

文明人和野蠻人的分別，其一，是文明人有文字，能夠把他們的思想，感情，藉此傳給大衆，傳給將來。中國雖然有文字，現在卻已經和大家不相干，用的是難懂的古文，講的是陳舊的古意思，所有的聲音，都是過去的，都就是只等于零的。所以，大家不能互相了解，正像一大盤散沙。

將文章當作古董，以不能使人認識，使人懂得爲好，也許是有趣的事罷。但是，結果怎樣呢？是我們已經不能將我們想說的話說出來。我們受了損害，受了侮辱，總是不能說出些應說的話。拿最近的事情來說，如中、日戰爭，拳匪事件，民元革命這些大事件，一直到現在，我們可有一部像樣的著作？民國以來，也還是誰也不作聲。反而在外國，倒常有說起中國的，但那都不是中國人自己的聲音，是別人的聲音。

這不能說話的毛病，在明朝是還沒有這樣厲害的；他們還比較地能夠說些要說的話。待到滿洲人以異族侵入中國，講歷史的，尤其是講宋末的事情的人被殺害了，講時事的自然也被殺害了。所以，到乾隆年間，人民大家便更不敢用文章來說話了。所謂讀書人，便只好躲起來讀經，校刊古書，做些古時的文章，和當時毫無關係的文章。有些新意，也還是不行的；不是學韓，便是學蘇。韓愈、蘇軾他們，用他們自己的文章來說當時要說的話，那當然可以的。我們卻並非唐、宋時人，怎麼做和我們毫無關係的時候的文章呢。即使做得像，也是唐、宋時代的聲音，韓愈、蘇軾的聲音，而不是我們現代的聲音。然而直到現在，中國人卻還要着這樣的舊戲法。人是有的，沒有聲音，寂寞得很。——人會沒有聲音的麼？没有，可以説：是死了。倘要説得客氣一點，那就是：已經啞了。

要恢復這多年無聲的中國，是不容易的，正如命令一個死掉的人道：「你活過來！」我雖然並不懂得宗教，但我以爲正如想出現一個宗教上之所謂「奇蹟」一樣。

首先來嘗試這工作的是「五四運動」前一年，胡適之先生所提倡的「文學革命」。「革命」這兩個字，在這里不知道可害怕，有些地方是一聽到就害怕的。但這和文學兩字連起來的「革命」，卻没有法國革命的「革命」那麼可怕，不過是革新，改換一個字，就很平和了，我們就稱爲「文學革新」罷，中國文字上，這樣的花樣是很多的。那大意也並不可怕，不過説：我們不必再去費盡心機，學説古代的死人的話，要説現代的活人的話；不要將文章看作古董，要做容易懂得的白話的文章。然而，單是文學革新是不够的，因爲腐敗思想，能用古文做，也能用白話做。所以後來就有人提倡思想革新。思想革新的結果，是發生社會革新運動。這運動一發生，自然一面就發生反動，于是便釀成戰鬥……。

但是，在中國，剛剛提起文學革新，就有反動了。不過白話文卻漸漸風行起來，不大受阻礙。這是怎麼一回事呢？就因爲當時又有錢玄同先生提倡廢止漢字，用羅馬字母來替代。這本也不過是一種文字革新，很平常的，但被不喜歡改革的中國人聽見，就大不得了了，于是便放過了比較的平和的文學革命，而竭力來罵錢玄同。白話乘了這一個機會，居然減去了許多敵人，反而沒有阻礙，能够流行了。

中國人的性情是總喜歡調和，折中的。譬如你說，這屋子太暗，須在這里開一個窗，大家一定不允許的。但如果你主張拆掉屋頂，他們就會來調和，願意開窗了。沒有更激烈的主張，他們總連平和的改革也不肯行。那時白話文之得以通行，就因爲有廢掉中國字而用羅馬字母的議論的緣故。

其實，文言和白話的優劣的討論，本該早已過去了，但中國是總不肯早早解決的，到現在還有許多無謂的議論。例如，有的說：古文各省人都能懂，白話就各處不同，反而不能互相了解了。殊不知這只要教育普及和交通發達就好，那時就人人都能懂較爲易解的白話文；至于古文，何嘗各省人都能懂，便是一省裏，也沒有許多人懂得的。有的說：如果都用白話文，人們便不能看古書，中國的文化就滅亡了。其實呢，現在的人們大可以不必看古書，即使古書裏真有好東西，也可以用白話來譯出的，用不着那麼心驚膽戰。他們又有人說，外國尚且譯中國書，足見其好，我們自己倒不看麼？殊不知埃及的古書，外國人也譯，非洲黑人的神話，外國人也譯，他們別有用意，即使譯出，也算不了怎樣光榮的事的。

近來還有一種說法，是思想革新緊要，文字改革倒在其次，所以不如用淺顯的文言來作新思想的文章，可以少招一重反對。這話似乎也有理。然而我們知道，連他長指甲都不肯剪去的人，是決不肯剪去他的辮子的。

因爲我們說着古代的話，說着大家不明白，不聽見的話，已經弄得像一盤散沙，痛癢不相關了。我們要活過來，首先就須由青年們不再說孔子、孟子和韓愈、柳宗元們的話。時代不同，情形也兩樣，孔子時代的香港不這樣，孔子口調的「香港論」是無從做起的，「吁嗟闊哉香港也」，不過是笑話。

我們要說現代的，自己的話；用活着的白話，將自己的思想，感情直白地說出來。但是，這也要受前輩先生非笑的。他們說白話文卑鄙，沒有價值；他們說年青人作品幼稚，貽笑大方。我們中國能做文言的有多少呢，其餘的都只能說白話，難道這許多中國人，就都是卑鄙，沒有價值的麼？至于幼稚，尤其沒有什麼可羞，正如孩子對于老人，毫沒有什麼可羞一樣。幼稚是會生長，會成熟的，只不要衰老，腐敗，就好。倘說待到純熟了纔可以動手，那是雖是村婦也不至于這樣蠢。她的孩子學走路，即使跌倒了，她決不至于叫孩子從此躺在牀上，待到學會了走法再下地面來的。

青年們先可以將中國變成一個有聲的中國。大膽地説話，勇敢地進行，忘掉了一切利害，推開了古人，將自己的真心的話發表出來。——真，自然是不容易的。譬如態度，就不容易真，講演時候就不是我的真態度，因爲我對朋友，孩子説話時候的態度是不這樣的。——但總可以説些較真的話，發些較真的聲音。只有真的聲音，纔能感動中國的人和世界的人；必須有了真的聲音，纔能和世界的人同在世界上生活。

我們試想現在沒有聲音的民族是那幾種民族。我們可聽到埃及人的聲音？可聽到安南、朝鮮的聲音？印度除了泰戈爾，別的聲音可還有？

我們此後實在只有兩條路：一是抱着古文而死掉，一是捨掉古文而生存。

（一九二七年）

鑄劍

這是魯迅利用古代題材所作小說的第三篇（前兩篇是《不周山》和《奔月》），成稿在廣州中山大學任教期間。發表於《莽原》半月刊時題作《眉間尺》，一九三二年编入《自選集》時改今名，後收入《故事新编》。關於眉間尺復仇的故事，採自《孝子傳》（舊題劉向作）、《列異傳》（題曹丕作。已佚，魯迅據他書輯入《古小說鈎沈》）、《搜神記》（題干寶作）等。

一

眉間尺剛和他的母親睡下，老鼠便出來咬鍋蓋，使他聽得發煩。他輕輕地叱了幾聲，最初還有些效驗，後來是簡直不理他了，格支格支地徑自咬。他又不敢大聲趕，怕驚醒了白天做得勞乏，晚上一躺就睡着了的母親。

許多時光之後，平靜了；他也想睡去。忽然，撲通一聲，驚得他又睜開眼。同時聽到沙沙地響，是爪子抓着瓦器的聲音。

「好！該死！」他想着，心裏非常高興，一面就輕輕地坐起來。

他跨下牀，借着月光走向門背後，摸到鑽火傢伙，點上松明，向水甕裏一照。果然，一匹很大的老鼠落在那裏面了；但是，存水已經不多，爬不出來，只沿着水甕內壁，抓着，團團地轉圈子。

「活該！」他一想到夜夜咬傢具，鬧得他不能安穩睡覺的便是牠們，很覺得暢快。他將松明插在土牆的小孔裏，賞玩着；然而那圓睜的小眼睛，又使他發生了憎恨，伸手抽出一根蘆柴，將牠直按到水底去。過了一會，纔放手，那老鼠也隨着浮了上來，還是抓着甕壁轉圈子。只是抓勁已經沒有先前似的有力，眼睛也淹在水裏面，單露出一點尖尖的通紅的小鼻子，咻咻地急促地喘氣。

他近來很有點不大喜歡紅鼻子的人。但這回見了這尖尖的小紅鼻子，卻忽然覺得它可憐了，就又用那蘆柴，伸到牠的肚下去。老鼠抓着，歇了一回力，便沿着蘆幹爬了上來。待到他看見全身，——濕淋淋的黑毛，大的肚子，蚯蚓似的尾巴，——便又覺得可恨可憎得很，慌忙將蘆柴一抖，撲通一聲，老鼠又落在水甕裏，他接着就用蘆柴在它頭上搗了幾下，叫牠趕快沈下去。

換了六回松明之後，那老鼠已經不能動彈，不過沈浮在水中間，有時還向水面微微一跳。眉間尺又覺得很可憐，隨即折斷蘆柴，好容易將它夾了出來，放在地面上。老鼠先是絲毫不動，後來纔有一點呼吸；又許多時，四隻腳運動了，一翻身，似乎要站起來逃走。這使眉間尺大喫一驚，不覺提起左腳，一腳踏下去。只聽得吱的一聲，他蹲下去仔細看時，只見口角上微有鮮血，大概是死掉了。

他又覺得很可憐，彷彿自己作了大惡似的，非常難受。他蹲着，獃看着，站不起來。

「尺兒，你在做什麼？」他的母親已經醒來了，在牀上問。

「老鼠……。」他慌忙站起，回轉身去，卻只答了兩個字。

「是的，老鼠。這我知道。可是你在做什麼？殺牠呢，還是在救牠？」

他没有回答。松明燒盡了；他默默地立在暗中，漸看見月光的皎潔。

「唉！」他的母親歎息説，「一交子時，你就是十六歲了，性情還是那樣，不冷不熱地，一點也不變。看來，你的父親的讎是没有人報的了。」

他看見他的母親坐在灰白色的月影中，彷彿身體都在顫動；低微的聲音裏，含着無限的悲哀，使他冷得毛骨悚然，而一轉眼間，又覺得熱血在全身中忽然騰沸。

「父親的讎？父親有什麼讎呢？」他前進幾步，驚急地問。

「有的。還要你去報。我早想告訴你的了；只因爲你太小，没有説。現在你已經成人了，卻還是那樣的性情。這教我怎麼辦呢？你似的性情，能行大事的麼？」

「能。説罷，母親。我要改過……。」

「自然。我也只得説。你必須改過……。那麼，走過來罷。」

他走過去；他的母親端坐在牀上，在暗白的月影裏，兩眼發出閃閃的光芒。

「聽哪！」她嚴肅地説，「你的父親原是一個鑄劍的名工，天下第一。他的工具，我早已都賣掉了來救了窮了，你已經看不見一點遺迹；但他是一個世上無二的鑄劍的名工。二十年前，王妃生下了一塊鐵，聽說是抱了一回鐵柱之後受孕的，是一塊純青透明的鐵。大王知道是異寶，便決計用來鑄一把劍，想用牠保國，用牠殺敵，用牠防身。不幸你的父親那時偏偏入了選，便將鐵捧回家裏來，日日夜夜地鍛煉，費了整三年的精神，煉成兩把劍。

「當最末次開爐的那一日，是怎樣地駭人的景象呵！嘩拉拉地騰上一道白氣的時候，地面也覺得動搖。那白氣到天半便變成白雲，罩住了這處所，漸漸現出緋紅顏色，映得一切都如桃花。我家的漆黑的爐子裏，是躺着通紅的兩把劍。你父親用井華水慢慢地滴下去，那劍嘶嘶地吼着，慢慢轉成青色了。這樣地七日七夜，就看不見了劍，仔細看時，卻還在爐底裏，純青的，透明的，正像兩條冰。

「大歡喜的光采，便從你父親的眼睛裏四射出來；他取起劍，拂拭着，拂拭着。然而悲慘的皺紋，卻也從他的眉頭和嘴角出現了。他將那兩把劍分裝在兩個匣子裏。

「『你只要看這幾天的景象，就明白無論是誰，都知道劍已鍊就的了。』他悄悄地對我說。『一到明天，我必須去獻給大王。但獻劍的一天，也就是我命盡的日子。怕我們從此要長別了。』

「『你……。』我很駭異，猜不透他的意思，不知怎麼說的好。我只是這樣地說：『你這回有了這麼大的功勞……。』

「『唉！你怎麼知道呢！』他說。『大王是向來善於猜疑，又極殘忍的。這回我給他鍊成了世間無二的劍，他一定要殺掉我，免得我再去給別人鍊劍，來和他匹敵，或者超過他。』

我掉淚了。

「『你不要悲哀。這是無法逃避的。眼淚決不能洗掉運命。我可是早已有準備在這里了！』他的眼裏忽然發出電火似的光芒，將一個劍匣放在我膝上。『這是雄劍。』他說。『你收着。明天，我只將這雌劍獻給大王去。倘若我一去竟不回來了呢，那是我一定不再在人間了。你不是懷孕已經五六個月了麼？不要悲哀；待生了孩子，好好地撫養。一到成人之後，你便交給他這雄劍，教他砍在大王的頸子上，給我報讎！』」

「那天父親回來了沒有呢？」眉間尺趕緊問。

「沒有回來！」她冷靜地說。「我四處打聽，也杳無消息。後來聽得人說，第一個用血來飼你父親自己鍊成的劍的人，就是他自己——你的父親。還怕他鬼魂作怪，將他的身首分埋在前門和後苑了！」

眉間尺忽然全身都如燒着猛火，自己覺得每一枝毛髮上都彷彿閃出火星來。他的雙拳，在暗中揑得格格地作響。

他的母親站起了，揭去床頭的木板，下床點了松明，到門背後取過一把鋤，交給眉間尺道：「掘下去！」

眉間尺心跳着，但很沈靜的一鋤一鋤輕輕地掘下去。掘出來的都是黃土，約到五尺多深，土色有些不同了，似乎是爛掉的材木。

「看罷！要小心！」他的母親說。

眉間尺伏在掘開的洞穴旁邊，伸手下去，謹愼小心地撮開爛樹，待到指尖一冷，有如觸着冷雪的時候，那純青透明的劍也出現了。他看清了劍靶，揑着，提了出來。

窗外的星月和屋裏的松明似乎都驟然失了光輝，惟有青光充塞宇內。那劍便溶在這青光中，看去好像一無所有。眉間尺凝神細視，這纔彷彿看見長五尺餘，卻並不見得怎樣鋒利，劍口反而有些渾圓，正如一片韮葉。

「你從此要改變你的優柔的性情，用這劍報讎去！」他的母親說。

「我已經改變了我的優柔的性情，要用這劍報讎去！」

「但願如此。你穿了青衣，背上這劍，衣劍一色，誰也看不分明的。衣服我已經做在這里，明天就上你的路去罷。不要記念我。」她向牀後的破衣箱一指，說。

眉間尺取出新衣，試去一穿，長短正很合式。他便重行疊好，裹了劍，放在枕邊，沈靜地躺下。他覺得自己已經改變了優柔的性情；他決心要並無心事一般，倒頭便睡，清晨醒來，毫不改變常態，從容地去尋他不共戴天的仇讎。

但他醒着。他翻來覆去，總想坐起來。他聽到他母親的失望的輕輕的長歎。他聽到最初的鷄鳴；他知道已交子時，自己是上了十六歲了。

二

當眉間尺腫着眼眶，頭也不回的跨出門外，穿着青衣，背着青劍，邁開大步，徑奔城中的時候，東方還沒有露出陽光。杉樹林的每一片葉尖，都掛着露珠，其中隱藏着夜氣。但是，待到走到樹林的那一頭，露珠裏卻閃出各樣的光輝，漸漸幻成曉色了。遠望前面，便依稀看見灰黑色的城牆和雉堞。

和挑葱賣菜的一同混入城裏，街市上已經很熱鬧。男人們一排一排的呆站着；女人們也時時從門裏探出頭來。她們大半也腫着眼眶；蓬着頭；黃黃的臉，連脂粉也不及塗抹。眉間尺豫覺到將有巨變降臨，他們便都是焦躁而忍耐地等候着這巨變的。

他徑自向前走；一個孩子突然跑過來，幾乎碰着他背上的劍尖，使他嚇出了一身汗。轉出北方，離王宮不遠，人們就擠得密密層層，都伸着頸子。人叢中還有女人和孩子哭嚷的聲音，他怕那看不見的雄劍傷了人，不敢擠進去；然而人們卻又在背後擁上來。他只得宛轉地退避；面前只看見人們的背脊和伸長的頸子。

忽然，前面的人們都陸續跪倒了；遠遠地有兩匹馬並着跑過來。此後是拿着木棍、戈、刀、弓弩、旌旗的武人，走得滿路黃塵滾滾。又來了一輛四匹馬拉的大車，上面坐着一隊人，有的打鐘擊鼓，有的嘴上吹着不知道叫什麼名目的勞什子。此後又是車，裏面的人都穿畫衣，不是老頭子，便是矮胖子，個個滿臉油汗。接着又是一隊拿刀槍劍戟的騎士。跪着的人們便都伏下去了。這時眉間尺正看見一輛黃蓋的大車馳來，正中坐着一個畫衣的胖子，花白鬍子，小腦袋；腰間還依稀看見佩着和他背上一樣的青劍。

他不覺全身一冷，但立刻又灼熱起來，像是猛火焚燒着。他一面伸手向肩頭捏住劍柄，一面提起腳，便從伏着的人們的頸子的空處跨出去。

但他只走得五六步，就跌了一個倒栽葱，因爲有人突然捏住了他的一隻脚。這一跌又正壓在一個乾癟臉的少年身上；他正怕劍尖傷了他，喫驚地起來看的時候，肋下就挨了很重的兩拳。他也不暇計較，再望路上，不但黃蓋車已經走過，連擁護的騎士也過去了一大陣了。

路旁的一切人們也都爬起來。乾癟臉的少年卻還扭住了眉間尺的衣領，不肯放手，說被他壓壞了貴重的丹田，必須保險，倘若不到八十歲便死掉了，就得抵命。閑人們又即刻圍上來，獃看着，但誰也不開口；後來有人從旁笑罵了幾句，卻全是附和乾癟臉少年的。眉間尺遇到了這樣的敵人，真是怒不得，笑不得，只覺得無聊，卻又脫身不得。這樣地經過了煮熟一鍋小米的時光，眉間尺早已焦躁得渾身發火，看的人卻仍不見減，還是津津有味似的。

前面的人圈子動搖了，擠進一個黑色的人來，黑鬚黑眼睛，瘦得如鐵。他並不言語，只向眉間尺冷冷地一笑，一面舉手輕輕地一撥乾癟臉少年的下巴，並且看定了他的臉。那少年也向他看了一會，不覺慢慢地鬆了手，溜走了；那人也就溜走了；看的人們也都無聊地走散。只有幾個人還來問眉間尺的年紀，住址，家裏可有姊姊。眉間尺都不理他們。

他向南走着；心裏想，城市中這麼熱鬧，容易誤傷，還不如在南門外等候他回來，給父親報讎罷，那地方是地曠人稀，實在很便於施展。這時滿城都議論着國王的游山，儀仗，威嚴，自己得見國王的榮耀，以及俯伏得有怎麼低，應該採作國民的模範等等，很像蜜蜂的排衙。直至將近南門，這纔漸漸地冷靜。

他走出城外，坐在一株大桑樹下，取出兩個饅頭來充了飢；喫着的時候忽然記起母親來，不覺眼鼻一酸，然而此後倒也沒有什麼。周圍是一步一步地靜下去了，他至于很分明地聽到自己的呼吸。

天色愈暗，他也愈不安，盡目力望着前方，毫不見有國王回來的影子。上城賣菜的村人一個個挑着空擔出城回家去了。

人跡絶了許久之後，忽然從城裏閃出那一個黑色的人來。

「走罷，眉間尺！國王在捉你了！」他說，聲音好像鴟鴞。

眉間尺渾身一顫，中了魔似的，立即跟着他走；後來是飛奔。他站定了喘息許多時，纔明白已經到了杉樹林邊。後面遠處有銀白的條紋，是月亮已從那邊出現；前面卻僅有兩點燐火一般的那黑色人的眼光。

「你怎麼認識我？……」他極其惶駭地問。

「哈哈！我一向認識你。」那人的聲音說。「我知道你背着雄劍，要給你的父親報讎，我也知道你報不成。豈但報不成；今天已經有人告密，你的讎人早從東門還宮，下令捕拿你了。」

眉間尺不覺傷心起來

「唉唉，母親的歎息是無怪的。」他低聲說。

「但她只知道一半。她不知道我要給你報讎。」

「你麼？你肯給我報讎麼，義士？」

「阿，你不要用這稱呼來冤枉我。」

「那麼，你同情于我們孤兒寡婦？……」

「唉，孩子，你再不要提這些受了污辱的名稱。」他嚴冷地說，「仗義，同情，那些東西，先前曾經乾淨過，現在卻都成了放鬼債的資本。我的心裏全沒有你所謂的那些。我只不過要給你報讎！」

「好。但你怎麼給我報讎呢？」

「只要你給我兩件東西。」兩粒燐火下的聲音說。「那兩件麼？你聽着：一是你的劍，二是你的頭！」

眉間尺雖然覺得奇怪，有些狐疑，卻並不喫驚。他一時開不得口。

「你不要疑心我將騙取你的性命和寶貝。」暗中的聲音又嚴冷地說。「這事全由你。你信我，我便去；你不信，我便住。」

「但你爲什麼給我去報讎的呢？你認識我的父親麼？」

「我一向認識你的父親，也如一向認識你一樣。但我要報讎，卻並不爲此。聰明的孩子，告訴你罷。你還不知道麼，我怎麼地善于報讎。你的就是我的；他也就是我。我的魂靈上是有這麼多的，人我所加的傷，我已經憎惡了我自己！」

暗中的聲音剛剛停止，眉間尺便舉手向肩頭抽取青色的劍，順手從後項窩向前一削，頭顱墜在地面的青苔上，一面將劍交給黑色人。

「呵呵！」他一手接劍，一手捏着頭髮，提起眉間尺的頭來，對着那熱的死掉的嘴唇，接吻兩次，並且冷冷地尖利地笑。

笑聲即刻散布在杉樹林中，深處隨着有一羣燐火似的眼光閃動，倏忽臨近，聽到咻咻的餓狼的喘息。第一口撕盡了眉間尺的青衣，第二口便身體全都不見了，血痕也頃刻舔盡，只微微聽得咀嚼骨頭的聲音。

最先頭的一匹大狼就向黑色人撲過來。他用青劍一揮，狼頭便墜在地面的青苔上。別的狼們第一口撕盡了它的皮，第二口便身體全都不見了，血痕也頃刻舔盡，只微微聽得咀嚼骨頭的聲音。

他已經掣起地上的青衣，包了眉間尺的頭，和青劍都背在背脊上，回轉身，在暗中向王城揚長地走去。

狼們站定了，聳着肩，伸出舌頭，咻咻地喘着，放着緑的眼光看他揚長地走。

他在暗中向王城揚長地走去，發出尖利的聲音唱着歌：——

哈哈愛兮愛乎愛乎！
愛青劍兮一個讎人自屠。
夥頤連翩兮多少一夫。
一夫愛青劍兮嗚呼不孤。
頭換頭兮兩個讎人自屠。

一夫則無兮愛乎嗚呼！
愛乎嗚呼兮嗚呼阿呼，
阿呼嗚呼兮嗚呼嗚呼！

三

游山並不能使國王覺得有趣；加上了路上將有刺客的密報，更使他掃興而還。那夜他很生氣，説是連第九個妃子的頭髮，也沒有昨天那樣的黑得好看了。幸而她撒嬌坐在他的御膝上，特別扭了七十多回，這纔使龍眉之間的皺紋漸漸地舒展。

午後，國王一起身，就又有些不高興，待到用過午膳，簡直現出怒容來。

「唉唉！無聊！」他打一個大呵欠之後，高聲説。

上自王后，下至弄臣，看見這情形，都不覺手足無措。白鬚老臣的講道，矮胖侏儒的打諢，王是早已聽厭的了；近來便是走索、緣竿、抛丸、倒立、吞刀、吐火等等奇妙的把戲，也都看得毫無意味。他常常要發怒；一發怒，便按着青劍，總想尋點小錯處，殺掉幾個人。

偷空在宮外閑遊的兩個小宦官，剛剛回來，一看見宮裏面大家的愁苦的情形，便知道又是照例的禍事臨頭了，一個嚇得面如土色；一個卻像是大有把握一般，不慌不忙，跑到國王的面前，俯伏着，説道：

「奴才剛纔訪得一個異人，很有異術，可以給大王解悶，因此特來奏聞。」

「什麼?!」王説。他的話是一向很短的。

「那是一個黑瘦的，乞丐似的男子。穿一身青衣，背着一個圓圓的青包裹；嘴裏唱着胡謅的歌。人問他。他説善於玩把戲，空前絕後，舉世無雙，人們從來就沒有看見過；一見之後，便即解煩釋悶，天下太平。但大家要他玩，他卻又不肯。説是第一須有一條金龍，第二須有一個金鼎。……」

「金龍？我是的。金鼎？我有。」

「奴才也正是這樣想。……」

「傳進來！」

話聲未絕，四個武士便跟着那小宦官疾趨而出。上自王后，下至弄臣，個個喜形于色。他們都願意這把戲玩得解愁釋悶，天下太平；即使玩不成，這回也有了那乞丐似的黑瘦男子來受禍，他們只要能挨到傳了進來的時候就好了。

並不要許多工夫，就望見六個人向金階趨進。先頭是宦官，後面是四個武士，中間夾着一個黑色人。待到近來時，那人的衣服卻是青的，鬚眉頭髮都黑；瘦得顴骨、眼圈骨、眉稜骨都高高地突出來。他恭敬地跪着俯伏下去時，果然看見背上有一個圓圓的小包袱，青色布，上面還畫上一些暗紅色的花紋。

「奏來！」王暴躁地說。他見他傢伙簡單，以爲他未必會玩什麼好把戲。

「臣名叫宴之敖者；生長汶汶鄉。少無職業；晚遇明師，教臣把戲，是一個孩子的頭。這把戲一個人玩不起來，必須在金龍之前，擺一個金鼎，注滿清水，用獸炭煎熬。于是放下孩子的頭去，一到水沸，這頭便隨波上下，跳舞百端，且發妙音，歡喜歌唱。這歌舞爲一人所見，便解愁釋悶，爲萬民所見，便天下太平。」

「玩來！」王大聲命令說。

並不要許多工夫，一個煮牛的大金鼎便擺在殿外，注滿水，下面堆了獸炭，點起火來。那黑色人站在旁邊，見炭火一紅，便解下包袱，打開，兩手捧出孩子的頭來，高高舉起。那頭是秀眉長眼，皓齒紅唇；臉帶笑容；頭髮蓬鬆，正如青煙一陣。黑色人捧着向四面轉了一圈，便伸手擎到鼎上，動着嘴唇說了幾句不知什麼話，隨即將手一鬆，只聽得撲通一聲，墜入水中去了。水花同時濺起，足有五尺多高，此後是一切平靜。

許多工夫，還無動靜。國王首先暴躁起來，接着是王后和妃子、大臣、宦官們也都有些焦急，矮胖的侏儒們則已經開始冷笑了。王一見他們的冷笑，便覺自己受愚，回顧武士，想命令他們就將那欺君的莠民擲入牛鼎裏去煮殺。

但同時就聽得水沸聲；炭火也正旺，映着那黑色人變成紅黑，如鐵的燒到微紅。王剛又回過臉來，他也已經伸起兩手向天，眼光向着無物，舞蹈着，忽地發出尖利的聲音唱起歌來：

哈哈愛兮愛乎愛乎！
愛兮血兮兮誰乎獨無。
民萌冥行兮一夫壺盧。
彼用百頭顱，千頭顱兮用萬頭顱！
我用一頭顱兮而無萬夫。
愛一頭顱兮血乎嗚呼！

血乎嗚呼兮嗚呼阿呼，

阿呼嗚呼兮嗚呼嗚呼！

隨着歌聲，水就從鼎口涌起，上尖下廣，像一坐小山，但自水尖至鼎底，不住地回旋運動。那頭即隨水上上下下，轉着圈子，一面又滴溜溜自己翻筋斗，人們還可以隱約看見他玩得高興的笑容。過了些時，突然變了逆水的游泳，打旋子夾着穿梭，激得水花向四面飛濺，滿庭灑下一陣熱雨來。一個侏儒忽然叫了一聲，用手摸着自己的鼻子。他不幸被熱水燙了一下，又不耐痛，終于免不得出聲叫苦了。

黑色人的歌聲纔停，那頭也就在水中央停住，面向王殿，顏色轉成端莊。這樣的有十餘瞬息之久，纔慢慢地上下抖動；從抖動加速而爲起伏的游泳，但不很快，態度很雍容。繞着水邊一高一低地游了三匝，忽然睜大眼睛，漆黑的眼珠顯得格外精采，同時也開口唱起歌來：

王澤流兮浩洋洋；

克服怨敵，怨敵克服兮，赫兮强！

宇宙有窮止兮萬壽無疆。

幸我來也兮青其光！

青其光兮永不想忘。

異處異處兮堂哉皇！

堂哉皇哉兮曖曖唷，

嗟來歸來，嗟來來賠兮青其光！

頭忽然升到水的尖端停住；翻了幾個觔斗之後，上下升降起來，眼珠向着左右瞥視，十分秀媚，嘴裏仍然唱着歌：

阿呼嗚呼兮嗚呼嗚呼，

愛乎嗚呼兮嗚呼阿呼！

血一頭顱兮愛乎嗚呼。

我用一頭顱兮而無萬夫！

彼用百頭顱，千頭顱……

唱到這里，是沈下去的時候，但不再浮上來了；歌詞也不能辨別。湧起的水，也隨着歌聲的微弱，漸漸低落，像退潮一般，終至到鼎口以下，在遠處什麼也看不見。

「怎了?」等了一會，王不耐煩地問。

「大王，」那黑色人半跪着說。「他正在鼎底裏作最神奇的團圓舞，不臨近是看不見的。臣也没有法術使他上來，因爲作團圓舞必須在鼎底裏。」

王站起身，跨下金階，冒着炎熱立在鼎邊，探頭去看。只見水平如鏡，那頭仰面躺在水中間，兩眼正看着他的臉。待到王的眼光射到他臉上時，他便嫣然一笑。這一笑使王覺得似曾相識，卻又一時記不起是誰來。剛在驚疑，黑色人已經掣出了背着的青色的劍，只一揮，閃電般從後項窩直劈下去，撲通一聲，王的頭就落在鼎裏了。

讎人相見，本來格外眼明，況且是相逢狹路。王頭剛到水面，眉間尺的頭便迎上來，狠命在他耳輪上咬了一口。鼎水即刻沸湧，澎湃有聲；兩頭即在水中死戰。約有二十回合，王頭受了五個傷，眉間尺的頭上卻有七處。王又狡猾，總是設法繞到他的敵人的後面去。眉間尺偶一疏忽，終于被他咬住了後項窩，無法轉身。這一回王的頭可是咬定不放了，他只是連連蠶食進去；連鼎外面也彷彿聽到孩子的失聲叫痛的聲音。

上自王后，下至弄臣，駭得凝結着的神色也應聲活動起來，似乎感到暗無天日的悲哀，皮膚上都一粒一粒地起栗；然而又夾着秘密的歡喜，瞪了眼，像是等候着什麼似的。

黑色人也彷彿有些驚慌，但是面不改色。他從從容容地伸開那捏着看不見的青劍的臂膊，如一段枯枝；伸長頸子，如在細看鼎底。臂膊忽然一彎，青劍便驀地從他後面劈下，劍到頭落，墜入鼎中，淜的一聲，雪白的水花向着空中同時四射。

他的頭一入水，即刻直奔王頭，一口咬住了王的鼻子，幾乎要咬下來。王忍不住叫一聲「阿唷」，將嘴一張，眉間尺的頭就乘機掙脫了，一轉臉倒將王的下巴下死勁咬住。他們不但都不放，還用全力上下一撕，撕得王頭再也合不上嘴。于是他們就如餓鷄啄米一般，一頓亂咬，咬得王頭眼歪鼻塌，滿臉鱗傷。先前還會在鼎裏面四處亂滾，後來只能躺着呻吟，到底是一聲不響，只有出氣，没有進氣了。

黑色人和眉間尺的頭也慢慢地住了嘴，離開王頭，沿鼎壁游了一匝，看他可是裝死還是真死。待到知道了王頭確已斷氣，便四目相視，微微一笑，隨即合上眼睛，仰面向天，沈到水底裏去了。

四

煙消火滅；水波不興。特別的寂靜倒使殿上殿下的人們驚醒。他們中的一個首先叫了一聲，大家也立刻疊連驚叫起來；一個邁開腿向金鼎走去，大家便爭先恐後地擁上去了。有擠在後面的，只能從人頸子的空隙間向裏面窺探。

熱氣還炙得人臉上發燒。鼎裏的水卻一平如鏡，上面浮着一層油，照出許多人臉孔：王后、王妃、武士、老臣、侏儒、太監。……

「阿呀，天哪！咱們大王的頭還在裏面哪，唉唉唉！」第六個妃子忽然發狂似的哭嚷起來。

上自王后，下至弄臣，也都恍然大悟，倉皇散開，急得手足無措，各自轉了四五個圈子，一個最有謀略的老臣獨又上前，伸手向鼎邊一摸，然而渾身一抖，立刻縮了回來，伸出兩個指頭，放在口邊吹個不住。

大家定了定神，便在殿門外商議打撈辦法。約略費去了煮熟三鍋小米的工夫，總算得到一種結果，是：到大厨房去調集了鐵絲勺子，命武士協力撈起來。

器具不久就調集了，鐵絲勺、漏勺、金盤、擦桌布，都放在鼎旁邊。武士們便揎起衣袖，有用鐵絲勺的，有用漏勺的，一齊恭行打撈。有勺子相觸的聲音，有勺子刮着金鼎的聲音；水是隨着勺子的攪動而旋繞着。好一會，一個武士的臉色忽而很端莊了，極小心地兩手慢慢舉起了勺子，水滴從勺孔中珠子一般漏下，勺裏面便顯出雪白的頭骨來。大家驚叫了一聲；他便將頭骨倒在金盤裏。

「阿呀！我的大王呀！」王后、妃子、老臣、以至太監之類，都放聲哭起來。但不久就陸續停止了，因爲武士又撈起了一個同樣的頭骨。

他們淚眼模胡地四顧，只見武士們滿臉油汗，還在打撈。此後撈出來的是一團糟的白頭髮和黑頭髮；還有幾勺很短的東西，似乎是白鬍鬚和黑鬍鬚。此後又是一個頭骨。此後是三枝簪。

直到鼎裏面只剩下清湯，纔始住手；將撈出的物件分盛了三金盤：一盤頭骨，一盤鬚髮，一盤簪。

「咱們大王只有一個頭。那一個是咱們大王的呢？」第九個妃子焦急地問。

「是呵……。」老臣們都面面相覷。

「如果皮肉没有煮爛，那就容易辨別了。」一個侏儒跪着說。

大家只得平心静氣，去細看那頭骨，但是黑白大小，都差不多，連那孩子的頭，也無從分辨。王后説王的右額上有一個疤，是做太子時候跌傷的，怕骨上也有痕迹。果然，侏儒在一個頭骨上發見了；大家正在歡喜的時候，另外的一個侏儒卻又在較黄的頭骨的右額上看出相仿的瘢痕來。

「我有法子。」第三個王妃得意地説，「咱們大王的龍準是很高的。」

太監們即刻動手研究鼻準骨，有一個確也似乎比較地高，但究竟相差無幾；最可惜的是右額上卻並無跌傷的瘢痕。

「況且，」老臣們向太監説，「大王的後枕骨是這麼尖的麼？」

「奴才們向來就没有留心看過大王的後枕骨……。」

王后和妃子們也各自回想起來，有的説是尖的，有的説是平的。叫梳頭太監來問的時候，卻一句話也不説。

當夜便開了一個王公大臣會議，想決定那一個是王的頭，但結果還同白天一樣。並且連鬚髮也發生了問題。白的自然是王的，然而因爲花白，所以黑的也很難處置。討論了小半夜，只將幾根紅色的鬍子選出；接着因爲第九個王妃抗議，説她確曾看見王有幾根通黄的鬍子，現在怎麼能知道決沒有一根紅的呢。於是也只好重行歸併作爲疑案了。

到後半夜，還是毫無結果。大家卻居然一面打呵欠，一面繼續討論，直到第二次鷄鳴，這纔決定了一個最慎重妥善的辦法，是：只能將三個頭骨都和王的身體放在金棺裏落葬。

七天之後是落葬的日期，合城很熱鬧。城裏的人民，遠處的人民，都奔來瞻仰國王的「大出喪」。天一亮，道上已經擠滿了男男女女；中間還夾着許多祭桌。待到上午，清道的騎士纔緩轡而來。又過了不少工夫，纔看見儀仗，什麼旌旗、木棍、戈戟、弓弩、黃鉞之類；此後是四輛鼓吹車。再後面是黃蓋隨着路的不平而起伏着，並且漸漸近來了，於是現出靈車，上載金棺，棺裏面藏着三個頭和一個身體。

百姓都跪下去，祭桌便一列一列地在人叢中出現。幾個義民很忠憤，咽着淚，怕那兩個大逆不道的逆賊的魂靈，此時也和王一同享受祭禮，然而也無法可施。

此後是王后和許多王妃的車。百姓看她們，她們也看百姓，但哭着。此後是大臣、太監、侏儒等輩，都裝着哀戚的顏色。只是百姓已經不看他們，連行列也擠得亂七八遭，不成樣子了。

一九二六年十月作。

慶祝滬寧克復的那一邊

一九二七年三月下旬，北伐軍攻克上海南京。消息傳到廣州，各界團體舉行慶祝盛典。魯迅應廣州《國民新聞》之請，四月十日作成此文。不意五日後，廣州當局大捕左翼人士，包括青年學生。魯迅憤而辭去中山大學一切職務。

在廣州，我覺得紀念和慶祝的盛典似乎特別多。這是當革命的進行和勝利中，一定要有的現象。滬寧的克復，在看見電報的那天，我已經一個人私自高興過兩回了。這「別人出力我高興」的報應之一，是搜索枯腸，硬做文章的苦差使。其實，我於做這等事，是不大合宜的，因爲動起筆來，總是離題有千里之遠。即如現在，何嘗不想寫得切題一些呢，然而還是胡思亂想，像樣點的好意思總像斷綫風箏似的收不回來。忽然想到昨天在黃埔看見的幾個來投學生軍的青年，纔知道在前綫上拚命的原來是這樣的人；自己在講堂上胡說了幾句便騙得聽衆拍手，真是應該羞愧。然而想到十六年前也曾克服過南京，還給捐軀的戰士立了一塊碑，民國二年後，便被張勛毀掉了，今年頃又可以重立。忽而又想到香港《循環日報》上所載李守常在北京被捕的消息，他的圓圓的臉和中國式的下垂的黑鬍子便浮在眼前，不知道他現在怎麼樣。

黑暗的區域裏，反革命者的工作也正在默默地進行，雖然留在後方的是呻吟，但也有一部分人們高興。後方的呻吟與高興固然大不相同，然而無裨於事是一樣的。最後的勝利，不在高興的人們的多少，而在永遠進擊的人們的多少，記得一種期刊上，曾經引有列寧的話：

第一要事是，不要因勝利而使腦筋昏亂，自高自滿；第二要事是，要鞏固我們的勝利，使他長久是屬於我們的；第三要事是，準備消滅敵人，因爲現在敵人只是被征服了，而距消滅的程度還遠得很。

俄國究竟是革命的世家，列寧究竟是革命的老手，不是深知道歷來革命成敗的原因，自己又積有許多經驗，是說不出來的。先前，中國革命者的屢屢挫折，我以爲就因爲忽畧了這一點。小有勝利，便陶醉在凱歌中，肌肉鬆懈，忘却進擊了，於是敵人便又乘隙而起。前年，我作了一篇短文，主張「落水狗」還是非打不可，就有老實人以爲苛酷，太欠大度和寬容；況且我以此施之人，人又以報諸我，報施將永無了結的時候。但是，外國我不知，在中國，歷來的勝利者，有誰不苛酷的呢。取近例，則如清初的幾個皇帝，民國二年後的袁世凱，對於異己者何嘗不趕盡殺絕。只是他嘴上却說着甚麼大度和寬容，還有甚麼慈悲和仁厚；也並不像列寧似的簡單明瞭，列寧究竟是俄國人，怎麼想便怎麼說，比我們中國人直爽得多了。但便是中國，在事實上，到現在爲止，凡有大度，寬容，慈悲，仁厚等等美名，也大抵是名實並用者失敗，只用其名者成功的。然而竟瞞過了一羣大傻子，還會相信他。

慶祝和革命沒有甚麼相干，至多不過是一種點綴。慶祝，謳歌，陶醉着革命的人們多，好自然是好的，但有時也會使革命精神轉成浮滑。革命的勢力一擴大，革命的人們一定會多起來。統一以後，我恐怕研究系也要講革命。去年年底，《現代評論》，不就變了論調了麼？和「三一八慘案」時候的議論一比照，我真疑心他們都得了一種仙丹，忽然脫胎換骨。我對於佛教先有一種偏見，以爲堅苦的小乘教倒是佛教，待到飲酒食肉的闊人富翁，只要喫一餐素，便可以稱爲居士，算作信徒，雖然美其名曰大乘，流播也更廣遠，然而這教却因爲容易信奉，因而變爲浮滑，或者竟等於零了。革命也如此的，堅苦的進擊者向前進行，遺下廣大的已經革命的地方，使我們可以放心歌呼，也顯出革命者的色彩，其實是和革命毫不相干。這樣的人們一多，革命的精神反而會從浮滑，稀薄，以至於消亡，再下去是復舊。

廣東是革命的策源地，因此也先成爲革命的後方，因此也先有上面所說的危機。

當盛大的慶典的這一天，我敢以這些雜亂無章的話獻給在廣州的革命民衆，我深望不至於因這幾句話而掃興，因爲將來可以補救的日子還很多。倘使因此掃興了，那就是革命精神已經浮滑的證據。

（一九二七年）四月十日。

《野草》題辭

題辭作於一九二七年四月二十六日。五日前，魯迅已辭去中山大學一切職務，悲憤中退居白雲樓，編集舊文。

當我沈默着的時候，我覺得充實；我將開口，同時感到空虛。

過去的生命已經死亡。我對於這死亡有大歡喜，因爲我藉此知道牠曾經存活。死亡的生命已經朽腐。我對於這朽腐有大歡喜，因爲我藉此知道牠還非空虛。

生命的泥委棄在地面上，不生喬木，只生野草，這是我的罪過。

野草，根本不深，花葉不美，然而吸取露，吸取水，吸取陳死人的血和肉，各各奪取牠的生存。當生存時，還是將遭踐踏，將遭刪刈，直至於死亡而朽腐。

但我坦然，欣然。我將大笑，我將歌唱。

我自愛我的野草，但我憎惡這以野草作裝飾的地面。

地火在地下運行，奔突；熔岩一旦噴出，將燒盡一切野草，以及喬木，於是並且無可朽腐。

但我坦然，欣然。我將大笑，我將歌唱。

天地有如此靜穆，我不能大笑而且歌唱。天地即不如此靜穆，我或者也將不能。我以這一叢野草，在明與暗，生與死，過去與未來之際，獻於友與讎，人與獸，愛者與不愛者之前作證。

爲我自己，爲友與讎，人與獸，愛者與不愛者，我希望這野草的死亡與朽腐，火速到來。要不然，我先就未曾生存，這實在比死亡與朽腐更其不幸。

去罷，野草，連着我的題辭！

一九二七年四月二十六日，魯迅記於廣州之白雲樓上。

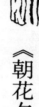

《朝花夕拾》小引

編定《野草》後數日，魯迅編集《舊事重提》，易名爲《朝花夕拾》。先作小引，隨後找插圖，並從記憶中繪畫「活無常」像，作後記。

我常想在紛擾中尋出一點閑静來，然而委實不容易。目前是這麽離奇，心裏是這麽蕪雜。一個人做到只剩了回憶的時候，生涯大概總要算是無聊了罷，但有時竟會連回憶也没有。中國的做文章有軌範，世事也仍然是螺旋。前幾天我離開中山大學的時候，便想起四個月以前的離開廈門大學；聽到飛機在頭上鳴叫，竟記得了一年前在北京城上日日旋繞的飛機。我那時還做了一篇短文，叫做《一覺》。現在是，連這「一覺」也沒有了。

廣州的天氣熱得真早，夕陽從西窗射入，逼得人只能勉强穿一件單衣。書桌上的一盆「水橫枝」，是我先前沒有見過的，就是一段樹，只要浸在水中，枝葉便青葱得可愛。看看綠葉，編編舊稿，總算也在做一點事。做着這等事，真是雖生之日，猶死之年，很可以驅除炎熱的。

前天，已將《野草》編定了，這回便輪到陸續載在《莽原》上的《舊事重提》，我還替他改了一個名稱：《朝花夕拾》。帶露折花，色香自然要好得多，但是我不能夠。便是現在心目中的離奇和蕪雜，我也還不能使他即刻幻化，轉成離奇或蕪雜的文章。或者，他日仰看流雲時，會在我的眼前一閃爍罷。

我有一時，曾經屢次憶起兒時在故鄉所喫的蔬果：菱角、羅漢豆、茭白、香瓜，凡這些，都是極其鮮美可口的；都曾是使我思鄉的蠱惑。後來，我在久別之後嘗到了，也不過如此；惟獨在記憶上，還有舊來的意味留存。他們也許要哄騙我一生，使我時時反顧。

這十篇就是從記憶中抄出來的，與實際容或有些不同，然而我現在只記得是這樣。文體大概很雜亂，因爲是或作或輟，經了九個月之多。環境也不一：前兩篇寫於北京寓所的東壁下；中三篇是流離中所作，地方是醫院和木匠房；後五篇卻在廈門大學的圖書館的樓上，已經是被學者們擠出集團之後了。

一九二七年五月一日，魯迅於廣州白雲樓記。

《小約翰》引言（節錄）

《小約翰》是荷蘭作家望藹覃所作的長篇童話，出版於一八八七年。魯迅於一九〇六年在東京訂購得德文譯本。一九二五年暑假中開始翻譯。一九二六年夏與齊宗頤合譯成草稿。一九二七年退居白雲樓，整理譯稿。

按，魯迅素喜童話，前此曾編譯出版《愛羅先珂童話集》等。

……

這誠如序文所説，是一篇「象徵寫實底童話詩」。無韻的詩，成人的童話。因爲作者的博識和敏感，或者竟已超過了一般成人的童話了。其中如金蟲的生平，菌類的言行，火螢的理想，螞蟻的平和論，都是實際和幻想的混合。我有些怕，倘不甚留心于生物界現象的，會因此減少若干興趣。但我豫覺也有人愛，只要不失赤子之心，而感到什麼地方有着「人性和他們的悲痛之所在的大都市」的人們。

這也誠然是人性的矛盾，而禍福糾纏的悲歡。人在稚齒，追隨「旋兒」，與造化爲友。福乎禍乎，稍長而竟求知：怎麼樣，是什麼，爲什麼？于是招來了智識欲之具象化：小鬼頭「將知」；逐漸還遇到科學研究的冷酷的精靈：「穿鑿」。童年的夢幻撕成粉碎了；科學的研究呢，「所學的一切的開端，是很好的，——只是他鑽研得越深，那一切也就越淒涼，越黯淡。」——惟有「號碼博士」是幸福者，只要一切的結果，在紙張上變成數目字，他便滿足，算是見了光明了。誰想更進，便得苦痛。爲什麼呢？原因就在他知道若干，却未曾知道一切，遂終于是「人類」之一，不能和自然合體，以天地之心爲心。約翰正是尋求着這樣一本一看便知一切的書，然而因此反得「將知」，反遇「穿鑿」，終不過以「號碼博士」爲師，增加更多的苦痛。直到他在自身中看見神，將徑向「人性和他們的悲痛之所在的大都市」時，才明白這書不在人間，惟從兩處可以覓得：一是「旋兒」，已失的原與自然合體的混沌；一是「永終」——死，未到的復與自然合體的混沌。而且分明看見，他們倆本是同舟……。

假如我們在異鄉講演，因爲言語不同，有人口譯，那是沒有法子的，至多，不過怕他遺漏，錯誤，失了精神。但若譯者另外加些解釋，申明，摘要，甚而至于闡發，我想，大概是講者和聽者都要討厭的罷。因此，我也不想再說關于內容的話。

我也不願意別人勸我去吃他所愛吃的東西，然而我所愛吃的，却往往不自覺地勸人吃。看的東西也一樣，《小約翰》即是其一，是自己愛看，又願意別人也看的書，于是不知不覺，遂有了翻成中文的意思。這意思的發生，大約是很早的，因爲我久已覺得彷彿對于作者和讀者，負着一宗很大的債了。

然而爲什麼早不開手的呢？「忙」者，飾辭；大原因仍在很有不懂的處所。看去似乎已經懂，一到撥出筆來要譯的時候，却又疑惑起來了，總而言之，就是外國語的實力不充足。

前年我確曾決心，要利用暑假中的光陰，仗着一本辭典來走通這條路，而不料並無光陰，我的至少兩三個月的生命，都死在「正人君子」和「學者」們的圍攻里了。到去年夏，將離北京，先又記得了這書，便和我多年共事的朋友，曾經幫我譯過《工人綏惠略夫》的齊宗頤君，躲在中央公園的一間紅牆的小屋里，先譯成一部草稿。

我們的翻譯是每日下午，一定不缺的是身邊一壺好茶葉的茶和身上一大片汗。有時進行得很快，有時争執得很兇，有時商量，有時誰也想不出適當的譯法。譯得頭昏眼花時，便看看小窗外的日光和綠蔭，心緒漸靜，慢慢地聽到高樹上的蟬鳴，這樣地約有一個月。不久我便帶着草稿到厦門大學，想在那里抽空整理，然而没有工夫；也就住不下去了，那里也有「學者」。于是又帶到廣州的中山大學，想在那里抽空整理，然而又没有工夫；而且也就住不下去了，那里又來了「學者」。結果是帶着逃進自己的寓所——剛剛租定不到一月的，很闊，然而很熱的房子——白雲樓。

荷蘭海邊的沙岡風景，單就本書所描寫，已足令人神往了。我這樓外卻不同：滿天炎熱的陽光，時而如繩的暴雨；前面的小港中是十幾隻蜑户的船，一船一家，一家一世界，談笑哭駡，具有大都市中的悲歡。也仿佛覺得不知那里有青春的生命淪亡，或者正被殺戮，或者正在呻吟，或者正在「經營腐爛事業」和作這事業的材料。然而我卻漸漸知道這雖然沉默的都市中，還有我的生命存在，縱已節節敗退，我實未嘗淪亡。只是不見「火雲」，時窘陰雨，若明若昧，又像整理這譯稿的時候了。于是以五月二日開手，稍加修正，並且謄清，月底才完，費時又一個月。

可惜我的老同事齊君現不知漫遊何方，自去年分別以來，迄今未通消息，雖有疑難，也無從商酌或爭論了。倘有誤譯，負責自然由我。加以雖然沉默的都市，而時有偵察的眼光，或扮演的函件，或京式的流言，來擾耳目，因此執筆又時時流于草率。務欲直譯，文句也反成蹇澀；歐文清晰，我的力量實不足以達之。《小約翰》雖如波勒兑蒙德說，所用的是「近于兒童的簡單的語言」，但翻譯起來，却已够感困難，而仍得不如意的結果。例如末尾的緊要而有力的一句："Und mit seinem Begleiter ging er den frostigen Nachtwinde entgegen, den schweren Weg nach der grossen, finstern Stadt, wo die Menschheit war und ihr Weh." 那下半，被我譯成這樣拙劣的「上了走向那大而黑暗的都市即人性和他們的悲痛之所在的艱難的路」了，冗長而且費解，但我別無更好的譯法，因爲倘一解散，精神和力量就很不同。然而原譯是極清楚的：上了艱難的路，這路是走向大而黑暗的都市去的，而這都市是人性和他們的悲痛之所在。

（一九二七年）

魏晉風度及文章與藥及酒之關係（節錄）

這是魯迅於一九二七年七月應廣州市教育局主辦的「廣州夏期學術演講會」的演講紀錄。魯迅對魏晉文學素有心得。這回演講，既顯學術洞見，又「實有慨而言」（魯迅翌年年底致友人信中語），暗喻當時政治情勢。

……

魏末，何晏他們以外，又有一個團體新起，叫做「竹林名士」，也是七個，所以又稱「竹林七賢」。正始名士服藥，竹林名士飲酒。竹林的代表是嵇康和阮籍。但究竟竹林名士不純粹是喝酒的，嵇康也兼服藥，而阮籍則是專喝酒的代表。但嵇康也飲酒，劉伶也是這裏面的一個。他們七人中差不多都是反抗舊禮教的。

這七人中，脾氣各有不同。嵇、阮二人的脾氣都很大；阮籍老年時改得很好，嵇、康就始終都是極壞的。

阮年青時，對于訪他的人有加以青眼和白眼的分別。白眼大概是全然看不見眸子的，恐怕要練習很久才能夠。青眼我會裝，白眼我卻裝不好。

後來阮籍竟做到「口不臧否人物」的地步，嵇康卻全不改變。結果阮得終其天年，而嵇竟喪于司馬氏之手，與孔融、何晏等一樣，遭了不幸的殺害。這大概是因爲喫藥和喫酒之分的緣故：喫藥可以成仙，仙是可以驕視俗人的；飲酒不會成仙，所以敷衍了事。

他們的態度，大抵是飲酒時衣服不穿，帽也不帶。若在平時，有這種狀態，我們就說無禮，但他們就不同。居喪時不一定按例哭泣；子之于父，是不能提父的名，但在竹林名士一流人中，子都會叫父的名號。舊傳下來的禮教，竹林名士是不承認的。即如劉伶——他曾做過一篇〈酒德頌〉，誰都知道——他是不承認世界上從前規定的道理的，曾經有這樣的事，有一次有客見他，他不穿衣服。人責問他；他答人說，天地是我的房屋，房屋就是我的衣服，你們爲什麼進我的褲子中來？至于阮籍，就更甚了，他連上下古今也不承認，在《大人先生傳》裏有說：「天地解兮六合開，星辰隕兮日月頹，我騰而上將何懷？」他的意思是天地神仙，都是無意義，一切都不要，所以他覺得世上的道理不必爭，神仙也不足信，既然一切都是虛無，所以他便沈湎于酒了。然而他還有一個原因，就是他的飲酒不獨由于他的思想，大半倒在環境。其時司馬氏已想篡位，而阮籍名聲很大，所以他講話就極難，只好多飲酒，少講話，而且即使講話講錯了，也可以借醉得到人的原諒。只要看有一次司馬懿求和阮籍結親，而阮籍一醉就是兩個月，沒有提出的機會，就可以知道了。

阮籍作文章和詩都很好，他的詩文雖然也慷慨激昂，但許多意思都是隱而不顯的。宋的顏延之已經說不大能懂，我們現在自然更很難看得懂他的詩了。他詩裏也說神仙，但他其實是不相信的。嵇康的論文，比阮籍更好，思想新穎，往往與古時舊說反對。孔子說：「學而時習之，不亦說乎？」嵇康做的〈難自然好學論〉，卻道，人是並不好學的，假如一個人可以不做事而又有飯喫，就隨便閒遊不喜歡讀書了，所以現在人之好學，是由于習慣和不得已。還有管叔、蔡叔，是疑心周公，率殷民叛，因而被誅，一向公認爲壞人的。而嵇康做的〈管蔡論〉就也反對歷代傳下來的意思，說這兩個人是忠臣，他們的懷疑周公，是因爲地方相距太遠，消息不靈通。

但最引起許多人的注意，而且于生命有危險的，是〈與山巨源絶交書〉中的「非湯、武而薄周、孔。」司馬懿因這篇文章，就將嵇康殺了。非薄了湯、武、周、孔，在現時代是不要緊的，但在當時卻關係非小。湯、武是以武定天下的；周公是輔成王的；孔子是祖述堯、舜，而堯、舜是禪讓天下的。嵇康都說不好，那麼，教司馬懿篡位的時候，怎麼辦纔是好呢？沒有辦法。在這一點上，嵇康於司馬氏的辦事上有了直接的影響，因此就非死不可了。嵇康的見殺，是因爲他的朋友呂安不孝，連及嵇康，罪案和曹操的殺孔融差不多。魏、晉，是以孝治天下的，不孝，故不能不殺。爲什麼要以孝治天下呢？因爲天位從禪讓，即巧取豪奪而來，若主張以忠治天下，他們的立腳點便不穩，辦事便棘手，立論也難了，所以一定要以孝治天下。但倘只是實行不孝，其實那時倒不很要緊的，嵇康的害處是在發議論；阮籍不同，不大說關于倫理上的話，所以結局也不同。

但魏、晉也不全是這樣的情形，寬袍大袖，大家飲酒。反對的也很多。在文章上我們還可以看見裴頠的〈崇有論〉，孫盛的〈老子非大賢論〉，這些都是反對王、何們的。在史實上，則何曾勸司馬懿殺阮籍有好幾回，司馬懿不聽他的話，這是因爲阮籍的飲酒，與時局的關係少些的緣故。

然而後人就將嵇康、阮籍罵起來，人云亦云，一直到現在，一千六百多年。季札說：「中國之君子，明於禮義而陋於知人心。」這是確的，大凡明于禮義，就一定要陋于知人心的，所以古代有許多人受了很大的冤枉。例如嵇、阮的罪名，一向說他們毀壞禮教。但據我個人的意見，這判斷是錯的。魏、晉時代，崇奉禮教的看來似乎很不錯，而實在是毀壞禮教，不信禮教的。表面上毀壞禮教者，實則倒是承認禮教，太相信禮教。因爲魏、晉時所謂崇奉禮教，是用以自利，那崇奉也不過偶然崇奉，如曹操殺孔融，司馬懿殺嵇康，都是因爲他們和不孝有關，但實在曹操、司馬懿何嘗是著名的孝子，不過將這個名義，加罪于反對自己的人罷了。于是老實人以爲如此利用，褻黷了禮教，不平之極，無計可施，激而變成不談禮教不信禮教，甚至于反對禮教。——但其實不過是態度，至于他們的本心，恐怕倒是相信禮教，當作寶貝，比曹操、司馬懿們要迂執得多。現在說一個容易明白的比喻罷，譬如有一個軍閥，在北方——在廣東的人所謂北方和我常說的北方的界限有些不同，我常稱山東、山西、直隸、河南之類爲北方——那軍閥從前是壓迫民黨的，後來北伐軍勢力一大，他便掛起了青天白日旗，說自己已經信仰三民主義了，是總理的信徒。這樣還不够，他還要做總理的紀念週。這時候，真的三民主義的信徒，去呢，不去呢？不去，他那里就可以說你反對三民主義，定罪，殺人。但既然在他的勢力之下，沒有別法，真的總理的信徒，倒會不談三民主義，或者聽人假惺惺的談起來就皺眉，好像反對三民主義模樣。所以我想，魏、晉時所謂反對禮教的人，有許多大約也如此。他們倒是迂夫子，將禮教當作寶貝看待的。

還有一個實證，凡人們的言論、思想、行爲，倘若自己以爲不錯的，就願意天下的別人，自己的朋友都這樣做。但嵇康、阮籍不這樣，不願意別人來模仿他。竹林七賢中有阮咸，是阮籍的姪子，一樣的飲酒。阮籍的兒子阮渾也願加入時，阮籍卻道不必加入，吾家已有阿咸在够了。假若阮籍自以爲行爲是對的，就不當拒絕他的兒子，而阮籍却拒絕自己的兒子，可知阮籍並不以他自己的辦法爲然。至于嵇康，一看他的〈絕交書〉，就知道他的態度很驕傲的；有一次，他在家打鐵，——他的性情是很喜歡打鐵的，——鍾會來看他了，他只打鐵，不理鍾會。鍾會沒有意味，只得走了。其時嵇康就問他：「何所聞而來，何所見而去？」鍾會答道：「聞所聞而來，見所見而去。」這也是嵇康殺身的一條禍根。但我看他做給他的兒子看的〈家誡〉，——當嵇康被殺時，其子方十歲，算來當他做這篇文章的時候，他的兒子是未滿十歲的，——就覺得宛然是兩個人。他在〈家誡〉中教他的兒子做人要小心，還有一條一條的教訓。有一條是說長官處不可常去，亦不可住宿；官長送人們出來時，你不要在後面，因爲恐怕將來官長懲辦壞人時，你有暗中密告的嫌疑。又有一條是說讌飲時候有人爭論，你可立刻走開，免得在旁批評，因爲兩者之間必有對與不對，不批評則不像樣，一批評就總要是甲非乙，不免受一方見怪。還有人要你飲酒，即使不願飲也不要堅決地推辭，必須和和氣氣的拿着杯子。我們就此看來，實在覺得很稀奇：嵇康是那樣高傲的人，而他教子就要他這樣庸碌。因此我們知道，嵇康自己對于他自己的舉動也是不滿足的。所以批評一個人的言行實在難，社會上對於兒子不像父親，稱爲「不肖」，以爲是壞事，殊不知世上正有不願意他的兒子像自己的父親哩。試看阮籍、嵇康，就是如此。這是，因爲他們生於亂世，不得已，纔有這樣的行爲，並非他們的本態。但又于此可見魏、晉的破壞禮教者，實在是相信禮教到固執之極的。

不過何晏、王弼、阮籍、嵇康之流，因爲他們的名位大，一般的人們就學起來，而所學的無非是表面，他們實在的內心，卻不知道。因爲只學他們的皮毛，于是社會上便很多了没意思的空談和飲酒。許多人只會無端的空談和飲酒，無力辦事，也就影響到政治上，弄得玩「空城計」，毫無實際了。在文學上也這樣，嵇康、阮籍的縱酒，是也能做文章的，後來到東晉，空談和飲酒的遺風還在，而萬言的大文如嵇、阮之作，卻沒有了。劉勰說：「嵇康師心以遣論，阮籍使氣以命詩。」這「師心」和「使氣」，便是魏末晉初的文章的特色。正始名士和竹林名士的精神滅後，敢于師心使氣的作家也沒有了。

到東晉，風氣變了。社會思想平靜得多，各處都夾入了佛教的思想。再至晉末，亂也看慣了，篡也看慣了，文章便更和平。代表平和的文章的人有陶潛。他的態度是隨便飲酒，乞食，高興的時候就談論和作文章，無尤無怨。所以現在有人稱他爲「田園詩人」，是個非常和平的田園詩人。他的態度是不容易學的，他非常之窮，而心裏很平靜。家常無米，就去向人家門口求乞。他窮到有客來見，連鞋也沒有，那客人給他從家丁取鞋給他，他便伸了足穿上了。雖然如此，他卻毫不爲意，還是「採菊東籬下，悠然見南山。」這樣的自然狀態，實在不易模仿。他窮到衣服也破爛不堪，而還在東籬下採菊，偶然擡起頭來，悠然的見了南山，這是何等自然。現在有錢的人住在租界裏，僱花匠種數十盆菊花，便做詩，叫作「秋日賞菊傚陶彭澤體，」自以爲合於淵明的高致，我覺得不大像。

陶潛之在晉末，是和孔融于漢末與嵇康于魏末略同，又是將近易代的時候。但他沒有什麼慷慨激昂的表示，于是便博得「田園詩人」的名稱。但《陶集》裏有《述酒》一篇，是說當時政治的。這樣看來，可見他于世事也並沒有遺忘和冷淡，不過他的態度比嵇康、阮籍自然得多，不至于招人注意罷了。還有一個原因，先已說過，是習慣。因爲當時飲酒的風氣相沿下來，人見了也不覺得奇怪，而且漢、魏、晉相沿，時代不遠，變遷極多，既經見慣，就沒有大感觸，陶潛之比孔融、嵇康和平，是當然的。例如看北朝的墓誌，官位升進，往往詳細寫着，再仔細一看，他是已經經歷過兩三個朝代了，但當時似乎並不爲奇。

據我的意思，即使是從前的人，那詩文完全超于政治的所謂「田園詩人」，「山林詩人」，是沒有的。完全超出于人間世的，也是沒有的。既然是超出于世，則當然連詩文也沒有。詩文也是人事，既有詩，就可以知道于世事未能忘情。譬如墨子兼愛，楊子爲我。墨子當然要著書；楊子就一定不著，這纔是「爲我」。因爲若做出書來給別人看，便變成「爲人」了。

由此可知陶潛總不能超于塵世，而且，于朝政還是留心，也不能忘掉「死」，這是他詩文中時時提起的。用別一種看法研究起來，恐怕也會成一個和舊說不同的人物罷。

（一九二七年）

答有恒先生

一九二七年八月《北新》周刊發表有恒的《這時節》一文，說，「在現在的國民革命正沸騰的時候」，「祈望魯迅先生出馬」，魯迅作此文，直白自己的心境。可說是轉折期間的深刻反思。

有恒先生：

你的許多話，今天在《北新》上看見了。我感謝你對于我的希望和好意，這是我看得出來的。現在我想簡略地奉答幾句，並以寄和你意見相仿的諸位。

我很閑，決不至于連寫字工夫都没有。但我的不發議論，是很久了，還是去年夏天決定的，我豫定的沈默期間是兩年。我看得時光不大重要，有時往往將它當作兒戲。

但現在沈默的原因，卻不是先前決定的原因，因爲我離開廈門的時候，思想已經有些改變。這種變遷的徑路，説起來太煩，姑且略掉罷，我希望自己將來或者會發表。單就近時而言，則大原因之一，是：我恐怖了。而且這種恐怖，我覺得從來没有經驗過。

我至今還没有將這「恐怖」仔細分析。姑且説一兩種我自己已經診察明白的，則：——一、我的一種妄想破滅了。我至今爲止，時時有一種樂觀，以爲壓迫，殺戮青年的，大概是老人。這種老人漸漸死去，中國總可比較地有生氣。現在我知道不然了，殺戮青年的，似乎倒大概是青年，而且對于別個的不能再造的生命和青春，更無顧惜。如果對于動物，也要算「暴殄天物」。我尤其怕看的是勝利者的得意之筆：「用斧劈死」呀，……「亂鎗刺死」呀，……。我其實並不是急進的改革論者，我没有反對過死刑。但對于凌遲和滅族，我曾表示過十分的憎惡和悲痛，我以爲二十世紀的人羣中是不應該有的。斧劈鎗刺，自然不説是凌遲，但我們不能用一粒子彈打在他後腦上麽？結果是一樣的，對方的死亡。但事實是事實，血的游戲已經開頭，而角色又是青年，並且有得意之色。我現在已經看不見這齣戲的收場。

二、我發見了自己是一個……。是什麼呢？我一時定不出名目來。我曾經説過：中國歷來是排着喫人的筵宴，有喫的，有被喫的。被喫的也曾喫人，正喫的也會被喫。但我現在發見了，我自己也幫助着排筵宴。先生，你是看我的作品的，我現在發一個問題：看了之後，使你麻木，還是使你清楚；使你昏沈，還是使你活潑？倘所覺的是後者，那我的自己裁判，便證實大半了。中國的筵席上有一種「醉蝦」，蝦越鮮活，喫的人便越高興，越暢快。我就是做這醉蝦的幫手，弄清了老實而不幸的青年的腦子和弄敏了他的感覺，使他萬一遭災時來嘗加倍的苦痛，同時給憎惡他的人們賞玩這較靈的苦痛，得到格外的享樂。我有一種設想，以爲無論討赤軍，討革軍，倘捕到敵黨的有智識的如學生之類，一定特別加刑，甚于對工人或其他無智識者。爲什麼呢，因爲他可以看見更銳敏微細的痛苦的表情，得到特別的愉快。倘我的假設是不錯的，那麼，我的自己裁判，便完全證實了。

所以，我終于覺得無話可説。

倘若再和陳源教授之流開玩笑罷，那是容易的，我昨天就寫了一點。然而無聊，我覺得他們不成什麼問題。他們其實至多也不過喫半隻蝦或呷幾口醉蝦的醋。況且聽説他們已經別離了最佩服的「孤桐先生」，而到青天白日旗下來革命了。我想，只要青天白日旗插遠去，恐怕「孤桐先生」也會來革命的。不成問題了，都革命了，浩浩蕩蕩。

問題倒在我自己的落伍。還有一點小事情。就是，我先前的弄「刀筆」的罰，現在似乎降下來了。種牡丹者得花，種蒺藜者得刺，這是應該的，我毫無怨恨。但不平的是這罰彷彿太重一點，還有悲哀的是帶累了幾個同事和學生。

他們什麼罪孽呢，就因爲常常和我往來，並不說我壞。凡如此的，現在就要被稱爲「魯迅黨」或「語絲派」，這是「研究系」和「現代派」宣傳的一個大成功。所以近一年來，魯迅已以被「投諸四裔」爲原則了。不說不知道，我在厦門的時候，後來是被搬在一所四無鄰居的大洋樓上了，陪我的都是書，深夜還聽到樓下野獸「唔唔」地叫。但我是不怕冷靜的，況且還有學生來談談。然而來了第二下的打擊：三個椅子要搬去兩個，說是什麼先生的少爺已到，要去用了。這時我實在很氣憤，便問他：倘若他的孫少爺也到，我就得坐在樓板上麼？不行！沒有搬去，然而來了第三下的打擊，一個教授微笑道：又發名士脾氣了。厦門的天條，似乎是名士纔能有多于一個的椅子的。「又」者，所以形容我常發名士脾氣也，《春秋》筆法，先生，你大概明白的罷。還有第四下的打擊，那是我臨走的時候了，有人說我之所以走，一因爲没有酒喝，二因爲看見別人的家眷來了，心裏不舒服。這還是根據那一次的「名士脾氣」的。

這不過隨便想到一件小事。但，即此一端，你也就可以原諒我嚇得不敢開口之情有可原了罷。我知道你是不希望我做醉蝦的。我再鬥下去，也許會「身心交病」。然而「身心交病」，又會被人嘲笑的。自然，這些都不要緊。但我何苦呢，做醉蝦？

不過我這回最徼幸的是終于没有被做成爲共産黨。曾經有一位青年，想以獨秀辦《新青年》，而我在那里做過文章這一件事，來證成我是共産黨。但即被別一位青年推翻了，他知道那時連獨秀也還未講共産。退一步，「親共派」罷，終于也没有弄成功。倘我一出中山大學即離廣州，我想，是要被排進去的；但我不走，所以報上「逃走了」「到漢口去了」的鬧了一通之後，倒也没有事了。天下究竟還有光明，没有人説我有「分身法」。現在是，似乎没有什麽頭銜了，但據「現代派」説，我是「語絲派的首領」。這和生命大約並無什麽直接關係，或者倒不大要緊的，只要他們没有第二下。倘如「主角」唐有壬似的又説什麽「墨斯科的命令」，那可就又有些不妙了。

筆一滑，話説遠了，趕緊回到「落伍」問題去。我想，先生，你大約看見的，我曾經歎息中國没有敢「撫哭叛徒的弔客。」而今何如？你也看見，在這半年中，我何嘗說過一句話？雖然我曾在講堂上公表過我的意思，雖然我的文章那時也無處發表，雖然我是早已不說話，但這都不足以作我的辯解。總而言之，現在倘再發那些四平八穩的「救救孩子」似的議論，連我自己聽去，也覺得空空洞洞了。

還有，我先前的攻擊社會，其實也是無聊的。社會没有知道我在攻擊，倘一知道，我早已死無葬身之所了。試一攻擊社會的一分子的陳源之類，看如何？而況四萬萬也哉？我之得以偷生者，因爲他們大多數不識字，不知道，並且我的話也無效力，如一箭之入大海。否則，幾條雜感，就可以送命的。民衆的罰惡之心，並不下于學者和軍閥。近來我悟到凡帶一點改革性的主張，倘于社會無涉，纔可以作爲「廢話」而存留，萬一見效，提倡者即大概不免喫苦或殺身之禍。古今中外，其揆一也。即如目前的事，吳稚暉先生不也有一種主義的麼？而他不但不被普天同憤，且可以大呼「打倒……嚴辦」者，即因爲赤黨要實行共產主義于二十年之後，而他的主義卻須數百年之後或者纔行，由此觀之，近於廢話故也。人那有遙管十餘代以後的灰孫子時代的世界的閑情別致也哉？

話已經說得不少，我想收梢了。我感于先生的毫無冷笑和悲意的態度，所以也誠實的奉答，自然，一半也借此發些牢騷。但我要聲明，上面的説話中，我並不含有謙虛，我知道我自己，我解剖自己並不比解剖別人留情面。好幾個滿肚子惡意的所謂批評家，竭力搜索，都尋不出我的真症候。所以我這回自己説一點，當然不過一部分，有許多還是隱藏着的。

我覺得我也許從此不再有什麽話要説，恐怖一去，來的是什麽呢，我還不得而知，恐怕不見得是好東西罷。但我也在救助我自己，還是老法子：一是麻痺，二是忘卻。一面掙扎着，還想從以後淡下去的「淡淡的血痕中」看見一點東西，謄在紙片上。

魯迅　九，四。

（一九二七年）

怎麼寫

——夜記之一——

本文作於一九二七年九月二十二日，五日後便離穗赴滬。文中述及廣州時期的事情。《做什麼》是中共廣東區委學生運動委員會的刊物。《這樣做》則是與之對立的刊物。

寫什麼是一個問題，怎麼寫又是一個問題。

今年不大寫東西，而寫給《莽原》的尤其少。我自己明白這原因。説起來是極可笑的，就因爲它紙張好。有時有一點雜感，仔細一看，覺得沒有什麼大意思，不要去填黑了那麼潔白的紙張，便廢然而止了。好的又沒有。我的頭裏是如此地荒蕪，淺陋，空虛。

可談的問題自然多得很，自宇宙以至社會國家，高超的還有文明，文藝。古來許多人談過了，將來要談的人也將無窮無盡。但我都不會談。記得還是去年躲在厦門島上的時候，因爲太討人厭了，終于得到「敬鬼神而遠之」式的待遇，被供在圖書館樓上的一間屋子裏。白天還有館員，訂書匠，閱書的學生，夜九時後，一切星散，一所很大的洋樓裏，除我以外，沒有別人。我沉静下去了。寂静濃到如酒，令人微醺。望後窗外骨立的亂山中許多白點，是叢塚；一粒深黃色火，是南普陀寺的瑠璃燈。前面則海天微茫，黑絮一般的夜色簡直似乎要撲到心坎裏。我靠了石欄遠眺，聽得自己的心音，四遠還彷彿有無量悲哀，苦惱，零落，死滅，都雜入這寂静中，使牠變成藥酒，加色，加味，加香。這時，我曾經想要寫，但是不能寫，無從寫。這也就是我所謂「當我沉默着的時候，我覺得充實，我將開口，同時感到空虛。」

莫非這就是一點「世界苦惱」麼？我有時想。然而大約又不是的，這不過是淡淡的哀愁，中間還帶些愉快。我想接近牠，但我愈想，牠卻愈渺茫了，幾乎就要發見僅只我獨自倚着石欄，此外一無所有。必須待到我忘了努力，纔又感到淡淡的哀愁。

那結果卻大抵不很高明。腿上鋼針似的一刺，我便不假思索地用手掌向痛處直拍下去，同時只知道蚊子在咬我。什麼哀愁，什麼夜色，都飛到九霄雲外去了，連靠過的石欄也不再放在心裏。而且這還是現在的話，那時呢，回想起來，是連不將石欄放在心裏的事也沒有想到的。仍是不假思索地走進房裏去，坐在一把唯一的半躺椅——躺不直的藤椅子——上，撫摩着蚊喙的傷，直到牠由痛轉癢，漸漸腫成一個小疙瘩。我也就從撫摩轉成搔，掐，直到牠由癢轉痛，比較地能夠打熬。

此後的結果就更不高明了，往往是坐在電燈下喫柚子。

雖然不過是蚊子的一叮，總是本身上的事來得切實。能不寫自然更快活，倘非寫不可，我想，也只能寫一些這類小事情，而還萬不能寫得正如那一天所身受的顯明深切。而況千叮萬叮，而況一刀一鎗，那是寫不出來的。

尼采愛看血寫的書。但我想，血寫的文章，怕未必有罷。文章總是墨寫的，血寫的倒不過是血跡。牠比文章自然更驚心動魄，更直截分明，然而容易變色，容易消磨。這一點，就要任憑文學逞能，恰如塚中的白骨，往古來今，總要以它的永久來傲視少女頰上的輕紅似的。

能不寫自然更快活，倘非寫不可，我想，就是隨便寫寫罷，橫豎也只能如此。這些都應該和時光一同消逝，假使會比血跡永遠鮮活，也只足證明文人是儌倖者，是乖角兒。但真的血寫的書，當然不在此例。

當我這樣想的時候，便覺得「寫什麼」倒也不成什麼問題了。

「怎樣寫」的問題，我是一向未曾想到的。初知道世界上有着這麼一個問題，還不過兩星期之前。那時偶然上街，偶然走進丁卜書店去，偶然看見一疊《這樣做》，便買取了一本。這是一種期刊，封面上畫着一個騎馬的少年兵士。我一向有一種偏見，凡書面上畫着這樣的兵士和手捏鐵鋤的農工的刊物，是不大去涉略的，因爲我總疑心它是宣傳品。發抒自己的意見，結果弄成帶些宣傳氣味了的伊孛生等輩的作品，我看了倒並不發煩。但對于先有了「宣傳」兩個大字的題目，然後發出議論來的文藝作品，卻總有些格格不入，那不能直呑下去的模樣，就和雒誦教訓文學的時候相同。但這《這樣做》卻又有些特別，因爲我還記得日報上曾經說過，是和我有關係的。也是凡事切己，則格外關心的一例罷，我便再不怕書面上的騎馬的英雄，將牠買來了。回來後一檢查剪存的舊報，還在的，日子是三月七日，可惜沒有注明報紙的名目，但不是《民國日報》，便是《國民新聞》，因爲我那時所看的只有這兩種。下面抄一點報上的話：——

「自魯迅先生南來後，一掃廣州文學之寂寞，先後創辦者有《做什麼》，《這樣做》兩刊物。聞《這樣做》爲革命文學社定期出版物之一，內容注重革命文藝及本黨主義之宣傳。……」

開首的兩句話有些含混，說我都與聞其事的也可以，說因我「南來」了而別人創辦的也通。但我是全不知情。當初將日報剪存，大概是想調查一下的，後來卻又忘卻，擱下了。現在還記得《做什麼》出版後，曾經送給我五本。我覺得這團體是共產青年主持的，因爲其中有「堅如」，「三石」等署名，該是畢磊，通信處也是他。他還曾將十來本《少年先鋒》送給我，而這刊物裏面則分明是共產青年所作的東西。果然，畢磊君大約確是共產黨，于四月十八日從中山大學被捕。據我的推測，他一定早已不在這世上了，這看去很是瘦小精幹的湖南的青年。

《這樣做》卻在兩星期以前纔見面，已經出到七八期合冊了。第六期沒有，或者說被禁止，或者說未刊，莫衷一是，我便買了一本七八合册和第五期。看日報的記事便知道，這該是和《做什麽》反對，或對立的。我拿回來，倒看上去，通訊欄裏就這樣說：「在一般CP氣焰盛張之時，……而你們一覺悟起來，馬上退出CP，不祇是光退出便了事，尤其值得CP氣死的，就是破天荒的接二連三的退出共産黨登報聲明。……」那麽，確是如此了。

這里又即刻出了一個問題。爲什麽這麽大相反對的兩種刊物，都因我「南來」而「先後創辦」呢？這在我自己，是容易解答的：因爲我新來而且灰色。但要講起來，怕又有些話長，現在姑且保留，待有相當的機會時再說罷。

這回且說我看《這樣做》。看過通訊，懶得倒翻上去了，于是看目録。忽而看見一個題目道：《郁達夫先生休矣》，便又起了好奇心，立刻看文章。這還是切己的瑣事總比世界的哀愁關心的老例，達夫先生是我所認識的，怎麽要他「休矣」了呢？急於要知道。假使說的是張龍、趙虎，或是我素昧平生的偉人，老實說罷，我決不會如此留心。

原來是達夫先生在《洪水》上有一篇〈在方向轉換的途中〉，說這一二次的革命是階級鬥爭的理論的實現，而記者則以爲是民族革命的理論的實現。大約還有英雄主義不適宜于今日等類的話罷，所以便被認爲「中傷」和「挑撥離間」，非「休矣」不可了。

我在電燈下回想，達夫先生我見過好幾面，談過好幾回，只覺他穩健和平，不至于得罪於人，更何況得罪於國。怎麼一下子就這麼流于「偏激」了？我倒要看看《洪水》。

這期刊，聽説在廣西是被禁止的了，廣東倒還有。我得到的是第三卷第二十九至三十二期。照例的壞脾氣，從三十二期倒看上去，不久便翻到第一篇〈日記文學〉，也是達夫先生做的，于是便不再去尋〈方向轉換的途中〉，變成看談文學了。我這種模模胡胡的看法，自己也明知道是不對的，但《怎麼寫》的問題，卻就出在那裏面。

作者的意思，大略是説凡文學家的作品，多少總帶點自敘傳的色彩的，若以第三人稱來寫出，則時常有誤成第一人稱的地方。而且敘述這第三人稱的主人公的心理狀態過于詳細時，讀者會疑心這別人的心思，作者何以會曉得得這樣精細？于是那一種幻滅之感，就使文學的真實性消失了。所以散文作品中最便當的體裁，是日記體，其次是書簡體。

這誠然也值得討論的。但我想，體裁似乎不關重要。上文的第一缺點，是讀者的粗心。但只要知道作品大抵是作者借別人以敘自己，或以自己推測別人的東西，便不至于感到幻滅，即使有時不合事實，然而還是真實。其真實，正與用第三人稱時或誤用第一人稱時毫無不同。倘有讀者只執滯于體裁，只求没有破綻，那就以看新聞記事爲宜，對于文藝，活該幻滅。而其幻滅也不足惜，因爲這不是真的幻滅，正如查不出大觀園的遺跡，而不滿于「紅樓夢」者相同。倘作者如此犧牲了抒寫的自由，即使極小部分，也無異於削足適履的。

第二種缺陷，在中國也已經是頗古的問題。紀曉嵐攻擊蒲留仙的《聊齋志異》，就在這一點。兩人密語，決不肯泄，又不爲第三人所聞，作者何從知之？所以他的《閱微草堂筆記》，竭力只寫事狀，而避去心思和密語。但有時又落了自設的陷阱，于是只得以《春秋左氏傳》的「渾良夫夢中之噪」來解嘲。他的支絀的原因，是在要使讀者信一切所寫爲事實，靠事實來取得真實性，所以一與事實相左，那真實性也隨即滅亡。如果他先意識到這一切是創作，即是他個人的造作，便自然没有一切罣礙了。

一般的幻滅的悲哀，我以爲不在假，而在以假爲真。記得年幼時，很喜歡看變戲法，猢猻騎羊，石子變白鴿，最末是將一個孩子刺死，蓋上被單，一個江北口音的人向觀衆裝出撒錢模樣道：**Huazaa**！**Huazaa**！大概是誰都知道，孩子並没有死，噴出來的是裝在刀柄裏的蘇木汁，**Huazaa** 一够，他便會跳起來的。但還是出神地看着，明明意識着這是戲法，而全心沈浸在這戲法中。萬一變戲法的定要做得真實，買了小棺材，裝進孩子去，哭着擡走，倒反索然無味了。這時候，連戲法的真實也消失了。

我寧看《紅樓夢》，卻不願看新出的《林黛玉日記》，牠一頁能够使我不舒服小半天。《板橋家書》我也不喜歡看，不如讀他的《道情》。我所不喜歡的是他題了家書兩個字。那麼，爲什麼刻了出來給許多人看的呢？不免有些裝腔。幻滅之來，多不在假中見真，而在真中見假。日記體，書簡體，寫起來也許便當得多罷，但也極容易起幻滅之感；而一起則大抵很厲害，因爲牠起先模樣裝得真。

《越縵堂日記》近來已經極風行了，我看了卻總覺得他每次要留給我一點很不舒服的東西。爲什麼呢？一是鈔上諭。大概是受了何焯的故事的影響的，他提防有一天要蒙《御覽》。二是許多墨塗。寫了尚且塗去，該有許多不寫的罷？三是早給人家看，鈔，自以爲一部著作了。我覺得從中看不見李慈銘的心，卻時時看到一些做作，彷彿受了欺騙。翻翻一部小說，雖是很荒唐，淺陋，不合理，倒從來不起這樣的感覺的。

聽說後來胡適之先生也在做日記，並且給人傳觀了。照文學進化的理論講起來，一定該好得多。我希望他提前陸續的印出。

但我想，散文的體裁，其實是大可以隨便的，有破綻也不妨。做作的寫信和日記，恐怕也還不免有破綻，而一有破綻，便破滅到不可收拾了。與其防破綻，不如忘破綻。

（一九二七年）

小雜感

作於離開廣州前三天，以警句形式表達對「革命」前後世相人生的憤慨。

蜜蜂的刺，一用即喪失了它自己的生命；犬儒的刺，一用則苟延了他自己的生命。他們就如此不同。

約翰穆勒說：專制使人們變成冷嘲。

而他竟不知道共和使人們變成沈默。

要上戰場，莫如做軍醫；要革命，莫如走後方；要殺人，莫如做劊子手。既英雄，又穩當。

與名流學者談，對于他之所講，當裝作偶有不懂之處。太不懂被看輕，太懂了被厭惡。偶有不懂之處，彼此最爲合宜。

世間大抵只知道指揮刀所以指揮武士，而不想到也可以指揮文人。

又是演講錄，又是演講錄。

但可惜都沒有講明他何以和先前大兩樣了；也沒有講明他演講時，自己是否真相信自己的話。

闊的聰明人種種譬如昨日死。

不闊的傻子種種實在昨日死。

曾經闊氣的要復古，正在闊氣的要保持現狀，未曾闊氣的要革新。

大抵如是。大抵！

他們之所謂復古，是回到他們所記得的若干年前，并非虞、夏、商、周。

女人的天性中有母性，有女兒性；無妻性。

妻性是逼成的，只是母性和女兒性的混合。

防被欺。

自稱盜賊的無須防，得其反倒是好人；自稱正人君子的必須防，得其反則是盜賊。

樓下一個男人病得要死，那間壁的一家唱着留聲機；對面是弄孩子。樓上有兩人狂笑；還有打牌聲。河中的船上有女人哭着她死去的母親。

人類的悲歡並不相通，我只覺得他們吵鬧。

每一個破衣服人走過，叭兒狗就叫起來，其實並非都是狗主人的意旨或使嗾。

叭兒狗往往比它的主人更嚴厲。

恐怕有一天總要不准穿破布衫，否則便是共產黨。

革命，反革命，不革命。

革命的被殺于反革命的。反革命的被殺于革命的。不革命的或當作革命的而被殺于反革命的，或當作反革命的而被殺于革命的，或並不當作什麼而被殺于革命的或反革命的。

革命，革革命，革革革命，革革……。

人感到寂寞時，會創作；一感到乾淨時，即無創作，他已經一無所愛。

創作總根于愛。楊朱無書。

創作雖說抒寫自己的心，但總願意有人看。創作是有社會性的。

但有時只要有一個人看便滿足：好友，愛人。

人往往憎和尚，憎尼姑，憎回教徒，憎耶教徒，而不憎道士。懂得此理者，懂得中國大半。

要自殺的人，也會怕大海的汪洋，怕夏天死屍的易爛。但遇到澄靜的清池，涼爽的秋夜，他往往也自殺了。

凡爲當局所「誅」者皆有「罪」。

劉邦除秦苛暴，「與父老約，法三章耳。」

而後來仍有族誅，仍禁挾書，還是秦法。

法三章者，話一句耳。

一見短袖子，立刻想到白臂膊，立刻想到全裸體，立刻想到生殖器，立刻想到性交，立刻想到雜交，立刻想到私生子。中國人的想象惟在這一層能夠如此躍進。

（一九二七年）九月二十四日。

通信

魯迅於一九二七年十月三日抵上海後，寫作多有論及革命文學問題者，但不久便遭創造社、太陽社中人圍攻。本文作於一九二八年四月，回答「一個被你毒害的青年Y」的來信。講述自己的感想，對那一大批「革命文學家」有所批評。

Y先生：

我當答覆之前，先要向你告罪，因爲我不能如你的所囑，不將來信發表。來信的意思，是要我公開答覆的，那麼，倘將原信藏下，則我的一切所說，便變成「無題詩N百韻」，令人莫名其妙了。況且我的意見，以爲這也不足恥笑。自然，中國很有爲革命而死掉的人，也很有雖然喫苦，仍在革命的人，但也有雖然革命，而在享福的人……。革命而尚不死，當然不能算革命到底，殊無以對死者，但一切活着的人，該能原諒的罷，彼此都不過是靠儌倖，或靠狡猾，巧妙。他們只要用鏡子略略一照，大概就可以收起那一副英雄嘴臉來的。

我在先前，本來也還無須賣文糊口的，拿筆的開始，是在應朋友的要求。不過大約心裏原也藏着一點不平，因此動起筆來，每不免露些憤言激語，近於鼓動青年的樣子。段祺瑞執政之際，雖頗有人造了謠言，但我敢說，我們所做的那些東西，決不沾別國的半個盧布，闊人的一文津貼，或者書舖的一點稿費。我也不想充「文學家」，所以也從不連絡一班同夥的批評家叫好。幾本小說銷到上萬，是我想也沒有想到的。

至于希望中國有改革，有變動之心，那的確是有一點的。雖然有人指定爲我沒有出路——哈哈，出路，中狀元麼——的作者，「毒筆」的文人，但我自信並未抹殺一切。我總以爲下等人勝于上等人，青年勝于老頭子，所以從前並未將我的筆尖的血，灑到他們身上去。

我也知道一有利害關係的時候，他們往往也就和上等人老頭子差不多了，然而這是在這樣的社會組織之下，勢所必至的事。對於他們，攻擊的人又正多，我何必再來助人下石呢，所以我所揭發的黑暗是只有一方面的，本意實在並不在欺蒙閱讀的青年。

以上是我尚在北京，就是成仿吾所謂「蒙在鼓裏」做小資產階級時候的事。但還是因爲行文不愼，飯碗敲破了，並且非走不可了，所以不待「無煙火藥」來轟，使輾轉跑到了「革命策源地」。住了兩月，我就駭然，原來往日所聞，全是謠言，這地方，卻正是軍人和商人所主宰的國土。于是接着是淸黨，詳細的事實，報章上是不大見的，只有些風聞。我正有些神經過敏，于是覺得正像是「聚而殲旃」，很不免哀痛。雖然明知道這是「淺薄的人道主義」，不時髦已經有兩三年了，但因爲小資產階級根性未除，于心總是戚戚。那時我就想到我恐怕也是安排筵宴的一個人，就在答有恒先生的信中，表白了幾句。

先前的我的言論，的確失敗了，這還是因爲我料事之不明。那原因，大約就在多年「坐在玻璃窗下，醉眼朦朧看人生」的緣故。然而那麼風雲變幻的事，恐怕世界上是不多有的，我沒有料到，未曾描寫，可見我還不很有「毒筆」。但是，那時的情形，卻連在十字街頭，在民間，在官間，前看五十年的超時代的革命文學家也似乎沒有看到，所以毫不先行「理論鬥爭。」否則，該可以救出許多人的罷。我在這里引出革命文學家來，並非要在事後譏笑他們的愚昧，不過是說，我的看不到後來的變幻，乃是我還欠刻毒，因此便發生錯誤，並非我和什麼人協商，或自己要做什麼，立意來欺人。

但立意怎樣，於事實是無干的。我疑心喫苦的人們中，或不免有看了我的文章，受了刺戟，於是挺身出而革命的青年，所以實在很苦痛。但這也因爲我天生的不是革命家的緣故，倘是革命鉅子，看這一點犧牲，是不算一回事的。第一是自己活着，能永遠做指導，因爲没有指導，革命便不成功了。你看革命文學家，就都在上海租界左近，一有風吹草動，就有洋鬼子造成的鐵絲網，將反革命文學的華界隔離，于是從那裏面擲出無煙火藥——約十萬兩——來，轟然一聲，一切有閑階級便都「奧伏赫變」了。

那些革命文學家，大抵是今年發生的，有一大串。雖然還在互相標榜，或互相排斥，我也分不清是「革命已經成功」的文學家呢，還是「革命尚未成功」的文學家。不過似乎說是因爲有了我的一本《吶喊》或《野草》，或我們印了《語絲》，所以革命還未成功，或青年懶于革命了。這口吻卻大家大略一致的。這是今年革命文學界的輿論。對于這些輿論，我雖然又好氣又好笑，但也頗有些高興。因爲雖然得了延誤革命的罪狀，而一面卻免去誘殺青年的內疚了。那麼，一切死者，傷者，喫苦者，都和我無關。先前真是擅負責任。我先前是立意要不講演，不教書，不發議論，使我的名字從社會上死去，算是我的贖罪的，今年倒心裏輕鬆了，又有些想活動。不料得了你的信，卻又使我的心沈重起來。

但我已經沒有去年那麼沈重。近大半年來，徵之輿論，按之經驗，知道革命與否，還在其人，不在文章的。你說我毒害了你了，但這里的批評家，卻明明說我的文字是「非革命」的。假使文學足以移人，則他們看了我的文章，應該不想做革命文學了，現在他們已經看了我的文章，斷定是「反革命」，而仍不灰心，要做革命文學者，可見文字于人，實在沒有什麼影響，——只可惜是同時打破了革命文學的牌坊。不過先生和我素昧平生，想來決不至于誣栽我，所以我再從別一面來想一想。第一、我以爲你膽子太大了，別的革命文學家，因爲我描寫黑暗，便嚇得屁滾尿流，以爲沒有出路了，所以他們一定要講最後的勝利，付多少錢終得多少利，像人壽保險公司一般。而你並不計較這些，偏要向黑暗進攻，這是喫苦的原因之一。既然太大膽，那麼，第二、就是太認真。革命是也有種種的。你的遺產被革去了，但也有將遺產革來的，但也有連性命都革去的，也有只革到薪水，革到稿費，而倒捐了革命家的頭銜的。這些英雄，自然是認真的，但若較原先更有損了，則我以爲其病根就在「太」。第三、是你還以爲前途太光明，所以一碰釘子，便大失望，如果先前不期必勝，則即使失敗，苦痛恐怕會小得多罷。

那麼，我没有罪戾麼？有的，現在正有許多正人君子和革命文學家，用明鎗暗箭，在辦我革命及不革命之罪，將來我所受的傷的總計，我就劃一部分賠償你的尊「頭」。

這里添一點考據：「還我頭來」這話，據《三國志演義》，是關雲長夫子說的，似乎並非梁遇春先生。

以上其實都是空話。一到先生個人問題的陣營，倒是十分難於動手了，這決不是什麼「前進呀，殺呀，青年呵」那樣英氣勃勃的文字所能解決的。真話呢，我也不想公開，因爲現在還是言行不大一致的好。但來信没有住址，無法答覆，只得在這里說幾句。第一、要謀生之道，則不擇手段。且住，現在很有些没分曉漢，以爲「問目的不問手段」是共産黨的口訣，這是大錯的。人們這樣的很多，不過他們不肯說出口。蘇俄的學藝教育人民委員盧那卡爾斯基所作的《被解放的吉訶德先生》裏，將這手段使一個公爵使用，可見也是貴族的東西，堂皇冠冕。第二、要愛護愛人。這據輿論，是大背革命之道的。但不要緊，你只要做幾篇革命文字，主張革命青年不該講戀愛就好了。只是假如有一個有權者或什麼敵前來問罪的時候，這也許仍要算一條罪狀，你會後悔輕信了我的話。因此，我得先行聲明：等到前來問罪的時候，倘沒有這一節，他們就會找別一條的。蓋天下的事，往往決計問罪在先，而搜集罪狀（普通是十條）在後也。

先生，我將這樣的話寫出，可以略蔽我的過錯了罷。因爲只這一點，我便可以又受許多傷。先是革命文學家就要哭罵道：「虛無主義者呀，你這壞東西呀！」嗚呼，一不謹慎，又在新英雄的鼻子上抹了一點粉了。趁便先辯幾句罷：無須大驚小怪，這不過不擇手段的手段，還不是主義哩。即使是主義，我敢寫出，肯寫出，還不算壞東西。等到我壞起來，就一定將這些寶貝放在肚子裏，手頭集許多錢，住在安全地帶，而主張別人必須做犧牲。

先生，我也勸你暫時玩玩罷，隨便弄一點糊口之計，不過我並不希望你永久「沒落」，有能改革之處，還是隨時可以順手改革的，無論大小。我也一定遵命，不但「歇歇」，而且玩玩。但這也並非因爲你的警告，實在是原有此意的了。我要更加講趣味，尋閑暇，即使偶然涉及什麼，那是文字上的疏忽，若論「動機」或「良心」，卻也許並不這樣的。

紙完了，回信也即此爲止。並且順頌

痊安，又祝

令愛人不挨餓。

魯迅　四月十日。

（一九二八年）

四 硬譯與文學的階級性（節錄）

魯迅到上海後，既遭創造社、太陽社的「革命文學家」圍攻，又被新月派的紳士文人奚落。他多次著文反擊。本篇作於一九三〇年一月，回答梁實秋刊於《新月》的兩篇文章——《文學是有階級性的嗎？》和《論魯迅先生的「硬譯」》。魯迅藉此澄清革命文學的觀念，對「左」右兩種偏差都加以駁斥。此文寫於醞釀組織「左翼作家聯盟」之際，發表於三月號《萌芽》月刊。從這期起，《萌芽》成爲左聯刊物之一。

……………

又其次，梁先生最痛恨的是無産文學理論家以文藝爲鬥爭的武器，就是當作宣傳品。他「不反對任何人利用文學來達到另外的目的」，但「不能承認宣傳式的文字便是文學」。我以爲這是自擾之談。據我所看過的那些理論，都不過説凡文藝必有所宣傳，並沒有誰主張只要宣傳式的文字便是文學。誠然，前年以來，中國確曾有許多詩歌小説，填進口號和標語去，自以爲就是無産文學。但那是因爲内容和形式，都沒有無産氣，雖用口號和標語，便無從表示其「新興」的緣故，實際上也並非無産文學。今年，有名的「無産文學底批評家」錢杏邨先生在《拓荒者》上還在引盧那卡爾斯基的話，以爲他推重大衆能解的文學，足見用口號標語之未可厚非，來給那些「革命文學」辯護。但我覺得那也和梁實秋先生一樣，是有意的或無意的曲解。盧那卡爾斯基所謂大衆能解的東西，當是指託爾斯泰做了分給農民的小本子那樣的文體，工農一看便會了然的語法，歌調，詼諧，只要看台明·培特尼（Demian Bednii) 曾因詩歌得到赤旗章，而他的詩中並不用標語和口號，便可明白了。

……………

到這里，又可以談到我的「硬譯」去了。

推想起來，這是很應該跟着發生的問題：無產文學既然重在宣傳，宣傳必須多數能懂，那麼，你這些「硬譯」而難懂的理論「天書」，究竟爲什麼而譯的呢？不是等于不譯麼？

我的回答，是：爲了我自己，和幾個以無產文學批評家自居的人，和一部分不圖「爽快」，不怕艱難，多少要明白一些這理論的讀者。

從前年以來，對于我個人的攻擊是多極了，每一種刊物上，大抵總要看見「魯迅」的名字，而作者的口吻，則粗粗一看，大抵好像革命文學家。但我看了幾篇，竟逐漸覺得廢話太多了。解剖刀既不中腠理，子彈所擊之處，也不是致命傷。例如我所屬的階級罷，就至今還未判定，忽說小資產階級，忽說「布爾喬亞」，有時還升爲「封建餘孽」，而且又等于猩猩(見《創造月刊》上的「東京通信」)；有一回則罵到牙齒的顏色。在這樣的社會裏，有封建餘孽出風頭，是十分可能的，但封建餘孽就是猩猩，卻在任何「唯物史觀」上都沒有說明，也找不出牙齒色黃，即有害于無產階級革命的論據。我于是想，可供參考的這樣的理論，是太少了，所以大家有些胡塗。對于敵人，解剖，咬嚼，現在是在所不免的，不過有一本解剖學，有一本烹飪法，依法辦理，則構造味道，總還可以較爲清楚，有味。人往往以神話中的Prometheus比革命者，以爲竊火給人，雖遭天帝之虐待不悔，其博大堅忍正相同。但我從別國裏竊得火來，本意卻在煮自己的肉的，以爲倘能味道較好，庶幾在咬嚼者那一面也得到較多的好處，我也不枉費了身軀：出發點全是個人主義，并且還夾雜着小市民性的奢華，以及慢慢地摸出解剖刀來，反而刺進解剖者的心臟裏去的「報復」。梁先生說「他們要報復」！其實豈只「他們」，這樣的人在「封建餘孽」中也很有的。然而，我也願意于社會上有些用處，看客所見的結果仍是火和光。這樣，首先開手的就是《文藝政策》，因爲其中含有各派的議論。

……………

（一九三〇年）

橫眉冷對千夫指
俯首甘為孺子牛

六 左聯前期（一九三〇——一九三三）

運交華蓋欲何求，
未敢翻身已碰頭。
舊帽遮顏過鬧市，
破船載酒泛中流。
橫眉冷對千夫指，
俯首甘爲孺子牛。
躲進小樓成一統，
管他冬夏與春秋。

自嘲 一九三二

四

對于左翼作家聯盟的意見

——三月二日在左翼作家聯盟成立大會講——

魯迅在上海遭「革命文學家」圍攻中，奮力閱讀「科學底文藝論」著作。除作文還擊外，一九二九、三〇年間，還翻譯出版多種俄蘇文學理論專書。又先後創辦《奔流》、《萌芽》月刊，介紹馬克思主義文藝思想，以矯正論戰者的偏頗。一九二九年底，中共建議創造社、太陽社和魯迅三方面聯合起來，通過馮雪峯中介磋商，獲得魯迅同意，中國左翼作家聯盟（簡稱「左聯」）遂於一九三〇年三月二日成立。魯迅在成立大會上發表演説，此文即就演講記録補充定稿。

有許多事情，有人在先已經講得很詳細了，我不必再説。我以爲在現在，「左翼」作家是很容易成爲「右翼」作家的。爲什麼呢？第一，倘若不和實際的社會鬥爭接觸，單關在玻璃窗内做文章，研究問題，那是無論怎樣的激烈，「左」，都是容易辦到的；然而一碰到實際，便即刻要撞碎了。關在房子裏，最容易高談徹底的主義，然而也最容易「右傾」。西洋的叫做「Salon的社會主義者」，便是指這而言。「Salon」是客廳的意思，坐在客廳裏談談社會主義，高雅得很，漂亮得很，然而並不想到實行的。這種社會主義者，毫不足靠。並且在現在，不帶點廣義的社會主義的思想的作家或藝術家，就是説工農大衆應該做奴隸，應該被虐殺，被剝削的這樣的作家或藝術家，是差不多没有了，除非墨索里尼，但墨索里尼並没有寫過文藝作品，（當然，這樣的作家，也還不能説完全没有，例如中國的新月派諸文學家，以及所說的墨索里尼所寵愛的鄧南遮便是。）

第二，倘不明白革命的實際情形，也容易變成「右翼」。革命是痛苦，其中也必然混有污穢和血，決不是如詩人所想像的那般有趣，這般完美；革命尤其是現實的事，需要各種卑賤的，麻煩的工作，決不如詩人所想像的那般浪漫；革命當然有破壞，然而更需要建設，破壞是痛快的，但建設卻是麻煩的事。所以對于革命抱着浪漫諦克的幻想的人，一和革命接近，一到革命進行，便容易失望。聽說俄國的詩人葉遂甯，當初也非常歡迎十月革命，當時他叫道，「萬歲，天上和地上的革命！」又說「我是一個布爾塞維克了！」然而一到革命後，實際上的情形，完全不是他所想像的那麼一回事，終于失望，頹廢。葉遂甯後來是自殺了的，聽說這失望是他的自殺的原因之一。又如畢力涅、愛倫堡，也都是例子。在我們辛亥革命時也有同樣的例，那時有許多文人，例如屬于「南社」的人們，開初大抵是很革命的，但他們抱着一種幻想，以爲只要將滿洲人趕出去，便一切都恢復了「漢官威儀」，人們都穿大袖的衣服，峨冠博帶，大步地在街上走。誰知趕走滿清皇帝以後，民國成立，情形卻全不同，所以他們便失望，以後有些人甚至成爲新的運動的反動者。但是，我們如果不明白革命的實際情形，也容易和他們一樣的。

還有，以爲詩人或文學家高于一切人，他底工作比一切工作都高貴，也是不正確的觀念。舉例說，從前海涅以爲詩人最高貴，而上帝最公平，詩人在死後，便到上帝那里去，圍着上帝坐着，上帝請他喫糖果。在現在，上帝請喫糖果的事，是當然無人相信的了，但以爲詩人或文學家，現在爲勞動大衆革命，將來革命成功，勞動階級一定從豐報酬，特別優待，請他坐特等車，喫特等飯，或者勞動者捧着牛油麵包來獻他，說：「我們的詩人，請用吧！」這也是不正確的；因爲實際上決不會有這種事，恐怕那時比現在還要苦，不但沒有牛油麵包，連黑麵包都沒有也說不定，俄國革命後一二年的情形便是例子。如果不明白這情形，也容易變成「右翼」。事實上，勞動者大衆，只要不是梁實秋所說「有出息」者，也決不會特別看重知識階級者的，如我所譯的《潰滅》中的美諦克(知識階級出身)，反而常被礦工等所嘲笑。不待說，知識階級有知識階級的事要做，不應特別看輕，然而勞動階級決無特別例外地優待詩人或文學家的義務。

現在，我說一說我們今後應注意的幾點。

第一，對于舊社會和舊勢力的鬥爭，必須堅決，持久不斷，而且注重實力。舊社會的根柢原是非常堅固的，新運動非有更大的力不能動搖它什麼。並且舊社會還有它使新勢力妥協的好辦法，但它自己是決不妥協的。在中國也有過許多新的運動了，卻每次都是新的敵不過舊的，那原因大抵是在新的一面没有堅決的廣大的目的，要求很小，容易滿足。譬如白話文運動，當初舊社會是死力抵抗的，但不久便容許白話文底存在，給他一點可憐地位，在報紙的角頭等地方可以看見用白話寫的文章了，這是因爲在舊社會看來，新的東西並没有什麼，並不可怕，所以就讓它存在，而新的一面也就滿足，以爲白話文已得到存在權了。又如一二年來的無產文學運動，也差不多一樣，舊社會也容許無產文學，因爲無產文學並不厲害，反而他們也來弄無產文學，拿去做裝飾，彷彿在客廳裏放着許多古董磁器以外，放一個工人用的粗碗，也很別緻；而無產文學者呢，他已經在文壇上有個小地位，稿子已經賣得出去了，不必再鬥爭，批評家也唱着凱旋歌：「無產文學勝利！」但除了個人的勝利，即以無產文學而論，究竟勝利了多少？況且無產文學，是無產階級解放鬥爭底一翼，它跟着無產階級的社會的勢力的成長而成長，在無產階級的社會地位很低的時候，無產文學的文壇地位反而很高，這只是證明無產文學者離開了無產階級，回到舊社會去罷了。

第二，我以爲戰線應該擴大。在前年和去年，文學上的戰爭是有的，但那範圍實在太小，一切舊文學舊思想都不爲新派的人所注意，反而弄成了在一角裏新文學者和新文學者的鬥爭，舊派的人倒能够閑舒地在旁邊觀戰。

第三，我們應當造出大羣的新的戰士。因爲現在人手實在太少了，譬如我們有好幾種雜誌，單行本的書也出版得不少，但做文章的總同是這幾個人，所以內容就不能不單薄。一個人做事不專，這樣弄一點，那樣弄一點，既要翻譯，又要做小說，還要做批評，並且也要做詩，這怎麼弄得好呢，這都因爲人太少的緣故，如果人多了，則翻譯的可以專翻譯，創作的可以專創作，批評的專批評；對敵人應戰，也軍勢雄厚，容易克服。關于這點，我可帶便地說一件事。前年創造社和太陽社向我進攻的時候，那力量實在單薄，到後來連我都覺得有點無聊，沒有意思反攻了，因爲我後來看出了敵軍在演「空城計」。那時候我的敵軍是專事于吹擂，不務于招兵練將的；攻擊我的文章當然很多，然而一看就知道都是化名，罵來罵去都是同樣的幾句話。我那時就等待有一個能操馬克思主義批評的槍法的人來狙擊我的，然而他終於沒有出現。在我倒是一向就注意新的青年戰士底養成的，曾經弄過好幾個文學團體，不過效果也很小。但我們今後卻必須注意這點。

我們急于要造出大群的新的戰士，但同時，在文學戰線上的人還要「韌」。所謂韌，就是不要像前清做八股文的「敲門磚」似的辦法。前清的八股文，原是「進學」做官的工具，只要能做「起承轉合」，藉以進了「秀才舉人」，便可丟掉八股文，一生中再也用不到它了，所以叫做「敲門磚」，猶之用一塊磚敲門，門一敲進，磚就可拋棄了，不必再將它帶在身邊。這種辦法，直到現在，也還有許多人在使用，我們常常看見有些人出了一二本詩集或小說集以後，他們便永遠不見了，到那里去了呢？是因爲出了一本或二本書，有了一點小名或大名，得到了教授或別的什麼位置，功成名遂，不必再寫詩寫小說了，所以永遠不見了。這樣，所以在中國無論文學或科學都沒有東西，然而在我們是要有東西的，因爲這于我們有用。（盧那卡爾斯基是甚至主張保存俄國的農民美術，因爲可以造出來賣給外國人，在經濟上有幫助。我以爲如果我們文學或科學上有東西拿得出去給別人，則甚至于脫離帝國主義的壓迫的政治運動上也有幫助。）但要在文化上有成績，則非韌不可。

最後，我以爲聯合戰線是以有共同目的爲必要條件的。我記得好像曾聽到過這樣一句話：「反動派且已經有聯合戰線了，而我們還沒有團結起來！」其實他們也並未有有意的聯合戰線，只因爲他們的目的相同，所以行動就一致，在我們看來就好像聯合戰線。而我們戰線不能統一，就證明我們的目的不能一致，或者只爲了小團體，或者還其實只爲了個人，如果目的都在工農大衆，那當然戰線也就統一了。

（一九三〇年）

《三閑集》序言

《三閑集》於一九三二年編就，收一九二七至二九年的雜文，在革命文學風濤中寫成的。編集時，並不因左聯成立而隱諱當年論戰之激烈尖刻。所謂「三閑」之「射仿吾」、乃因創造社的成仿吾曾於一九二七年一月發表《完成我們的文學革命》一文，文中說：「魯迅先生坐在華蓋之下正在抄他的小説舊聞」，「這種以趣味爲中心的生活基調，它所暗示着的是一種在小天地中自己騙自己的自足，它所矜持着的是閑暇，閑暇，第三個閑暇。

我的第四本雜感《而已集》的出版，算起來已在四年之前了。去年春天，就有朋友催促我編集此後的雜感。看看近幾年的出版界，創作和翻譯，或大題目的長論文，是還不能說它寥落的，但短短的批評，縱意而談，就是所謂「雜感」者，卻確乎很少見。我一時也說不出這所以然的原因。

但粗粗一想，恐怕這「雜感」兩個字，就使志趣高超的作者厭惡，避之惟恐不遠了。有些人們，每當意在奚落我的時候，就往往稱我爲「雜感家」，以顯出在高等文人的眼中的鄙視，便是一個證據。還有，我想，有名的作家雖然未必不改換姓名，寫過這一類文字，但或者不過圖報私怨，再提恐或玷其令名，或者別有深心，揭穿反有妨于戰鬥，因此就大抵任其消滅了。

「雜感」之于我，有些人固然看作「死症」，我自己確也因此很喫過一點苦，但編集是還想編集的。只因爲翻閱刊物，剪帖成書，也是一件頗覺麻煩的事，因此拖延了大半年，終于沒有動過手。一月二十八日之夜，上海打起仗來了，越打越凶，終于使我們只好單身出走，書報留在火線下，一任它燒得精光，我也以可靠這「火的洗禮」之靈，洗掉了「不滿于現狀」的「雜感家」這一個惡謚。殊不料三月底重回舊寓，書報卻絲毫也沒有損，于是就東翻西覓，開手編輯起來了，好像大病新愈的人，偏比平時更要照照自己的瘦削的臉，摩摩枯皺的皮膚似的。

我先編集一九二八至二九年的文字，篇數少得很，但除了五六回在北平、上海的講演，原就没有記録外，別的也彷彿並無散失。我記得起來了，這兩年正是我極少寫稿，没處投稿的時期。我是在二七年被血嚇得目瞪口呆，離開廣東的，那些吞吞吐吐，没有膽子直説的話，都載在《而已集》裏。但我到了上海，卻遇見文豪們的筆尖的圍剿了，創造社，太陽社，「正人君子」們的新月社中人，都説我不好，連並不標榜文派的現在多昇爲作家或教授的先生們，那時的文字裏，也得時常暗暗地奚落我幾句，以表示他們的高明。我當初還不過是「有閑即是有錢」，「封建餘孽」或「没落者」，後來竟被判爲主張殺青年的棒喝主義者了。這時候，有一個從廣東自云避禍逃來，而寄住在我的寓裏的廖君，也終於忿忿的對我説道：「我的朋友都看不起我，不和我來往了，説我和這樣的人住在一處。」

那時候，我是成了「這樣的人」的。自己編着的《語絲》，實乃無權，不單是有所顧忌（詳見卷末〈我和語絲的始終〉），至于別處，則我的文章一向是被「擠」纔有的，而目下正在「剿」，我投進去幹什麼呢。所以只寫了很少的一點東西。

現在我將那時所做的文字的錯的和至今還有可取之處的，都收納在這一本裏。至於對手的文字呢，《魯迅論》和《中國文藝論戰》中雖然也有一些，但那都是峨冠博帶的禮堂上的陽面的大文，並不足以窺見全體，我想另外搜集也是「雜感」一流的作品，編成一本，謂之《圍剿集》。如果和我的這一本對比起來，不但可以增加讀者的趣味，也更能明白別一面的，即陰面的戰法的五花八門。這些方法一時恐怕不會失傳，去年的「左翼作家都爲了盧布」說，就是老譜裏面的一着。自問和文藝有些關係的青年，仿照固然可以不必，但也不妨知道知道的。

其實呢，我自己省察，無論在小說中，在短評中，並無主張將青年來「殺，殺，殺」的痕跡，也沒有懷着這樣的心思。我一向是相信進化論的，總以爲將來必勝于過去，青年必勝于老人，對于青年，我敬重之不暇，往往給我十刀，我只還他一箭。然而後來我明白我倒是錯了。這並非唯物史觀的理論或革命文藝的作品蠱惑我的，我在廣東，就目睹了同是青年，而分成兩大陣營，或則投書告密，或則助官捕人的事實！我的思路因此轟毀，後來便時常用了懷疑的眼光去看青年，不再無條件的敬畏了。然而此後也還爲初初上陣的青年們吶喊幾聲，不過也沒有什麼大幫助。

這集子裏所有的，大概是兩年中所作的全部，只有書籍的序引，卻只將覺得還有幾句話可供參考之作，選錄了幾篇。當翻檢書報時，一九二七年所寫而沒有編在《而已集》裏的東西，也忽然發見了一點，我想，大約《夜記》是因爲原想另成一書，講演和通信是因爲淺薄或不關緊要，所以那時不收在內的。

但現在又將這編在前面，作爲《而已集》的補遺了。我另有了一樣想頭，以爲只要看一篇講演和通信中所引的文章，便足可明白那時香港的面目。我去講演，一共兩回，第一天是〈老調子已經唱完〉，現在尋不到底稿了，第二天便是這〈無聲的中國〉，粗淺平庸到這地步，而竟至于驚爲「邪說」，禁止在報上登載的。是這樣的香港。但現在是這樣的香港幾乎要遍中國了。

我有一件事要感謝創造社的，是他們「擠」我看了幾種科學底文藝論，明白了先前的文學史家們說了一大堆，還是糾纏不清的疑問。並且因此譯了一本蒲力汗諾夫的《藝術論》，以救正我——還因我而及于別人——的只信進化論的偏頗。但是，我將編《中國小說史略》時所集的材料，印爲《小說舊聞鈔》，以省青年的檢查之力，而成仿吾以無產階級之名，指爲「有閑」，而且「有閑」還至於有三個，卻是至今還不能完全忘卻的。我以爲無產階級是不會有這樣鍛鍊周納法的，他們沒有學過「刀筆」。編成而名之曰《三閑集》，尚以射仿吾也。

一九三二年四月二十四日之夜，編訖並記。

爲了忘卻的記念

一九三一年二月，柔石、殷夫等五位左翼作家和其他革命者二十四人，在上海遭秘密殺害。魯迅聞訊悲憤異常。他主持編成《前哨（紀念戰死者專號）》，寫下《中國無產階級革命文學和前驅的血》，刊物於四月出版。兩年後再寫出此文，沉痛地記念殉難的青年朋友。

一

我早已想寫一點文字，來記念幾個青年的作家。這並非爲了別的，只因爲兩年以來，悲憤總時時來襲擊我的心，至今没有停止，我很想藉此算是竦身一搖，將悲哀擺脫，給自己輕鬆一下，照直說，就是我倒要將他們忘卻了。

兩年前的此時，即一九三一年的二月七日夜或八日晨，是我們的五個青年作家同時遇害的時候。當時上海的報章都不敢載這件事，或者也許是不願，或不屑載這件事，只在《文藝新聞》上有一點隱約其辭的文章。那第十一期（五月二十五日）裏，有一篇林莽先生作的〈白莽印象記〉，中間說：

「他做了好些詩，又譯過匈牙利詩人彼得斐的幾首詩，當時的《奔流》的編輯者魯迅接到了他的投稿，便來信要和他會面，但他卻是不願見名人的人，結果是魯迅自己跑來找他，竭力鼓勵他作文學的工作，但他終於不能坐在亭子間裏寫，又去跑他的路了。不久，他又一次的被了捕。」……

這里所說的我們的事情其實是不確的。白莽並没有這麼高慢，他曾經到過我的寓所來，但也不是因爲我要求和他會面；我也沒有這麼高慢，對於一位素不相識的投稿者，會輕率的寫信去叫他。我們相見的原因很平常，那時他所投的是從德文譯出的《彼得斐傳》，我就發信去討原文，原文是載在詩集前面的，郵寄不便，他就親自送來了。看去是一個二十多歲的青年，面貌很端正，顏色是黑黑的，當時的談話我已經忘卻，只記得他自說姓徐，象山人；我問他爲什麼代你收信的女士是這麼一個怪名字，（怎麼怪法，現在也忘卻了），他說她就喜歡起得這麼怪，羅曼諦克，自己也有些和她不大對勁了。就只剩了這一點。

夜裏，我將譯文和原文粗粗的對了一遍，知道除幾處誤譯之外，還有一個故意的曲譯。他像是不喜歡「國民詩人」這個字的，都改成「民衆詩人」了。第二天又接到他一封來信，說很悔和我相見，他的話多，我的話少，又冷，好像受了一種威壓似的。我便寫一封回信去解釋，說初次相會，說話不多，也是人之常情，並且告訴他不應該由自己的愛憎，將原文改變。因爲他的原書留在我這里了，就將我所藏的兩本集子送給他，問他可能再譯幾首詩，以供讀者的參看。他果然譯了幾首，自己拿來了，我們就談得比第一回多一些。這傳和詩，後來就都登在《奔流》第二卷第五本，即最末的一本裏。

我們第三次相見，我記得是在一個熱天。有人打門了，我去開門時，來的就是白莽，卻穿着一件厚棉袍，汗流滿面，彼此都不禁失笑。這時他才告訴我他是一個革命者，剛由被捕而釋出，衣服和書籍全被没收了，連我送他的那兩本；身上的袍子是從朋友那里借來的，没有夾衫，而必須穿長衣，所以只好這麽出汗。我想，這大約就是林莽先生說的「又一次的被了捕」的那一次了。

我很欣幸他的得釋，就趕緊付給稿費，使他可以買一件夾衫，但一面又很爲我的那兩本書痛惜：落在捕房的手裏，真是明珠投暗了。那兩本書，原是極平常的，一本散文，一本詩集。據德文譯者說，這是他搜集起來的，雖在匈牙利本國，也還没有這麽完全的本子，然而印在《萊克朗氏萬有文庫》(Reclam's Universal-Bibliothek)中，倘在德國，就隨處可得，也值不到一元錢。不過在我是一種寶貝，因爲這是三十年前，正當我熱愛彼得斐的時候，特地託丸善書店從德國去買來的，那時還恐怕因爲書極便宜，店員不肯經手，開口時非常惴惴。後來大抵帶在身邊，只是情隨事遷，已没有翻譯的意思了，這回便決計送給這也如我的那時一樣，熱愛彼得斐的詩的青年，算是給它尋得了一個好着落。所以還鄭重其事，託柔石親自送去的。誰料竟會落在「三道頭」之類的手裏的呢，這豈不冤枉！

二

我的決不邀投稿者相見，其實也並不完全因爲謙虛，其中含着省事的分子也不少。由于歷來的經驗，我知道青年們，尤其是文學青年們，十之九是感覺很敏，自尊心也很旺盛的，一不小心，極容易得到誤解，所以倒是故意迴避的時候多。見面尚且怕，更不必說敢有託付了。但那時我在上海，也有一個惟一的不但敢于隨便談笑，而且還敢于託他辦點私事的人，那就是送書去給白莽的柔石。

我和柔石最初的相見，不知道是何時，在那里。他彷彿說過，曾在北京聽過我的講義，那麼，當在八九年之前了。我也忘記了在上海怎麼來往起來，總之，他那時住在景雲里，離我的寓所不過四五家門面，不知怎麼一來，就來往起來了。大約最初的一回他就告訴我是姓趙，名平復。但他又曾談起他家鄉的豪紳的氣燄之盛，說是有一個紳士，以爲他的名字好，要給兒子用，叫他不要用這名字了。所以我疑心他的原名是「平福」，平穩而有福，纔正中鄉紳的意，對于「復」字卻未必有這麼熱心。他的家鄉，是台州的寧海，這只要一看他那台州式的硬氣就知道，而且頗有點迂，有時會令我忽而想到方孝孺，覺得好像也有些這模樣的。

他躲在寓裏弄文學，也創作，也翻譯，我們往來了許多日，説得投合起來了，于是另外約定了幾個同意的青年，設立朝華社。目的是在紹介東歐和北歐的文學，輸入外國的版畫，因爲我們都以爲應該來扶植一點剛健質樸的文藝。接着就印《朝花旬刊》，印《近代世界短篇小説集》，印《藝苑朝華》，算都在循着這條線，只有其中的一本《蕗谷虹兒畫選》，是爲了埽蕩上海灘上的「藝術家」，即戳穿葉靈鳳這紙老虎而印的。

然而柔石自己没有錢，他借了二百多塊錢來做印本。除買紙之外，大部分的稿子和雜務都是歸他做，如跑印刷局，製圖，校字之類。可是往往不如意，説起來皺着眉頭。看他舊作品，都很有悲觀的氣息，但實際上並不然，他相信人們是好的。我有時談到人會怎樣的騙人，怎樣的賣友，怎樣的吮血，他就前額亮晶晶的，驚疑地圓睜了近視的眼睛，抗議道，「會這樣的麽？——不至于此罷？……」

不過朝花社不久就倒閉了，我也不想説清其中的原因，總之是柔石的理想的頭，先碰了一個大釘子，力氣固然白化，此外還得去借一百塊錢來付紙賬。後來他對于我那「人心惟危」説的懷疑減少了，有時也歎息道，「真會這樣的麽？……」但是，他仍然相信人們是好的。

他于是一面將自己所應得的朝花社的殘書送到明日書店和光華書局去，希望還能夠收回幾文錢，一面就拚命的譯書，準備還借款，這就是賣給商務印書館的《丹麥短篇小說集》和戈理基作的長篇小說《阿爾泰莫諾夫之事業》。但我想，這些譯稿，也許去年已被兵火燒掉了。

他的迂漸漸的改變起來，終于也敢和女性的同鄉或朋友一同去走路了，但那距離，卻至少總有三四尺的。這方法很不好，有時我在路上遇見他，只要在相距三四尺前後或左右有一個年青漂亮的女人，我便會疑心就是他的朋友。但他和我一同走路的時候，可就走得近了，簡直是扶住我，因爲怕我被汽車或電車撞死；我這面也爲他近視而又要照顧別人擔心，大家都蒼皇失措的愁一路，所以倘不是萬不得已，我是不大和他一同出去的，我實在看得他喫力，因而自己也喫力。

無論從舊道德，從新道德，只要是損己利人的，他就挑選上，自己背起來。

他終于決定地改變了，有一回，曾經明白的告訴我，此後應該轉換作品的內容和形式。我說：這怕難罷，譬如使慣了刀的，這回要他耍棍，怎麼能行呢？他簡潔的答道：只要學起來！

他說的並不是空話，真也在從新學起來了，其時他曾經帶了一個朋友來訪我，那就是馮鏗女士。談了一些天，我對于她終于很隔膜，我疑心她有點羅曼諦克，急于事功我又疑心柔石的近來要做大部的小說，是發源于她的主張的。但我又疑心我自己，也許是柔石的先前的斬釘截鐵的回答，正中了我那其實是偷懶的主張的傷疤，所以不自覺地遷怒到她身上去了。——我其實也並不比我所怕見的神經過敏而自尊的文學青年高明。

她的體質是弱的，也並不美麗。

三

直到左翼作家聯盟成立之後，我纔知道我所認識的白莽，就是在《拓荒者》上做詩的殷夫。有一次大會時，我便帶了一本德譯的，一個美國的新聞記者所做的中國遊記去送他，這不過以爲他可以由此練習德文，另外並無深意。然而他沒有來。我只得又託了柔石。

但不久，他們竟一同被捕，我的那一本書，又被沒收，落在「三道頭」之類的手裏了。

四

明日書店要出一種期刊，請柔石去做編輯，他答應了；書店還想印我的譯著，託他來問版税的辦法，我便將我和北新書局所訂的合同，抄了一份交給他，他向衣袋裏一塞，怱怱的走了。其時是一九三一年一月十六日的夜間，而不料這一去，竟就是我和他相見的末一回，竟就是我們的永訣。

第二天，他就在一個會場上被捕了，衣袋裏還藏着我那印書的合同，聽説官廳因此正在找尋我。印書的合同，是明明白白的，但我不願意到那些不明不白的地方去辯解。記得《説岳全傳》裏講過一個高僧，當追捕的差役剛到寺門之前，他就「坐化」了，還留下什麼「何立從東來，我向西方走」的偈子。這是奴隸所幻想的脱離苦海的惟一的好方法，「劍俠」盼不到，最自在的惟此而已。我不是高僧，沒有涅槃的自由，卻還有生之留戀，我于是就逃走。

這一夜，我燒掉了朋友們的舊信札，就和女人抱着孩子走在一個客棧裏。不幾天，即聽得外面紛紛傳我被捕，或是被殺了，柔石的消息卻很少。有的說，他曾經被巡捕帶到明日書店裏，問是否是編輯；有的說，他曾經被巡捕帶往北新書局去，問是否是柔石，手上上了銬，可見案情重是的。但怎樣的案情，卻誰也不明白。

他在囚繫中，我見過兩次他寫給同鄉的信，第一回是這樣的——

「我與三十五位同犯(七個女的)於昨日到龍華。并於昨夜上了鐐，開政治犯從未上鐐之紀錄。此案累及太大，我一時恐難出獄，書店事望兄爲我代辦之。現亦好，且跟殷夫兄學德文，此事可告周先生；望周先生勿念，我等未受刑。捕房和公安局，幾次問周先生地址，但我那里知道。諸望勿念。祝好！

趙少雄　一月二十四日。」

以上正面。

「洋鐵飯碗，要二三只

如不能見面，可將東西

望轉交趙少雄」

以上背面。

他的心情並未改變，想學德文，更加努力；也仍在記念我，像在馬路上行走時候一般。

但他信裏有些話是錯誤的，政治犯而上鐐，並非從他們開始，但他向來看得官場還太高，以爲文明至今，到他們纔開始了嚴酷。其實是不然的。果然，第二封信就很不同，措詞非常慘苦，且說馮女士的面目都浮腫了，可惜我没有抄下這封信。其時傳說也更加紛繁，說他可以贖出的也有，說他已經解往南京的也有，毫無確信；而用函電來探問我的消息的也多起來，連母親在北京也急得生病了，我只得一一發信去更正，這樣的大約有二十天。

天氣愈冷了，我不知道柔石在那里有被褥不？我們是有的。洋鐵碗可曾收到了没有？……但忽然得到一個可靠的消息，說柔石和其他二十三人，已于二月七日夜或八日晨，在龍華警備司令部被鎗斃了，他的身上中了十彈。

原來如此！……

在一個深夜裏，我站在客棧的院子中，周圍是堆着的破爛的什物；人們都睡覺了，連我的女人和孩子。我沈重的感到我失掉了很好的朋友，中國失掉了很好的青年，我在悲憤中沈静下去了，然而積習卻從沈静中擡起頭來，湊成了這樣的幾句：

「慣于長夜過春時，挈婦將雛鬢有絲。夢裏依稀慈母淚，城頭變幻大王旗。忍看朋輩成新鬼，怒向刀叢覓小詩。吟罷低眉無寫處，月光如水照緇衣。」

但末二句，後來不確了，我終于將這寫給了一個日本的歌人。

可是在中國，那時是確無寫處的，禁錮得比罐頭還嚴密。我記得柔石在年底曾回故鄉，住了好些時，到上海後很受朋友的責備。他悲憤的對我説他的母親雙眼已經失明了，要他多住幾天，他怎麼能够就走呢？我知道這失明的母親的眷眷的心，柔石的拳拳的心。當《北斗》創刊時，我就想寫一點關于柔石的文章，然而不能够，只得選了一幅珂勒惠支（Käthe Kollwitz）夫人的木刻，名曰「犧牲」，是一個母親悲哀地獻出她的兒子去的，算是只有我一個人心裏知道的柔石的記念。

同時被難的四個青年文學家之中，李偉森我没有會見過，胡也頻在上海也只見過一次面，談了幾句天。較熟的要算白莽，即殷夫了，他曾經和我通過信，投過稿，但現在尋起來，一無所得，想必是十七那夜統統燒掉了，那時我還没有知道被捕的也有白莽。然而那本《彼得斐詩集》卻在的，翻了一遍，也没有什麼，只在一首"Wahlspruch"（格言）的旁邊，有鋼筆寫的四行譯文道：

「生命誠實貴，
愛情價更高；

若爲自由故，
二者皆可拋！」

又在第二葉上，寫着「徐培根」三個字，我疑心這是他的真姓名。

五

前年的今日，我避在客棧裏，他們卻是走向刑場了；去年的今日，我在礮聲中逃在英租界，他們則早已埋在不知那里的地下了；今年的今日，我纔坐在舊寓裏，人們都睡覺了，連我的女人和孩子。我又沈重的感到我失掉了很好的朋友，中國失掉了很好的青年，我在悲憤中沈靜下去了，不料積習又從沈靜中擡起頭來，寫下了以上那些字。

要寫下去，在中國的現在，還是沒有寫處的。年青時讀向子期《思舊賦》，很怪他爲什麼只有寥寥的幾行，剛開頭卻又煞了尾。然而，現在我懂得了。

不是年青的爲年老的寫記念，而在這三十年中，卻使我目睹許多青年的血，層層淤積起來，將我埋得不能呼吸，我只能用這樣的筆墨，寫幾句文章，算是從泥土中挖一個小孔，自己延口殘喘，這是怎樣的世界呢。夜正長，路也正長，我不如忘卻，不說的好罷。但我知道，即使不是我，將來總會有記起他們，再說他們的時候的。……

（一九三三年）二月七——八日。

我怎麼做起小說來

本文乃應上海天馬書店編輯《創作的經驗》一書約稿而作。

我怎麼做起小說來？——這來由，已經在《吶喊》的序文上，約略說過了。這里還應該補叙一點的，是當我留心文學的時候，情形和現在很不同：在中國，小說不算文學，做小說的也決不能稱爲文學家，所以並沒有人想在這一條道路上出世。我也並沒有要將小說擡進「文苑」裏的意思，不過想利用他的力量，來改良社會。

但也不是自己想創作，注重的倒是在紹介，在翻譯，而尤其注重于短篇，特別是被壓迫的民族中的作者的作品。因爲那時正盛行着排滿論，有些青年，都引那叫喊和反抗的作者爲同調的。所以「小說作法」之類，我一部都沒有看過，看短篇小說卻不少，小半是自己也愛看，大半則因了搜尋紹介的材料。也看文學史和批評，這是因爲想知道作者的爲人和思想，以便決定應否紹介給中國。和學問之類，是絕不相干的。

因爲所求的作品是叫喊和反抗，勢必至于傾向了東歐，因此所看的俄國、波蘭以及巴爾幹諸小國作家的東西就特別多。也曾熱心的搜求印度、埃及的作品，但是得不到。記得當時最愛看的作者，是俄國的果戈理 (N. Gogol) 和波蘭的顯克微支 (H. Sienckiewitz)。日本的，是夏目漱石和森鷗外。

回國以後，就辦學校，再沒有看小說的工夫了，這樣的有五六年。爲什麼又開手了呢？——這也已經寫在《吶喊》的序文裏，不必說了。但我的來做小說，也並非自以爲有做小說的才能，只因爲那時是住在北京的會館裏的，要做論文罷，沒有參考書，要翻譯罷，沒有底本，就只好做一點小說模樣的東西塞責，這就是《狂人日記》。大約所仰仗的全在先前看過的百來篇外國作品和一點醫學上的知識，此外的準備，一點也沒有。

但是《新青年》的編輯者，卻一回一回的來催，催幾回，我就做一篇，這里我必得記念陳獨秀先生，他是催促我做小說最着力的一個。

自然，做起小說來，總不免自己有些主見的。例如，說到「爲什麼」做小說罷，我仍抱着十多年前的「啓蒙主義」，以爲必須是「爲人生」，而且要改良這人生。我深惡先前的稱小說爲「閑書」，而且將「爲藝術的藝術」，看作不過是「消閑」的新式的別號。所以我的取材，多採自病態社會的不幸的人們中，意思是在揭出病苦，引起療救的注意。所以我力避行文的嘮叨，只要覺得夠將意思傳給別人了，就寧可什麼陪襯拖帶也沒有。中國舊戲上，沒有背景，新年賣給孩子看的花紙上，只有主要的幾個人(但現在的花紙卻多有背景了)，我深信對于我的目的，這方法是適宜的，所以我不去描寫風月，對話也決不說到一大篇。

我做完之後，總要看兩遍，自己覺得拗口的，就增刪幾個字，一定要它讀得順口；沒有相宜的白話，寧可引古語，希望總有人會懂，只有自己懂得或連自己也不懂的生造出來的字句，是不大用的。這一節，許多批評家之中，只有一個人看出來了，但他稱我爲Stylist。

所寫的事跡，大抵有一點見過或聽到過的緣由，但決不全用這事實，只是採取一端，加以改造，或生發開去，到足以幾乎完全發表我的意思爲止。人物的模特兒也一樣，沒有專用過一個人，往往嘴在浙江，臉在北京，衣服在山西，是一個拼湊起來的脚色。有人說，我的那一篇是罵誰，某一篇又是罵誰，那是完全胡說的。

不過這樣的寫法，有一種困難，就是令人難以放下筆。一氣寫下去，這人物就逐漸活動起來，盡了他的任務。但倘有什麼分心的事情來一打岔，放下許久之後再來寫，性格也許就變了樣，情景也會和先前所豫想的不同起來。例如我做的《不周山》，原意是在描寫性的發動和創造，以至衰亡的，而中途去看報章，見了一位道學的批評家攻擊情詩的文章，心裏很不以爲然，于是小說裏就有一個小人物跑到女媧的兩腿之間來，不但不必有，且將結構的宏大毀壞了。但這些處所，除了自己，大概沒有人會覺到的，我們的批評大家成仿吾先生，還說這一篇做得最出色。

我想，如果專用一個人做骨幹，就可以沒有這弊病的，但自己沒有試驗過。

忘記是誰說的了，總之是，要極省儉的畫出一個人的特點，最好是畫他的眼睛。我以爲這話是極對的，倘若畫了全副的頭髮，即使細得逼真，也毫無意思。我常在學學這一種方法，可惜學不好。

可省的處所，我決不硬添，做不出的時候，我也決不硬做但這是因爲我那時別有收入，不靠賣文爲活的緣故，不能作爲通例的。

還有一層，是我每當寫作，一律抹煞各種的批評。因爲那時中國的創作界固然幼稚，批評界更幼稚，不是舉之上天，就是按之入地，倘將這些放在眼裏，就要自命不凡，或覺得非自殺不足以謝天下的。批評必須壞處説壞，好處説好，纔于作者有益。

但我常看外國的批評文章，因爲他于我沒有恩怨嫉恨，雖然所評的是別人的作品，卻很有可以借鏡之處。但自然，我也同時一定留心這批評家的派別。

以上，是十年前的事了，此後並無所作，也沒有長進，編輯先生要我做一點這類的文章，怎麼能呢。拉雜寫來，不過如此而已。

（一九三三年）三月五日燈下。

二丑藝術

從一九三三年一月底起，魯迅應郁達夫之請，投稿給黎烈文編輯的《申報·自由談》，用多個筆名發表雜感短文，直至翌年年中黎烈文去職後不久停止。一九三三年的短文編成《僞自由書》、《准風月談》兩集。本文即先發表於《自由談》後編入《准風月談》者。

浙東的有一處的戲班中，有一種腳色叫作「二花臉」，譯得雅一點，那麼，「二丑」就是。他和小丑的不同，是不扮橫行無忌的花花公子，也不扮一味仗勢的宰相家丁，他所扮演的是保護公子的拳師，或是趨奉公子的清客。總之：身分比小丑高，而性格卻比小丑壞。

義僕是老生扮的，先以諫諍，終以殉主；惡僕是小丑扮的，只會作惡，到底滅亡。而二丑的本領卻不同，他有點上等人模樣，也懂些琴棋書畫，也來得行令猜謎，但倚靠的是權門，凌蔑的是百姓，有誰被壓迫了，他就來冷笑幾聲，暢快一下，有誰被陷害了，他又去嚇唬一下，吆喝幾聲。不過他的態度又並不常常如此的，大抵一面又回過臉來，向臺下的看客指出他公子的缺點，搖着頭裝起鬼臉道：你看這傢伙，這回可要倒楣哩！

這最末的一手，是二丑的特色。因爲他沒有義僕的愚笨，也沒有惡僕的簡單，他是智識階級。他明知道自己所靠的是冰山，一定不能長久，他將來還要到別家幫閑，所以當受着豢養，分着餘炎的時候，也得裝着和這貴公子並非一夥。

二丑們編出來的戲本上，當然沒有這一種脚色的，他那里肯；小丑，即花花公子們編出來的戲本，也不會有，因爲他們只看見一面，想不到的。這二花臉，乃是小百姓看透了這一種人，提出精華來，製定了的脚色。

世間只要有權門，一定有惡勢力，有惡勢力，就一定有二花臉，而且有二花臉藝術。我們只要取一種刊物，看他一個星期，就會發見他忽而怨恨春天，忽而頌揚戰爭，忽而譯蕭伯納演説，忽而講婚姻問題；但其間一定有時要慷慨激昂的表示對于國事的不滿：這就是用出末一手來了。

這最末的一手，一面也在遮掩他並不是幫閑，然而小百姓是明白的，早已使他的類型在戲台上出現了。

六月十五日。

《僞自由書》前記

這一本小書裏的，是從本年一月底起至五月中旬爲止的寄給《申報》上的《自由談》的雜感。

我到上海以後，日報是看的，卻從來沒有投過稿，也沒有想到過，並且也沒有注意過日報的文藝欄，所以也不知道申報在什麼時候開始有了《自由談》，《自由談》裏是怎樣的文字。大約是去年的年底罷，偶然遇見郁達夫先生，他告訴我說，《自由談》的編輯新換了黎烈文先生了，但他纔從法國回來，人地生疏，怕一時集不起稿子，要我去投幾回稿。我就漫應之曰：那是可以的。

對于達夫先生的囑咐，我是常常「漫應之曰：那是可以的」的。直白的說罷，我一向很迴避創造社裏的人物。這也不只因爲歷來特別的攻擊我，甚而至于施行人身攻擊的緣故，大半倒在他們的一副「創造」臉。雖然他們之中，後來有的化爲隱士，有的化爲富翁，有的化爲實踐的革命者，有的也化爲奸細，而在「創造」這一面大纛之下的時候，卻總是神氣十足，好像連出汗打嚏，也全是「創造」似的。我和達夫先生見面得最早，臉上也看不出那麼一種創造氣，所以相遇之際，就隨便談談；對于文學的意見，我們恐怕是不能一致的罷，然而所談的大抵是空話。但這樣的就熟識了，我有時要求他寫一篇文章，他一定如約寄來，則他希望我做一點東西，我當然應該漫應曰可以。但應而至于「漫」，我已經懶散得多了。

但從此我就看看《自由談》，不過仍然沒有投稿。不久，聽到了一個傳聞，說《自由談》

的編輯者爲了忙于事務，連他夫人的臨蓐也不暇照管，送在醫院裏，她獨自死掉了。幾天之後，我偶然在《自由談》裏看見一篇文章，其中說的是每日使嬰兒看看遺照，給他知道曾有這樣一個孕育了他的母親。我立刻省悟了這就是黎烈文先生的作品，拿起筆，想做一篇反對的文章，因爲我向來的意見，是以爲倘有慈母，或是幸福，然若生而失母，卻也並非完全的不幸，他也許倒成爲更加勇猛，更無掛礙的男兒的。但是也沒有竟做，改爲給《自由談》的投稿了，這就是這本書裏的第一篇《崇實》；又因爲我舊日的筆名有時不能通用，便改題了何家幹，有時也用干或丁萌。

這些短評，有的由于個人的感觸，有的則出于時事的刺戟，但意思都極平常，說話也往往很晦澀，我知道《自由談》並非同人雜誌，「自由」更當然不過是一句反話，我決不想在這上面去馳騁的。我之所以投稿，一是爲了朋友的交情，一則在給寂寞者以吶喊，也還是由于自己的老脾氣。然而我的壞處，是在論時事不留面子，砭錮弊常取類型，而後者尤與時宜不合。蓋寫類型者，于壞處，恰如病理學上的圖，假如是瘡疽，則這圖便是一切某瘡某疽的標本，或和某甲的瘡有些相像，或和某乙的疽有點相同。而見者不察，以爲所畫的只是他某甲的瘡，無端侮辱，于是就必欲制你畫者的死命了。例如我先前的論叭兒狗，原也泛無實指，都是自覺其有叭兒性的人們自來承認的。這要制死命的方法，是不論文章的是非，而先問作者是那一個；也就是別的不管，只要向作者施行人身攻擊了。自然，其中也並不全是含憤的病人，有的倒是代打不平的俠客。總之，這種戰術，是陳源教授的「魯迅即教育部僉事周樹人」開其端，事隔十年，大家早經忘卻了，這回是王平陵先生告發于前，周木齋先生揭露于後，都是做着關于作者本身的文章，或則牽連而至于左翼文學者。此外爲我所看見的還有好幾篇，也都附在我的本文之後，以見上海有些所謂文學家的筆戰，是怎樣的東西，和我的短評本身，有什麼關係。但另有幾篇，是因爲我的感想由此而起，特地並存以便讀者的參考的。

我的投稿，平均每月八九篇，但到五月初，竟接連的不能發表了，我想，這是因爲其時諱言時事，而我的文字卻常不免涉及時事的緣故。這禁止的是官方檢查員，還是報館總編輯呢，我不知道，也無須知道。現在便將那些都歸在這一本裏，其實是我所指摘，現在都已由事實來證明的了，我那時不過說得略早幾天而已。是爲序。

一九三三年七月十九夜，于上海寓廬，魯迅記。

小品文的危機

一九三三年九月，林語堂在上海創辦《論語》半月刊，倡導幽默小品。臨近周年，魯迅應林語堂之請，爲寫《「論語一年」》，就「幽默」提出自己的看法。數日後又寫成此文，討論小品文的問題。

彷彿記得一兩月之前，曾在一種日報上見到記載着一個人的死去的文章，説他是收集「小擺設」的名人，臨末還有依稀的感喟，以爲此人一死，「小擺設」的收集者在中國怕要絶跡了。

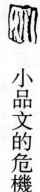

但可惜我那時不很留心，竟忘記了那日報和那收集家的名字。

現在的新的青年恐怕也大抵不知道什麼是「小擺設」了。但如果他出身舊家，先前曾有玩弄翰墨的人，則只要不很破落，未將覺得沒用的東西賣給舊貨擔，就也許還能在塵封的廢物之中，尋出一個小小的鏡屏，玲瓏剔透的石塊，竹根刻成的人像，古玉雕出的動物，繡得發綠的銅鑄的三腳癩蝦蟆：這就是所謂「小擺設」。先前，牠們陳列在書房裏的時候，是各有其雅號的，譬如那三腳癩蝦蟆，應該稱爲「蟾蜍硯滴」之類，最末的收集家一定都知道，現在呢，可要和牠的光榮一同消失了。

那些物品，自然決不是窮人的東西，但也不是達官富翁家的陳設，他們所要的，是珠玉紮成的盆景，五彩繪畫的磁瓶。那只是所謂士大夫的「清玩」。在外，至少必須有幾十畝膏腴的田地，在家，必須有幾間幽雅的書齋；就是流寓上海，也一定得生活較爲安閑，在客棧裏有一間長包的房子，書桌一頂，煙榻一張，癮足心閑，摩挲賞鑑。然而這境地，現在卻已經被世界的險惡的潮流沖得七顛八倒，像狂濤中的小船似的了。

然而就是在所謂「太平盛世」罷，這「小擺設」原也不是什麼重要的物品。在方寸的象牙版上刻一篇《蘭亭序》，至今還有「藝術品」之稱，但倘將這掛在萬里長城的牆頭，或供在雲罔的丈八佛像的足下，它就渺小得看不見了，即使熱心者竭力指點，也不過令觀者生一種滑稽之感。何況在風沙撲面，狼虎成羣的時候，誰還有這許多閑工夫，來賞玩琥珀扇墜，翡翠戒指呢。他們即使要悅目，所要的也是聳立于風沙中的大建築，要堅固而偉大不必怎樣精；即使要滿意，所要的也是匕首和投槍，要鋒利而切實，用不着什麼雅。

美術上的「小擺設」的要求，這幻夢是已經破掉了，那日報上的文章的作者，就直覺的地知道。然而對于文學上的「小擺設」——「小品文」的要求，卻正在越加旺盛起來，要求者以爲可以靠着低訴或微吟，將粗獷的人心，磨得漸漸的平滑。這就是想別人一心看着《六朝文絜》，而忘記了自己是抱在黃河決口之後，淹得僅僅露出水面的樹梢頭。

但這時卻只用得着掙扎和戰鬥。

而小品文的生存，也只仗着掙扎和戰鬥的。晉朝的清言，早和它的朝代一同消歇了。唐末詩風衰落，而小品放了光輝。但羅隱的《讒書》，幾乎全部是抗爭和憤激之談；皮日休和陸龜蒙自以爲隱士，別人也稱之爲隱士，而看他們在《皮子文藪》和《笠澤叢書》中的小品文，並沒有忘記天下，正是一榻胡塗的泥塘裏的光彩和鋒鋩。明末的小品雖然比較的頹放，卻並非全是吟風弄月，其中有不平，有諷刺，有攻擊，有破壞。這種作風，也觸着了滿洲君臣的心病，費去許多助虐的武將的刀鋒，幫閑的文臣的筆鋒，直到乾隆年間，這纔壓制下去了。以後呢，就來了「小擺設」。

「小擺設」當然不會有大發展。到五四運動的時候，纔又來了一個展開，散文小品的成功，幾乎在小說戲曲和詩歌之上。這之中，自然含着掙扎和戰鬥，但因爲常常取法于英國的隨筆(Essay)，所以也帶一點幽默和雍容；寫法也有漂亮和縝密的，這是爲了對于舊文學的示威，在表示舊文學之自以爲特長者，白話文學也並非做不到。以後的路，本來明明是更分明的掙扎和戰鬥，因爲這原是萌芽于「文學革命」以至「思想革命」的。但現在的趨勢，卻在特別提倡那和舊文章相合之點，雍容，漂亮，縝密，就是要它成爲「小擺設」，供雅人的摩挲，並且想青年摩挲了這「小擺設」，由粗暴而變爲風雅了。

然而現在已經更沒有書桌；雅片雖然已經公賣，煙具是禁止的，吸起來還是十分不容易。想在戰地或災區裏的人們來鑒賞罷——誰都知道是更奇怪的幻夢。這種小品，上海雖正在盛行，茶話酒談，遍滿小報的攤子上，但其實是正如煙花女子，已經不能在衖堂裏拉扯她的生意，只好塗脂抹粉，在夜裏躄到馬路上來了。

小品文就這樣的走到了危機。但我所謂危機，也如醫學上的所謂「極期」(Krisis)一般，是生死的分歧，能一直得到死亡，也能由此至于恢復。麻醉性的作品，是將與麻醉者和被麻醉者同歸于盡的。生存的小品文，必須是匕首，是投槍，能和讀者一同殺出一條生存的血路的東西；但自然，它也能給人愉快和休息，然而這並不是「小擺設」，更不是撫慰和麻痺，它給人的愉快和休息是休養，是勞作和戰鬥之前的準備。

（一九三三年）八月二十七日。

喫教

本文諷刺「現代評論派」「新月派」文人與「吃革命飯」的政客戴季陶等。

達一先生在《文統之夢》裏，因劉勰自謂夢隨孔子，乃始論文，而後來做了和尚，遂譏其「貽羞往聖」。其實是中國自南北朝以來，凡有文人學士，道士和尚，大抵以「無特操」爲特色的。晉以來的名流，每一個人總有三種小玩意，一是《論語》和《孝經》，二是《老子》，三是《維摩詰經》，不但採作談資，並且常常做一點註解。唐有三教辯論，後來變成大家打諢；所謂名儒，做幾篇伽藍碑文也不算什麼大事。宋儒道貌岸然，而竊取禪師的語錄。清呢，去今不遠，我們還可以知道儒者的相信《太上感應篇》和《文昌帝君陰騭文》，並且會請和尚到家裏來拜懺。

耶穌教傳入中國，教徒自以爲信教，而教外的小百姓卻都叫他們是「喫教」的。這兩個字，真是提出了教徒的「精神」，也可以包括大多數的儒釋道教之流的信者，也可以移用于許多「喫革命飯」的老英雄。

清朝人稱八股文爲「敲門磚」，因爲得到功名，就如打開了門，磚即無用。近年則有雜誌上的所謂「主張」。《現代評論》之出盤，不是爲了迫壓，倒因爲這派作者的飛騰；《新月》的冷落，是老社員都「爬」了上去，和月亮距離遠起來了。這種東西，我們爲要和「敲門磚」區別，稱之爲「上天梯」罷。

「教」之在中國，何嘗不如此。講革命，彼一時也；講忠孝，又一時也；跟大拉嘛打圈子，又一時也；造塔藏主義，又一時也。有宜于專喫的時代，則指歸應定于一尊，有宜合喫的時代，則諸教亦本非異致，不過一碟是全鴨，一碟是雜拌兒而已。劉勰亦然，蓋僅由「不撤薑食」一變而爲喫齋，于胃臟裏的分量原無差別，何況以和尚而注《論語》《孝經》或《老子》，也還是不失爲一種「天經地義」呢？

（一九三三年）九月二十七日。

心事浩茫連廣宇
於無聲處聽驚雷

七 且介亭內外

（一九三四——一九三六）

萬家墨面没蒿萊，
敢有歌吟動地哀。
心事浩茫連廣宇，
於無聲處聽驚雷。

無題 一九三四

拿來主義

魯迅年青時早倡「別求新聲於異邦」，此後一直鼓吹吸收異域文化。一九三四年頃，文學界就傳統與外來文化問題展開討論，魯迅遂作此文。

中國一向是所謂「閉關主義」，自己不去，別人也不許來。自從給鎗礮打破了大門之後，又碰了一串釘子，到現在，成了什麼都是「送去主義」了。別的且不說罷，單是學藝上的東西，近來就先送一批古董到巴黎去展覽，但終「不知後事如何」；還有幾位「大師」們捧着幾張古畫和新畫，在歐洲各國一路的掛過去，叫作「發揚國光」。聽説不遠還要送梅蘭芳博士到蘇聯去，以催進「象徵主義」，此後是順便到歐洲傳道。我在這里不想討論梅博士演藝和象徵主義的關係，總之，活人替代了古董，我敢説，也可以算得顯出一點進步了。

但我們没有人根據了「禮尚往來」的儀節，説道：拿來！

當然，能够只是送出去，也不算壞事情，一者見得豐富，二者見得大度。尼采就自詡過他是太陽，光熱無窮，只是給與，不想取得。然而尼采究竟不是太陽，他發了瘋。中國也不是，雖然有人説，掘起地下的煤來，就足够全世界幾百年之用。但是，幾百年之後呢？幾百年之後，我們當然是化爲魂靈，或上天堂，或落了地獄，但我們的子孫是在的，所以還應該給他們留下一點禮品。要不然，則當佳節大典之際，他們拿不出東西來，只好磕頭賀喜，討一點殘羹冷炙做獎賞。

這種獎賞，不要誤解爲「拋來」的東西，這是「拋給」的，説得冠冕些，可以稱之爲「送來」，我在這里不想舉出實例。

我在這里也並不想對于「送去」再説什麼，否則太不「摩登」了。我只想鼓吹我們再吝嗇一點，「送去」之外，還得「拿來」，是爲「拿來主義」。

但我們被「送來」的東西嚇怕了。先有英國的鴉片，德國的廢鎗礮，後有法國的香粉，美國的電影，日本的印着「完全國貨」的各種小東西。于是連清醒的青年們，也對于洋貨發生了恐怖。其實，這正是因爲那是「送來」的，而不是「拿來」的緣故。

所以我們要運用腦髓，放出眼光，自己來拿！

譬如罷，我們之中的一個窮青年，因爲祖上的陰功（姑且讓我這麼説説罷），得了一所大宅子，且不問他是騙來的，搶來的，或合法繼承的，或是做了女婿換來的。那麼，怎麼辦呢？我想，首先是不管三七二十一，「拿來」！但是，如果反對這宅子的舊主人，怕給他的東西染污了，徘徊不敢走進門，是孱頭；勃然大怒，放一把火燒光，算是保存自己的清白，則是昏蛋。不過因爲原是羨慕這宅子的舊主人的，而這回接受一切，欣欣然的蹩進卧室，大吸剩下的鴉片，那當然更是廢物。「拿來主義」者是全不這樣的。

他佔有，挑選。看見魚翅，並不就抛在路上以顯其「平民化」，只要有養料，也和朋友們像蘿蔔白菜一樣的喫掉，只不用它來宴大賓；看見鴉片，也不當衆摔在毛廁裏，以見其徹底革命，只送到藥房裏去，以供治病之用，卻不弄「出售存膏，售完即止」的玄虛。只有煙槍和煙燈，雖然形式和印度、波斯、阿剌伯的烟具都不同，確可以算是一種國粹，倘使背着周遊世界，一定會有人看，但我想，除了送一點進博物館之外，其餘的是大可以毀掉的了。還有一羣姨太太，也大以請她們各自走散爲是，要不然，「拿來主義」怕未免有些危機。

總之，我們要拿來。我們要或使用，或存放，或毀滅。那麼，主人是新主人，宅子也就會成爲新宅子。然而首先要這人沈着，勇猛，有辨別，不自私。沒有拿來的，人不能自成爲新人，沒有拿來的，文藝不能自成爲新文藝。

（一九三四年）六月四日。

看書瑣記

此文先刊於《申報·自由談》，後編入《花邊文學》。按，《花邊文學》收入一九三四年發表於《自由談》及他刊的短評。書名由來，乃因「是和我在同一營壘裏的青年戰友，換掉姓名掛在暗箭上射給我的」（《花邊文學·序言》）。指的是左聯中人廖沫沙用林默的筆名於一九三四年七月發表《論「花邊文學」》一文，對魯迅署名「公汗」的短評《倒提》，大加譏刺。魯迅即以之名集，正如前此《三閑集》之例。

高爾基很驚服巴爾札克小說裏寫對話的巧妙，以爲並不描寫人物的模樣，卻能使讀者

看了對話，便好像目睹了說話的那些人。（八月份《文學》內〈我的文學修養〉）

中國還沒有那樣好手段的小說家，但《水滸》和《紅樓夢》的有些地方，是能使讀者由說話看出人來的。其實，這也並非什麼奇特的事情，在上海的衖堂裏，租一間小房子住着的人，就時時可以體驗到。他和周圍的住户，是不一定見過面的，但只隔一層薄板壁，所以有些人家的眷屬和客人的談話，尤其是高聲的談話，都大略可以聽到，久而久之，就知道那里有那些人，而且彷彿覺得那些人是怎樣的人了。

如果刪除了不必要之點，只摘出各人的有特色的談話來，我想，就可以使別人從談話裏推見每個說話的人物。但我並不是說：這就成了中國的巴爾札克。

作者用對話表現人物的時候，恐怕在他自己的心目中，是存在着這人物的模樣的，于是傳給讀者，使讀者的心目中也形成了這人物的模樣。但讀者所推見的人物，卻並不一定和作者所設想的相同，巴爾札克的小鬍鬚的清瘦老人，到了高爾基的頭裏，也許變了粗蠻壯大的絡腮鬍子。不過那性格、言動，一定有些類似，大致不差，恰如將法文翻成了俄文一樣。要不然，文學這東西便沒有普遍性了。

文學雖然有普遍性，但因讀者的體驗的不同而有變化，讀者倘沒有類似的體驗，它也就失去了效力。譬如我們看《紅樓夢》，從文字上推見了林黛玉這一個人，但須排除了梅博士的「黛玉葬花」照相的先入之見，另外想一個，那麼，恐怕會想到剪頭髮，穿印度綢衫，清瘦，寂寞的摩登女郎；或者別的什麼模樣，我不能斷定。但試去和三四十年前出版的《紅樓夢圖詠》之類裏面的畫像比一比罷，一定是截然兩樣的，那上面所畫的，是那時的讀者的心目中的林黛玉。

文學有普遍性，但有界限；也有較爲永久的，但因讀者的社會體驗而生變化。北極的遏斯吉摩人和非洲腹地的黑人，我以爲是不會懂得「林黛玉型」的；健全而合理的好社會中人，也將不能懂得，他們大約要比我們的聽講始皇焚書，黃巢殺人更其隔膜。一有變化，即非永久，說文學獨有仙骨，是做夢的人們的夢話。

（一九三四年）八月六日。

中國人失掉自信力了嗎

一九三二年「九・一八」事變，日本侵略東三省，國民政府曾寄望國際聯盟主持公道，但國聯調查團竟認爲日本之舉「正當而合法」。一九三四年，一些官僚和社會名流舉辦法會，祈禱解救國難，輿論界遂有中國人失掉自信力之歎。魯迅回應，對此作出透徹的分析。

從公開的文字上看起來：兩年以前，我們總自誇着「地大物博」，是事實；不久就不再自誇了，只希望着國聯，也是事實；現在是既不誇自己，也不信國聯，改爲一味求神拜佛，懷古傷今了——卻也是事實。

于是有人慨歎曰：中國人失掉自信力了。

如果單據這一點現象而論，自信其實是早就失掉了的。先前信「地」，信「物」，後來信「國聯」，都沒有相信過「自己」。假使這也算一種「信」，那也只能說中國人曾經有過「他信力」，自從對國聯失望之後，便把這他信力都失掉了。

失掉了他信力，就會疑，一個轉身，也許能夠只相信了自己，倒是一條新生路，但不幸的是逐漸玄虛起來了。信「地」和「物」，還是切實的東西，國聯就渺茫，不過這還可以令人不久就省悟到依賴它的不可靠。一到求神拜佛，可就玄虛之至了，有益或是有害，一時就找不出分明的結果來，它可以令人更長久的麻醉着自己。

中國人現在是在發展着「自欺力」。

「自欺」也並非現在的新東西，現在只不過日見其明顯，籠罩了一切罷了。然而，在這籠罩之下，我們有並不失掉自信力的中國人在。

我們從古以來，就有埋頭苦幹的人，有拚命硬幹的人，有爲民請命的人，有捨身求法的人，……雖是等于爲帝王將相作家譜的所謂「正史」，也往往掩不住他們的光耀，這就是中國的脊樑。

這一類的人們，就是現在也何嘗少呢？他們有確信，不自欺；他們在前仆後繼的戰鬥，不過一面總在被摧殘，被抹殺，消滅于黑暗中，不能爲大家所知道罷了。説中國人失掉了自信力，用以指一部分人則可，倘若加于全體，那簡直是誣衊。

要論中國人，必須不被搽在表面的自欺欺人的脂粉所誆騙，卻看看他的筋骨和脊樑。自信力的有無，狀元宰相的文章是不足爲據的，要自己去看地底下。

（一九三四年）九月二十五日。

四

病後雜談

魯迅於一九三四年十一月初，感肋間神經痛，以後常發高燒，到十二月中旬纔稍愈。作此文，發表於《文學》月刊時經官方刪檢，只剩第一節。魯迅稱之爲「文藝上的暗殺政策」(見《且介亭雜文·附記》)。文章編入《且介亭雜文》時纔補全。

一

生一點病，的確也是一種福氣。不過這里有兩個必要條件：一要病是小病，並非什麼霍亂吐瀉，黑死病，或腦膜炎之類；二要至少手頭有一點現款，不至于躺一天，就餓一天。這二者缺一，便是俗人，不足與言生病之雅趣的。

我曾經愛管閑事，知道過許多人，這些人物，都懷着一個大願。大願，原是每個人都有的，不過有些人卻模模胡胡，自己抓不住，說不出。他們中最特別的有兩位：一位是願天下的人都死掉，只剩下他自己和一個好看的姑娘，還有一個賣大餅的；另一位是願秋天薄暮，吐半口血，兩個侍兒扶着，懨懨的到階前去看秋海棠。這種志向，一看好像離奇，其實卻照顧得很周到。第一位姑且不談他罷，第二位的「吐半口血」，就有很大的道理。才子本來多病，但要「多」，就不能重，假使一吐就是一碗或幾升，一個人的血，能有幾回好吐呢？過不幾天，就雅不下去了。

我一向很少生病，上月卻生了一點點。開初是每晚發熱，沒有力，不想喫東西，一禮拜不肯好，只得看醫生。醫生說是流行性感冒。好罷，就是流行性感冒。但過了流行性感冒一定退熱的時期，我的熱卻還不退。醫生從他那大皮包裏取出玻璃管來，要取我的血液，我知道他在疑心我生傷寒病了，自己也有些發愁。然而他第二天對我說，血裏沒有一粒傷寒菌；于是注意的聽肺，平常；聽心，上等。這似乎很使他爲難。我說，也許是疲勞罷；

他也不甚反對，只是沈吟着說，但是疲勞的發熱，還應該低一點。……

好幾回檢查了全體，沒有死症，不至于嗚呼哀哉是明明白白的，不過是每晚發熱，沒有力，不想吃東西而已，這真無異于「吐半口血」，大可享生病之福了。因爲既不必寫遺囑，又沒有大痛苦，然而可以不看正經書，不管柴米賬，玩他幾天，名稱又好聽，叫作「養病」。從這一天起，我就自己覺得好像有點兒「雅」了；那一位願吐半口血的才子，也就是那時躺着無事，忽然記了起來的。

光是胡思亂想也不是事，不如看點不勞精神的書，要不然，也不成其爲「養病」。像這樣的時候，我贊成中國紙的線裝書，這也就是有點兒「雅」起來了的證據。洋裝書便于插架，便于保存，現在不但有洋裝二十五六史，連《四部備要》也硬領而皮靴了，——原是不爲無見的。但看洋裝書要年富力強，正襟危坐，有嚴肅的態度。假使你躺着看，那就好像兩隻手捧着一塊大磚頭，不多工夫，就兩臂酸麻，只好歎一口氣，將它放下。所以，我在歎氣之後，就去尋線裝書。

一尋，尋到了久不見面的《世說新語》之類一大堆，躺着來看輕飄飄的毫不費力了，魏晉人的豪放瀟灑的風姿，也彷彿在眼前浮動。由此想到阮嗣宗的聽到步兵廚善于釀酒，就求爲步兵校尉；陶淵明的做了彭澤令，就教官田都種秫，以便做酒，因了太太的抗議，這才種了一點秔。這真是天趣盎然，決非現在的「站在雲端裏吶喊」者們所能望其項背。但是，「雅」要想到適可而止，再想便不行。例如阮嗣宗可以求做步兵校尉，陶淵明補了彭澤令，他們的地位，就不是一個平常人，要「雅」，也還是要地位。「采菊東籬下，悠然見南山」是淵明的好句，但我們在上海學起來可就難了。没有南山，我們還可以改作「悠然見洋房」或「悠然見煙囪」的，然而要租一所院子裏有點竹籬，可以種菊的房子，租錢就每月總得一百兩，水電在外；巡捕捐按房租百分之十四，每月十四兩。單是這兩項，每月就是一百十四兩，每兩作一元四角算，等于一百五十九元六。近來的文稿又不值錢，每千字最低的只有四五角，因爲是學陶淵明的雅人的稿子，現在算他每千字三大元罷，但標點，洋文，空白除外。那麼，單單爲了采菊，他就得每月譯作淨五萬三千二百字。喫飯呢？要另外想法子生發，否則，他只好「飢來驅我去，不知竟何之。」

「雅」要地位，也要錢，古今並不兩樣的，但古代的買雅，自然比現在便宜；辦法也並不兩樣，書要擺在書架上，或者拋幾本在地板上，酒杯要擺在桌子上，但算盤卻要收在抽屜裏，或者最好是在肚子裏。

此之謂「空靈」。

二

爲了「雅」，本來不想説這些話的。後來一想，這于「雅」並無傷，不過是在證明我自己的「俗」。王夷甫口不言錢，還是一個不乾不淨人物，雅人打算盤，當然也無損其爲雅人。不過他應該有時收起算盤，或者最妙是暫時忘卻算盤，那麼，那時的一言一笑，就都是靈機天成的一言一笑，如果念念不忘世間的利害，那可就成爲「杭育杭育派」了。這關鍵，只在一者能够忽而放開，一者卻是永遠執着，因此也就大有了雅俗和高下之分。我想，這和時而「敦倫」者不失爲聖賢，連白天也在想女人的就被稱爲「登徒子」的道理，大概是一樣的。

所以我恐怕只好自己承認「俗」，因爲隨手翻了一通《世説新語》，看過「娵隅躍清池」的時候，千不該萬不該的竟從「養病」想到「養病費」上去了，于是一骨碌爬起來，寫信討版稅，催稿費。寫完之後，覺得和魏、晉人有點隔膜，自己想，假使此刻有阮嗣宗或陶淵明在面前出現，我們也一定談不來的。于是另換了幾本書，大抵是明末清初的野史，時代較近，看起來也許較有趣味。第一本拿在手裏的是《蜀碧》。

這是蜀賓從成都帶來送我的，還有一部《蜀龜鑑》，都是講張獻忠禍蜀的書，其實是不但四川人，而是凡有中國人都該翻一下的著作，可惜刻的太壞，錯字頗不少。翻了一遍，在卷三裏看見了這樣的一條——

「又，剥皮者，從頭至尻一縷裂之，張於前，如鳥展翅，率踰日始絕。有即斃者，行刑之人坐死。」

也還是爲了自己生病的緣故罷，這時就想到了人體解剖。醫術和虐刑，是都要生理學和解剖學智識的。中國卻怪得很，固有的醫書上的人身五臟圖，真是草率錯誤到見不得人，但虐刑的方法，則往往好像古人早懂得了現代的科學。例如罷，誰都知道從周到漢，有一種施于男子的「宮刑」，也叫「腐刑」，次于「大辟」一等。對于女性就叫「幽閉」，向來不大有人提起那方法，但總之，是決非將她關起來，或者將它縫起來。近時好像被我查出一點大概來了，那辦法的兇惡，妥當，而又合乎解剖學，真使我不得不喫驚。但婦科的醫書呢？幾乎都不明白女性下半身的解剖學的構造，他們只將肚子看作一個大口袋，裏面裝着莫名其妙的東西。

單說剥皮法，中國就有種種。上面所抄的是張獻忠式；還有孫可望式，見于屈大均的

《安龍逸史》，也是這回在病中翻到的。其時是永歷六年，即清順治九年，永歷帝已經躲在安隆（那時改爲安龍），秦王孫可望殺了陳邦傳父子，御史李如月就彈劾他「擅殺勳將，無人臣禮」，皇帝反打了如月四十板，可是事情還不能完，又給孫黨張應科知道了，就去報告了孫可望。

「可望得應科報，即令應科殺如月，剥皮示衆。俄縛如月至朝門，有負石灰一筐，稻草一捆，置于其前。如月問，『如何用此？』其人曰，『是揎你的草！』如月叱曰，『瞎奴！此株株是文章，節節是忠腸也！』既而應科立在角門階，捧可望令旨，喝如月跪。如月叱曰，『我是朝廷命官，豈跪賊令？！』乃步至中門，向闕再拜。……應科促令仆地，剖脊，及臀，如月大呼曰：『死得快活，渾身清涼！』又呼可望名，大罵不絕。及斷至手足，轉前胸，猶微聲恨罵；至頸絶而死。隨以灰漬之，紉以線，後乃入草，移北城門通衢閣上，懸之。……」

張獻忠的自然是「流賊」式；孫可望雖然也是流賊出身，但這時已是保明拒清的柱石，封爲秦王，後來降了滿洲，還是封爲義王，所以他所用的其實是官式。明初，永樂皇帝剥了那忠于建文帝的景清的皮，也就是用這方法的。大明一朝，以剥皮始，以剥皮終，可謂始終不變；至今在紹興戲文裏和鄉下人的嘴上，還偶然可以聽到「剥皮揎草」的話，那皇澤之長也就可想而知了。

真也無怪有些慈悲心腸人不願意看野史，聽故事；有些事情，真也不像人世，要令人毛骨悚然，心裏受傷，永不痊癒的。殘酷的事實儘有，最好莫如不聞，這才可以保全性靈，也是「是以君子遠庖廚也」的意思。比滅亡略早的晚明名家的瀟灑小品在現在的盛行，實在也不能說是無緣無故。不過這一種心地晶瑩的雅致，又必須有一種好境遇，李如月仆地「剖脊」，臉孔向下，原是一個看書的好姿勢，但如果這時給他看袁中郎的「廣莊」，我想他是一定不要看的。這時他的性靈有些兒不對，不懂得真文藝了。

然而，中國的士大夫是到底有點雅氣的，例如李如月說的「株株是文章，節節是忠腸」，就很富於詩趣。臨死做詩的，古今來也不知道有多少。直到近代，譚嗣同在臨刑之前就做一絕「閉門投轄思張儉」，秋瑾女士也有一句「秋雨秋風愁殺人」，然而還雅得不够格，所以各種詩選裏都不載，也不能賣錢。

三

清朝有滅族，有凌遲，卻没有剝皮之刑，這是漢人應該慚愧的，但後來膾炙人口的虐政是文字獄。雖說文字獄，其實還含着許多複雜的原因，在這里不能細說；我們現在還直接受到流毒的，是他删改了許多古人的著作的字句，禁了許多明、清人的書。

《安龍逸史》大約也是一種禁書，我所得的是吴興劉氏嘉業堂的新刻本。他刻的前清禁書還不止這一種，屈大均的又有《翁山文外》；還有蔡顯的《閑漁閑閑録》，是作者因此「斬立決」，還累及門生的，但我細看了一遍，卻又尋不出什麽忌諱。對于這種刻書家，我是很感激的，因爲他傳授給我許多知識——雖然從雅人看來，只是些庸俗不堪的知識。但是到嘉業堂去買書，可真難。我還記得，今年春天的一個下午，好容易在愛文義路找着了，兩扇大鐵門，叩了幾下，門上開了一個小方洞，裏面有中國門房，中國巡捕，白俄鏢師各一位。巡捕問我來幹什麽的。我說買書。他說賬房出去了，没有人管，明天再來罷。我告訴他我住得遠，可能給我等一會呢？他說，不成！同時也堵住了那個小方洞。過了兩天，我又去了，改作上午，以爲此時賬房也許不至于出去。但這回所得回答卻更其絶望，巡捕曰：「書都没有了！賣完了！不賣了」！

我就没有第三次再去買，因爲實在回覆的斬釘截鐵。現在所有的幾種，是託朋友去輾轉買來的，好像必須是熟人或走熟的書店，這纔買得到。

每種書的末尾，都有嘉業堂主人劉承幹先生的跋文，他對于明季的遺老很有同情，對于清初的文禍也頗不滿。但奇怪的是他自己的文章卻滿是前清遺老的口風；書是民國刻的，「儀」還缺着末筆。我想，試看明朝遺老的著作，反抗清朝的主旨，是在異族的入主中夏的，改換朝代，倒還在其次。所以要頂禮明末的遺民，必須接受他的民族思想，這纔可以心心相印。現在以明遺老之仇的滿清的遺老自居，卻又引明遺老爲同調，只着重在「遺老」兩個字，而毫不問遺于何族，遺在何時，這真可以説是「爲遺老而遺老」，和現在文壇上的「爲藝術而藝術」，成爲一副絕好的對子了。

倘以爲這是因爲「食古不化」的緣故，那可也並不然。中國的士大夫，該化的時候，就未必決不化。就如上面説過的《蜀龜鑑》，原是一部筆法都仿《春秋》的書，但寫到「聖祖仁皇帝康熙元年春正月」，就有「贊」道：「……明季之亂甚矣！風終豳，雅終召旻，託亂極思治之隱憂而無其實事，孰若臣祖親見之，臣身親被之乎？是終以元年正月。終者，非徒謂體元表正，蔑以加兹；生逢盛世，蕩蕩難名，一以寄没世不忘之恩，一以見太平之業所由始耳！」

《春秋》上是没有這種筆法的。滿洲的肅王的一箭，不但射死了張獻忠，也感化了許多讀書人，而且改變了「春秋筆法」了。

四

病中來看這些書，歸根結蒂，也還是令人氣悶。但又開始知道了有些聰明的士大夫，依然會從血泊裏尋出閑適來。例如《蜀碧》，總可以說是够慘的書了，然而序文後面卻刻着一位樂齋先生的批語道：「古穆有魏晉間人筆意。」

這真是天大的本領！那死似的鎮静，又將我的氣悶打破了。

我放下書，合了眼睛，躺着想想學這本領的方法，以爲這和「君子遠庖廚也」的法子是大兩樣的，因爲這時是君子自己也親到了庖廚裏。瞑想的結果，擬定了兩手太極拳。一、是對于世事要「浮光掠影」，隨時忘卻，不甚了然，彷彿有些關心，卻又並不懇切；二、是對于現實要「蔽聰塞明」，麻木冷静，不受感觸，先由努力，後成自然。第一種的名稱不大好聽，第二種卻也是卻病延年的要訣，連古之儒者也並不諱言的。這都是大道。還有一種輕捷的小道，是：彼此說謊，自欺欺人。

有些事情，換一句話說就不大合式，所以君子憎惡俗人的「道破」。其實，「君子遠庖廚也」就是自欺欺人的辦法：君子非喫牛肉不可，然而他慈悲，不忍見牛的臨死的觳觫，于是走開，等到燒成牛排，然後慢慢的來咀嚼。牛排是決不會「觳觫」的了，也就和慈悲不再有衝突，于是他心安理得，天趣盎然，剔剔牙齒，摸摸肚子，「萬物皆備于我矣」了。彼此說謊也決不是傷雅的事情，東坡先生在黃州，有客來，就要客談鬼，客說沒有，東坡道：「姑妄言之！」至今還算是一件韻事。

撒一點小謊，可以解無聊，也可以消悶氣；到後來，忘卻了真，相信了謊，也就心安理得，天趣盎然了起來。永樂的硬做皇帝，一部分士大夫是頗以爲不大好的。尤其是對于他的慘殺建文的忠臣。和景清一同被殺的還有鐵鉉，景清剥皮，鐵鉉油炸，他的兩個女兒則發付了教坊，叫她們做婊子。這更使士大夫不舒服，但有人說，後來二女獻詩于原問官，被永樂所知，赦出，嫁給士人了。

這真是「曲終奏雅」，令人如釋重負，覺得天皇畢竟聖明，好人也終于得救。她雖然做過官妓，然而究竟是一位能詩的才女，她父親又是大忠臣，爲夫的士人，當然也不算辱没。但是，必須「浮光掠影」到這里爲止，想不得下去。一想，就要想到永樂的上諭，有些是凶殘猥褻，將張獻忠祭梓潼神的「咱老子姓張，你也姓張，咱老子和你聯了宗罷。尚饗！」的名文，和他的比起來，真是高華典雅，配登西洋的上等雜誌，那就會覺得永樂皇帝決不像一位愛才憐弱的明君。況且那時的教坊是怎樣的處所？罪人的妻女在那里是並非静候嫖客的，據永樂定法，還要她們「轉營」，這就是每座兵營裏都去幾天，目的是在使她們爲多數男性所凌辱，生出「小龜子」和「淫賤材兒」來！所以，現在成了問題的「守節」，在那時，其實是只准「良民」專利的特典。在這樣的治下，這樣的地獄裏，做一首詩就能超生的麽？

我這回從杭世駿的《訂譌類編》(續補卷上)裏，這纔確切的知道了這佳話的欺騙。他說：

「……考鐵長女詩，乃吳人范昌期『題老妓卷』作也。詩云：『教坊落籍洗鉛華，一片春心對落花。舊曲聽來空有恨，故園歸去卻無家。雲鬟半嚲臨青鏡，兩淚頻彈濕絳紗。安得江州司馬在，尊前重爲賦琵琶。』昌期，字鳴鳳；詩見張士瀹《國朝文纂》。同時杜瓊用嘉亦有次韻詩，題曰《無題》，則其非鐵氏作明矣。次女詩所謂『春來雨露深如海，嫁得劉郎勝阮郎』，其論尤爲不倫。宗正睦㮮論革除事，謂建文流落西南諸詩，皆好事僞作，則鐵女之詩可知。……」

《國朝文纂》我没有見過，鐵氏次女的詩，杭世駿也並未尋出根底，但我以爲他的話是可信的，——雖然他敗壞了口口相傳的韻事。況且一則他也是一個認真的考證學者，二則我覺得凡是得到大殺風景的結果的考證，往往比表面説得好聽，玩得有趣的東西近真。

首先將范昌期的詩嫁給鐵氏長女，聊以自欺欺人的是誰呢？我也不知道。但「浮光掠影」的一看，倒也罷了，一經杭世駿道破，再去看時，就很明白的知道了確是咏老妓之作，那第一句就不像現任官妓的口吻。不過中國的有一些士大夫，總愛無中生有，移花接木的造出故事來，他們不但歌頌昇平，還粉飾黑暗。關于鐵氏二女的撒謊，尚其小焉者耳，大至胡元殺掠，滿清焚屠之際，也還會有人單單捧出什麼烈女絶命，婺婦題壁的詩詞來，這個艷傳，那個步韻，比對于華屋邱墟，生民塗炭之慘的大事情還起勁。到底是刻了一本集，連自己們都附進去，而韻事也就完結了。

我在寫着這些的時候，病是要算已經好了的了，用不着寫遺書。但我想在這里趁便拜託我的相識的朋友，將來我死掉之後，即使在中國還有追悼的可能，也千萬不要給我開追悼會或者出什麼記念册。因爲這不過是活人的講演或輓聯的鬥法場，爲了造語驚人，對仗工穩起見，有些文豪們是簡直不恤于胡說八道的。結果至多也不過印成一本書，即使有誰看了，于我死人，于讀者活人，都無益處，就是對于作者，其實也並無益處，輓聯做得好，也不過輓聯做得好而已。

現在的意見，我以爲倘有購買那些紙墨白布的閑錢，還不如選幾部明人，清人或今人的野史或筆記來印印，倒是于大家很有益處的。但是要認真，用點工夫，標點不要錯。

（一九三四年）十二月十一日。

什麼是「諷刺」?

——答文學社問——

一九三五年,《文學》月刊社編輯《文學百題》一書,定題約人撰寫。本文即魯迅應約而作。但被書報審查官禁刊。該書七月出版,此文僅存題目。兩月後才在《雜文》月刊第三號刊出。按《雜文》創刊於日本東京,上海中國圖書雜誌公司經售,出至第三號被禁。

我想：一個作者，用了精煉的，或者簡直有些誇張的筆墨——但自然也必須是藝術的地——寫出或一羣人的或一面的真實來，這被寫的一羣人，就稱這作品爲「諷刺」。

「諷刺」的生命是真實；不必是曾有的實事，但必須是會有的實情。所以它不是「揑造」，也不是「誣蠛」；既不是「揭發陰私」，又不是專記駭人聽聞的所謂「奇聞」或「怪現狀」。它所寫的事情是公然的，也是常見的，平時是誰都不以爲奇的，而且自然是誰都毫不注意的。不過這事情在那時卻已經是不合理，可笑，可鄙，甚而至于可惡。但這麼行下來了，習慣了，雖在大庭廣衆之間，誰也不覺得奇怪；現在給它特別一提，就動人。譬如罷，洋服青年拜佛，現在是平常事，道學先生發怒，更是平常事，只消幾分鐘，這事迹就過去，消滅了。但「諷刺」卻是正在這時候照下來的一張相，一個撅着屁股，一個皺着眉心，不但自己和別人看起來有些不很雅觀，連自己看見也覺得不很雅觀；而且流傳開去，對于後日的大講科學和高談養性，也不免有些妨害。倘說，所照的並非真實，是不行的，因爲這時有目共睹，誰也會覺得確有這等事；但又不好意思承認這是真實，失了自己的尊嚴。于是挖空心思，給起了一個名目，叫作「諷刺」。其意若曰：它偏要提出這等事，可見也不是好貨。

有意的偏要提出這等事，而且加以精煉，甚至于誇張，卻確是「諷刺」的本領。同一事件，在拉雜的非藝術的記録中，是不成爲諷刺，誰也不大會受感動的。例如新聞記事，就記憶所及，今年就見過兩件事。其一、是一個青年，冒充了軍官，向各處招搖撞騙，後來破獲了，他就寫懺悔書，說是不過藉此謀生，並無他意。其二、是一個竊賊招引學生，教授偷竊之法，家長知道，把自己的子弟禁在家裏了，他還上門來逞兇。較可注意的事件，報上是往往有些特別的批評文字的，但對于這兩件，卻至今沒有說過什麽話，可見是看得很平常，以爲不足介意的了。然而這材料，假如到了斯惠夫德(J. Swift)或果戈理(N. Gogol)的手裏，我看是準可以成爲出色的諷刺作品的。在或一時代的社會裏，事情越平常，就越普遍，也就愈合于作諷刺。

諷刺作者雖然大抵爲被諷刺者所憎恨，但他卻常常是善意的；他的諷刺，在希望他們改善，並非要捺這一羣到水底裏。然而待到同羣中有諷刺作者出現的時候，這一羣卻已是不可收拾，更非筆墨所能救了，所以這努力大抵是徒勞的，而且還適得其反，實際上不過表現了這一羣的缺點以至惡德，而對于敵對的別一羣，倒反成爲有益。我想：從別一羣看來，感受是和被諷刺的那一羣不同的，他們會覺得「暴露」更多于「諷刺」。

如果貌似諷刺的作品，而毫無善意，也毫無熱情，只使讀者覺得一切世事，一無足取，也一無可爲，那就並非諷刺了，這便是所謂「冷嘲」。

（一九三五年）五月三日。

致蕭軍

一九三四年十月魯迅收到從東北南下青島的青年作者蕭軍的第一封信，當天作覆。不久蕭軍蕭紅來上海，獲魯迅接見，頗得魯迅好感。翌年魯迅先後爲《八月的鄉村》《生死場》作序，編入「奴隸叢書」出版。魯迅與二蕭通信頻密，且多推心置腹語，談及左聯人事問題。此信且見魯迅的自我評析，及對翻譯中的《死魂靈》的評論。

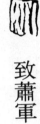

劉先生：

廿二信并書一包，均收到。又曾寄《新小說》一本，內有金人譯文一篇，不知收到否？寄給《文學》的稿子，來信說要登，但九月來不及，須待十月，祇得聽之。良友也有信來，今附上。悄吟太太的稿子退回來了，他說「稍弱」，也評的並不算錯，便中擬交胡，拿到《婦女生活》去看看，倘登不出，就只好擱起來了。

《死魂靈》作者的本領，確不差，不過究竟是舊作者，他常常要發一大套議論，而這些議論，可真是難譯，把我窘的汗流浹背。這回所據的是德譯本，而我的德文程度又差，錯誤一定不免，不過比起英譯本的刪節，日譯本的錯誤更多來，也許好一點。至于《奧羅夫婦》的譯者，還是一位名人，但他大約太用力于交際了，翻譯就不大高明。

我看用我去比外國的誰，是很難的，因爲彼此的環境先不相同。契訶夫的想發財，是那時俄國的資本主義已發展了，而這時候，我正在封建社會里做少爺。看不起錢，也是那時的所謂「讀書人家子弟」的通性。我的祖父是做官的，到父親纔窮下來，所以我其實是「破落户子弟」，不過我很感謝我父親的窮下來（他不會賺錢），使我因此明白了許多事情。因爲我自己是這樣的出身，明白底細，所以別的破落户子弟的裝腔作勢，和暴發户子弟之自鳴風雅，給我一解剖，他們便弄得一敗塗地，我好像一個「戰士」了。使我自己說，我大約也還是一個破落户，不過思想較新，也時常想到別人和將來，因此也比較的不十分自私自利而已。至于高爾基，那是偉大的，我看無人可比。

前一輩看後一輩，大抵要失望的，自然只好用「笑」對付。我的母親是很愛我的，但同在一處，有些地方她也看不慣。意見不一樣，沒有好法子想。

又熱起來，痱子也新生了，但沒有先前厲害。孩子的幼稚園中，一共衹有十多個人，所以還不十分混雜，其實也不過每天去關他四個鐘頭，好給我清淨一下。不過我在擔心，怕將來會知道他是誰的孩子。他現在還不知我的名字，一知道，是也許說出去的。

此覆，即請

儷安

——豫上　八月二十四日

（一九三五年）

采薇

魯迅於一九二七年寫了《眉間尺》，直到一九三四年八月纔重拾小說之筆，作《非攻》。再於一九三五年十一、二月間寫出《理水》、《采薇》等四篇，連同舊作，集成《故事新編》一書，交巴金列入「文學叢刊」出版。

此篇寫伯夷叔齊故事，素材採自《尚書》、《史記》及《古史考》(蜀漢譙周著)、《列士傳》(漢劉向著)，加以點染，古今交融，刻畫「隱士」一類人等的世相。

一

這半年來，不知怎的連養老堂裏也不大平静了，一部分的老頭子，也都交頭接耳，跑進跑出的很起勁。只有伯夷最不留心閑事，秋涼到了，他又老的很怕冷，就整天的坐在階沿上曬太陽，縱使聽到忽忙的腳步聲，也決不擡起頭來看。

「大哥！」

一聽聲音自然就知道是叔齊。伯夷是向來最講禮讓的，便在擡頭之前，先站起身，把手一擺，意思是請兄弟在階沿上坐下。

「大哥，時局好像不大好！」叔齊一面並排坐下去，一面氣喘吁吁的說，聲音有些發抖。

「怎麼了呀？」伯夷這纔轉過臉去看，只見叔齊的原是蒼白的臉色，好像更加蒼白了。

「您聽到過從商王那里，逃來兩個瞎子的事了罷。」

「唔，前幾天，散宜生好像提起過。我没有留心。」

「我今天去拜訪過了。一個是太師疵，一個是少師强，還帶來許多樂器。聽說前幾時還開過一個展覽會，參觀者都『嘖嘖稱美，』——不過好像這邊就要動兵了。」

「爲了樂器動兵，是不合先王之道的。」伯夷慢吞吞的說。

「也不單爲了樂器。您不早聽到過商王無道，砍早上渡河不怕水冷的人的腳骨，看看他的骨髓，挖出比干王爺的心來，看它可有七竅嗎？先前還是傳聞，瞎子一到，可就證實了。況且還切切實實的證明了商王的變亂舊章。變亂舊章，原是應該征伐的。不過我想，以下犯上，究竟也不合先王之道……」

「近來的烙餅，一天一天的小下去了，看來確也像要出事情，」伯夷想了一想，説。「但我看你還是少出門，少説話，仍舊每天練你的太極拳的好！」

「是……」叔齊是很悌的，應了半聲。

「你想想看，」伯夷知道他心裏其實並不服氣，便接着説。「我們是客人，因爲西伯肯養老，猷在這里的。烙餅小下去了，固然不該説什麽，就是事情鬧起來了，也不該説什麽的。」

「那麽，我們可就成了爲養老而養老了。」

「最好是少説話。我也没有力氣來聽這些事。」

伯夷咳了起來，叔齊也不再開口。咳嗽一止，萬籟寂然，秋末的夕陽，照着兩部白鬍子，都在閃閃的發亮。

二

然而這不平靜，卻總是滋長起來，烙餅不但小下去，粉也粗起來了。養老堂的人們更加交頭接耳，外面只聽得車馬行走聲，叔齊更加喜歡出門，雖然回來也不說什麼話，但那不安的神色，卻惹得伯夷也很難閑適了：他似乎覺得這碗平穩飯快要喫不穩。

十一月下旬，叔齊照例一早起了牀，要練太極拳，但他走到院子裏，聽了一聽，卻開開堂門，跑出去了。約摸有烙十張餅的時候，這纔氣急敗壞的跑回來，鼻子凍得通紅，嘴裏一陣一陣的噴着白蒸氣。

「大哥！你起來！出兵了！」他恭敬的垂手站在伯夷的牀前，大聲說，聲音有些比平常粗。

伯夷怕冷，很不願意這麼早就起身，但他是非常友愛的，看見兄弟着急，只好把牙齒一咬，坐了起來，披上皮袍，在被窩裏慢吞吞的穿褲子。

「我剛要練拳，」叔齊等着，一面說。「卻聽得外面有人馬走動，連忙跑到大路上去看時——果然，來了。首先是一乘白綵的大轎，總該有八十一人擡着罷，裏面一座木主，寫的是『大周文王之靈位』；後面跟的都是兵。我想：這一定是要去伐紂了。現在的周王是孝子，他要做大事，一定是把文王擡在前面的。看了一會，我就跑回來，不料我們養老堂的牆外就貼着告示……」

伯夷的衣服穿好了，弟兄倆走出屋子，就覺得一陣冷氣，趕緊縮緊了身子。伯夷向來不大走動，一出大門，很看得有些新鮮。不幾步，叔齊就伸手向牆上一指，可真的貼着一張大告示：

「照得今殷王紂，乃用其婦人之言，自絕于天，毀壞其三正，離逷其王父母弟。乃斷棄其先祖之樂；乃爲淫聲，用變亂正聲，怡說婦人。故今予發，維共行天罰。勉哉夫子，不可再，不可三！此示。」

兩人看完之後，都不作聲，逕向大路走去。只見路邊都擠滿了民衆，站得水泄不通。兩人在後面說一聲「借光」，民衆回頭一看，見是兩位白鬚老者，便照文王敬老的上諭，趕忙閃開，讓他們走到前面。這時打頭的木主早已望不見了，走過去的都是一排一排的甲士，約有烙三百五十二張大餅的工夫，這才見別有許多兵丁，肩着九旒雲罕旗，彷彿五色雲一樣。接着又是甲士，後面一大隊騎着高頭大馬的文武官員，簇擁着一位王爺，紫糖色臉，絡腮鬍子，左捏黃斧頭，右拿白牛尾，威風凜凜：這正是「恭行天罰」的周王發。

大路兩旁的民衆，個個肅然起敬，沒有人動一下，沒有人響一聲。在百靜中，不提防叔齊卻拖着伯夷直撲上去，鑽過幾個馬頭，拉住了周王的馬嚼子，直着頸子嚷起來道：

「老子死了不葬，倒來動兵，說得上『孝』嗎？臣子想要殺主子，說得上『仁』嗎？……」

開初，是路旁的民衆，駕前的武將，都嚇得呆了；連周王手裏的白牛尾巴也歪了過去。但叔齊剛說了四句話，卻就聽得一片嘩啷聲響，有好幾把大刀從他們的頭上砍下來。

「且住！」

誰都知道這是姜太公的聲音，豈敢不聽，便連忙停了刀，看着這也是白鬚白髮，然而胖得圓圓的臉。

「義士呢。放他們去罷！」

武將們立刻把刀收回，插在腰帶上。一面是走上四個甲士來，恭敬的向伯夷和叔齊立正，舉手，之後就兩個挾一個，開正步向路旁走過去。民衆們也趕緊讓開道，放他們走到自己的背後去。

到得背後，甲士們便又恭敬的立正，放了手，用力在他們倆的脊樑上一推。兩人只叫得一聲「阿呀」，蹌蹌踉踉的顛了周尺一丈路遠近，這纔撲通的倒在地面上。叔齊還好，用手支着，只印了一臉泥；伯夷究竟比較的有了年紀，腦袋又恰巧磕在石頭上，便暈過去了。

三

大軍過去之後，什麼也不再望得見，大家便換了方向，把躺着的伯夷和坐着的叔齊圍起來。有幾個是認識他們的，當場告訴人們，說這原是遼西的孤竹君的兩位世子，因為讓位，這才一同逃到這里，進了先王所設的養老堂。這報告引得衆人連聲讚歎，幾個人便蹲下身子，歪着頭去看叔齊的臉，幾個人回家去燒薑湯，幾個人去通知養老堂，叫他們快擡門板來接了。

大約過了烙好一百零三四張大餅的工夫，現狀並無變化，看客也漸漸的走散；又好久，才有兩個老頭子擡着一扇門板，一拐一拐的走來，板上面還鋪着一層稻草：這還是文王定下來的敬老的老規矩。板在地上一放，啌嚨一聲，震得伯夷突然張開了眼睛：他蘇甦了。叔齊驚喜的發一聲喊，幫那兩個人一同輕輕的把伯夷扛上門板，擡向養老堂裏去；自己是在旁邊跟定，扶住了掛着門板的麻繩。

走了六七十步路，聽得遠遠地有人在叫喊：

「您哪！等一下！薑湯來哩！」望去是一位年青的太太，手裏端着一個瓦罐子向這面跑來了，大約怕薑湯潑出罷，她跑得不很快。

大家只得停住，等候她的到來。叔齊謝了她的好意。她看見伯夷已經自己醒來了，似乎很有些失望，但想了一想，就勸他仍舊喝下去，可以暖暖胃。然而伯夷怕辣，一定不肯喝。

「這怎麼辦好呢？還是八年陳的老薑熬的呀。別人家還拿不出這樣的東西來呢。我們的家裏又没有愛喫辣的人……」她顯然有點不高興。

叔齊只得接了瓦罐，做好做歹的硬勸伯夷喝了一口半，餘下的還很多，便說自己也正有胃氣痛，統統喝掉了。眼圈通紅的，恭敬的誇讚了薑湯的力量，謝了那太太的好意之後，這才解決了這一場大糾紛。

他們回到養老堂裏，倒也並没有什麼餘病，到第三天，伯夷就能够起牀了，雖然前額上腫着一大塊——然而胃口壞。

官民們都不肯給他們超然，時時送來些攪擾他們的消息，或者是官報，或者是新聞。十二月底，就聽說大軍已經渡了盟津，諸侯無一不到。不久也送了武王的《太誓》的鈔本來。這是特別鈔給養老堂看的，怕他們眼睛花，每個字都寫得有核桃一般大。不過伯夷還是懶得看，只聽叔齊朗誦了一遍，別的倒也並沒有什麼，但是「自棄其先祖肆祀不答，昏棄其家國……」這幾句，斷章取義，卻好像很傷了自己的心。

傳說也不少：有的說，周師到了牧野，和紂王的兵大戰，殺得他們屍橫遍野，血流成河，連木棍也浮起來，彷彿水上的草梗一樣；有的卻道紂王的兵雖然有七十萬，其實並沒有戰，一望見姜太公帶着大軍前來，便回轉身，反替武王開路了。

這兩種傳說，固然略有些不同，但打了勝仗，卻似乎確實的。此後又時時聽到運來了鹿臺的寶貝，鉅橋的白米，就更加證明了得勝的確實。傷兵也陸陸續續的回來了，又好像還是打過大仗似的。凡是能够勉强走動的傷兵，大抵在茶館、酒店、理髮鋪，以及人家的簷前或門口閑坐，講述戰爭的故事，無論那里，總有一羣人眉飛色舞的在聽他。春天到了，露天下也不再覺得怎麼涼，往往到夜裏還講得很起勁。

伯夷和叔齊都消化不良，每頓總是喫不完應得的烙餅；睡覺還照先前一樣，天一暗就上牀，然而總是睡不着。伯夷只在翻來覆去，叔齊聽了，又煩躁，又心酸，這時候，他常是重行起來，穿好衣服，到院子裏去走走，或者練一套太極拳。

有一夜，是有星無月的夜。大家都睡得静静的了，門口卻還有人在談天。叔齊是向來不偷聽人家談話的，這一回可不知怎的，竟停了脚步，同時也側着耳朵。

「媽的紂王，一敗，就奔上鹿臺去了，」説話的大約是回來的傷兵。「媽的，他堆好寶貝，自己坐在中央，就點起火來。」

「阿唷，這可多麼可惜呀！」這分明是管門人的聲音。

「不慌！只燒死了自己，寶貝可没有燒哩。咱們大王就帶着諸侯，進了商國。他們的百姓都在郊外迎接，大王叫大人們招呼他們道：『納福呀！』他們就都磕頭。一直進去，但見門上都貼着兩個大字道：「順民」。大王的車子一徑走向鹿臺，找到紂王自尋短見的處所，射了三箭……」

「爲什麼呀？怕他没有死嗎？」別一人問道。

「誰知道呢。可是射了三箭，又拔出輕劍來，一砍，這纔拿了黃斧頭，嚓！砍下他的腦袋來，掛在大白旗上。」

叔齊喫了一驚。

「之後就去找紂王的兩個小老婆。哼，早已統統弔死了。大王就又射了三箭，拔出劍來，一砍，這纔拿了黑斧頭，割下她們的腦袋，掛在小白旗上。這麼一來……」

「那兩個姨太太真的漂亮嗎?」管門人打斷了他的話。

「知不清。旗杆子高，看的人又多，我那時金創還很疼，没有擠近去看。」

「他們説那一個叫作妲己的是狐狸精，只有兩隻腳變不成人樣，便用布條子裹起來：真的?」

「誰知道呢。我也没有看見她的腳。可是那邊的娘兒們卻真有許多把腳弄得好像豬蹄子的。」

叔齊是正經人，一聽到他們從皇帝的頭，談到女人的腳上去了，便雙眉一皺，連忙掩住耳朵，返身跑進房裏去。伯夷也還没有睡着，輕輕的問道：

「你又去練拳了麼?」

叔齊不回答，慢慢的走過去，坐在伯夷的牀沿上，彎下腰，告訴了他剛纔聽來的一些話。這之後，兩人都沈默了許多時，終於是叔齊很困難的歎一口氣，悄悄的説道：

「不料竟全改了文王的規矩……你瞧罷，不但不孝，也不仁……這樣看來，這里的飯是喫不得了。」

「那麼，怎麼好呢?」伯夷問。

「我看還是走……」

於是兩人商量了幾句，就決定明天一早離開這養老堂，不再喫周家的大餅；東西是什麼也不帶。兄弟倆一同走到華山去，喫些野果和樹葉來送自己的殘年。況且「天道無親，常與善人，」或者竟會有蒼术和茯苓之類也說不定。

打定主意之後，心地倒十分輕鬆了。叔齊重復解衣躺下，不多久，就聽到伯夷講夢話；自己也覺得很有興致，而且彷彿聞到茯苓的清香，接着也就在這茯苓的清香中，沈沈睡去了。

四

第二天，兄弟倆都比平常醒得早，梳洗完畢，毫不帶什麼東西，其實也並無東西可帶，只有一件老羊皮長袍捨不得，仍舊穿在身上，拿了拄杖，和留下的烙餅，推稱散步，一徑走出養老堂的大門；心裏想，從此要長別了，便似乎還不免有些留戀似的，回過頭來看了幾眼。

街道上行人還不多；所遇見的不過是睡眼惺忪的女人，在井邊打水。將近郊外，太陽已經高升，走路的也多起來了，雖然大抵昂着頭，得意洋洋的，但一看見他們，卻還是照例的讓路。樹木也多起來了，不知名的落葉樹上，已經吐着新芽，一望好像灰綠的輕煙，其間夾着松柏，在朦朧中仍然顯得很蒼翠。

滿眼是闊大，自由，好看，伯夷和叔齊覺得彷彿年青起來，腳步輕鬆，心裏也很舒暢了。

到第二天的午後，迎面遇見了幾條岔路，他們決不定走那一條路近，便檢了一個對面走來的老頭子，很和氣的去問他。

「阿呀，可惜，」那老頭子說。「您要是早一點，跟先前過去的那隊馬跑就好了。現在可只得先走這條路。前面岔路還多，再問罷。」

叔齊就記得了正午時分，他們的確遇見過幾個廢兵，趕着一大批老馬、瘦馬、跛腳馬、癩皮馬，從背後衝上來，幾乎把他們踏死，這時就趁便問那老人，這些馬是趕去做什麼的。

「您還不知道嗎？」那人答道。「我們大王已經『恭行天罰』，用不着再來興師動衆，所以把馬放到華山腳下去的。這就是『歸馬於華山之陽』呀，您懂了沒有？我們還在『放牛於桃林之野』哩！嚇，這回可真是大家要喫太平飯了。」

然而這竟是兜頭一桶冷水，使兩個人同時打了一個寒噤，但仍然不動聲色，謝過老人，向着他所指示的路前行。無奈這「歸馬於華山之陽」，竟踏壞了他們的夢境，使兩個人的心裏，從此都有些七上八下起來。

心裏忐忑，嘴裏不說，仍是走，到得傍晚，臨近了一座並不很高的黃土岡，上面有一些樹林，幾間土屋，他們便在途中議定，到這里去借宿。

離土岡腳還有十幾步，林子裏便竄出五個彪形大漢來，頭包白布，身穿破衣，爲首的拿一把大刀，另外四個都是木棍。一到岡下，便一字排開，攔住去路，一同恭敬的點頭，大聲吆喝道：

「老先生，您好哇！」

他們倆都嚇得倒退了幾步，伯夷竟發起抖來。還是叔齊能幹，索性走上前，問他們是什麼人，有什麼事。

「小人就是華山大王小窮奇，」那拿刀的說，「帶了兄弟們在這里要請您老賞一點買路錢！」

「我們那里有錢呢，大王。」叔齊很客氣的說。「我們是從養老堂裏出來的。」

「阿呀！」小窮奇喫了一驚，立刻肅然起敬，「那麼，您兩位一定是『天下之大老也』了。小人們也遵先王遺教，非常敬老，所以要請您老留下一點紀念品……」他看見叔齊没有回答，便將大刀一揮，提高了聲音道：「如果您老還要謙讓，那可小人們只好恭行天搜，瞻仰一下您老的貴體了！」

伯夷、叔齊立刻擎起了兩隻手；一個拿木棍的就來解開他們的皮袍、棉襖、小衫，細細搜檢了一遍。

「兩個窮光蛋，真的什麼也没有！」他滿臉顯出失望的顏色，轉過頭去，對小窮奇説。小窮奇看出了伯夷在發抖，便上前去，恭敬的拍拍他肩膀，説道：

「老先生，請您不要怕。海派會『剝豬玀』，我們是文明人，不幹這玩意兒的。什麼紀念品也没有，只好算我們自己晦氣。現在您只要滾您的蛋就是了！」

伯夷没有話好回答，連衣服也來不及穿好，和叔齊邁開大步，眼看着地，向前便跑。這時五個人都已經站在旁邊，讓出路來了。看見他們在面前走過，便恭敬的垂下雙手，同聲問道：

「您走了？您不喝茶了麼？」

「不喝了，不喝了……」伯夷和叔齊且走且說，一面不住的點着頭。

五

「歸馬於華山之陽」和華山大王小窮奇，都使兩位義士對華山害怕，於是從新商量轉身向北，討着飯，曉行夜宿，終于到了首陽山。

這確是一座好山。既不高，又不深，沒有大樹林，不愁虎狼，也不必防强盜：是理想的幽棲之所。兩人到山腳下一看，只見新葉嫩碧，土地金黃，野草裏開着些紅紅白白的小花，真是連看看也賞心悅目。他們就滿心高興，用拄杖點着山徑，一步一步的挨上去，找到上面突出一片石頭，好像巖洞的處所，坐了下來，一面擦着汗，一面喘着氣。

這時候，太陽已經西沈，倦鳥歸林，啾啾唧唧的叫着，沒有上山時候那麼清靜了，但他們倒覺得也還新鮮，有趣。在鋪好羊皮袍，準備就睡之前，叔齊取出兩個大飯團，和伯夷喫了一飽。這是沿路討來的殘飯，因爲兩人曾經議定，「不食周粟」，只好進了首陽山之後開始實行，所以當晚把它喫完，從明天起，就要堅守主義，絕不通融了。

他們一早就被烏老鴉鬧醒，後來重又睡去，醒來卻已是上午時分。伯夷說腰痛腿酸，簡直站不起，叔齊只得獨自去走走看，可有可喫的東西。他走了一些時，竟發見這山的不高不深，沒有虎狼盜賊，固然是其所長，然而因此也有了缺點：下面就是首陽村，所以不但常有砍柴的老人或女人，並且有進來玩耍的孩子，可喫的野果子之類，一顆也找不出，大約早被他們摘去了。

他自然就想到茯苓。但山上雖然有松樹，卻不是古松，都好像根上未必有茯苓；即使有，自己也不帶鋤頭，沒有法子想。接着又想到蒼朮，然而他只見過蒼朮的根，毫不知道那葉子的形狀，又不能把滿山的草都拔起來看一看，即使蒼朮生在眼前，也不能認識。心裏一暴躁，滿臉發熱，就亂抓了一通頭皮。

但是他立刻平靜了，似乎有了主意，接着就走到松樹旁邊，摘了一衣兜的松針，又往溪邊尋了兩塊石頭，砸下松針外面的青皮，洗過，又細細的砸得好像麵餅，另尋一片很薄的石片，拿着回到石洞去了。

「三弟，有什麼撈兒沒有？我是肚子餓的咕嚕咕嚕響了好半天了。」伯夷一望見他，就問。

「大哥，什麼也沒有。試試這玩意兒罷。」

他就近拾了兩塊石頭，支起石片來，放上松針麵，聚些枯枝，在下面生了火。實在是許多工夫，才聽得濕的松針麵有些吱吱作響，可也發出一點清香，引得他們倆嚥口水。叔齊高興得微笑起來了，這是姜太公做八十五歲生日的時候，他去拜壽，在壽筵上聽來的方法。

發香之後，就發泡，眼見它漸漸的乾下去，正是一塊糕。叔齊用皮袍袖子裏着手，把石片笑嘻嘻的端到伯夷的面前。伯夷一面吹，一面拗，終於拗下一角來，連忙塞進嘴裏去。他愈嚼，就愈皺眉，直着頸子嚥了幾嚥，倒哇的一聲吐出來了，訴苦似的看着叔齊道：

「苦……粗……」

這時候，叔齊真好像落在深潭裏，什麼希望也沒有了。抖抖的也拗了一角，咀嚼起來，可真也毫沒有可喫的樣子：苦……粗……

叔齊一下子失了銳氣，坐倒了，垂了頭。然而還在想，掙扎的想，彷彿是在爬出一個深潭去。爬着爬着，只向前。終于似乎自己變了孩子，還是孤竹君的世子，坐在保姆的膝上了。這保姆是鄉下人，在和他講故事：黃帝打蚩尤，大禹捉無支祁，還有鄉下人荒年喫薇菜。

他又記得了自己問過薇菜的樣子，而且山上正見過這東西。他忽然覺得有了氣力，立刻站起身，跨進草叢，一路尋過去。

果然，這東西倒不算少，走不到一里路，就摘了半衣兜。

他還是在溪水裏洗了一洗，這纔拿回來；還是用那烙過松針麵的石片，來烤薇菜。葉子變成暗綠，熟了。但這回再不敢先去敬他的大哥了，撮起一株來，放在自己的嘴裏，閉着眼睛，只是嚼。

「怎麼樣？」伯夷焦急的問。

「鮮的！」

兩人就笑嘻嘻的來嘗烤薇菜；伯夷多喫了兩撮，因爲他是大哥。

他們從此天天採薇菜，先前是叔齊一個人去採，伯夷煮；後來伯夷覺得身體健壯了一些，也出去採了。做法也多起來：薇湯、薇羹、薇醬、清燉薇、原湯燜薇芽、生曬嫩薇葉。

……

然而近地的薇菜，卻漸漸的採完，雖然留着根，一時也很難生長，每天非走遠路不可了。搬了幾回家，後來還是一樣的結果。而且新住處也逐漸的難找了起來，因爲既要薇菜多，又要溪水近，這樣的便當之處，在首陽山上實在也不可多得的。叔齊怕伯夷年紀太大了，一不小心會中風，便竭力勸他安坐在家裏，仍舊單是擔任煮，讓自己獨自去採薇。

伯夷遜讓了一番之後，倒也應允了，從此就較爲安閑自在，然而首陽山上是有人迹的，他没事做，脾氣又有些改變，從沈默成了多講，便不免和孩子去搭訕，和樵夫去扳談。也許是因爲一時高興，或者有人叫他老乞丐的緣故罷，他竟說出了他們倆原是遼西的孤竹君的兒子，他老大，那一個是老三。父親在日原是說要傳位給老三的，一到死後，老三卻一定向他讓。他遵父命，省得麻煩，逃走了。不料老三也逃走了。兩人在路上遇見，便一同來找西伯——文王，進了養老堂。又不料現在的周王竟「以臣弒君」起來，所以只好不食周粟，逃上首陽山，喫野菜活命……等到叔齊知道，怪他多嘴的時候，已經傳播開去，没法挽救了。但也不敢怎麼埋怨他；只在心裏想：父親不肯把位傳給他，可也不能不說很有些眼力。

叔齊的預料也並不錯。這結果壞得很，不但村裏時常講到他們的事，也常有特地上山來看他們的人。有的當他們名人，有的當他們怪物，有的當他們古董。甚至于跟着看怎樣採，圍着看怎樣喫，指手畫腳，問長問短，令人頭昏。而且對付還須謙虛，倘使略不小心，皺一皺眉，就難免有人說是「發脾氣」。

不過輿論還是好的方面多。後來連小姐太太，也有幾個人來看了，回家去都搖頭，說是「不好看」，上了一個大當。

終于還引動了首陽村的第一等高人小丙君。他原是妲己的舅公的乾女婿，做着祭酒，因爲知道天命有歸，便帶着五十車行李和八百個奴婢，來投明主了。可惜已在會師盟津的前幾天，兵馬事忙，來不及好好的安插，便留下他四十車貨物和七百五十個奴婢，另外給予兩頃首陽山下的肥田，叫他在村裏研究八卦學。他也喜歡弄文學，村中都是文盲，不懂得文學概論，悶氣已久，便叫家丁打轎，找那兩個老頭子，談談文學去了；尤其是詩歌，因爲他也是詩人，已經做好一本詩集子。

然而談過之後，他一上轎就搖頭，回了家，竟至于很有些氣憤。他以爲那兩個傢伙是談不來詩歌的。第一、是窮；謀生之不暇，怎麼做得出好詩？第二、是「有所爲」，失了詩的「敦厚」；第三、是有議論，失了詩的「温柔」。尤其可議的是他們的品格，通體都是矛盾。于是他大義凜然的斬釘截鐵的說道：

「『普天之下，莫非王土』，難道他們在喫的薇，不是我們聖上的嗎！」

這時候，伯夷和叔齊也在一天一天的瘦下去了。這並非爲了忙於應酬，因爲參觀者倒在逐漸的減少。所苦的是薇菜也已經逐漸的減少，每天要找一捧，總得費許多力，走許多路。

然而禍不單行。掉在井裏面的時候，上面偏又來了一塊大石頭。

有一天，他們倆正在喫烤薇菜，不容易找，所以這午餐已在下午了。忽然走來了一個二十來歲的女人，先前是沒有見過的，看她模樣，好像是闊人家裏的婢女。

「您喫飯嗎？」她問。

叔齊仰起臉來，連忙陪笑，點點頭。

「這是什麼玩意兒呀？」她又問。

「薇。」伯夷說。

「怎麼喫着這樣的玩意兒的呀？」

「因爲我們是不食周粟……」

伯夷剛剛説出口，叔齊趕緊使一個眼色，但那女人好像聰明得很，已經懂得了。她冷笑了一下，于是大義凜然的斬釘截鐵的説道：

「『普天之下，莫非王土』，你們在喫的薇，難道不是我們聖上的嗎！」

伯夷和叔齊聽得清清楚楚，到了末一句，就好像一個大霹靂，震得他們發昏；待到清醒過來，那鴉頭已經不見了。薇，自然是不喫，也喫不下去了，而且連看看也害羞，連要去搬開牠，也擡不起手來，覺得彷彿有好幾百斤重。

六

樵夫偶然發見了伯夷和叔齊都縮做一團，死在山背後的石洞裏，是大約這之後的二十天。並没有爛，雖然因爲瘦，但也可見死的並不久；老羊皮袍卻没有墊着，不知道弄到那里去了。這消息一傳到村子裏，又哄動了一大批來看的人，來來往往，一直鬧到夜。結果是有幾個多事的人，就地用黃土把他們埋起來，還商量立一塊石碑，刻上幾個字，給後來好做古跡。

然而合村裏没有人能寫字，只好去求小丙君。

然而小丙君不肯寫。

「他們不配我來寫，」他說。「都是昏蛋。跑到養老堂裏來，倒也罷了，可又不肯超然；跑到首陽山裏來，倒也罷了，可是還要做詩；做詩倒也罷了，可是還要發感慨，不肯安分守己，爲『藝術而藝術』。你瞧，這樣的詩，可是有永久性的：

『上那西山呀采它的薇菜，
强盜來代强盜呀不知道這的不對。
神農、虞、夏一下子過去了，我又那里去呢？
唉唉死罷，命裏注定的晦氣！』

「你瞧，這是什麼話？温柔敦厚的才是詩。他們的東西，卻不但『怨』，簡直『駡』了。没有花，只有刺，尚且不可，何況只有駡。即使放開文學不談，他們撇下祖業，也不是什麼孝子，到這里又譏訕朝政，更不像一個良民……我不寫！……」

文盲們不大懂得他的議論，但看見聲勢洶洶，知道一定是反對的意思，也只好作罷了。伯夷和叔齊的喪事，就這樣的算是告了一段落。

然而夏夜納涼的時候，有時還談起他們的事情來。有人説是老死的，有人説是病死的，有人説是給搶羊皮袍子的强盜殺死的。後來又有人説其實恐怕是故意餓死的，因爲他從小丙君府上的鴉頭阿金姐那里聽來：這之前的十多天，她曾經上山去奚落他們了幾句，傻瓜總是脾氣大，大約就生氣了，絶了食撒賴，可是撒賴只落得一個自己死。

于是許多人就非常佩服阿金姐，說她很聰明，但也有些人怪她太刻薄。阿金姐卻並不以爲伯夷叔齊的死掉，是和她有關係的。自然，她上山去開了幾句玩笑，是事實，不過這僅僅是玩笑。那兩個傻瓜發脾氣，因此不喫薇菜了，也是事實，不過並沒有死，倒招來了很大的運氣。

「老天爺的心腸是頂好的，」她說。「他看見他們在撒賴，快要餓死了，就吩咐母鹿，用牠的奶去餵他們。您瞧，這不是頂好的福氣嗎？用不着種地，用不着砍柴，只要坐着，就天天有鹿奶自己送到你嘴裏來。可是賤骨頭不識擡舉，那老三，他叫什麼呀，得步進步，喝鹿奶還不够了。他喝着鹿奶，心裏想，『這鹿有這麼胖，殺牠來喫，味道一定是不壞的。』一面就慢慢的伸開臂膊，要去拿石片。可不知道鹿是通靈的東西，牠已經知道了人的心思，立刻一溜煙逃走了。老天爺也討厭他們的貪嘴，叫母鹿從此不要去。您瞧，他們還不只好餓死嗎？那里是爲了我的話，倒是爲了自己的貪心，貪嘴呵！……」

聽到這故事的人們，臨末都深深的歎一口氣，不知怎的，連自己的肩膀也覺得輕鬆不少了。即使有時還會想起伯夷叔齊來，但恍恍忽忽，好像看見他們蹲在石壁下，正在張開白鬍子的大口，拚命的喫鹿肉。

一九三五年十二月作。

《且介亭雜文》序言

「且介亭」謂半租界（「且介」取「租界」二字各半）的亭子間。當時魯迅住在上海北四川路，正是「越界築路」（外國人越出租界範圍修築馬路）區域。《且介亭雜文》收一九三四年所作雜文。

近幾年來，所謂「雜文」的產生，比先前多，也比先前更受着攻擊。例如自稱「詩人」邵洵美，前「第三種人」施蟄存和杜衡即蘇汶，還不到一知半解程度的大學生林希雋之流，就都和雜文有切骨之讎，給了種種罪狀的。然而没有效，作者多起來，讀者也多起來了。

其實「雜文」也不是現在的新貨色，是「古已有之」的，凡有文章，倘若分類，都有類可歸，如果編年，那就只按作成的年月，不管文體，各種都夾在一處，于是成了「雜」。分類有益于揣摩文章，編年有利于明白時勢，倘要知人論世，是非看編年的文集不可的，現在新作的古人年譜的流行，即證明着已經有許多人省悟了此中的消息。況且現在是多麼切迫的時候，作者的任務，是在對于有害的事物，立刻給以反響或抗爭，是感應的神經，是攻守的手足。潛心于他的鴻篇鉅製，爲未來的文化設想，固然是很好的，但爲現在抗爭，卻也正是爲現在和未來的戰鬥的作者，因爲失掉了現在，也就没有了未來。

戰鬥一定有傾向。這就是邵、施、杜、林之流的大敵，其實他們所憎惡的是內容，雖然披了文藝的法衣，裏面卻包藏着「死之説教者」，和生存不能兩立。

這一本集子和《花邊文學》，是我在去年一年中，在官民的明明暗暗，軟軟硬硬的圍剿「雜文」的筆和刀下的結集，凡是寫下來的，全在這裏面。當然不敢説是詩史，其中有着時代的眉目，也決不是英雄們的八寶箱，一朝打開，便見光輝燦爛。我只在深夜的街頭擺着一個地攤，所有的無非幾個小釘，幾個瓦碟，但也希望，並且相信有些人會從中尋出合于他的用處的東西。

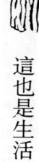

一九三五年十二月三十日，記于上海之且介亭。

這也是生活

一九三六年，魯迅疾病纏身，同時又於左聯解散事，深感不滿。他對「國防文學」的口號有意見，他與胡風、馮雪峯另議「民族革命戰爭的大衆文學」的口號，引起所謂「兩個口號」論爭。六月，病益重，六日起日記中輟二十多天，到七月一日始能復記。其後於八月上旬力疾治《答徐懋庸並關於抗日統一戰線問題》萬言長文。八月下旬作此篇，談病中體驗及生活之理，順筆涉及文壇論爭。

這也是病中的事情。

有一些事，健康者或病人是不覺得的，也許遇不到，也許太微細。到得大病初愈，就會經驗到；在我，則疲勞之可怕和休息之舒適，就是兩個好例子。我先前往往自負從來不知道所謂疲勞。書桌面前有一把圓椅，坐着寫字或用心的看書，是工作；旁邊有一把藤躺椅，靠着談天或隨意的看報，便是休息；覺得兩者並無很大的不同，而且往往以此自負。現在纔知道是不對的，所以並無大不同者，乃是因爲並未疲勞，也就是並未出力工作的緣故。

我有一個親戚的孩子，高中畢了業，卻只好到襪廠裏去做學徒，心情已經很不快活的了，而工作又很繁重，幾乎一年到頭，並無休息。他是好高的，不肯偷懶，支持了一年多。有一天，忽然坐倒了，對他的哥哥道：「我一點力氣也沒有了。」

他從此就站不起來，送回家裏，躺着，不想飲食，不想動彈，不想言語，請了耶穌教堂的醫生來看，說是全體什麼病也没有，然而全體都疲乏了。也没有什麼法子治。自然，連接而來的是静静的死。我也曾經有過兩天這樣的情形，但原因不同，他是做乏，我是病乏的。我的確什麼慾望也没有，似乎一切都和我不相干，所有舉動都是多事，我没有想到死，但也没有覺得生；這就是所謂「無慾望狀態」，是死亡的第一步。曾有愛我者因此暗中下淚；然而我有轉機了，我要喝一點湯水，我有時也看看四近的東西，如牆壁，蒼蠅之類，此後纔能覺得疲勞，纔需要休息。

像心縱意的躺倒，四肢一伸，大聲打一個呵欠，又將全體放在適宜的位置上，然後弛懈了一切用力之點，這真是一種大享樂。在我是從來未曾享受過的。我想，强壯的，或者有福的人，恐怕也未曾享受過。

記得前年，也在病後，做了一篇〈病後雜談〉，共五節，投給《文學》，但後四節無法發表，印出來只剩了頭一節了。雖然文章前面明明有一個「一」字，此後突然而止，並無「二」「三」，仔細一想是就會覺得古怪的，但這不能要求于每一位讀者，甚而至于不能希望于批評家。于是有人據這一節，下我斷語道：「魯迅是贊成生病的。」現在也許暫免這種災難了，但我還不如先在這里聲明一下：「我的話到這里還没有完。」

有了轉機之後四五天的夜裏，我醒來了，喊醒了廣平。

「給我喝一點水。並且去開開電燈，給我看來看去的看一下。」

「爲什麼？……」她的聲音有些驚慌，大約是以爲我在講昏話。

「因爲我要過活。你懂得麼？這也是生活呀。我要看來看去的看一下。」

「哦……」她走起來，給我喝了幾口茶，徘徊了一下，又輕輕的躺下了，不去開電燈。

我知道她沒有懂得我的話。

街燈的光穿窗而入，屋子裏顯出微明，我大略一看，熟識的牆壁，壁端的稜線；熟識的書堆，堆邊的未訂的畫集，外面的進行着的夜，無窮的遠方，無數的人們，都和我有關。我存在着，我在生活，我將生活下去，我開始覺得自己更切實了，我有動作的慾望——但不久我又墜入了睡眠。

第二天早晨在日光中一看，果然，熟識的牆壁，熟識的書堆……這些，在平時，我也時常看它們的，其實是算作一種休息。但我們一向輕視這等事，縱使也是生活中的一片，卻排在喝茶搔癢之下，或者簡直不算一回事。我們所注意的是特別的精華，毫不在枝葉。給名人作傳的人，也大抵一味鋪張其特點，李白怎樣做詩，怎樣耍顛，拿破侖怎樣打仗，怎樣不睡覺，卻不說他們怎樣不要顛，要睡覺。其實，一生中專門要顛或不睡覺，是一定活不下去的，人之有時能要顛和不睡覺，就因爲倒是有時不要顛和也睡覺的緣故。然而人們以爲這些平凡的都是生活的渣滓，一看也不看。

于是所見的人或事，就如盲人摸象，摸着了腳，即以爲象的樣子像柱子。中國古人，常欲得其「全」，就是製婦女用的「烏鷄白鳳丸」，也將全鷄連毛血都收在丸藥裏，方法固然可笑，主意卻是不錯的。

刪夷枝葉的人，決定得不到花果。

爲了不給我開電燈，我對於廣平很不滿，見人即加以攻擊；到得自己能走動了，就去一翻她所看的刊物，果然，在我臥病期中，全是精華的刊物已經出得不少了，有些東西，後面雖然仍舊是「美容妙法」「古木發光」，或者「尼姑之秘密」，但第一面卻總有一點激昂慷慨的文章。作文已經有了「最中心之主題」：連義和拳時代和德國統帥瓦德西睡了一些時候的賽金花，也早已封爲九天護國娘娘了。

尤可驚服的是先前用《御香縹緲録》，把清朝的宮廷講得津津有味的《申報》上的《春秋》，也已經時而大有不同，有一天竟在卷端的《點滴》裏，教人當喫西瓜時，也該想到我們土地的被割碎，像這西瓜一樣。自然，這是無時無地無事而不愛國，無可訾議的。但倘使我一面這樣想，一面喫西瓜，我恐怕一定咽不下去，即使用勁咽下，也難免不能消化，在肚子裏咕咚的響它好半天。這也未必是因爲我病後神經衰弱的緣故。我想，倘若用西瓜作比，講過國恥講義，卻立刻又會高高興興的把這西瓜喫下，成爲血肉的營養的人，這人恐怕是有些麻木。對他無論講什麼講義，都是毫無功效的。

我没有當過義勇軍，説不確切。但自己問：戰士如喫西瓜，是否大抵有一面喫，一面想的儀式的呢？我想：未必有的，他大概只覺得口渴，要喫，味道好，卻並不想到此外任何好聽的大道理。喫過西瓜，精神一振，戰鬥起來就和喉乾舌敝時候不同，所以喫西瓜和抗敵的確有關係，但和應該怎樣想的上海設定的戰略，卻是不相干。這樣整天哭喪着臉去喫喝，不多久，胃口就倒了，還抗什麼敵。

然而人往往喜歡説得稀奇古怪，連一個西瓜也不肯主張平平常常的喫下去。其實，戰士的日常生活，是並不全部可歌可泣的，然而又無不和可歌可泣之部相關聯，這纔是實際上的戰士。

（一九三六年）八月二十三日。

死

本文寫於逝世前一個月多一點的日子裏，表述對「死」的看法，顯其倔强決不妥協的態度。

當印造凱綏·珂勒惠支(Kaethe Kollwitz)所作版畫的選集時，曾請史沫德黎(A. Smedley)女士做一篇序。自以爲這請得非常合適，因爲她們倆原極熟識的。不久做來了，又逼着茅盾先生譯出，現已登在選集上。其中有這樣的文字：

「許多年來，凱綏・珂勒惠支——她從沒有一次利用過贈授給她的頭銜——作了大量的畫稿，速寫，鉛筆作的和鋼筆作的速寫，木刻，銅刻。把這些來研究，就表示着有二大主題支配着，她早年的主題是反抗，而晚年的是母愛，母性的保障，救濟，以及死。而籠照於她所有的作品之上的，是受難的，悲劇的，以及保護被壓迫者深切熱情的意識。

「有一次我問她：『從前你用反抗的主題，但是現在你好像很有點抛不開死這觀念。這是爲什麼呢？』用了深有所苦的語調，她回答道，『也許因爲我是一天一天老了！』……」

我那時看到這里就想了一想。算起來：她用「死」來做畫材的時候，是一九一〇年頃；這時她不過四十三四歲。我今年的這「想了一想」，當然和年紀有關，但回憶十餘年前，對于死卻還沒有感到這麼深切。大約我們的生死久已被人們隨意處置，認爲無足重輕，所以自己也看得隨隨便便，不像歐洲人那樣的認真了。有些外國人說，中國人最怕死。這其實是不確的，——但自然，每不免模模胡胡的死掉則有之。

大家所相信的死後的狀態，更助成了對于死的隨便。誰都知道，我們中國人是相信有鬼（近時或謂之「靈魂」）的，既有鬼，則死掉之後，雖然已不是人，卻還不失爲鬼，總還不算是一無所有。不過設想中的做鬼的久暫，卻因其人的生前的貧富而不同。窮人們是大抵以爲死後就去輪迴的，根源出于佛教。佛教所說的輪迴，當然手續繁重，並不這麽簡單，但窮人往往無學，所以不明白。這就是使死罪犯人綁赴法場時，大叫「二十年後又是一條好漢」，而無懼色的原因。況且相傳鬼的衣服，是和臨終時一樣的，窮人無好衣裳，做了鬼也決不怎麽體面，實在遠不如立刻投胎，化爲赤條條的嬰兒的上算。我們曾見誰家生了小孩，胎裏就穿着叫化子或是游泳家的衣服的麽？從來没有。這就好，從新來過。也許有人要問，既然相信輪迴，那就說不定來生會墮入更窮苦的景況，或者簡直是畜生道，更加可怕了。但我看他們是並不這樣想的，他們確信自己並未造出該入畜生道的罪孽，他們從來没有能墮畜生道的地位，權勢和金錢。

然而有着地位，權勢和金錢的人，卻又並不覺得該墮畜生道；他們倒一面化爲居士，準備成佛，一面自然也主張讀經復古，兼做聖賢。他們像活着時候的超出人理一樣，自以爲死後也超出了輪迴的。至于小有金錢的人，則雖然也不覺得該受輪迴，但此外也別無雄才大略，只豫備安心做鬼。所以年紀一到五十上下，就給自己尋葬地，合壽材，又燒紙錠，先在冥中存儲，生下子孫，每年可喫羹飯。這實在比做人還享福。假使我現在已經是鬼，在陽間又有好子孫，那麼，又何必零星賣稿，或向北新書局去算賬呢，只要很閑適的躺在楠木或陰沈木的棺材裏，逢年逢節，就自有一桌盛饌和一堆國幣擺在眼前了，豈不快哉！

就大體而言，除極富貴者和冥律無關外，大抵窮人利于立即投胎，小康者利于長久做鬼。小康者的甘心做鬼，是因爲鬼的生活，（這兩字大有語病，但我想不出適當的名詞來），就是他還未過厭的人的生活的連續。陰間當然也有主宰者，而且極其嚴厲，公平，但對于他獨獨頗肯通融，也會收點禮物，恰如人間的好官一樣。

有一批人是隨隨便便，就是臨終也恐怕不大想到的，我向來正是這隨便黨裏的一個。三十年前學醫的時候，曾經研究過靈魂的有無，結果是不知道；又研究過死亡是否苦痛，結果是不一律，後來也不再深究，忘記了。近十年中，有時也爲了朋友的死，寫點文章，不過好像並不想到自己。這兩年來病特別多，一病也比較的長久，這纔往往記起了年齡，自然，一面也爲了有些作者們筆下的好意的或是惡意的不斷的提示。

從去年起，每當病後休養，躺在籐躺椅上，每不免想到體力恢復後應該動手的事情：做什麼文章，翻譯或印行什麼書籍。想定之後，就結束道：就是這樣罷——但要趕快做。

這「要趕快做」的想頭，是爲先前所没有的，就因爲在不知不覺中，記得了自己的年齡。卻從來没有直接的想到「死」。

直到今年的大病，這纔分明的引起關于死的豫想來。原先是仍如每次的生病一樣，一任着日本的S醫師的診治的。他雖不是肺病專家，然而年紀大，經驗多，從習醫的時期說，是我的前輩，又極熟識，肯說話。自然，醫師對于病人，縱使怎樣熟識，說話是還是有限度的，但是他至少已經給了我兩三回警告，不過我仍然不以爲意，也没有轉告別人。大約實在是日子太久，病象太險了的緣故罷，幾個朋友暗自協商定局，請了美國的D醫師來診察了。他是在上海的唯一的歐洲的肺病專家，經過打診，聽診之後，雖然譽我爲最能抵抗疾病的典型的中國人，然而也宣告了我的就要滅亡；並且說，倘是歐洲人，則在五年前已經死掉。這判決使善感的朋友們下淚。我也没有請他開方，因爲我想，他的醫學從歐洲學來，一定没有學過給死了五年的病人開方的法子。然而D醫師的診斷卻實在是極準確的，後來我照了一張用X光透視的胸像，所見的景象，竟大抵和他的診斷相同。

我並不怎麼介意于他的宣告，但也受了些影響，日夜躺着，無力談話，無力看書。連報紙也拿不動，又未曾鍊到「心如古井」，就只好想而從此竟有時要想到「死」了。不過所想的也並非「二十年後又是一條好漢」，或者怎樣久住在楠木棺材裏之類，而是臨終之前的瑣事。在這時候，我纔確信，我是到底相信人死無鬼的。我只想到過寫遺囑，以爲我倘曾貴爲宮保，富有千萬，兒子和女婿及其他一定早已逼我寫好遺囑了，現在卻誰也不提起。但是，我也留下一張罷。當時好像很想定了一些，都是寫給親屬的，其中有的是：

一、不得因爲喪事，收受任何人的一文錢。——但老朋友的，不在此例。

二、趕快收斂，埋掉，拉倒。

三、不要做任何關于紀念的事情。

四、忘記我，管自己生活。——倘不，那就真是胡塗蟲。

五、孩子長大，倘無才能，可尋點小事情過活，萬不可去做空頭文學家或美術家。

六、別人應許給你的事物，不可當真。

七、損着別人的牙眼，卻反對報復，主張寬容的人，萬勿和他接近。

此外自然還有，現在忘記了。只還記得在發熱時，又曾想到歐洲人臨死時，往往有一種儀式，是請別人寬恕，自己也寬恕了別人。我的怨敵可謂多矣，倘有新式的人問起我來，怎麼回答呢？我想了一想，決定的是：讓他們怨恨去，我也一個都不寬恕。

但這儀式並未舉行，遺囑也沒有寫，不過默默的躺着，有時還發生更切迫的思想：原來這樣就算是在死下去，倒也並不苦痛；但是，臨終的一剎那，也許並不這樣的罷。然而，一世只有一次，無論怎樣，總是受得了的。……。後來，卻有了轉機，好起來了。到現在，我想，這些大約並不是真的要死之前的情形，真的要死，是連這些想頭也未必有的，但究竟如何，我也不知道。

（一九三六年）九月五日。

女吊

此文寫於逝世前一個月，憶述兒時所見紹興戲的帶復仇性的女鬼形象，順筆諷刺當世。

大概是明末的王思任說的罷：「會稽乃報讎雪恥之鄉，非藏垢納污之地！」這對于我們紹興人很有光彩，我也很喜歡聽到，或引用這兩句話。但其實，是並不的確的；這地方，無論爲那一樣都可以用。

不過一般的紹興人，並不像上海的「前進作家」那樣憎惡報復，卻也是事實。單就文藝而言，他們就在戲劇上創造了一個帶復讎性的，比別的一切鬼魂更美，更強的鬼魂。這就是「女弔。」我以爲紹興有兩種特色的鬼，一種是表現對于死的無可奈何，而且隨隨便便的「無常」，我已經在《朝華夕拾》裏得了紹介給全國讀者的光榮了，這回就輪到別一種。

「女弔」也許是方言，翻成普通的白話，只好說是「女性的弔死鬼」。其實，在平時，說起「弔死鬼」，就已經含有「女性的」的意思的，因爲投繯而死者，向來以婦人女子爲最多。有一種蜘蛛，用一枝絲掛下自己的身體，懸在空中，《爾雅》上已謂之「蜆，縊女，」可見在周朝或漢朝，自經的已經大抵是女性了，所以那時不稱它爲男性的「縊夫」或中性的「縊者」。不過一到做「大戲」或「目連戲」的時候，我們便能在看客的嘴裏聽到「女弔」的稱呼。也叫作「弔神」。橫死的鬼魂而得到「神」的尊號的，我還沒有發見過第二位，則其受民衆之愛戴也可想。但爲什麼這時獨要稱她「女弔」呢？很容易解：因爲在戲臺上，也要有「男弔」出現了。

我所知道的是四十年前的紹興，那時沒有達官顯宦，所以未聞有專門爲人（堂會？）的演劇。凡做戲，總帶着一點社戲性，供着神位，是看戲的主體，人們去看，不過叨光。但「大戲」或「目連戲」所邀請的看客，範圍可較廣了，自然請神，而又請鬼，尤其是橫死的怨鬼。所以儀式就更緊張，更嚴肅。一請怨鬼，儀式就格外緊張嚴肅，我覺得這道理是很有趣的。

也許我在別處已經寫過，「大戲」和「目連」，雖然同是演給神、人、鬼看的戲文，但兩者又很不同。不同之點：一在演員，前者是專門的戲子，後者則是臨時集合的Amateur——農民和工人；一在劇本，前者有許多種，後者卻好歹總只演一本「目連救母記」。然而開場的「起殤」，中間的鬼魂時時出現，收場的好人升天，惡人落地獄，是兩者都一樣的。當沒有開場之前，就可看出這並非普通的社戲，爲的是臺兩旁早已掛滿了紙帽，就是高長虹之所謂「紙糊的假冠」，是給神道和鬼魂戴的。所以凡內行人，緩緩的喫過夜飯，喝過茶，閑閑而去，只要看掛着的帽子，就能知道什麼鬼神已經出現，因爲這戲開場較早，「起殤」在太陽落盡時候，所以飯後去看，一定是做了好一會了，但都不是精彩的部分。「起殤」者，紹興人現已大抵誤解爲「起喪」，以爲就是召鬼，其實是專限于橫死者的。《九歌》中的《國殤》云：「身既死兮神以靈，魂魄毅兮爲鬼雄」，當然連戰死者在內。明社垂絕，越人起義而死者不少，至清被稱爲叛賊，我們就這樣的一同招待他們的英靈。在薄暮中，十幾匹馬，站在臺下了；戲子扮好一個鬼王，藍面鱗紋，手執鋼叉，還得有十幾名鬼卒，則普通的孩子都可以應募。我在十餘歲時候，就曾經充過這樣的義勇鬼，爬上臺去，說明志願，他們就給在臉上塗上幾筆彩色，交付一柄鋼叉。待到有十多人了，即一擁上馬，疾馳到野外的許多無主孤墳之處，環繞三匝，下馬大叫，將鋼叉用力的連連刺在墳墓上，然後拔叉馳回，上了前臺，一同大叫一聲，將鋼叉一擲，釘在臺板上。我們的責任，這就算完結，洗臉下臺，可以回家了，但倘被父母所知，往往不免挨一頓竹篠，（這是紹興打孩子的最普通的東西，）一以罰其帶着鬼氣，二以賀其没有跌死，但我卻幸而從來没有被覺察，也許是因爲得了惡鬼保佑的緣故罷。

這一種儀式，就是說，種種孤魂厲鬼，已經跟着鬼王和鬼卒，前來和我們一同看戲了，但人們用不着擔心，他們深知道理，這一夜決不絲毫作怪。于是戲文也接着開場，徐徐進行，人事之中，夾以出鬼：火燒鬼，淹死鬼，科場鬼，（死在考場裏的，）虎傷鬼，……孩子們也可以自由去扮，但這種没出息鬼，願意去扮的並不多，看客也不將它當作一回事。一到「跳弔」時分——「跳」是動詞，意義和「跳加官」之「跳」同——情形的鬆緊可就大不相同了。臺上吹起悲涼的喇叭來，中央的橫梁上，原有一團布，也在這時放下，長約戲臺高度的五分之二。看客們都屏着氣，臺上就闖出一個不穿衣褲，只有一條犢鼻褌，面施幾筆粉墨的男人，他就是「男弔」。一登臺，徑奔懸布，像蜘蛛的死守着蛛絲，也如結網，在這上面鑽，掛。他用布吊着各處：腰，脅，胯下，肘彎，腿彎，後項窩……一共七七四十九處。最後才是脖子，但是並不真套進去的，兩手扳着布，將頸子一伸，就跳下，走掉了。這「男吊」最不易跳，演目連戲時，獨有這一個腳色須特請專門的戲子。那時的老年人告訴我，這也是最危險的時候，因爲也許會招出真的「男吊」來。所以後臺上一定要扮一個王靈官，一手捏訣，一手執鞭，目不轉睛的看着一面照見前臺的鏡子。倘鏡中見有兩個，那麼，一個就是真鬼了，他得立刻跳出去，用鞭將假鬼打落臺下。假鬼一落臺，就該跑到河邊，洗去粉墨，擠在人叢中看戲，然後慢慢的回家。倘打得慢，他就會在戲臺上吊死；洗得慢，真鬼也還會認識，跟住他。這擠在人叢中看自己們所做的戲，就如要人下野而念佛，或出洋遊歷一樣，也正是一種缺少不得的過渡儀式。

這之後，就是「跳女吊」。自然先有悲涼的喇叭；少頃，門幕一掀，她出場了。大紅衫子，黑色長背心，長髮蓬鬆，頸掛兩條紙錠，垂頭，垂手，彎彎曲曲的走一個全臺，內行人說：這是走了一個「心」字。爲什麼要走「心」字呢？我不明白。我只知道她何以要穿紅衫。看王充的《論衡》，知道漢朝的鬼的顏色是紅的，但再看後來的文字和圖畫，卻又並無一定顏色，而在戲文裏，穿紅的則只有這「吊神」。意思是很容易了然的；因爲她投繯之際，準備作厲鬼以復讎，紅色較有陽氣，易于和生人相接近，……紹興的婦女，至今還偶有搽粉穿紅之後，這纔上吊的。自然，自殺是卑怯的行爲，鬼魂報讎更不合于科學，但那些都是愚婦人，連字也不認識，敢請「前進」的文學家和「戰鬥」的勇士們不要十分生氣罷。我真怕你們要變呆鳥。

她將披着的頭髮向後一抖，人這才看清了臉孔：石灰一樣白的圓臉，漆黑的濃眉，烏黑的眼眶，猩紅的嘴唇。聽說浙東的有幾府的戲文裏，吊神又拖着幾寸長的假舌頭，但在紹興沒有。不是我袒護故鄉，我以爲還是沒有好；那麼，比起現在將眼眶染成淡灰色的時式打扮來，可以說是更徹底，更可愛。不過下嘴角應該略略向上，使嘴巴成爲三角形：這也不是醜模樣。假使半夜之後，在薄暗中，遠處隱約着一位這樣的粉面朱唇，就是現在的我，也許會跑過去看看的，但自然，卻未必就被誘惑得上吊。她兩肩微聳，四顧，傾聽，似驚，似喜，似怒，終于發出悲哀的聲音，慢慢地唱道：

「奴奴本是楊家女，

呵呀，苦呀，天哪！……」

下文我不知道了。就是這一句，也還是剛從克士那里聽來的。但那大略，是說後來去做童養媳，備受虐待，終于弄到投繯。唱完就聽到遠處的哭聲，這也是一個女人，在啣冤悲泣，準備自殺。她萬分驚喜，要去「討替代」了，卻不料突然跳出「男弔」來，主張應該他去討。他們由爭論而至動武，女的當然不敵，幸而王靈官雖然臉相並不漂亮，卻是熱烈的女權擁護家，就在危急之際出現，一鞭把男弔打死，放女的獨去活動了。老年人告訴我說：古時候，是男女一樣的要上弔的，自從王靈官打死了男弔神，才少有男人上弔；而且古時候，是身上有七七四十九處，都可以弔死的，自從王靈官打死了男弔神，致命處才只在脖子上。中國的鬼有些奇怪，好像是做鬼之後，也還是要死的，那時的名稱，紹興叫作「鬼裏鬼」。但男弔既然早被王靈官打死，爲什麼現在「跳弔」，還會引出真的來呢？我不懂這道理，問問老年人，他們也講說不明白。

而且中國的鬼還有一種壞脾氣，就是「討替代」，這才完全是利己主義；倘不然，是可以十分坦然的和他們相處的。習俗相沿，雖女弔不免，她有時也單是「討替代」，忘記了復讎。紹興煮飯，多用鐵鍋，燒的是柴或草，煙煤一厚，火力就不靈了，因此我們就常在地上看見刮下的鍋煤。但一定是散亂的，凡村姑鄉婦，誰也決不肯省些力，把鍋子伏在地面上，團團一刮，使煙煤落成一個黑圈子。這是因爲弔神誘人的圈套，就用煤圈鍊成的緣故。

散掉煙煤，正是消極的抵制，不過爲的是反對「討替代」，並非因爲怕她去報讎。被壓迫者即使沒有報復的毒心，也決無被報復的恐懼，只有明明暗暗，吸血喫肉的兇手或其幫閑們，這才贈人以「犯而勿校」或「勿念舊惡」的格言，——我到今年，也愈加看透了這些人面東西的祕密。

（一九三六年）九月十九——二十日。

關於太炎先生二三事

魯迅年青時在日本曾從學於章太炎。一九三六年六月，太炎先生逝世於蘇州，魯迅時在重病中，三個月後寫成此文，表出太炎先生在革命史上的業績，於其晚年局限亦有批評。完稿後八天，即魯迅臨終前兩天，又作《因太炎先生而想起的二三事》未完篇。

前一些時，上海的官紳爲太炎先生開追悼會，赴會者不滿百人，遂在寂寞中閉幕，于是有人慨歎，以爲青年們對于本國的學者竟不如對于外國的高爾基的熱誠。這慨歎其實是不得當的。官紳集會，一向爲小民所不敢到；況且高爾基是戰鬥的作家，太炎先生雖先前也以革命家現身，後來卻退居于寧靜的學者，用自己所手造的和別人所幫造的牆，和時代隔絕了。紀念者自然有人，但也許將爲大多數所忘卻。

我以爲先生的業績，留在革命史上的，實在比在學術史上還要大。回憶三十餘年之前，木板的《訄書》已經出版了，我讀不斷，當然也看不懂，恐怕那時的青年，這樣的多得很。我的知道中國有太炎先生，並非因爲他的經學和小學，是爲了他駁斥康有爲和作鄒容的《革命軍》序，竟被監禁於上海的西牢。那時留學日本的浙籍學生，正辦雜誌《浙江潮》，其中即載有先生獄中所作詩，卻並不難懂。這使我感動，也至今並沒有忘記，現在抄兩首在下面——

獄中贈鄒容

鄒容吾小弟，被髮下瀛洲。快剪刀除辮，乾牛肉作餱。英雄一入獄，天地亦悲秋。臨命須摻手，乾坤祇兩頭。

獄中聞沈禹希見殺

不見沈生久，江湖知隱淪，蕭蕭悲壯士，今在易京門。螭彪羞爭餤，文章總斷魂。中陰當待我，南北幾新墳。

一九〇六年六月出獄，即日東渡，到了東京，不久就主持《民報》。我愛看這《民報》，但並非爲了先生的文筆古奧，索解爲難，或說佛法，談「俱分進化」，是爲了他和主張保皇的梁啓超鬥爭，和「××」的×××鬥爭，和「以《紅樓夢》爲成佛之要道」的×××鬥爭，真是所向披靡，令人神旺。前去聽講也在這時候，但又並非因爲他是學者，卻爲了他是有學問的革命家，所以直到現在，先生的音容笑貌，還在目前，而所講的《說文解字》卻一句也不記得了。

民國元年革命後，先生的所志已達，該可以大有作爲了，然而還是不得志。這也是和高爾基的生受崇敬，死備哀榮，截然兩樣的。我以爲兩人遭遇的所以不同，其原因乃在高爾基先前的理想，後來都成爲事實，他的一身，就是大衆的一體，喜怒哀樂，無不相通；而先生則排滿之志，雖伸，但視爲最緊要的「第一是用宗教發起信心，增進國民的道德；第二是用國粹激動種性，增進愛國的熱腸」（見《民報》第六本），卻僅止于高妙的幻想；不久而袁世凱又攘奪國柄，以遂私圖，就更使先生失卻實地，僅垂空文，至于今，惟我們的「中華民國」之稱，尚係發源于先生的《中華民國解》（最先亦見《民報》），爲鉅大的記念而已，然而知道這一重公案者，恐怕也已經不多了。既離民衆，漸入頹唐，後來的參與投壺，接收餽贈，遂每爲論者所不滿，但這也不過白圭之玷，並非晚節不終。考其生平，以大勳章作扇墜，臨總統府之門，大詬袁世凱的包藏禍心者，並世無第二人；七被追捕，三入牢獄，而革命之志，終不屈撓者，並世亦無第二人：這纔是先哲的精神，後生的楷範。近有文儈，勾結小報，竟也作文奚落先生以自鳴得意，真可謂「小人不欲成人之美」而且「蚍蜉撼大樹，可笑不自量」了！

但革命之後，先生亦漸爲昭示後世計，自藏其鋒鋩。浙江所刻的《章氏叢書》，是出于手定的，大約以爲駁難攻訐，至于忿詈，有違古之儒風，足以貽譏多士的罷，先前的見于刊的鬥爭的文章，竟多被刊落，上文所引的詩兩首，亦不見于「詩録」中。一九三三年刻《章氏叢書續編》于北平，所收不多，而更純謹，且不取舊作，當然也無鬥爭之作，先生遂身衣學術的華袞，粹然成爲儒宗，執贄願爲弟子者綦衆，至于倉皇製《同門録》成册。近閲日報，有保護版權的廣告，有三續叢書的記事，可見又將有遺著出版了，但補入先前戰鬥的文章與否，卻無從知道。戰鬥的文章，乃是先生一生中最大，最久的業績，假使未備，我以爲是應該一一輯録，校印，使先生和後生相印，活在戰鬥者的心中的。然而此時此際，恐怕也未必能如所望罷，嗚呼！

（一九三六年）十月九日。

致臺静農

魯迅和臺静農交往，始於一九二五年在北京組織「未名社」期間，當時臺静農是個二十來歲的文學青年。一九二六年魯迅離京前一兩個月，臺静農編選了《關於魯迅及其著作》一書。魯迅南下後，常有書信往來。此信寫於逝世前四天。信中所云「報以數鞭」，指作《答徐懋庸並關於抗日統一戰線問題》等文；所云「亡友遺著」，指《海上述林》一書，瞿秋白譯文集，魯迅搜集整理編印者。

伯簡兄：

九月三十日信早到，或憊或忙，遂稽答覆，夏間本擬避暑，而病不脱體，未能離開醫生，遂亦不能離開上海，荏苒已至晚秋，倘一止藥，仍忽發熱，蓋胃强則肺病已愈，今胃亦弱，故致糾纏，然糾纏而已，于性命當無傷也。近仍在就醫，要而論之，終較夏間差勝矣。我鑒于世故，本擬少管閑事，專事翻譯，借以糊口，故本年作文殊不多，繼嬰大病，槁卧數月，而以前以畏禍隱去之小丑，竟乘風潮，相率出現，乘我危難，大肆攻擊，于是倚枕，稍稍報以數鞭，此輩雖猥劣，然實于人心有害，兄殆未見上海文風，近數年來，竟不復尚有人氣也。今年由數人集資印亡友遺著，以爲紀念，已成上卷，日内當託書店寄上，至希察收，其下卷已校畢，年内當可裝成耳。專此布達，并頌

時綏

樹　頓首　十月十五夜

（一九三六年）

附錄一 魯迅年表簡編

一八八一年（一歲） 九月 二十五日生於浙江紹興東昌坊口新臺門周家。父周鳳儀（二十一歲），母魯瑞（二十四歲），祖父周福清（四十四歲）。
［光緒七年］

一八九二年（十二歲） 二月 入三味書屋讀書。

一八九三年（十三歲） 秋 祖父因科場案入獄。

一八九四年（十四歲） 冬 父病，魯迅常出入當舖和藥店。

一八九六年（十六歲） 十月 父病逝，家境益艱。

一八九八年（十八歲） 五月 離家往南京，考入江南水師學堂。

十月 轉考入江南陸師學堂附設之礦務鐵路學堂。

一九〇二年（二十二歲） 一月 礦路學堂畢業，考得一等第三名。

四月 以官費赴日本留學，入東京弘文學院。

一九〇三年（二十三歲） 三月 剪辮、拍照、題詩。

本年 發表譯文〈哀塵〉、〈月界旅行〉，文章〈斯巴達之魂〉等。

一九〇四年（二十四歲）四月　弘文學院畢業。

九月　赴仙台入醫學專門學校。

冬　寒假期間，與東京之浙江革命組織光復會聯繫。

一九〇六年（二十六歲）三月　自仙台醫專退學，回東京，學籍列在德學協會所辦之德語學校，仍領官費。

七月　暑假回國，奉母命與朱安結婚，婚後三日即返日本。

一九〇七年（二十七歲）夏　籌辦文藝雜誌《新生》，無成。

本年　發表論文〈人之歷史〉、〈摩羅詩力說〉、〈科學史教篇〉、〈文化偏至論〉等。

一九〇八年（二十八歲）夏　聽章太炎講文字學。

一九〇九年（二十九歲）三月　《域外小說集》第一集出版。

[宣統元年]七月　《域外小說集》第二集出版。

八月　結束日本留學生活回國。

九月　赴杭州任浙江兩級師範學校教員。

一九一〇年（三十歲）七月　任紹興府中學堂教員。九月兼任監學。

本年　開始輯錄古小說及越中史地書。

一九一一年（三十一歲）十一月　辛亥革命。紹興光復，出任浙江山會初級師範學堂監督。支持越社青年辦《越鐸日報》。

一九一二年（三十二歲）二月　赴南京，任教育部部員。

［民國元年］五月　赴北京，任教育部部員，八月任僉事。

一九一四年（三十四歲）四月　購讀佛教典籍。

一九一五年（三十五歲）　（本年九月，《青年雜誌》創刊。）

一九一六年（三十六歲）　（九月，《青年雜誌》改名《新青年》）

一九一七年（三十七歲）　（一月，《新青年》刊出胡適〈文學改良芻議〉；二月刊出陳獨秀〈文學革命論〉）

七月　因張勳復闢，憤而離職。亂平返部。

秋　錢玄同爲《新青年》約稿，多次來訪。

一九一八年（三十八歲）五月　小說〈狂人日記〉發表於《新青年》，始用「魯迅」筆名；同期並發表新詩三篇，署名唐俟。

九月起　在《新青年》「隨感録」欄陸續發表短評，多署名唐俟。

一九一九年（三十九歲）四月　小說〈孔乙己〉刊出。

五月　小說〈藥〉刊出。

（五四運動）

十月　作論文〈我們現在怎樣做父親〉

十一月　返紹興售故宅，接全家來北京。

一九二〇年(四十歲)　十月　譯畢《工人綏惠略夫》。

本年　兼任北京大學、北京師範大學講師，直至一九二六年離京爲止。

一九二一年(四十一歲)　一月　作小說〈故鄉〉。

十二月　〈阿Q正傳〉在《晨報副刊》連載，翌年二月刊完。

一九二二年(四十二歲)　二月　接待愛羅先珂來住數月，陪之出遊、演講，翻譯其童話與劇本。

十二月　作〈吶喊自序〉。

一九二三年(四十三歲)　七月　與周作人決裂。

八月　《吶喊》由北京新潮社出版。

十月　始往北京女子高等師範學校講課。

十二月　《中國小說史略》(上卷)出版。

一九二四年(四十四歲)　二月　作小說〈祝福〉〈在酒樓上〉。

六月　《中國小說史略》(下卷)出版。

七月　應邀赴西安暑期講學，八月返京。

九月　開始作散文詩〈秋夜〉等。

十月　譯畢《苦悶的象徵》。

十一月　《語絲》創刊，爲發起人之一。

一九二五年（四十五歲）一月　作散文詩〈希望〉。

三月　和許廣平開始通信。

四月　發起「莽原社」，編輯《莽原》周刊。

五月　介入女師大風潮。

夏　與友人發起「未名社」，編印《未名叢刊》、《未名新集》。

十月　作小說〈孤獨者〉、〈傷逝〉。

十一月　〈隨感錄〉等短評編定爲《熱風》出版。

十一月底　女師大復校，鬥爭勝利。

一九二六年（四十六歲）二月　開始作一系列回憶散文，總名〈舊事重提〉。

三月　「三·一八」慘案，當日作〈無花的薔薇之二〉，二十五日赴劉和珍楊德羣追悼會。

四月　作〈記念劉和珍君〉、〈淡淡的血痕中〉。

三月至五月間　因《京報》刊出政府通緝名單上有名，離家移住莽原社及數所醫院避難。

六月　《華蓋集》出版。

八月　《彷徨》出版。

九月　赴厦門大學任教。

十月　編定《華蓋集續編》與《墳》，翌年出版。

一九二七年（四十七歲）一月　赴廣州中山大學，二月被任爲文學系主任兼教務主任。

二月　應邀往香港演講。

四月　「四·一五」廣州事變後，辭去中山大學一切職務。退居編定《野草》、《朝花夕拾》。

九月　編定《唐宋傳奇集》。

十月　移居上海。

十二月　應蔡元培之聘，任國民政府大學院特約撰述員，至一九三一年底被撤職。

《語絲》移滬出版，任主編。至次年底交柔石接編。

一九二八年（四十八歲）二月　遭創造社與太陽社中人突襲，作文反擊，筆戰持續年餘。

六月　與郁達夫合辦《奔流》月刊，連載所譯的《蘇俄的文藝政策》。

十月　《而已集》出版。

十一月　與柔石等創辦「朝花社」，先後出版《朝花》周刊、《朝花》旬刊、《藝苑朝花》。

本年　譯出蘇聯短篇小說多篇。

一九二九年（四十九歲）四月　譯畢《壁下譯叢》與盧氏《藝術論》。

五月　赴北平省親。訪未名社，應燕京大學、北京大學等校邀約演講。六月初返滬。

九月　子海嬰出生。

十月　譯蒲氏《藝術論》畢。

年底　接待馮雪峯來磋商成立「中國左翼作家聯盟」事。

一九三〇年（五十歲）一月　與馮雪峯等合編《萌芽月刊》創刊，發表所譯法捷耶夫小說《潰滅》。

二月　出席「中國自由運動大同盟」成立大會。

三月　出席「中國左翼作家聯盟」成立大會。

十一月　修訂《中國小說史略》，作題記。

一九三一年（五十一歲）一月　驚悉柔石等被捕，離家避難前後三十九日。期間聞柔石等被殺，吟成〈慣於長夜過春時〉一律。

四月　編《前哨》，記念柔石等死難者。

八月　請內山嘉吉教學生木刻。

九月　「九一八」事變，三日後發表〈答文藝新聞社問〉。

本年　在左聯刊物《前哨》、《文學導報》、《北斗》、《十字街頭》等發表雜文多篇。

一九三二年（五十二歲）一月　「一·二八」事變，寓所陷火線中，離寓暫避凡兩月餘。

三月　回寓。

四月　編《三閑集》、《二心集》。自《而已集》於一九二八年出版，今年始復編集雜文。

夏秋間　會見紅軍將領陳賡，聆述「反圍剿」戰事，後曾擬寫小說，未果。

九月　編定與曹靖華等合譯之《新俄小說家二十人集》，上冊名《豎琴》，下冊名《一天的工作》，翌年出版。

十月　作〈自嘲詩〉，頸聯「橫眉冷對千夫指，俯首甘爲孺子牛」。

十一月　赴北平視母病，居半月，演講數次。

十二月　接待瞿秋白夫婦來寓避難，同住近一個月。

十二月　編定《自選集》、《兩地書》，作序言。

一九三三年（五十三歲）一月　出席「中國民權保障同盟上海分會」成立大會。

開始屢換筆名作短評投稿《申報·自由談》。後結集本年所作爲《僞自由書》、《准風月談》。

二月　爲柔石等殉難兩周年作〈爲了忘卻的記念〉。

與蕭伯納會晤。後與瞿秋白合編《蕭伯納在上海》一書，作序。

三月至十月　與瞿秋白交往密切，瞿作雜文十二篇，以魯迅曾用之筆名發表，後並編入《南腔北調集》、《淮風月談》中。

六月　「中國民權保障同盟」總幹事楊銓遭暗殺，魯迅前往送殯，歸作「豈有豪情似舊時」一絕。

七月　瞿秋白化名何凝編《魯迅雜感選集》出版。

十月　爲印製《北平箋譜》作序。

十二月　編定《南腔北調集》。

一九三四年（五十四歲）一月　瞿秋白離滬赴贛，話別。

五月　作「萬家墨面沒蒿萊，敢有歌吟動地哀」一絕。

六月　作雜感〈倒提〉，遭左聯中人化名批判。

七月　編選《木刻紀程》。

八月　作〈非攻〉，是爲自一九二七年寫成〈眉間尺〉後，復作小說之始。

九月　《譯文》月刊創刊，編輯頭三期。《太白》半月刊創刊，曾參加擬定刊名。

十二月　致蕭軍 蕭紅信中談及左聯問題，慨斥「自己營壘裏的蛀蟲」。

生病月餘後稍愈，作〈病後雜談〉，送檢被刪五分之四。

楊霽雲爲編《集外集》。

一九三五年（五十五歲）一月　應邀編選《中國新文學大系・小說二集》。

二月　着手翻譯果戈里《死魂靈》，年底出版。

九月　編集所譯契訶夫短篇，定名《壞孩子和别的奇聞》，翌年出版。

十月　編輯亡友瞿秋白譯文爲《海上述林》，翌年出版。

十一月　作小説〈理水〉。

十二月　作小説〈采薇〉、〈出關〉、〈起死〉。編定《故事新編》，翌年初出版。

編定《花邊文學》、《且介亭雜文》，兩集收去年所作雜文；又編定《且介亭雜文二集》，收今年所作。

一九三六年（五十六歲）春　應請商議「左聯」解散事，意見不諧。

四月　拒絶簽名發起「作家協會」。（後改名「文藝家協會」成立，亦拒加入）。對「國防文學」口號有意見。

六月　馮雪峯與胡風商於魯迅提出「民族革命戰爭的大衆文學」口號。

與巴金等七十七人聯名發表〈中國文藝工作者宣言〉。

病重，診斷爲晚期肺結核。二十多年來第一次中斷日記廿餘天。

八月　治〈答徐懋庸並關於抗日統一戰綫問題〉一文。

作〈「這也是生活」……〉

九月　作〈死〉〈女弔〉。

與巴金、林語堂、茅盾、郭沫若等聯名發表〈文藝界同人爲團結禦侮與言論自由宣言〉。

十月　十八日病勢急變，十九日逝世。

附錄二　書目簡編

談論魯迅的文字，與研究魯迅的學術論著，今日已超乎魯迅原文若干倍，勢不可能盡覽。專家學者，可以利用近年編出的目錄索引，查閱所需的資料。一般讀者，當然應先多讀魯迅原文。下面先列出幾種全集，以十六卷註釋本最好用。各個單集的版本情況就不具列了。

研究資料，這裏只舉出較有特色或筆者認爲較爲可讀的幾種，詳目自有專書可查。年譜、傳記資料、作品研究、思想研究，分列少數幾本著作。此外還有綜合研究和論文匯編。

「魯學」在中國大學近數十年成爲顯學，但論述方向往往受特定的思想文化政策所牽制，雷同之說甚多。魯迅研究此後還大有深入與開展的餘地。「魯迅研究史」從一個側面顯示出這大半個世紀中國社會與意識形態的變動。

全集

《魯迅全集》（二十卷）　魯迅先生紀念委員會編　上海，復社，一九三八

《魯迅三十年集》（三十册）　上海，魯迅全集出版社，一九四一

《魯迅全集》註釋本（十卷）　北京，人民文學出版社，一九五六至一九五八

《魯迅全集》（二十卷，按復社本版式重排簡體字） 北京，人民文學出版社，一九七三

《魯迅全集》註釋本（十六卷） 北京，人民文學出版社，一九八一

《魯迅作品全集》（三十二冊，據十六卷本分冊直排） 台北，風雲時代，一九八九至一九九一

《魯迅譯文集》（十卷） 北京，人民文學出版社，一九五八

年譜

魯迅博物館魯迅研究室《魯迅年譜》（四卷） 北京，人民文學出版社，一九八一至一九八四

蒙樹宏《魯迅年譜稿》 桂林，廣西師範大學出版社，一九八八

目錄

上海魯迅紀念館《魯迅著譯繫年目錄》 上海，上海文藝出版社，一九八九

紀維周等《魯迅研究書錄》 北京，書目文獻出版社，一九八六

傳記資料

周遐壽《魯迅的故家》 北京，人民文學出版社，一九八一再版（一九五七年初版）

周建人、周曄《魯迅故家的敗落》 長沙，湖南人民出版社，一九八四

許壽裳《我所認識的魯迅》　北京，人民文學出版社，一九七八年第三版（一九五二年初版）
許廣平《許廣平憶魯迅》　廣州，廣東人民出版社，一九七九年
馮雪峯《回憶魯迅》　北京，人民文學出版社，一九五二
許綏之主編《魯迅生平史料匯編》（六册）　天津，天津人民出版社，一九八一至一九九〇
林志浩《魯迅傳》　北京，北京出版社，一九八一年初版，一九九一年增訂版
林非、劉再復《魯迅傳》　北京，中國社會科學出版社，一九八一

作品研究

周遐壽《魯迅小說裏的人物》　北京，人民文學出版社，一九八一年再版（一九五七年初版）
李希凡《吶喊徬徨的思想與藝術》　上海，上海文藝出版社，一九八一
楊義《魯迅小說綜論》　西安，陝西人民出版社，一九八四
邵伯周《阿Q正傳研究縱橫談》　上海，上海文藝出版社，一九八九
李桑牧《故事新編的論辯和研究》　上海，上海文藝出版社，一九八四
孫玉石《野草研究》　北京，中國社會科學出版社，一九八二
盧今《論魯迅散文及其美學特征》　長沙，湖南文藝出版社，一九八七
王獻永《魯迅雜文藝術論》　上海，知識出版社，一九八六
馬蹄疾《魯迅講演考》　哈爾濱，黑龍江人民出版社，一九八一

王得后《兩地書研究》 天津，天津人民出版社，一九八二
周振甫《魯迅詩歌注》（修訂本） 杭州，浙江人民出版社，一九八〇
許懷中《魯迅與中國古典小說》 西安，陝西人民出版社，一九八二
張華《魯迅與外國作家》 西安，陝西人民出版社，一九八一

思想研究

閔開德、吳同瑞《魯迅文藝思想概述》 北京，北京大學出版社，一九八六
張琢《魯迅哲學思想研究》 長沙，湖南人民出版社，一九八一
劉再復《魯迅美學思想論稿》 北京，中國社會科學出版社，一九八一
鄭欣淼《文化批判與國民性改造》 西安，陝西人民出版社，一九八八

綜合研究及論文集

錢理羣《心靈的探索》 上海，上海文藝出版社，一九八八
汪暉《反抗絕望——魯迅的精神結構與吶喊徬徨研究》 上海，上海人民出版社，一九九一
李歐梵《鐵屋中的吶喊》（中譯本） 香港，三聯書店，一九九一（英文原著一九八七年出版）
馮雪峯《真正的文學道路》 長沙，湖南人民出版社，一九八〇

王瑤《魯迅作品論集》北京，人民文學出版社，一九八四
唐弢《魯迅論集》北京，文化藝術出版社，一九九一
李宗英、張夢陽（編）《六十年來魯迅研究論文選》北京，中國社會科學出版社，一九八二
樂黛雲（編）《國外魯迅研究論集》北京，北京大學出版社，一九八一

研究史

袁良駿《魯迅研究史上卷》西安，陝西人民出版社，一九八六
袁良駿《當代魯迅研究史》西安，陝西人民出版社，一九九一

附錄三　本書補充選目

魯迅作品選集很多。魯迅在生時，便出過《自選集》。他本人對一般選本則頗有意見。他說過，「讀者的讀選本，自以爲是由此得了古人文筆的精華的，殊不知卻被選者縮小了眼界。」（《集外集·選本》）每一種選集都有局限，本書自不例外。本書且因篇幅規定，初選篇章有些須要删汰。下面補列出來，作爲推薦篇目，按出處的各個集子編次，以便查索，而不像本書正文按時序重排先後。

《吶喊》　孔乙己　一件小事　故鄉　兔和貓

《彷徨》　在酒樓上　肥皂　離婚

《故事新編》　補天　理水

《野草》　秋夜　影的告別　復讎　過客　頹敗線的顫動　淡淡的血痕中

《朝花夕拾》　無常　瑣記　藤野先生

《墳》　論雷峯塔的倒掉　再論雷峯塔的倒掉　論費厄潑賴應該緩行

《熱風》　隨感錄四十、四十九、五十七、六十二　知識即罪惡

《華蓋集》　青年必讀書　論辯的魂靈　犧牲謨　戰士和蒼蠅　夏三蟲　長城　忽然想到（七）　碰壁之後　這個與那個

《華蓋集續編》學界的三魂　一點比喻　我還不能　帶住　阿Q正傳的成因
《而已集》題辭　革命時代的文學　可惡罪　革命文學
《三閑集》在鐘樓上　文藝與革命　扁　文學的階級性　現今的新文學的概觀
《二心集》中國無產階級革命和前驅的血　黑暗中國的文藝界的現狀　上海文藝之一瞥　《野草》英文譯本序
《南腔北調集》《自選集》自序　祝中俄文字之交　《守常全集》題記　沙　火　作文秘訣
《僞自由書》從諷刺到幽默　從幽默到正經　內外
《准風月談》「中國文壇的悲觀」　秋夜記遊　由聾而啞　喝茶
《花邊文學》序言　一思而行　偶感　倒提
《且介亭雜文》關於中國的兩三件事　憶韋素園君　答《戲》週刊編者信　中國文壇上的鬼魅
《且介亭雜文二集》隱士　《中國新文學大系》小說二集序　論諷刺　徐懋庸作《打雜集》序　在現代中國的孔夫子　文壇三戶　陀思妥夫斯基的事　「題未定」草（六、七）
《且介亭雜文末編》寫於深夜裏　答徐懋庸並關於抗日統一戰線　我的第一個師父　半夏小集
《集外集》夢　俄文譯本《阿Q正傳》序及著者自敘傳略　文藝與政治的歧途
《集外集拾遺》懷舊　老調子已經唱完
《集外集拾遺補編》自言自語　關於知識階級

魯迅著作選／黃繼持編. -- 臺灣初版. -- 臺北
市：臺灣商務，1994［民83］
面； 公分
ISBN 957-05-1048-X（平裝）

848.4　　83009178

魯迅著作選

定價新臺幣 280 元

編　　者　黃繼持
責任編輯　張倩儀
出 版 者
印 刷 所　臺灣商務印書館股份有限公司
臺北市 10036 重慶南路 1 段 37 號
電話：(02)23116118・23115538
傳眞：(02)23710274・23701091
讀者服務專線：080056196
E-mail：cptw@ms12.hinet.net
郵政劃撥：0000165－1 號
出版事業登記證：局版北市業字第 993 號

- 1994 年 2 月香港初版
- 1994 年 12 月臺灣初版第一次印刷
- 2000 年 11 月臺灣初版第四次印刷

本書經商務印書館(香港)有限公司授權出版
(原書名：魯迅卷)

ISBN 957-05-1048-X（平裝）　　b 23423000

廣　告　回　信
台灣北區郵政管理局登記證
第６５４０號

100臺北市重慶南路一段37號

臺灣商務印書館　收

對摺寄回，謝謝！

傳統現代　並翼而翔

Flying with the wings of tradition and modernity.

讀者回函卡

感謝您對本館的支持，為加強對您的服務，請填妥此卡，免付郵資寄回，可隨時收到本館最新出版訊息，及享受各種優惠。

姓名：＿＿＿＿＿＿＿＿＿＿＿＿＿＿　　性別：□男 □女

出生日期：＿＿＿年＿＿＿月＿＿＿日

職業：□學生　□公務（含軍警）　□家管　□服務　□金融　□製造

□資訊　□大眾傳播　□自由業　□農漁牧　□退休　□其他

學歷：□高中以下（含高中）　□大專　□研究所（含以上）

地址：□□□＿＿＿＿＿＿＿＿＿＿＿＿＿＿＿＿＿＿＿＿

＿＿＿＿＿＿＿＿＿＿＿＿＿＿＿＿＿＿＿＿＿＿＿＿

電話：（H）＿＿＿＿＿＿＿＿＿＿（O）＿＿＿＿＿＿＿＿＿＿

購買書名：＿＿＿＿＿＿＿＿＿＿＿＿＿＿＿＿＿＿＿＿

您從何處得知本書？

□書店　□報紙廣告　□報紙專欄　□雜誌廣告　□DM廣告

□傳單　□親友介紹　□電視廣播　□其他

您對本書的意見？（A/滿意 B/尚可 C/需改進）

內容＿＿＿＿　編輯＿＿＿＿　校對＿＿＿＿　翻譯＿＿＿＿

封面設計＿＿＿＿　價格＿＿＿＿　其他＿＿＿＿＿＿＿＿

您的建議：＿＿＿＿＿＿＿＿＿＿＿＿＿＿＿＿＿＿＿＿

＿＿＿＿＿＿＿＿＿＿＿＿＿＿＿＿＿＿＿＿＿＿＿＿

＿＿＿＿＿＿＿＿＿＿＿＿＿＿＿＿＿＿＿＿＿＿＿＿

臺灣商務印書館

台北市重慶南路一段三十七號　電話：（02）23116118・23115538

讀者服務專線：080056196　傳真：（02）23710274

郵撥：0000165-1號　E-mail：cptw@ms12.hinet.net